GESCHICHTE DES BALTIKUMS

ZIGMANTAS KIAUPA, AIN MÄESALU,
AGO PAJUR, GVIDO STRAUBE

GESCHICHTE DES BALTIKUMS

4

Das vorliegende Lehrbuch ist im Rahmen des Projekts der Europäischen Union „Lehrbuch zur Geschichte des Baltikums" (*The Baltic History Textbook Project*) entstanden. Es wurde chronologisch zusammengestellt. Eine der Bedingungen des Projekts war, dass Historiker Estlands, Lettlands und Litauens die Geschichte ihres Landes aus ihrer Sicht darstellten. Der vorliegende Text ist daraus erwachsen.

Als Autoren und Experten waren am Projekt beteiligt

von estnischer Seite: **Sergei Isajew, Naima Klitsner, Ülle Kõiv, Mart Laar, Mati Laur, Eda Maripuu, Ain Mäesalu, Ago Pajur, Ilje Piir, Priit Raudkivi, Igal Serglov, Laur Uudam;**

von lettischer Seite: **Ivars Baumerts, Ilgvars Butulis, Marite Jakowlewa, Valdis Klišans, Gvido Straube, Armands Vijups, Guntis Vilumsons;**

von litauischer Seite: **Juozas Brazauskas, Andrej Fomin, Jonas Janusas, Rimantas Jokimaitis, Zigmantas Kiaupa, Nijole Letukiene, Ovidijus Lukoševičius, Eugenijus Manelis, Arturas Mickevičius, Grigorijus Potašenko, Lilija Žukauskiene.**

Die einzelnen Texte wurden bearbeitet von:

Ain Mäesalu (Estland) – Vor- und Frühzeit; Zigmantas Kiaupa (Litauen) – Mittelalter; Gvido Straube(Lettland) – Neuzeit; Ago Pajur (Estland) – 20. Jahrhundert.

Der Dank der Verfasser gilt dem Europarat, der Open Estonia Foundation, den Soros-Stiftungen Lettlands und Litauens.

GESCHICHTE DES BALTIKUMS

Redaktion: Ursula Vent und Indrek Kiverik

Übersetzung ins Deutsche: Katrin Linask

Sprachliche Bearbeitung: Maie Pulst

Layout: Aare Juss

Farbgestaltung: Avita

ISBN 9985-2-0134-5

© Avita 1999

I. URZEIT UND FRÜHES MITTELALTER

II. MITTELALTER

III. DAS BALTIKUM IN DER FRÜHEN NEUZEIT (VON DER 2. HÄLFTE DES 16. JH. BIS ZUM 18. JH.)

IV. DAS BALTIKUM IM 19. JH. UND ZU BEGINN DES 20. JH.

V. DIE BALTISCHEN LÄNDER VON 1914–1939

VI. DIE BALTISCHEN LÄNDER 1939–1986

VII. BALTISCHE GESCHICHTE VON 1986–1996

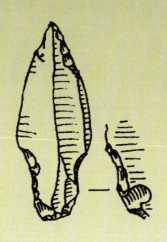
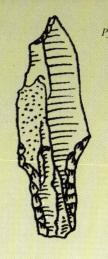
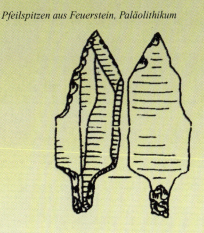

Pfeilspitzen aus Feuerstein, Paläolithikum

I. URZEIT UND FRÜHES MITTELALTER

Pfeilspitzen und Beil aus der Bronzezeit

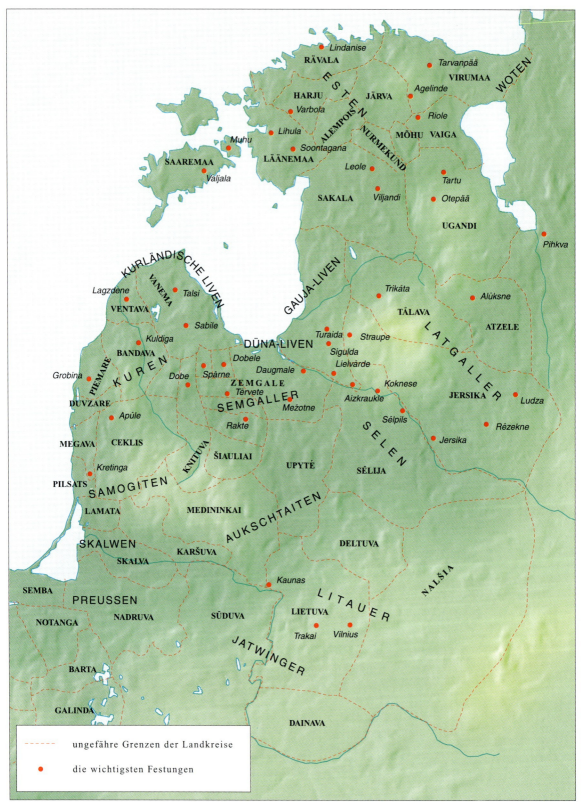

Das Baltikum zu Ende des 12. Jh.

1. ERSTE ANSIEDLER IM BALTIKUM

1.1. KLIMATISCHE VERHÄLTNISSE UND HERAUSBILDUNG DER BODENGESTALT

Erste Ansiedler kamen ins Gebiet der heutigen baltischen Staaten erst nach der letzten Eiszeit. Vor ca. 14.000 Jahren begann das Inlandeis vom Erdboden zu schmelzen. Zuerst schwand das Eis aus Südost- und Südestland. Danach wich der Eisrand langsam nach Nordwesten. Erst gegen 9000 v. Chr. wurde auch Nordwestestland endgültig vom Eis frei. Durch Inlandeis und Tauwasser wurde die hiesige Landschaft in wesentlichem Masse umgestaltet. Die Kies- und Sandhorizonte, die von Gletschern zusammengetragen wurden, bildeten vielerorts Hügel und die aus skandinavischen Gebirgen mitgenommenen Felsbrocken hinterliessen Findlinge. Das Schmelzwasser sammelte sich zwischen Hügeln und bildete Seen, und Flüsse höhlten tiefe Täler aus. Damals war der Festlandsanteil des Baltikums wesentlich geringer als heute, denn die meisten westlichen Gebiete waren noch unter Wasser. Durch die fortlaufende Hebung der Erdkruste aus dem Wasser dehnte sich die Festlandsfläche der baltischen Länder aus.

Rückgang des Eises aus Nord-Europa: a) ca 13–11 000 v. Chr., b) ca 8500 v. Chr.

In der Rückgangsperiode des Inlandeises herrschte hier ein rauhes subarktisches Klima. An der Stelle des Baltischen Meeres wogte der wesentlich grössere und kältere sog. **Baltische Eisstausee**. Allmählich wuchsen aus der vom Eis befreiten Erde erste Pflanzen – Flechten, Zwergbirken und -weiden. An Wild waren Rentiere und andere Tiere der Tundra vertreten, darunter möglicherweise sogar die letzten Mammuts, die gegen Ende der Eiszeit jedoch ausgestorben sind.

Um 8200 v. Chr. war der Rand des Inlandeises bis Mittelschweden zurückgegangen.

Bei den Billingen-Bergen drang das Wasser des Baltischen Eisstausees durch und bildete eine Verbindung zum Atlantischen Ozean. Der Wasserspiegel des neuen, an Stelle der heutigen Ostsee entstandenen **Joldischen Meeres** sank in relativ kurzer Zeit um 30 m. Für die damals im Baltikum lebenden Menschen soll der schnelle Rückgang des Meeres schreckenerregend gewesen sein, daher wurde dieses Ereignis von Wissenschaftlern die **Billingen-Katastrophe** benannt.

In der **präborealen[1] Klimaperiode** (8000–7100 v. Chr.) wurden die hiesigen

---

1 *Das Boreal – Wärmeperiode der Nacheiszeit.*

Witterungsverhältnisse wesentlich milder. Birken- und Kiefernwälder begannen sich auszubreiten, Elche, Bären, Biber und verschiedene Wasservögel wanderten in baltisches Gebiet ein.

Während der **borealen Klimaperiode** (7100–5800 v. Chr.) wurde das Wetter noch wärmer, aber auch trockener. In den Wäldern wurden die Laubbäume vorherrschend, die Menge der Kiefern ging zurück. In der Fauna stieg die Anzahl der Hirsche, Rehe und Hasen.

Die **atlantische Klimaperiode** (5800–2800 v. Chr.) war sogar wärmer als die heutige und wird daher für das klimatische Optimum gehalten. Die Wälder bestanden vorwiegend aus breitblättrigen Laubbäumen, und neben Elchen, Hirschen und Rehen kamen oft auch Auerochsen und Wildschweine vor. In den Seen wuchsen Wassernüsse. Das war für Urjäger und -fischer die günstigste Periode, weil in den Wäldern und Gewässern jede Menge Wild und Fisch zu finden war. Danach wurde das Klima wieder kälter und die Lebensbedingungen vieler Tier- und Pflanzenarten (z. B. der Auerochsen und Wildpferde sowie der Wassernüsse) verschlechterten sich.

1.2. ANKUNFT DER ERSTEN ANSIEDLER

Mit dem Weichen des Inlandeises zogen auch die Gruppen von Urjägern immer mehr nach Norden, um Rentiere, aber vielleicht auch letzte Mammuts zu jagen. Das Ren war eine gute Beute: ausser Fleisch bekam man von ihm auch das Fell zur Bekleidung und zum Bedecken der Pfahlhütten[2]; das Geweih und die Knochen wurden zu Werkzeugen und Gebrauchsgegenständen verarbeitet. Da Litauen zuerst eisfrei wurde, sind die ersten Siedlungsspuren der baltischen Urbewohner gerade dort gefunden worden. Nach heutiger Annahme kamen erste Siedler in litauisches Gebiet schon im 11.–10. Jt. v. Chr. (Eiguliai, Puvotsiai und andere alte Siedlungsgebiete).

In Nordeuropa zählen Archäologen die Zeit bis zur präborealen Klimaperiode (Anfang des 8. Jt. v. Chr.) zur **Altsteinzeit** oder zum **Paläolithikum**. In Litauen sind schon über hundert Siedlungsgebiete dieser Periode gefunden worden. Die archäologischen Funde beweisen, dass Menschen aus zwei Richtungen hierhergekommen sind: vom Westen die Träger der **Magdalénien-Ahrensburg-** und vom Süden die der **Swidry-Kultur**. Auch ins lettische Gebiet wanderten erste Menschen im Paläolithikum ein – Ende des 9. und Anfang des 8. Jt. Heute kennt man schon mehrere Renjägersiedlungen, die hauptsächlich in der Nähe der Düna (z. B. Laukskola, Selpils, Lielrutuli u. a.) und am ehemaligen Baltischen Eisstausee (Laukskola) gelegen waren. Dabei handelte es sich um zeitweilige Siedlungen, wo sich die Jäger nur vorübergehend aufgehalten haben.

In Estland, wo das Inlandeis am längsten hielt, sind bis jetzt noch keine Siedlungsspuren von Rentierjägern gefunden worden. Wegen der verhältnismässig beweglichen Lebensweise der Renjäger, die den Tieren auf deren Wanderungen folgten, sind die Spuren der Renjägersiedlungen auch schwer zu entdecken. Die Kulturschicht von kurzfristigen Aufenthaltsstätten ist dünn und fundarm und heute schwer nachweisbar. Die älteste heute bekannte Siedlung in Estland wurde in Pulli, in der Nähe von Pärnu (Pernau), gefunden. Sie stammt ungefähr aus der Mitte des 8. Jt. v. Chr. und ist schon der **Mittelsteinzeit** oder dem **Mesolithikum** zuzuordnen (Ende des 9. bis Mitte des 4. Jt. v. Chr.).

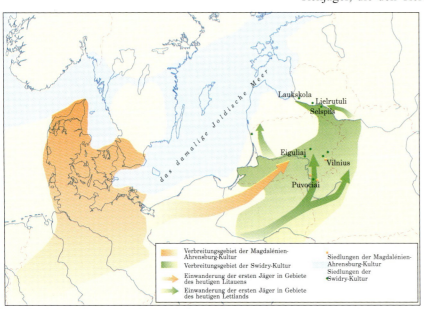

Laukskola
Lielrutuli
Selpils
Eiguliai
Vilnius
Puvociai
das damalige Joldische Meer

- Verbreitungsgebiet der Magdalénien-Ahrensburg-Kultur
- Verbreitungsgebiet der Swidry-Kultur
- Einwanderung der ersten Jäger in Gebiete des heutigen Litauens
- Einwanderung der ersten Jäger in Gebiete des heutigen Lettlands
- Siedlungen der Magdalénien-Ahrensburg-Kultur
- Siedlungen der Swidry-Kultur

Besiedlung der baltischen Länder

---

2 *Ein konischer, aus Pfählen bzw. Latten errichteter Bau, der als Wohnstätte diente.*

2. GESELLSCHAFT DER JÄGER, FISCHER UND SAMMLER

2.1. WIRTSCHAFT UND MATERIELLE KULTUR

Für ihren Lebensunterhalt sorgten die Bewohner des Baltikums fast bis zum Ende der Steinzeit mit Jagen, Fischen und Sammeln dessen, was die Natur bot. Natürlich waren verschiedene Perioden der Steinzeit in ihrer Qualität unterschiedlich. Sicherlich fanden die Renjäger, die schon im Paläolithikum ins Baltikum gelangt waren, in der Natur ausser Rentieren auch vieles andere zum Essen, obwohl die damalige Natur relativ wenig zu bieten hatte.

Dagegen kannte sich die im Mesolithikum hier sesshaft gewordene Bevölkerung besser im örtlichen Umfeld aus und kam auch besser zurecht. Ihre Lebenslage wurde durch die allmähliche Verbesserung des Klimas und der Naturbedingungen fortlaufend günstiger. Im Mesolithikum, insbesondere aber im Neolithikum, hat sich die Natur des Baltikums verändert, indem sie üppiger wurde und den Jägern sowie den Sammlern bessere Überlebensmöglichkeiten bot. Die **Jungsteinzeit** oder das **Neolithikum** war die Blütezeit der Jäger, Fischer und Sammler, die dank der Vervollkommnung von Werkzeugen und Jagdwaffen alles nutzen konnten, was die Natur zur Verfügung stellte.

Die über mehrere Generationen in derselben Gegend sesshafte Bevölkerung lernte, aus einheimischen Materialien Werkzeuge herzustellen, die sich für die örtlichen Umstände am besten eigneten. Dadurch bildete sich eine **lokal geprägte materielle Kultur** aus, was auch die archäologischen Funde beweisen.

Die Steinzeitmenschen lebten vermutlich in aus ca. 20 bis 40 Personen bestehenden Gruppen in kleinen Siedlungen an Flüssen oder Seen. So sind in Ostlettland, auf dem Lubana-Tiefland, das reich an Seen und Flüssen ist, schon über 25 steinzeitliche Siedlungsstätten gefunden worden. In Gewässern konnte man fischen und auf Wasservögel sowie auf Wild, das ans Wasser zum Trinken kam, Jagd machen. Wegen der tiefen Wälder wurden die Gewässer auch als Verkehrswege benutzt.

Gewöhnlich wohnte man in konischen, aus Latten gebauten Pfahlhütten, die mit Zweigen, Tierhäuten, Baumrinde und im Winter auch mit Soden[3] bedeckt wurden. In der Hüttenmitte war eine Feuerstelle, die Licht und Wärme gab und auch als Herd diente. Mancherorts, insbesondere im Neolithikum, wurden auch wesentlich kompliziertere Bauten errichtet. So sind bei

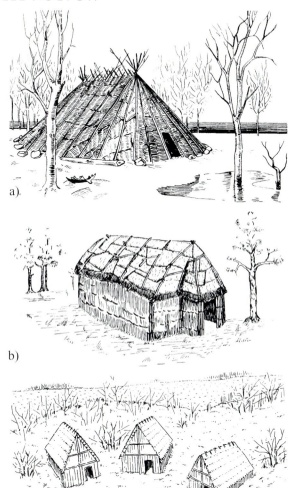

a)

b)

c)

Rekonstruktionen von Behausungen aus dem Neolithikum: a) Behausung aus der Siedlung Narva-Riigküla (Estland), b) Behausung aus der Siedlung Sarnate (Lettland), c) Behausung aus der Siedlung Šventoji (Litauen)

Ausgrabungen in der Sarnate-Siedlung in Lettland sogar zweiräumige Gebäude gefunden worden, die einen quadratischen Grundriss und Vertikalwände hatten.

Die meisten **Werkzeuge** und **Gebrauchsgegenstände** waren aus Knochen, Geweih und Stein. Kleinere Werkzeuge wie Schaber, Grabstichel und Pfeilspitzen wurden aus Quarz

---

3 *Die Sode – ausgestochenes Rasenstück; Torfscholle.*

oder Feuerstein gemacht, für die man vom Kernstein kleine Splitter abbrach oder -drückte. Da der hochwertige Naturfeuerstein nur in Südlitauen vorkommt, sind aus Feuerstein gefertigte Gegenstände in nordlitauischen, lettischen und estnischen Siedlungen relativ selten zu finden. Dafür erschienen in diesen Gegenden erste geschliffene Steinäxte meist früher als an vielen anderen Orten. Jedoch verbreiteten sich die aus kristallinischem Gestein geschliffenen Steinwerkzeuge mehr seit dem Neolithikum. Eine wichtige Neuerung dieser Zeit war auch die Keramik, deren Anwendung sogar mit dem Beginn des Neolithikums in den Ostseeländern gleichgesetzt wird.

Bestimmt wurden während der ganzen Steinzeit auch viele Holzgegenstände hergestellt, aber leider sind davon nur noch wenige erhalten. Eine Vorstellung von der breiten Benutzung verschiedener Holzgegenstände erhält man auf Grund der archäologischen Funde, die bei Ausgrabungen der neolithischen Siedlungen von Šventoji, Kretonas und Sarnate (die Gegenden, wo sich heute Sümpfe erstrecken) entdeckt worden sind. So wurden z. B. in Sarnate ein hölzerner Bogen mit Pfeilen, ein Einbaum[4], Ruder, Nussknacker, Hacken u. a. Holzgegenstände gefunden.

Im Mesolithikum und Neolithikum spielte das **Fischen** eine wichtige Rolle. Vorläufig war die aus Knochen gemachte Stechgabel oder die Harpune das wichtigste Fischfanggerät, womit man auch grössere Fische fangen konnte. Schon in der 2. Hälfte des Mesolithikums kamen auch knöcherne Angelhaken und primitive Fischnetze in Gebrauch.

Auf **Wild** und **Vögel** wurde mit Wurf- und Stichspeeren sowie mit Pfeil und Bogen gejagt. Die aus Feuerstein, Knochen, Geweih und Holz gefertigten Pfeilspitzen hatten verschiedene Formen. Vermutlich wurden zum Schiessen unterschiedlicher Tier- und Vogelarten auch Pfeilspitzen mit spezieller Form und Grösse benutzt. So wurde mit scharfen, breitblättrigen

Geräte aus Knochen und Horn, Kunda-Kultur (oben 3 Fischspeere, unten 2 Harpunen, rechts 2 Eishacken, mit denen im Winter zum Angeln Löcher ins Eis geschlagen wurden)

Pfeilen, die eine grosse Wunde hinterlassen, in erster Linie auf Grosswild, mit abgestumpften hölzernen Pfeilen aber auf kleine Pelztiere und Vögel geschossen. In der Sarnate-Siedlung in Lettland ist eine durchaus seltene Waffe, ein Bumerang[5] gefunden worden, womit man wahrscheinlich Wasservögel gejagt hat. Solche Bumerangs sind auch in anderen steinzeitlichen Siedlungsgebieten Europas vorgekommen.

Die **Wassertiere** – Biber und Seehunde – wurden mit Harpunen gejagt. Mit 1 bis 2 starken Widerhaken versehen, war die aus Geweih hergestellte Harpune mit einem längeren Lederband ziemlich locker an einen Stiel gebunden. Wurde das Tier getroffen, löste sich die Harpune vom Stiel, blieb aber damit durch das Lederband doch verbunden. So konnte der Jäger das verwundete, untertauchende Tier aus dem Wasser herausziehen. Im Mesolithikum war die Jagd auf Biber sehr verbreitet. Unter Tierknochen, die in Kunda, in Estland, gefunden worden sind, waren 25% Biberknochen. Das wichtigste Jagdtier dieser Gegenden war aber der Elch, dessen Knochen 2/3 der Knochenfunde bildeten.

Am Ende des Mesolithikums und zu Beginn des Neolithikums, als das Klima milder geworden war, wuchs in der Jagdbeute der hiesigen Jäger der Anteil an anderen Wildtieren – Wildschweinen, Hirschen und Auerochsen. Unter dem Fundmaterial mancher Siedlungen findet

Ungewöhnliche Fischfanggeräte aus Litauen

---

4   *Aus einem ausgehöhlten Baumstamm hergestelltes Boot.*

5   *Gekrümmtes Wurfholz, das beim Verfehlen des Zieles zum Werfer zurückkehrt.*

sich auch eine beachtliche Menge von Knochen kleinerer Pelztiere, insbesondere vom Marder. Anscheinend war Kleidung aus Marderpelz schon damals beliebt. Spätestens im Mesolithikum gesellte sich zum Bewohner der östlichen Ostseeküste auch der Hund. Die Hunde gingen mit auf die Jagd und wurden vermutlich auch als Zugtiere vor Schleppfuhrwerk oder Schlitten gespannt. Da unter den Speiseresten der Siedlungen Hundeknochen vorkommen, ist anzunehmen, dass in Hungerzeiten auch Hunde gegessen wurden.

In der Steinzeit spielte das **Sammeln** von verschiedenen Beeren, Pilzen, essbaren Wurzeln, Nüssen und anderen Gaben des Waldes eine wichtige Rolle. In der Sarnate-Siedlung in Nordwestlettland wurden Wassernussschalen in solchen Mengen gefunden, dass deren Schicht stellenweise sogar 40 cm dick war. Die Naturbedingungen bestimmten die Lebensweise des Steinzeitmenschen. Die Siedlungen wurden dort gegründet, wo das natürliche Milieu die besten Überlebensmöglichkeiten bot. Waren die Vorräte der Natur verbraucht, suchte man sich einen neuen Wohnort. Zugleich gab es auch einige zeitweilige Siedlungen, wo man nur in gewissen Perioden des Jahres wohnte. So wurden vor kurzem auf der Insel Dagö (Hiiumaa) in Estland mehrere spätmesolithische und frühneolithische Siedlungen gefunden, wo man sich nur in der Zeit der Seehundsjagd aufgehalten hat. In anderen Siedlungen wohnte man gewöhnlich durchgehend und über eine längere Zeit.

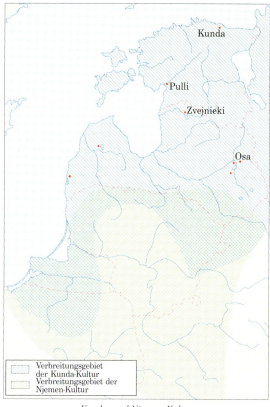

Kunda- und Njemen-Kultur

Legende:
- Verbreitungsgebiet der Kunda-Kultur
- Verbreitungsgebiet der Njemen-Kultur

2.2. ARCHÄOLOGISCHE KULTUREN

Eine archäologische Kultur nennt man die für eine gewisse Menschengruppe typische materielle und geistige Kultur, die infolge der archäologischen Forschungen offenbar wird. Jede archäologische Kultur wird durch gleiche Funde und archäologische Denkmäler sowie konkrete Territorien und Zeitabschnitte gekennzeichnet. Die Zuordnung zu archäologischen Kulturen ermöglicht es, Gemeinsamkeiten von Menschengruppen festzustellen.

Die ersten baltischen Ansiedler gehörten zu zwei mitteleuropäischen paläolithischen Kulturen: in die **Ahrensburg-** und die **Swidry-Kultur**, die miteinander verwandt waren. Im Mesolithikum bildeten sich in den baltischen Ländern schon lokale archäologische Kulturen heraus.

Estland, Lettland und Nordlitauen gehörten dem **Kunda-Kulturareal** an. Für diese Kultur charakteristische Siedlungen gab es aber auch in weiterer

Entfernung – östlich vom Peipussee und in Nordweissrussland. Eine Eigenart der Kunda-Kultur sind die zahlreichen Geweih- und Knochengegenstände. Da in diesen Gebieten der Naturfeuerstein rar und von schlechter Qualität war, kommen in Siedlungen der Kunda-Kultur nur wenige Feuersteingegenstände vor. Hingegen benutzte man Quarz und konnte aus kristallinischem Gestein geschliffene Werkzeuge herstellen.

In Südlitauen und teils auch in Preussen verbreitete sich im Mesolithikum die **Njemen-Kultur**. Dank örtlicher Feuersteinvorräte haben die Bewohner dieser Kultur in erster Linie Feuersteingegenstände hergestellt, die sich aber ihrer Form nach vom analogen Inventar der Kunda-Kultur unterschieden.

Als Beginn des Neolithikums oder der Jungsteinzeit setzt man in den baltischen Gebieten die Erfindung der Keramik an. In dieser Periode entwickelten die Menschen auch Knochen-, Geweih- und Steingegenstände, deren Herstellungsmethoden, wie Sägen, Bohren und Schleifen, eine

Steingut aus der Kammkeramikkultur

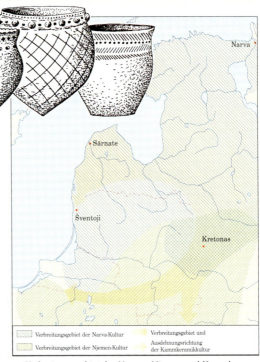

weitere Verbreitung fanden. Heute ist man der Auffassung, dass sich die hiesigen frühneolithischen Kulturen hauptsächlich auf Grund der örtlichen mesolithischen Kulturen herausgebildet haben. Indirekt wird diese Annahme von der Tatsache unterstützt, dass z. B. die neolithische **Narva-Kultur** fast auf demselben Gebiet verbreitet war, wo die frühere Kunda-Kultur gewesen ist. Die der Narva-Kultur eigene Keramik wurde aus grobem Ton hergestellt, wobei man Steinschutt, Muscheln und sogar Pflanzen unter den Ton mischte. In ihrer Form ähnelten die meisten Gefässe konischen, nach unten spitz zulaufenden Kesseln, es gab aber auch kleines, ovales, tellerähnliches Geschirr. Grosse Gefässe waren mit sehr unterschiedlichen Ornamenten geschmückt.

Verbreitungsgebiet der Narva-, Njemen und Kammkeramik-Kultur. Oben: Keramik aus der Njemen-Kultur (Litauen)

Im Ausdehnungsgebiet der mesolithischen Njemen-Kultur in Südlitauen entwickelte sich im Folgenden eine **neolithische Njemen-Kultur**, die gleichermassen reich an Feuersteininventar war. Die Keramik dieser Kultur enthält neben dem Ton Pflanzen, Quarz- und Granitbröckchen. Die grossen, zum Boden hin spitzer werdenden kesselförmigen Tongefässe unterschieden sich jedoch durch die Proportion und Ornamentik von der Keramik des Narva-Typs.

Etwa am Ende des 4. Jt. v. Chr. erschien in baltischen Jäger- und Fischersiedlungen ein neuer Keramiktyp, die sog. **Kammkeramik**[6]. Das Geschirr der Kammkeramik ist von besserer Qualität als das vorangehende, und ganz mit kammförmigen Prägungen verziert. Man vermutet, dass andere Menschengruppen, die sogenannten **Kammkeramikkulturstämme**, einwanderten und ihre Keramik mitbrachten. Auch die Menschen der Kammkeramikkultur beschäftigten sich – wie die frühere örtliche Bevölkerung – mit Sammeln, Jagd und Fischfang.

In der 2. Hälfte des Neolithikums (etwa Mitte des 3. Jt. v. Chr.) kamen neue Stämme ins Baltikum, die nach ihrer Art, die keramischen Gegenstände mit schnurartigen Prägungen zu verzieren, Träger der **Schnurkeramikkultur** genannt werden. Nach ihren bootsförmigen Äxten kennt man diese Kultur auch als **Boot-** oder **Streitaxtkultur**. Diese Stämme kannten schon Ackerbau und Viehzucht. Von neuartigem Wirtschaftsleben zeugen die bei Ausgrabungen gefundenen Haustierknochen. Jedoch war das erst der Beginn der grossen Wandlungen – das zum Leben notwendige Essen besorgte man nach wie vor grösstenteils durch Jagen, Fischen und Sammeln.

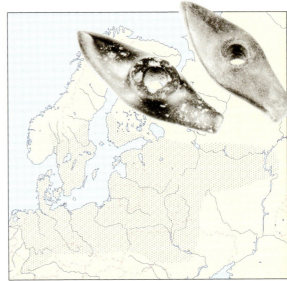

Verbreitungsgebiet der Schnurkeramik- bez. Streitaxt-Kultur in Nord-Europa. Oben: für diese Kultur charakteristische Streitäxte

---

6   *Der mit kammartigen Prägungen verzierte Typ der Keramik, der sich in den baltischen Ländern Ende des 4. Jt. v. Chr. herausgebildet hat.*

2.3. GEISTIGE KULTUR, GLAUBE UND BEZIEHUNG ZUM UMFELD

Über die Kultur und den Glauben der steinzeitlichen Stämme berichten hauptsächlich ihre Bestattungssitten, aber auch einige Gegenstände und deren Ornamentik.

Steinzeitliche Anhänger aus Knochen und Stein

Grabstätten der im Paläolithikum im Baltikum lebenden Menschen sind leider bis jetzt noch nicht gefunden worden. Die ältesten bis heute hier ausgegrabenen menschlichen Knochen werden ins 6. Jt. v. Chr. datiert. Aus dem Neolithikum stammende Bestattungen finden sich aber auf dem Territorium aller drei Länder. Die vielfältigsten Informationen über **Bestattungssitten** in dieser Periode – und das im Hinblick auf ganz Nordeuropa – gibt der in Ostlettland am Burtniek-See gelegene Bestattungsplatz von Zvejniek, der vom 6.–2. Jt. v. Chr. in Gebrauch war.

In der 1. Hälfte des Neolithikums wurde wenigstens ein Teil der Toten auf dem Siedlungsterritorium begraben, manchmal sogar direkt unter dem Hüttenboden. Daneben gibt es aber auch Grabstätten ausserhalb der Siedlungen. Das war in erster Linie für Träger der Schnurkeramikkultur typisch, die in der 2. Hälfte des Neolithikums hierher gekommen sind. In der Regel wurden die Toten auf dem Rücken liegend begraben, die Vertreter der Schnurkeramikkultur dagegen haben ihre Toten gekrümmt auf einer Seite ruhend beigesetzt. In steinzeitlichen Gräbern wird manchmal roter Ocker gefunden – das Symbol von Blut und Leben –, der vermutlich während der Beerdigung dorthin gestreut wurde.

Den Toten wurden kleine Werkzeuge oder Gebrauchsgegenstände und Schmuck ins Grab beigegeben. Üblicherweise trug man damals um den Hals und auch an der Kleidung Tierzähne und Hauer, manchmal auch aus Knochenplatten oder Bernstein geschnitzte Figürchen, die Elche, Bären, Biber, Wildschweine, Schlangen, Wasservögel und auch Menschen darstellten.

Wahrscheinlich erzählen diese Gegenstände von **animistischen[7] Vorstellungen**, dass die Seelen der entsprechenden Wesen (und auch Figuren) dem Menschen helfen oder aber ihn auch gefährden können. Es kann aber auch mit dem **totemistischen[8] Glauben** verbunden gewesen sein, dass eine Menschengruppe (eine Sippe) mit einem gewissen Tier, das zutiefst geachtet wurde, verwandt ist und ihm durch dieses geholfen wird. So kommen in Siedlungsgebieten der Kammkeramikstämme oft Statuetten von Wasservögeln vor. Die Tierzähne, Hauer und Krallen wurden vermutlich in der Hoffnung getragen, an den Eigenschaften und der Lebenskraft der entsprechenden Waldbewohner teilhaben zu können sowie durch diese vor Raubtieren oder Unheil und bösen Kräften geschützt zu werden. In manchen Zvejniek-Gräbern sind neben Tierzähnen auch menschliche Zähne entdeckt worden. Die gefundenen Menschenfigürchen können mit dem Ahnenkult verbunden sein. In manchen lettischen und litauischen Siedlungen (Šventoji, Sarnate) sind sogar grössere, aus Baumstamm ausgehauene Götzenstatuen gefunden, bei denen nur das Gesicht detailliert geschnitzt ist. In der Sarnate-Siedlung in Lettland stand ein solches Idol in der Siedlungsmitte, vor ihm war eine Feuerstelle.

Idol aus Holz (Šventoji, Litauen)

In der Funktion des Amuletts und Schmucks wurde bestimmt auch **Bernstein**, der sog. „Sonnenstein" benutzt. Mit einem Loch versehene Bernsteinstückchen, aber auch -scheibchen und -figürchen wurden sowohl in Siedlungen wie auch als Grabbeigaben in Bestattungsstätten gefunden; mancherorts wurden Bernsteinstücke auf die Augen des Toten gelegt. Möglicherweise schrieb man dem Bernstein schon damals neben schmückender Funktion auch heilende Kräfte zu, wie es die spätere Volksmedizin kennt.

Auf Grund dieser Beispiele kann man annehmen, dass die Steinzeitmenschen in einem durchaus komplizierten Glaubenssystem lebten und eine Vorstellung von der Seele und dem jenseitigen Leben hatten.

---

7 *Der Animismus – Glaube, dass die Dinge der Natur beseelt oder Wohnsitz von Geistern sind.*

8 *Der Totemismus – Glaube der Naturvölker, von einem Totem (als Wappen geführtes Schutztier bzw. Pflanze u.a.) abzustammen und mit ihm in mystischer Beziehung zu stehen. Ist das Totem ein Jagdtier, darf es nur unter besonderen Bedingungen gejagt werden.*

3. DIE ETHNISCHE HERKUNFT DER STEINZEIT-MENSCHEN

3.1. ÄLTESTE ANSIEDLER

Die Herkunft der ersten Bewohner in den baltischen Ländern ist wegen des mangelnden Quellenmaterials immer noch nicht nachweisbar. Man kennt nämlich bis heute keine Grabstätten der paläolithischen Rentierjäger, und weiss deshalb nicht, wie diese Menschen ausgesehen haben.

Die aus dem **Mesolithikum** stammenden Skelette gehören vorwiegend den Vertretern des sog. **europiden Rassenkreises** an, für die ein länglicher Schädel und ein hohes, schmales und gut profiliertes Gesicht charakteristisch ist. Daneben tritt aber auch ein anderer Menschentyp auf, dessen Kopf etwas runder und dessen Gesicht breiter ist. Einige Anthropologen vermuten, dass das dem Einfluss der zu der Zeit aus dem Osten hierhergewanderten **mongoliden Rasse** zuzuschreiben ist. Andere dagegen vermuten, dass die Menschen des entsprechenden anthropologischen Typs hier schon früher ansässig gewesen sind.

Die frühneolithische **Narva-Kultur** bildete sich vermutlich auf der Grundlage der früheren Kunda-Kultur, die Njemen-Kultur aber auf Grund der gleichnamigen mesolithischen Kultur aus. Deshalb ist anzunehmen, dass der ethnische Bestand der Bevölkerung zu Beginn des Neolithikums grösstenteils relativ stabil war. Es wird hin und wieder aber auch vermutet, dass kleinere Menschengruppen von ausserhalb eingewandert sind. In erster Linie spricht dafür ein Teil der in der Zvejniek-Grabstätte gefundenen Skelette, die den Vertretern des europiden und mongoliden Rassenmischtyps gehören.

Mann aus der Kammkeramikkultur – nach einem in der Siedlung Valma (Estland) gefundenen Schädel

nisch-ugrischen Stammesgruppe[9] in Verbindung gebracht werden. Diese Stammesgruppe war grundlegend für den Werdegang der späteren **ostseefinnischen Völker** (Esten, Finnen, Liven, Karelier, Woten, Wepsen und Ishoren), insbesondere aber für die Entwicklung von deren Sprachen. Darauf weist auch das anthropologische Material aus Grabstätten der Kammkeramikkultur hin. Die gefundenen Skelette haben einen runden Schädel, ein breites Gesicht und hohe Wangenknochen. Anthropologisch gehören sie zum sog. **protolaponoiden[10] Typ** und sind den in Sibirien lebenden finnisch-ugrischen Völkern ähnlich. Laut einer Hypothese bildete sich die Kammkeramikkultur in der Umgebung des Ladogasees auf der Basis der aus dem Osten gekommenen Bevölkerung heraus und erstreckte sich dann über fast ganz Nordeuropa. Ausser in den baltischen Ländern erstreckte sich diese Kultur sogar bis in östliche Teile des heutigen Polens und in anderer Richtung bis Nordfinnland. Es ist bemerkenswert, dass die Stämme der Kammkeramikkultur über ein so breites Siedlungsgebiet hinweg sehr aktive Kontakte aufrecht erhielten. So findet sich der Bernstein von der Südostküste der Ostsee überall dort, sogar in nordfinnischen Siedlungen. Die aus dem vom Ladogagebiet und Finnland stammenden Schiefer und vom Wolgaunterlauf kommendem Feuerstein gefertigten Werkzeuge kamen aber auch in baltischen Küstensiedlungen vor.

3.2. TRÄGER DER KAMMKERAMIKKULTUR

Etwa in der 2. Hälfte des 4. Jt. v. Chr. breiteten sich auf baltischem Gebiet (ausser Mittel- und Südlitauen) die **Stämme der Kammkeramikkultur** aus, die von Archäologen in den letzten Jahrzehnten oft mit einer frühen fin-

Weil die Angehörigen der Kammkeramikkultur im Baltikum oft in Siedlungen der Narva-Kultur sesshaft wurden, ist anzunehmen, dass hier bald eine Assimilation begonnen hat.

---

9 *Sammelname der Ostseefinnen, Samen (Lappen) und Perm-, Wolga- sowie Ugrivölker.*

10 *Mischung der europiden und mongoliden Rasse.*

3.2. DIE BEVÖLKERUNG DER SCHNURKERAMIKKULTUR

In der 2. Hälfte des 3. Jt. v. Chr. wanderten aus dem Gebiet zwischen der Weichsel und dem Dnjepr die sog. Schnurkeramikstämme aus. Seitdem finden sich überall in Nordeuropa mit dieser Kultur verbundene Funde. Die Bevölkerung der Schnurkeramikkultur wird gewöhnlich für **indoeuropäisch** gehalten. Dies beweist auch der anthropologische Typ der in ihren Gräbern gefundenen Skelette, die mit ihren langen und schmalen Schädeln eindeutig auf die europide Rasse hinweisen. Weit verbreitet ist die Meinung, dass gerade die Vertreter der baltischen Schnurkeramikkultur in wesentlichem Masse den Werdegang der **baltischen Stämme**[11] beeinflusst haben. Nach dieser Hypothese hatten die Träger der Schnurkeramikkultur auch eine prägende Wirkung auf ostseefinnischen Stämme in Nordlettland und Estland, die anthropologisch mehr europid wurden. Es wird sogar angenommen, dass sich schon damals viele frühe baltische Lehnwörter in den ostseefinnischen Sprachen verankert haben. In der letzten Zeit wird von einigen litauischen und lettischen Forschern vermutet, dass protobaltische Elemente schon in der früheren Narva-Kultur zu finden sind. Estnische Archäologen aber sind der Meinung, dass bei der Herausbildung des ostseefinnischen anthropologischen Typs die Bewohner der Kunda- wie auch der Narva-Kultur beide eine entscheidende Rolle gespielt haben.

Mann aus der Schnurkeramikkultur – nach einem auf dem Friedhof von Ardu (Estland) gefundenen Skelett

FRAGEN

1. *Welche eiszeitliche Spuren haben Sie selbst in der Natur entdeckt?*

2. *Beschreiben Sie anhand der Karte den Rückgang des Inlandeises und die Völkerwanderungen im Baltikum.*

3. *Begründen sie die Auswahlkriterien für die steinzeitlichen Siedlungsgebiete.*

4. *Erklären Sie, was eine archäologische Kultur ist. Nennen und schildern Sie die baltischen archäologischen Kulturen.*

5. *Machen Sie eine Tabelle, und tragen Sie die urzeitlichen archäologischen Perioden, Hauptbeschäftigungen der Menschen und die archäologischen Kulturen in diese Tabelle ein.*

---

11 *Die baltischen Stämme – Vorfahren der Litauer, Letten und Preussen.*

4. HERAUSBILDUNG VON ACKERBAU UND VIEHZUCHT

4.1. BEGINN VON ACKERBAU UND VIEHZUCHT

Älteste, obwohl noch sehr bescheidene Anzeichen von Ackerbau und Viehzucht im Baltikum gehen in die Mitte des Neolithikums zurück. Sicher ist, dass die in der 2. Hälfte des 3. Jt. v. Chr. hierhergekommene Bevölkerung der Schnur- oder der Russenbeilkeramikkultur schon Zuchtwirtschaft betrieben hat. Diese Stämme haben Rinder, Schweine und Schafe oder Ziegen (die Knochen beider Tiere sind so ähnlich, dass sie schwer voneinander zu unterscheiden sind) gezüchtet. Spuren von Getreidekörnern in einzelnen Schnurkeramikscherben deuten auf primitiven Ackerbau hin. Die aus dem Spätneolithikum stammenden Steinhacken zeugen davon, dass vorwiegend Hackbau betrieben wurde. Bei Ausgrabungen in der Šventoji-Siedlung in Litauen wurde sogar ein primitiver Pflug entdeckt, der vom damaligen Pflüger vermutlich vor sich hergeschoben wurde. Bis heute gibt es noch keine festen Beweise dafür, dass die hier früher ansässige Bevölkerung nach dem Vorbild der Schnurkeramikkulturmenschen auch Ackerbau und Viehzucht übernommen hätte.

4.2. DIE FRÜHMETALLZEIT

Erste Bronzegegenstände kamen schon zwischen dem 18. und dem 16. Jh. v. Chr. nach Litauen, in lettisches und estnisches Gebiet in der Mitte des 2. Jt. v. Chr. In den baltischen Ländern begann die **Bronzezeit**, die bis zum 5. Jh. v. Chr. dauerte. Danach kam die **Früheisenzeit**, die um Christi Geburt endete. In der Bronzezeit und der Früheisenzeit besassen die Bewohner des Baltikums noch relativ wenig Metallgegenstände, zumal sie (bzw. die für deren Herstellung nötigen Metalle) nur über einen langen und komplizierten Tauschprozess erworben werden konnten.

Die ersten Bronzegegenstände waren meistens Waffen und Schmuck, seltener Werkzeuge – ausser Äxten sind nur einzelne Sicheln, Pfrieme und Messer etc. gefunden worden. Anfangs spielte das neue Material in der Wirtschaft kaum eine Rolle – die Bronzegegenstände unterstrichen in erster Linie den Wohlstand und die höhere gesellschaftliche Position, das soziale Prestige des Besitzers.

Da die Fundgegenstände der Bronzezeit und der Jungeisenzeit relativ gleich aussehen, werden diese Perioden in der baltischen Archäologie oft zusammen behandelt, indem man sie **Frühmetallzeit** nennt.

Die Frühmetallzeit war in der Geschichte der baltischen Länder von grosser Bedeutung, weil man hier in dieser Periode von der aneignenden Wirtschaft auf die **produzierende Wirtschaft** überging. Die neue Wirtschaftsweise bewirkte grundlegende Veränderungen in allen Lebensbereichen – die soziale Struktur der Gesellschaft sowie die zwischenmenschlichen Beziehungen haben sich verändert, die religiösen Anschauungen und die Einstellung der Menschen zu ihrem Umfeld wurden anders, es entstanden neuartige Bauten und Siedlungen. Vorläufig blieb vermutlich jedoch eine sozusagen kombinierte Wirtschaftsweise bestehen, in der neben Ackerbau und Viehzucht auch Jagen, Fischen und Sammeln eine wichtige Bedeutung behielten.

Während im Neolithikum noch hauptsächlich Hackbau betrieben wurde, begann in der 2. Hälfte der Bronzezeit dank der Metalläxte das **Schwenden des Ackerlandes**. Der Wald wurde abgeholzt, die Stümpfe gerodet und verbrannt. Die dadurch entstandene Asche war ein guter Dünger für die Felder. Von den Erfolgen des Ackerbaus zeugen zahlreiche gefundene Hacken und Mahlsteine. Die Frühmetallzeit bezeichnet wahrscheinlich schon den allmählichen Übergang zum **Ackerbau mit dem Pflug**. Das beweisen die in Lielvarde, in Lettland gefundenen, zur Jungeisenzeit gehörenden Pflugspuren.

In Nord- und Westestland sind früheisenzeitliche Äcker gefunden worden, von denen der älteste ins 6. Jh. v. Chr. datiert wird. Das waren kleine rechteckige Feldstücke, nur 20 bis 30 m breit und 30 bis 40 m lang. Die Felder waren von Ackerrainen umgeben, die aus auf dem Feld gesammelten Steinen errichtet wurden.

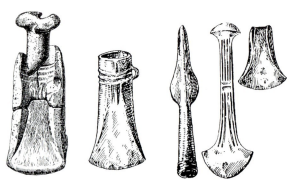

Arbeits- und Kriegsausrüstung aus Bronze (Lettland). Links: Gussform aus Ton für ein Bronzebeil

In der Frühmetallzeit wurden an Brotgetreide Gerste, Weizen und Hirse, an Faserpflanzen Flachs und Hanf angebaut. In Lettland war sogar Leindotter, eine wertvolle Ölpflanze bekannt. In dieser Zeit wuchs allmählich die Bedeutung des Ackerbaus im Leben der baltischen Völker. Am Ende des 1. Jt. v. Chr. war der Ackerbau schon zur wichtigsten Lebensgrundlage geworden.

In der Bronzezeit war jedoch die **Viehzucht** vorherrschend. Hauptsächlich wurden Rinder, von denen man Fleisch und Milch sowie Leder bekam gezüchtet, aber auch Schafe, Ziegen, Schweine und Pferde. Letztere wurden wahrscheinlich als Fleischtiere gehalten, obwohl deren Benutzung als Zugtiere auch nicht auszuschliessen ist. Die Viehzucht war grundlegend dafür, dass sich die materielle Kultur der baltischen Bewohner in wesentlichem Masse verändert hat. Waren die Bronzegegenstände – meistens Äxte und Pfeilspitzen – hier in der 1. Hälfte der Bronzezeit noch selten, erschienen von nun an zahlreiche aus Bronze gefertigte Schmuckgegenstände.

Bald lernte man auch hier **Bronze zu legieren** und daraus Gegenstände zu erzeugen. Zahlreiche Schmelztiegel und Bruchstücke von Gussformen sind in der Kivutkalns-Siedlung in Lettland gefunden worden. Dort wurden Tiegel benutzt, in denen man bis 2 kg Bronze auf einmal schmelzen konnte. Das deutet auf den beachtlichen Umfang der Metallverarbeitung hin.

Der Übergang zur Viehzucht veränderte die Lebensweise der Menschen. Die Wohnsitze wurden öfter in der Nähe von solchen Seen und Flüssen angelegt, wo es taugliches Grünland zum Weiden des Viehs gab. Anscheinend war das Vieh zu dieser Zeit ein wahres Vermögen. Es wird angenommen, dass in Litauen schon am Ende des Neolithikums einzelne Siedlungen mit Schutzanlagen umgeben wurden, nur um das Vieh vor Fremden zu schützen. So war z. B. die Siedlung am Kretuonas-See von der Festlandsseite durch drei Schutzzäune und davor gezogene Schutzgräben (1.5 m breit und ca. 1 m tief) gesichert.

In der 2. Hälfte der Bronzezeit begann man auch in Lettland (Kivutkalns, Mukukalns, Daugmale u. a.) und Estland, **befestigte Siedlungen** zu errichten. Gewöhnlich waren diese Siedlungen lediglich durch Erdwälle, Staketenzäune und Gräben geschützt; das freilich nur von der Seite her, wo der natürliche Schutz am schwächsten war. Gewöhnlich lagen solche Siedlungen an einem Gewässer.

In Estland kommen befestigte Siedlungen nur im Küstengebiet vor, die bekannteste von ihnen ist die Asva-Siedlung auf der Insel Ösel (Saaremaa). Der Bronzeguss wurde in erster Linie in befestigten Siedlungen betrieben. Ohne

So können Felder aus der frühen Eisenzeit in Estland ausgesehen haben.

Zweifel waren auch die Bronzegegenstände und das Vieh etwas Wertvolles, weswegen die Siedlungen mit Schutzanlagen umgeben wurden.

Mit dem Übergang auf die Viehzucht wuchs die Rolle des Mannes in der Gesellschaft beachtlich und es bildete sich eine **patriarchalische Grossfamilie** heraus. Darauf weisen z. B. die Bestattungssitten hin. Etwa im 9.–8. Jh. v. Chr. begann man in Estland, oberirdische Steinsarggräber anzulegen. Sie waren aus grösseren Steinen gebaut und hatten einen ringförmigen Grundriss mit einem Steinsarg in der Mitte. Es gibt auch Grabstätten mit mehreren Bestattungen, wobei in dem mittleren Sarg immer der Mann, vermutlich das Familienoberhaupt, begraben wurde.

Die westlichen baltischen Stämme begannen in der Mitte der Bronzezeit, ihre Toten zu verbrennen und in grösseren Hügelgräbern zu bestatten, die mancherorts eine komplizierte Steinkonstruktion hatten. In einem Hügelgrab

Bei archäologischen Ausgrabungen gefundene und rekonstruirte Grabstätten mit Steinsärgen aus der Bronzezeit (Estland)

wurden alle Mitglieder einer Grossfamilie begraben (von einigen wenigen bis zu 300 und mehr Toten). Die bekanntesten Hügelgräber dieser Art befinden sich in Lettland, in Reznes und Bullumuiža.

In der Bronzezeit nahmen die **Kontakte zu den benachbarten Gebieten** zu. Davon sprechen Funde mitteleuropäischer und skandinavischer Herkunft zwischen solchen aus dem Baltikum, aber auch das Vorkommen vom Bronzerohstoff an der Küste des Baltischen Meeres. In Kurland und in der estnischen Küstenzone sind mehrere Grabstätten entdeckt worden, deren Grundkonstruktion einem aus Steinen angelegten Schiffsgrundriss ähnelt (die sog. Schiffsgräber). Diese wurden offensichtlich nach entsprechenden gotländischen Vorbildern errichtet.

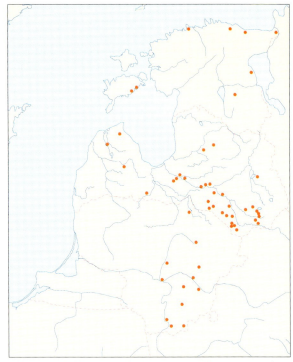

Befestigte Siedlungen aus der Bronzezeit und Festungen aus der frühen Eisenzeit

Befestigte Siedlung Narkunai (Litauen)

Befestigte Siedlung Brikuli (Lettland)

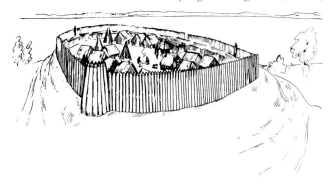

5. DIE STÄMME DES BALTIKUMS IM 1. JAHRTAUSEND N. CHR.

Die von Archäologen **Alteisenzeit** oder **Römische Eisenzeit** (1.–4. Jh.) und **Mitteleisenzeit** (5.–8. Jh.) genannten Perioden werden als die Epoche des Aufstiegs der hiesigen Stämme betrachtet. Der Beschleunigung der Entwicklung lag die **lokale Eisenverarbeitung** zugrunde, die ungefähr um Christi Geburt begonnen hat. Eisen wurde aus örtlichem Brauneisenerz[12] hergestellt, dessen Vorräte im ganzen Baltikum recht umfangreich waren. Die Erzeugung eigenen Eisens war von grösster Bedeutung. Da Roheisen und Eisengegenstände vor Ort hergestellt wurden, war es überflüssig, teure und gute Werkzeuge anderswo zu kaufen. Mit dem Schmelzen des einheimischen Eisens begann die weite Verbreitung von Eisengegenständen. Von denen waren viele unmittelbar mit der Produktionstätigkeit verbunden. Mit Eisenäxten wurden Wälder gefällt, um neues Ackerland zu gewinnen. Als neue Werkzeuge wurden eiserne Sicheln und Sensen in Gebrauch genommen.

Finnische und baltische Ostseestämme und deren Nachbarn um die Mitte des 1. Jahrtausends n. Chr.

5.1. WIRTSCHAFT

Zu Beginn der Römischen Eisenzeit war die wichtigste Lebensgrundlage der Bewohner des Baltikums der **Ackerbau**, der eng mit der Viehzucht verbunden war. Die weite Ausbreitung eiserner Gegenstände vergrösserte den aus dieser Wirtschaftsweise gewonnenen Nutzen und förderte den Zuwachs der Bevölkerung. Neue Besiedlungsgebiete wurden erschlossen, indem auch waldbedecktes Hochland mit schwer bestellbaren Böden urbar gemacht wurde.

Die Äcker wurden mit einem Holzpflug bearbeitet, der mancherorts noch mit einer eisernen Pflugschar versehen wurde. Der älteste gefundene Eisenschar-Pflug stammt aus dem 2.–3. Jh. und wurde im Siedlungsgebiet der Jatwinger, einem baltischen Stamm, gefunden. Reichliche Funde von Eisenhacken (vorwiegend in lettischen und litauischen Gebieten) lassen auf deren Benutzung neben den Pflügen schliessen. An Getreidearten wurden in erster Linie

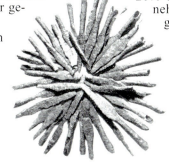

Bei einem Fund in Rikassaare (Estland) waren 54 Speerspitzen und 7 Kampfmesser mit den Spitzen zueinander angelegt. Wahrscheinlich wurde damit ein Vertrag zwischen Stammesgebieten bekräftigt.

Gerste, aber auch Weizen, an anderen Feldkulturen Erbsen, Bohnen etc. angebaut. Die vor kurzem in der Nähe von Tallinn (Reval) am Maardu-See genommenen Pollenanalysen zeigen zudem, dass hier schon in der Römischen Eisenzeit in beträchtlichen Mengen Roggen – vermutlich als Sommergetreide – angepflanzt werden konnte.

Als **Haustier** war das Rind vorherrschend. Daneben wurden auch Schafe und Ziegen, Schweine sowie Pferde gezüchtet. Die Pferde wurden in der Funktion von Reit- wie auch Zugtieren gebraucht. Da in Siedlungen der 2. Hälfte des 1. Jt. Pferdeknochen in grossen Mengen vorkommen (gewöhnlich über 20% der Haustierknochen), ist anzunehmen, dass Pferdefleisch auch gegessen wurde. Die gefundenen Sensen lassen darauf schliessen, dass die Tiere im Winter in Ställen (oder in offenen Schuppen) gehalten wurden und deren Mist schon damals als Dünger verwendet wurde. Die Jagd war in der damaligen Wirtschaft zweitrangig. Das aus dieser Periode stammende archäologische Fundmaterial aus Lettland zeigt, dass Waldtierknochen unter allen Tierknochen nur 10 bis 20% ausmachten.

---

12 *Auch: der Brauneisenstein oder der Limonit – durch Verwitterung anderer eisenhaltiger Minerale entstandenes Eisenerz; der für Erzeugung des Eisens gebrauchte Rohstoff.*

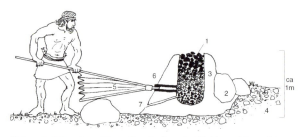

Rekonstruktion eines Eisenschmelzofens: 1 – Kohle und Sumpfeisen-erz, 2 – Steine, 3 – Ofen aus Ton, 4 – Erdboden, 5 – Blasebalg, 6 – Lüftungsöffnung, 7 – Öffnung zum Herauslassen der Schlacke

Die breitere Anwendung des Eisens förderte die Entwicklung des **Handwerks**. An erster Stelle standen natürlich die Eisenerzeugung und -bearbeitung. Während die aus der Römischen Eisenzeit stammenden Reste der Eisenschmelz-öfen und Schmieden hier noch selten sind, haben seit der Mitte des 1. Jt. schon in vielen Siedlungen Schmiede gearbeitet. Die Geschicklichkeit der hiesigen Schmiede entwickelte sich dermassen, daß hier im 2.–3. Jh. sogar Stahl hergestellt wurde.

In der Römischen Eisenzeit wurde Bronze-schmuck in beachtenswerter Güte hergestellt, darunter verschiedene Broschen, unterschiedliche Halsbänder, Arm- und Fingerringe, Anhänger etc. Die prächtigsten Schmuckstücke waren mit bunten Emails geschmückt.

5.2. BEZIEHUNGEN NACH AUSSEN

In der Römischen Eisenzeit hatten die Bewohner des Baltikums engste Handelskontakte mit ihren südlichen Nachbarn und über diese mit dem Römischen Reich. Dabei war das Interesse gegenseitig. Die Römer waren in erster Linie am Bernstein interessiert, der an der Ostsee-küste gefunden wurde, vermutlich aber auch an hiesigen Pelzen. Von hier wurden beachtliche Mengen an Bernstein nach Rom gebracht. Der Seeweg, der von der Küste des Baltischen Meeres die Weich-sel entlang nach Rom führte, wur-de sogar der **Bernsteinweg** genannt. Als Tauschwaren ka-men aus römischen Provinzen verschiedene bronzene Schmuck-gegenstände, Glas- und Emailper-len, Kupfer- und Silbermünzen hierher. Die grössten Münzenfunde wurden in Westlitauen gemacht. Hin und wieder wird vermutet, dass diese Münzen dort sogar als Zahlungsmittel benutzt wurden. Die Einkommen der balti-schen Bewohner aus dem Han-

Halsbänder aus Bronze aus dem 3.–4. Jahrhundert (Lettland)

del müssen beträchtlich gewesen sein, denn den ersten Jahrhunderten des 1. Jt. gelangte Silber hierher , woraus örtliche Juweliere verschiedene Schmucksachen gefertigt haben.

In der Mitte des 1. Jt. wurden die Beziehungen zu den **schwedischen Nachbarn** lebhafter. Unter vielen Funden in Estland kommen skandi-navische Gegenstände vor. Darunter sind die in der Proosa-Grabstätte in der Nähe von Tallinn entdeckten, mit Tierornamentik und Gold ver-zierten Gegenstände von besonderer Bedeutung, die ansonsten nur in reicheren skandinavischen Bestattungsstätten gefunden wurden.

Die Römische Eisenzeit war zumindest in estnischem und lettischem Gebiet eine ver-hältnismässig friedliche Periode. Die Mehrheit der Bevölkerung lebte zu der Zeit in offenen Siedlungen. In später errichteten Burgen sind nur einzelne, aus dem 1. Hälfte des 1. Jt. stam-mende Funde entdeckt worden. Vermutlich wur-den Burgen selten und nur als Zufluchtsorte be-nutzt.

Dennoch berührte die **europäische Völker-wanderung** auch litauisches Gebiet. So ha-ben die im 2.–3. Jh. durch das heutige Polen ge-wanderten Goten[13] auch die dortige baltische Bevölkerung in Bewegung gebracht, die dann nach Ostlitauen umsiedelte. Da die Umsiedler und die dort schon ansässige Bevölkerung stammesver-wandt waren, sind wahrscheinlich keine kriegeri-schen Auseinandersetzungen ausgebrochen. Im Gegenteil, die Entstehung neuartiger Keramik weist auf einen Assimilierungsprozess hin.

In der 1. Hälfte des 5. Jh. gibt es in Litauen An-zeichen von neuen Eindringlingen. Dies wa-ren vermutlich Nomaden (die Hunnen?), die auf Plünderungszügen auch die Burgen Süd- und Ostlitauens überfallen haben. Darauf deuten die in manchen Burgen (Aukštadvaris, Kernave, Pasvonis, Vilnius) nachgewiesenen Brandspuren und die dort gefundenen dreiblättrigen Pfeilspitzen hin. Im Fundmaterial der **Mitteleisenzeit** gibt es schon Anzeichen von unru-higen Zeiten, die bereits das gan-ze Baltikum betroffen haben. Zu der Zeit wurden auch schon in Lettland und Estland befes-tigte Burgen errichtet. Bei Ausgrabungen der Burgen sind mehrere Brandschichten und Waffen freigelegt worden. Die Ausgrabungen in der letti-schen Kentenskalns-Burg bewei-sen, dass diese im 5.–9. Jh. dreimal umgebaut wurde. Der auf den letzten Bau-abschnitt zurückgehende erdige Schutzwall war 7 m hoch und

---

13 *Angehörige eines ostgermanischen Volkes.*

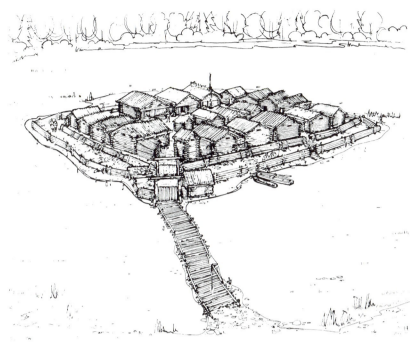

Die Festung von Araiši (9. Jahrhundert, Lettland) war auf einer kleinen Insel in einem See gebaut

konnte im Falle eines feindlichen Überfalls 250 bis 300 Bewohner der danebengelegenen Siedlung beschützen. Unter Versteck- und Opferfunden, aber auch in Grabstätten finden sich immer öfter Waffen. Auch in die Erde vergrabene Wertmetallgegenstände sprechen von ruhelosen Zeiten. Auf eine veränderte Situation deutet z. B. der Kokumuiža-Fund hin, der über 1260 Gegenstände enthält und überwiegend aus Waffen besteht. Es wird vermutet, dass sie nach einer erfolgreichen Schlacht als Opfer dorthin gelegt wurden.

Über damalige kriegerische **Konflikte mit Skandinaviern** wird in vielen Legenden berichtet. Laut der Ynglingren-Sage soll der König Ingvar um 600 einen Kriegszug nach Estland gemacht haben, wo er in einer Schlacht mit den Esten gefallen sei. Um 650 gelang es den Skandinaviern, in Kurland, in Seeburg (in der Nähe des heutigen Grobina), einen Stützpunkt anzulegen, der in der Form einer Handelssiedlung bis zum Anfang des 9. Jh. bestanden hat, als die Kolonisten schliesslich von den Einheimischen weggejagt wurden.

Im 7. Jh. gründeten die Skandinavier ihre Stützpunkte auf dem preussischen Territorium, in Truso und Viskiautia. In manchen Sagen wird sogar berichtet, dass skandinavische Könige über alle Länder der Ostküste der Ostsee geherrscht haben sollen – was durch archäologische Funde freilich nicht bestätigt wird.

In der 2. Hälfte des 1. Jt. setzten auch in den Gebieten östlich des Baltikums grundlegende Veränderungen ein. Bis dahin waren deren nördliche Zonen überwiegend von finnisch-ugrischen Stämmen und die südlichen von solchen baltischer Herkunft besiedelt. Aus den Hydronymen (Gewässernamen) wird erschliessbar, dass sich die östliche Besiedlungsgrenze der baltischen Stämme ungefähr bis zur gegenwärtigen Moskau-Kursk-Kiew-Linie erstreckte. Um das 6.–7. Jh. wurden die am Dnjepr-Mittellauf lebenden **Ostslawen** rührig und bewegten sich allmählich nach Norden. Ein Teil der am Dnjepr-Oberlauf und an seinen Nebenflüssen lebenden baltischen Stämme ist davongezogen, der andere wurde mit der Zeit von den Slawen assimiliert. Einzelne baltische „Inseln" bestanden dort noch über längere Zeit, z. B. der Stamm der Galinden sogar bis zum 12. Jh.

Die zunehmende Wirksamkeit der **baltischen Stämme** in der Mitteleisenzeit wurde auch in Nordlettland sichtbar. Noch in der Römischen Eisenzeit gab es da vielerorts typisch ostseefinnische Hürdengräber, die jetzt aber von baltischen Grabformen abgelöst wurden. Der damalige rege Burgenbau in Südestland wird manchmal gerade mit den kriegerischen Aktivitäten der baltischen Stämme verbunden.

Rekonstruktion des mittleren Teils einer Festung (Estland)

5.3. GESELLSCHAFTLICHE REGELUNG UND HERAUSBILDUNG VON STAMMESVERBÄNDEN

Im Jahr 98 n. Chr. erwähnte der römische Schriftsteller und Historiker Tacitus in seiner „Germania" auch die ausserhalb des Imperiums wohnenden Stämme und Völker. Unter anderen nannte er zum ersten Mal auch die „Aisten" (*aestii*), die von Geschichtsforschern für westbaltische Stämme gehalten werden. Diese Annahme wird von der Tatsache unterstützt, dass in den Schilderungen ihrer Lebensweise auf das Sammeln von Bernstein hingewiesen wird. Die „Aisten" werden mehrmals auch in schriftlichen Quellen nachfolgender Jahrhunderte erwähnt.

Mit der Entwicklung von Ackerbau und Viehzucht begann die allmähliche Herausbildung von **Kleinfamilien**, die imstande waren, aus eigenen Kräften zurechtzukommen. Infolge der Erschliessung neuer Ackerböden und der Verdichtung der Besiedlung bildeten sich **Nachbargemeinden**, die aus nichtverwandten Familien bestanden. Aus Wirtschaftsgründen und, um sich besser zu verteidigen, waren die Einwohner mancher Gegenden gezwungen, gemeinsam zu handeln. Auf dieser Grundlage entstanden die **Stammesverbände**. Schon in den ersten Jahrhunderten des 1. Jt. zeichneten sich im baltischen Gebiet die Grenzen der Besiedlungsgebiete von konkreten Stammesverbänden deutlicher aus. Sie unterschieden sich voneinander durch ihre Bestattungssitten und ihre materielle Kultur. In späteren Etappen der Eisenzeit wurden diese Unterschiede noch deutlicher ausgeprägt.

Mit Email verzierte Bronzebroschen (Estland)

29

DIE VÖLKER DES BALTIKUMS GEGEN ENDE DES 1. JT. UND ANFANG DES 2. JT.

6. DIE VÖLKER DES BALTIKUMS GEGEN ENDE DES 1. JT. UND ANFANG DES 2. JT.

Die Periode vom Ende des 1. Jt. bis zum Anfang des 2. Jt. wird von Archäologen gewöhnlich **Jungeisenzeit** genannt, ihre 1. Hälfte (800 bis 1050) aber ist überall in Nordeuropa als **Wikingerzeit** bekannt. Die Jungeisenzeit, vor allem ihre 2. Hälfte (von Mitte des 11. Jh. bis Ende des 12. Jh.), war für die baltischen Völker eine Periode beachtlichen Aufschwungs. Die Erfolge auf dem wichtigsten Gebiet, dem **Ackerbau**, beruhten auf dem intensivierten Anbau von Winterroggen und dem Übergang auf die Dreifelderwirtschaft. Auch verbreitete sich die Anwendung besserer Werkzeuge, wie Sensen mit langschneidigen Klingen sowie breitschneidige Äxte und Pflüge mit eisernen Pflugscharen.

In unmittelbarem Zusammenhang mit dem Ackerbau stand die **Viehzucht**. In der Chronik von Heinrich dem Letten werden vielerorts grosse Viehherden erwähnt, die zur Kriegsbeute zählten. Die Entwicklung des **Handwerks** war eng mit der Eisengewinnung aus örtlichem Brauneisenerz verbunden. In den letzten Jahren sind z. B. in Nordostestland und auf der Insel Ösel Eisenverhüttungsstellen entdeckt worden, wo man schon im 11.–12. Jh. jährlich mehrere Tonnen Roheisen erzeugen konnte. Ein hohes Niveau zeigte die Schmiedearbeit. Örtliche Meister fertigten hier unterschiedliche Stahlsorten, damaszierte[14] Speerspitzen, mancherorts sogar Schwertschneiden-Rohlinge etc. an. Die Herstellung von Bronze- und Silberschmuck hatte sich zu einem selbständigen Handwerkszweig entwickelt, mit dem Auftreten der Töpferscheibe im 10.–11. Jh. auch die Anfertigung von Töpferwaren.

Der **Aussenhandel** wurde dank der Lage Estlands und Lettlands in unmittelbarer Nähe der wichtigsten Handelswege der Wikinger intensiver. Wikingische Kaufleute benutzten meistens den Wasserweg, der die estnische Nordküste entlang und durch Lettland längs des Düna-Flusses führte. Die Bewohner des Baltikums waren recht aktiv am Warenaustausch zwischen dem Osten und Westen beteiligt. Zahlreiche aus mittelrheinischen Werkstätten stammende Schwertrohlinge und verschiedene Luxusgegenstände gelangten hierher. Unter dem Silberschatz aus der Mitte des 10. Jh. finden sich auch morgenländische Münzen – vorwiegend arabische Dirhems. Die grösste Anzahl an Silbermünzen, schon etwa 6000 Stück, wurde in

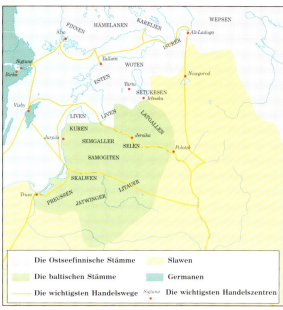

Die Völker der baltischen Länder zu Beginn des 2. Jahrtausends

Estland gefunden. In der Wikingerzeit fanden die von der Küste des fernen Indischen Ozeans stammende Kaurimuscheln, die am häufigsten in Ostlettland vorkommen, ihren Weg hierher.

Im 12. Jh., als deutsche Kaufleute zur Ostsee gelangten, wurden die Beziehungen nach Westeuropa stärker. Davon zeugt das Übergewicht der in westeuropäischen Städten geprägten Silbermünzen in baltischen Schatzfunden. Die grössten von ihnen wiegen sogar 2 kg.

6.1. DIE VÖLKER DES BALTIKUMS

Schon in der 1. Hälfte des 1. Jt. begannen sich im baltischen Gebiet grössere **Stammesverbände** zu bilden. Bis zum Ende der Urzeit hatten sie sich deutlich ausgeprägt. In den nördlichen Gegenden lebten **ostseefinnische** und in den südlichen baltische Ethnien. Das heutige estnische Gebiet war mit **Esten** besiedelt. Die Bewohner unterschiedlicher Gebiete besassen zwar gewisse sprachliche und kulturelle

Nordestnische Frau in feierlicher Tracht. Rekonstruktion nach einem Begräbnis auf dem Friedhof von Pada (Estland)

---

14 *Stahl in einem speziellen Verfahren verarbeiten, um ihn widerstandsfähiger zu machen (zu: Damasco = Stadt Damaskus).*

Eigenarten, diese waren aber nicht sehr gross. Am unterschiedlichsten waren die sog. **Setukésen** (die pleskauischen Esten), die im östlichen Teil von Südostestland und teils auf dem Territorium des Pskow-Oblasts leben und von einigen Forschern sogar für einen selbständigen Stamm gehalten werden.

Am Dünaunterlauf, im nordwestlichen Küstengebiet Lettlands und im nördlichen Teil Kurlands, lebte noch ein ostseefinnisches Volk, die **Liven**. Einige Inseln ostseefinnischer Bevölkerung blieben damals auch in Vidzeme, in Nordlettland, bestehen.

Die im folgenden genannten Stämme gehörten aber zu den **baltischen Völkern**. Im mittleren und südlichen Teil Kurlands bis nach Klaipeda (Memel), auf dem heutigen Territorium von Lettland und Litauen, lebten die **Kuren**, die im Laufe der Mittel- und Jungeisenzeit ihr Besiedlungsgebiet über die Territorien der nordkurländischen ostseefinnischen Bevölkerung ausgedehnt haben. Ihre Nachbarn am linken Dünaufer waren die **Semgallen**, deren Siedlungsgebiet sich zu der Zeit über das heutige Nordlitauen erstreckte. Östlich der Semgallen lebten die **Selen**, rechts am Düna, in Latgallien und Vidzeme, war das Gebiet der **Latgallen**. Südlich der Semgallen, bis zum Njemen-Fluss lebten die **Samogiten** und auf dem heutigen litauischen Gebiet (teils auch auf weissrussischem Gebiet), die **Litauer**. Von einigen Forschern wird vermutet, dass in Mittellitauen noch ein selbständiger Stamm, die **Aukshtaiten**, gelebt haben, die jedoch später unter litauischen Einfluss gerieten. In Südlitauen, aber auch in westweissrussischen und nordostpolnischen Gebieten siedelten die **Jatwinger**. Am Njemen-Unterlauf lebten die **Skalwen** und südlich von ihnen die **Preussen**. Die Verhältnisse zwischen den baltischen Stämmen waren kompliziert und wechselhaft. Trotz bestehender Kontakte in Handel und Kultur wurden hin und wieder Kriegs- und Plünderungszüge in Gebiete der Nachbarn vorgenommen.

6.2. GESELLSCHAFTLICHE BEZIEHUNGEN

Die Gesellschaft der letzten Jahrhunderte der Urzeit war schon deutlich differenziert. Es gab bereits eine ausgeprägte Oberschicht, die mehr Vermögen und Macht besass als die anderen. Sie bestand vorwiegend aus Gebietshäuptlingen, „Älteste" genannt, die als kriegerische und politische Führer ihres Volkes galten.

Livisches Mädchen. Rekonstruktion nach den Funden auf dem Friedhof von Laukskola (Lettland)

Sie durften Verhandlungen führen, und sie sowie ihre Söhne wurden zu Kriegszeiten oft als Geiseln genommen. In Lettland und Litauen war die Machtgrenze der Häuptlinge verhältnismässig grösser als in Estland. In schriftlichen Quellen werden diese Personen z. B. „Provinzältester" (*senior provinciae*), „Heeresführer und Ältester" (*princeps et senior*), in Litauen manchmal auch „Fürst" (*knjaz*), in Lettland in seltenen Fällen sogar „König" (*rex*) genannt.

Die Oberschicht wohnte in Burgen, die sich schon zu der Mitteleisenzeit zu Zentren der Verwaltung entwickelt haben. Besonders in der Jungeisenzeit wuchs die Bedeutung der Burgen, was sich im Errichten von komplizierteren und widerstandsfähigeren Verteidigungsanlagen im 11. Jh. zeigt. In der Nachbarschaft der Burgen wurden Handels- und Handwerkersiedlungen angelegt – die Vorgänger künftiger Städte. Andere Quellen berichten, dass die Häuptlinge dennoch keine Alleinherrscher waren. Ihre Macht wurde von der Volksversammlung eingeschränkt, und über wichtigere Fragen durften sie nicht nur nach eigener Willkür entscheiden.

Aus Mangel an Quellen sind sich die Historiker in der Einschätzung der urzeitlichen Gesellschaftsbeziehungen nicht einig. Einige meinen, dass sich die baltischen Völker auf einer Entwicklungsstufe der kriegerischen Demokratie befanden, andere sind der Auffassung, dass hier schon frühfeudale Beziehungen herrschten und im lettischen und litauischen Gebiet bereits erste kleine Feudalstaaten im Entstehen begriffen waren.

6.3. AUSLÄNDISCHE BEZIEHUNGEN

Das Gegenstück zu den friedlichen Handelsbeziehungen mit **Skandinavien** bildeten die **Feldzüge der Wikinger**, sowie ihre Versuche, einige Gebiete der Westküste der Ostsee zu unterwerfen. Davon wird in skandinavischen Sagen und in manchen westeuropäischen Chroniken berichtet. Diese Kriegszüge waren überwiegend gegen Esten, Liven, Semgaller und Kuren gerichtet. So schildert z. B. Rimbert,

Semgalische Frau. Rekonstruktion nach den Funden auf dem Friedhof von Pavirvytes-Gudu (Litauen)

31

DIE VÖLKER DES BALTIKUMS GEGEN ENDE DES 1. JT. UND ANFANG DES 2. JT.

der Erzbischof von Bremen, in seiner „Vita sancti Anscarii" („Leben des Heiligen Ansgar") den dänischen Feldzug gegen die Kuren 853 sowie die Belagerung der kurländischen Burgen Seeburg und Apuole 854 durch Schweden unter der Führung des Königs Olaf. Ebenda schreibt Rimbert auch davon, wie die kurländische Flotte 853 die dänische Flotte vernichtet und die Hälfte der Dänen gefangen nahm.

Nach der Sage Olafs des Heiligen soll Eirik, der König von Uppsala, gegen Mitte des 9. Jh. jeden Sommer Kriegszüge unternommen und dabei Finnland, Estland, Kurland und andere, östlich davon liegende Länder, unterjocht haben. Wahrscheinlich handelt es sich dabei jedoch um eine, für Sagen typische Übertreibung, zumal dies archäologisch nicht nachgewiesen werden konnte.

Rekonstruktion der Festung von Dapšu (Litauen).

Der dänische Historiker Saxo Grammaticus beschreibt in seinen „Gesta Danorum" („Die Taten der Dänen"), wie der Wikingerführer Hadin und sein Sohn Frod Ende des 9. Jh., Anfang des 10. Jh. gegen die kurländische „Daugawa-Stadt" (Daugmale-Burg?) Feldzüge unternommen haben. Noch weitere ähnliche Hinweise auf wikingische Kriegszüge in die Länder an der Ostküste des Baltischen Meeres können ins 10. Jh. und in die 1. Hälfte des 11. Jh. datiert werden.

Von heftigen Schlachten zeugen auch die in vielen baltischen Burgen gefundenen, für die Wikinger typischen Pfeilspitzen. Obwohl die feindlichen Züge schwer und anstrengend waren, haben sie keine anhaltende Unterjochung des jeweiligen Gebietes bewirkt. Oft wa-

Samogitischer Krieger. Rekonstruktion nach den Funden auf dem Friedhof von Zasino (Litauen)

ren auch die hiesigen Krieger erfolgreich; manchmal gingen sie sogar zu Gegenangriffen über. Im 3. Viertel des 10. Jh. haben die Esten während eines Feldzuges die norwegische Königin Astrid und ihren Sohn, den späteren König Olaf Trygvesson, festgenommen und in die Sklaverei verkauft. In der 1. Hälfte des 11. Jh. wurden in Schweden viele Runensteine[15] zum Andenken an angesehene Wikinger errichtet, die in Feldzügen an die Ostküste der Ostsee gefallen waren.

In der Mitte des 11. Jh. ging die Wikingerzeit zu Ende, und die skandinavischen Kriegszüge an die Ostküste der Ostsee hörten allmählich auf. Zugleich aber waren die Aktivität und die Angriffslust der baltischen Völker gestiegen. Immer öfter haben die **Kuren**, die **Ösel-Esten** und die **Semben** (ein Teil der Urpreussen) Plünderungszüge in skandinavisches Küstengebiet vorgenommen. Schon gegen Anfang des 11. Jh. mussten die Dänen gezwungenermassen ein Wachsystem an der Küste gegen die Angriffe der „Ostmeer-Heiden" einrichten.

Nach Saxo Grammaticus waren die **„Ostwikinger"** sehr kühn und schlau, und ihr Rückzug konnte ebenso gefährlich sein wie ihr Angriff. So musste z. B. 1170 die Flotte des dänischen Königs mit Esten und Kuren, die zum Plündern an die Ölandküste gekommen waren, zwei Tage heftige Kämpfe führen. 1187 haben die „Ostmeer-Heiden" Sigtuna, die wichtigste schwedische Stadt besetzt und auch niedergebrannt.

In der Wikingerzeit veränderte sich die Situation auch in den Gebieten östlich des Baltikums wesentlich. An den Küsten der grossen, durch Russland fliessenden Flüsse, entstanden viele

Rekonstruktion des Tors der Festung von Varbola (Estland)

---

15 *Die Runen – alte germanische Kult- und Schriftzeichen. Die Runensteine – Steine mit Runen zum Gedächtnis der Toten.*

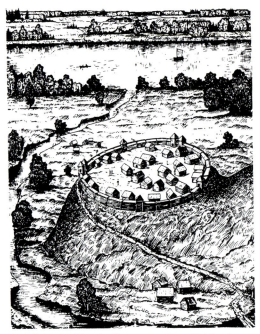

Rekonstruktion der Festung von Asote (Lettland)

frühe Städte: Alt-Ladoga, Nowgorod, Pskow, Polozk, Kiew. Dort gab es Wikinger und Ostslawen wie auch finnisch-ugrische und baltische Völker. Am Ende des 9. Jh. bildete sich der **altrussische Staat** heraus, in dem die Russen nach und nach die führende Rolle übernahmen.

Die Russen haben in manchen, den Litauern und Jatwingern gehörenden Gebieten ihre Städte und Handelsstützpunkte angelegt (Grodno, Wolkowysk, Nowogorodok). Im 10. Jh. wurden litauische Waren über Grodno sogar nach Kiew befördert.

Laut Aussagen der Letopis[16] nahmen gegen Ende des 10. Jh. bzw. am Anfang des 11. Jh. die Feldzüge russischer Fürsten in baltische Länder zu. 983 machte Wladimir, der Grossfürst von Kiew, einen Kriegszug gegen die Jatwinger. Diese Züge wurden auch von seinem Sohn **Jaroslaw dem Weisen** fortgesetzt, der 1030 einen Kriegszug nach Estland vorgenommen hat und als Folge in Tartu (Dorpat) auf der Stelle der früheren estnischen Burg einen Stützpunkt er-

Livischer Krieger. Rekonstruktion nach Funden auf dem Friedhof von Laukskola (Lettland)

richten liess. Es wird angenommen, dass Südostestland damals für 30 Jahre unter russische Herrschaft geriet. Jedoch haben die Esten 1061 einen entscheidenden Gegenangriff gemacht und die Russen fortgejagt.

Im 12. Jh. veränderte sich die Situation. Altrussland hatte sich in kleinere, ständig im Krieg stehende Fürstentümer zersplittert. Für die Völker des Baltikums war das günstig, weil man es jetzt nur mit einzelnen, kleineren Gegnern zu tun hatte. Ab und zu gerieten die Esten in kriegerische Auseinandersetzungen mit **Nowgorod** und **Pskow**. In der 2. Hälfte des 12. Jh. aber übernahmen die Esten bei der Durchführung von Feldzügen in russisches Gebiet schon die Rolle des Angreifers. Darauf antworteten Pskow und Nowgorod ihrerseits mit Gegenangriffen, meistens in Südostestland. Es waren vereinzelte Plünderungszüge, die keine Unterwerfung des Gegners bewirkten.

Die Latgallen, Liven und Semgallen setzten sich am meisten mit **Polozk** auseinander, aber auch Pskow und Nowgorod haben Kriegszüge nach Nordostlettland gemacht. 1106 kämpften die Söhne des Fürsten Wseslaw von Polozk in einem Feldzug mit einem grossen Heer gegen die Semgaller, von denen sie aber eine vernichtende Niederlage hinnehmen mussten. Laut der Chronik sollen etwa 9000 russische Krieger in diesem Feldzug gefallen sein.

Nach der Chronik von Heinrich dem Letten waren Wiswaldis (*rex Wiscemolodo*, Wissewalde), der Verwalter von Jersika, und Wezeke (in russischen Chroniken Wjatschko), der Fürst von Koknese, die Vasallen des Fürsten von Polozk. Auch die Düna-Liven sollen Abgaben an Polozk gezahlt haben. Zugleich wird darauf hingewiesen, dass die Latgallen aus Talawa gegenüber Pskow und Nowgorod abgabenpflichtig waren. Die Ereignisse zu Anfang des 13. Jh. deuten immerhin darauf hin, dass die genannten Herrscher der Übermacht von Polozk zu entkommen suchten. Wiswaldis war mit einer Litauerin verheiratet und führte hin und wieder auch das litauische Heer, die Litauer aber waren damals heftige Gegner von Polozk. Lettische Geschichtsforscher meinen, dass die in der Chronik erwähnte Abhängigkeit von russischen Fürsten vorübergehend gewesen ist und nach einem gelungenen Feldzug jeweils nur eine kurze Zeit andauerte.

Von den baltischen Stämmen waren die **Jatwinger**, die seit dem 12. Jh. oft mit wolynischen Fürsten kämpfen mussten, in der schwierigsten Lage. Zu der Zeit machten auch die masurischen Polen, die ihre Erobe-

---

16 *Russisch für Annalen oder Jahrbücher – chronologisch geordnete Aufzeichnungen von geschichtlichen Ereignissen.*

33

DIE VÖLKER DES BALTIKUMS GEGEN ENDE DES 1. JT. UND ANFANG DES 2. JT.

Opferbaum von Palivere (Estland)

rungspläne hinter der Christianisierung verbargen, Kriegszüge in jatwingisches Gebiet.

6.4. VORZEITLICHER GLAUBE

In allen vorzeitlichen Glaubensformen finden sich animistische Züge. Schon in der Steinzeit glaubte man, dass die belebte sowie unbelebte Natur eine **Seele** hat, die der Träger der Eigentümlichkeit des jeweiligen Wesens bzw. Objekts ist. Auf den Glauben an Seelen ist der Kult von Naturgottheiten sowie die Verehrung der verstorbenen Vorfahren (Ahnenkult) zurückzuführen. Mittelbar ist damit auch das heutige Gedenken an die Toten verbunden.

Neben der Seele hatten die Esten noch einen wichtigen Begriff – nämlich die „**Macht**", die in der belebten sowie unbelebten Natur vorhanden war. Man glaubte, dass Tiere, aber auch besondere Menschen mehr Macht besitzen als andere. Dank dem Vorhandensein dieser grösseren persönlichen Macht hatten sie eine besondere Stellung in der Gesellschaft. Auch einigen Bäumen, Steinen, Quellen etc. wurde mehr Macht zugeschrieben. Diese galten als heilig.

Auf die jeweils verehrten Mächte waren auch die **Opfer** bezogen, die den Opferempfänger dem Opferbringer gegenüber wohlwollend einstimmen sollten. Die wichtigsten Opfergaben waren Getreidekörner, Wolle, Brot, Fleisch, Blut, aber auch Silbermünzen und Schmuck, in

wichtigeren Fällen Tiere und selten sogar Menschen – vorwiegend Kriegsgefangene.

Neben den Opfern spielte die **Magie** eine grosse Rolle. Magische Riten teilt man in schaffende Fruchtbarkeitsmagie, bei der man durch gewisse Tätigkeiten z. B. das Getreidewachstum zu fördern versuchte, und vertreibende Abwehrmagie gegen böse Kräfte ein. Die Natur wurde von verschiedenen „**Geistern**" bewacht und beschützt. Auf Grund ihres Wohnorts wurden sie Waldmutter und Waldvater, Erdenmutter (*Magna Mater*) etc. genannt. Anscheinend entwickelten sich aus den jeweiligen Geistern, die mit der Zeit wichtiger geworden waren, die **Götter**. Die meisten Götter gab es in Litauen, die wenigsten in Estland. Möglicherweise ist das teils auch dadurch bedingt, dass der vorzeitliche Glaube bei den Litauern noch im 13.–14. Jh. existierte und darüber mehr Quellenmaterial erhalten geblieben ist.

Laut Angaben der Mythologen war der wichtigste und oberste Gott der **baltischen Stämme** Diewas (Diews). Er verkörperte die edelsten Eigenschaften: Gerechtigkeit, Güte etc. Gleichzeitig war er auf Ordnung bedacht und bestimmte das Schicksal. Perkunas (Perkons) war stark und kräftig und bewarf die Schuldigen, in erster Linie seinen Hauptgegner Wälinas, mit dem Blitz und mit der Axt. Wälinas (Wälns), das Gegenstück zu Perkunas, war mit der Dunkelheit und der Unterwelt verbunden. Von ihm wird in den Volkssagen am meisten gesprochen: wie er im Sumpf sitzt und anderen Angst macht, Steine trägt und diese überall fallen lässt. Neben den wichtigsten Göttern gab es noch weitere, deren Bedeutung im Laufe der Geschichte mal grösser, mal kleiner war. So hatten die Litauer drei wichtige Göttinnen – Laima, Zämina und Ragana. Laima bestimmte die Geburt des Menschen sowie sein langes und glückliches Leben. Zämina verlieh die Fruchtbarkeit und das Leben. Ragna war die Göttin der Nacht, des Todes und der

Opferstein (Estland)

Grabplatte mit vorchristlicher Symbolik aus der Kirche von Muhu (Estland). Auf der Platte sind ein Weltbaum, ein kultisches Horn zum Trinken und ein Krieger abgebildet.

Wiedergeburt. Die Liste litauischer Götter ist aber noch viel länger.

Die Glaubensformen der baltischen Völker werden auch in den oft gefundenen Anhängern, die man am Hals trug, erkennbar. So z. B. haben kleine Äxte den Gott Perkunas symbolisiert (die in Estland gefundenen können auch mit dem skandinavischen Thor zusammenhängen). Auf den Mondkult weisen die Lunulas, die Anhänger in Halbmondform, und auf den Sonnenkult runde Anhänger hin.

Von den **estnischen**, mit Sicherheit in die Vorzeit gehörenden Göttern ist dem Namen nach nur der in der Chronik von Heinrich dem Letten erwähnte Tharapita bekannt. Es wird angenommen, dass sein eigentlicher Name Taara gewesen ist, der in der vom Chronikschreiber

niedergeschriebenen Form eines Kriegsrufs „Taara, hilf!" („Taara, avita!") geläufig wurde. Wegen der Klangähnlichkeit und der damaligen Sitte der Esten, den Donnerstag zu heiligen, wird Taara manchmal mit dem skandinavischen Donnergott Thor verbunden. Aus späteren volkstümlichen Überlieferungen geht hervor, dass es noch weitere estnische Götter gegeben hat, aber zu deren Verehrung in der Urzeit fehlen konkrete Nachweise.

Die Einwohner des Baltikums sprachen unterschiedliche Sprachen und jedes Volk hatte seine eigenen Vorstellungen. Da sie aber in einem sehr ähnlichen natürlichen Umfeld lebten und auf einer fast gleichen gesellschaftlichen Entwicklungsstufe standen, gibt es in ihrem Glauben auch relativ viel Gemeinsames – was nicht zuletzt durch ihre schon lange bestehenden gegenseitigen Beziehungen begünstigt wurde.

6.5. DIE VÖLKER DES BALTIKUMS UND DAS CHRISTENTUM

Die katholische wie auch die othodoxe Kirche versuchten seit dem 11. Jh., die Völker des Baltikums zum christlichen Glauben zu bekehren. Die Christianisierung wurde von der Tatsache angespornt, dass die hiesigen Einwohner zu der Zeit die einzigen Heiden in ganz Nordeuropa waren.

In den Annalen der deutschen Kleinstadt Quedlinburg wird erwähnt, dass 1009 der **Heilige Bruno**, auch Bonifatius genannt, zu den Preussen gegangen ist, um dort seine Missionsarbeit zu erledigen. Er hatte freilich keinen besonderen Erfolg – mit 18 Gefährten soll er irgendwo an der litauischen Grenze getötet worden sein. Übrigens war es das erste Mal, dass „Litauen" in schriftlichen Quellen erwähnt wurde.

In der Chronik Adams von Bremen wird geschrieben, dass es schon in der 2. Hälfte des 11. Jh. in Kurland eine von einem Kaufmann erbaute Kirche gegeben haben soll. Ebenda wird erwähnt, dass um 1070 der Mönch **Hiltinus** vom Bremener Erzbischof zum Bischof der Völker der Ostseeländer ernannt wurde. Die Missionstätigkeit von Hiltinus war nicht von Erfolg gekrönt, und nach zwei Jahren gab er den Bischofsstab zurück.

In der 2. Hälfte des 12. Jh. soll der dänische König **Waldemar I.** das kurländische Bistum gegründet und versucht haben, die Kuren zu taufen. Wie erfolgreich dieses Vorhaben gewesen ist, kann man nicht genauer sagen.

Gegen 1167 wurde dank der Initiative des Erzbischofs von Lund der französische Mönch **Fulco** Bischof von Estland. Sein Gehilfe, der Mönch **Nicolaus**, war angeblich ein Este.

DIE VÖLKER DES BALTIKUMS GEGEN ENDE DES 1. JT. UND ANFANG DES 2. JT.

35

Auch sie haben hier keine nennenswerten Erfolge erzielt.

In schriftlichen Quellen wird aber auch auf einzelne getaufte Einwohner des Baltikums hingewiesen. Heinrich der Lette berichtet in seiner Chronik, dass z. B. Taliwaldis, Wezeke und Wiswaldis aus der Obrigkeit der Latgallen zum orthodoxen Glauben übergetreten sind. Von den getauften Esten wird der Häuptling Tabellinus genannt, der auf Gotland getauft worden sein soll.

Die aus **russischen Gebieten** gekommenen christlichen Einflüsse spiegeln sich in einigen, ins Estnische, Lettische und Litauische übernommenen, das Christentum betreffenden Lehnwörtern wider. Von der Verbreitung des christlichen Glaubens zeugen auch einige kreuzförmige Anhänger, die unter Funden des 11.–12. Jh. vorkommen, insbesondere im lettischen Gebiet. Jedoch war die Verbreitung des Christentums zu dieser Zeit nur geringfügig, so dass die Mehrheit der Bewohner des Baltikums damals ihren vorzeitlichen Glauben beibehalten hat.

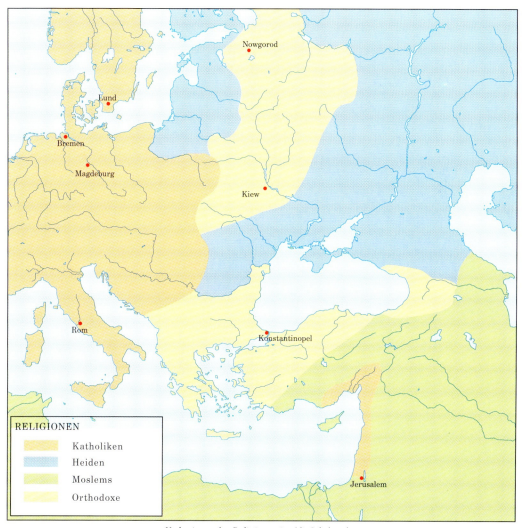

RELIGIONEN

Katholiken

Heiden

Moslems

Orthodoxe

Verbreitung der Religionen im 12. Jahrhundert

Fragen

1. *Warum veränderte sich die Lebensweise der Menschen in der Frühmetallzeit?*

2. *Welche sind die frühesten Feldkulturen in den baltischen Gebieten?*

3. *Womit hing die Wandlung der Rollen von Männern und Frauen in der Frühmetallzeit zusammen?*

4. *Aus welchem Grunde hält man die Alteisenzeit und Mitteleisenzeit für eine Periode des Aufschwungs?*

5. *Zu welchen Gebieten hatten die baltischen Stämme Handelsbeziehungen?*

6. *Welche archäologischen Funde weisen auf kriegerische Auseinandersetzungen hin? Begründen Sie Ihre Meinung.*

7. *Wovon berichten jungeisenzeitliche Funde den Wirtschaftshistorikern?*

8. *Zeigen Sie auf der Karte die Siedlungsgebiete der baltischen Stämme.*

9. *Vergleichen Sie die Kontakte der baltischen Völker zu ihren östlichen sowie ihren westlichen Nachbarn. Was war dabei ähnlich, was unterschiedlich?*

10. *In welcher Hinsicht waren der vorzeitliche Glaube und das Christentum ähnlich, in welcher unterschiedlich?*

LIBER PRIMUS. DE LYVONIA

1. DE PRIMO EPISCOPO MEYNARDO. Divina providencia, *memor Raab et Babilonis*[1], videlicet confuse gentilitatis, nostris et modernis temporibus Livones ydolatras ab ydolatrie et peccati sompno taliter *igne sui amoris*[2] excitavit.

2. *Fuit vir vite*[3] venerabilis et venerande caniciei[4], sacerdos ex ordine beati Augustini in cenobio Sigebergensi. Hic simpliciter pro Christo et predicandi tantum causa cum comitatu mercatorum Lyvoniam venit. Theutonici enim mercatores, Lyvonibus *familiaritate coniuncti*[5], Lyvoniam frequenter navigio per Dune flumen adire solebant.

3. Accepta itaque licencia prefatus sacerdos a rege Woldemaro de Ploceke, cui Lyvones adhuc pagani tributa solvebant, simul et ab eo muneribus receptis, audacter divinum opus aggreditur, Lyvonibus predicando et ecclesiam in villa Ykescola construendo.

4. Ex eadem villa primus Ylo, pater Kulewene, et Viezo, pater Alonis, primi baptizantur, aliis vicissim sequentibus.

5. Proxima hyeme Lettones vastata Lyvonia plurimos in captivitatem abducunt. Quorum *rabiem declinans*[6] idem predicator cum Ykescolensibus silvis committitur. Recedentibus Letthonibus causatur iam dictus Meynardus Lyvonum stulticiam, eo quod municiones nullas habeant, quibus castra fieri pollicetur, si filii Dei censeri et esse decreverint. Placet et promittitur et, ut baptismum recipiant, iuramento firmatur.

6. Igitur estate proxima a Gothlandia lapicide adducuntur. Interim suscipiende fidei sinceritas a Lyvonibus confirmatur secundo. Ante castri Ykescolensis inchoacionem pars populi baptizatur et facto castro universitas se baptizandam, licet mendaciter, pollicetur. Ergo muri a fundamentis exsurgunt. Quinta pars castri sicut a predicatoris surgit expensis, sic eius cedit proprietati, ecclesie fundo ab eo primitus comparato. Perfecto demum castro baptizati recidivant, nondum renati fidem suscipere detrectant. Idem tamen Meynardus ab incepto non desistit. Eo tempore Semigalli, pagani vicini, audita lapidum constructione, ignorantes eos cemento mediante firmari, cum magnis funibus navium venientes, putabant se stulta sua opinione castrum in Dunam trahere, sed a balistariis vulnerati dampna reportantes abierunt.

Seite der Chronik von Henrik, moderne Ausgabe

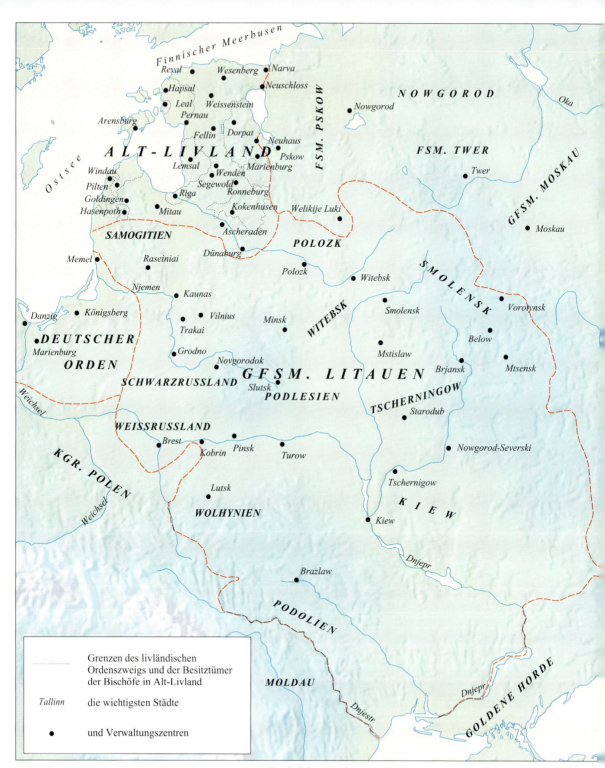

Das Baltikum 1430

39

ENTSTEHUNG VON TERRITORIALHERRSCHAFTEN UND CHRISTLICHE
EXPANSION IN DEN BALTISCHEN LÄNDERN IM 13. JH.

1. ENTSTEHUNG VON TERRITORIALHERR-SCHAFTEN UND CHRISTLICHE EXPANSION IN DEN BALTISCHEN LÄNDERN IM 13. JH.

1.1. HEIDNISCHER KEIL ZWISCHEN CHRISTEN AUS OST UND WEST

In der Mitte des 12. Jh. unterschieden sich die Völker der Ostküste der Ostsee von ihren Nachbarn in so mancher Hinsicht. Der wesentlichste Unterschied bestand sicherlich darin, dass sie immer noch Heiden waren – trotz der Eingrenzung durch christliche Länder seit mehreren Jahrhunderten. In Russland herrschte die Orthodoxie, Polen war katholisch wie auch die Nachbarn Dänemark und Schweden. Die orthodoxe Kirche war in ihrer Missionstätigkeit nicht allzu eifrig. Die katholische Kirche war zwar seit dem 10. Jh. bestrebt, das Christentum auch hierzulande zu verbreiten, jedoch ohne besonderen Erfolg.

Auch die Staatlichkeit hatte sich bei den Völkern der Ostküste der Ostsee noch nicht herausgebildet. Die wichtigsten territorialen Einheiten waren die sogenannten Landkreise. Eine Oberschicht mit vererbbarer Macht war erst im Entstehen begriffen. In den Beziehungen mit den Nachbarn herrschte das Gleichgewicht der Kräfte. Der Druck von seiten Russlands war eingestellt, auf skandinavische Feldzüge von jenseits des Meeres hatten Esten und Kuren mit einem Gegenschlag reagiert. Im Süden haben die Preussen und Polen wechselseitig Plünderungszüge unternommen. Hin und wieder kam es zu Zusammenstössen auch zwischen den Heiden selbst.

Am Ende des 12. Jh. waren deutsche Kaufleute bei den Liven, die am Unterlauf der Düna lebten, alltägliche Gäste. Mit ihnen kam der Augustiner[1] **Meinhard**, um das Wort Gottes zu verkünden und die Heiden zu bekehren. 1186 hat ihn der Erzbischof von Hamburg-Bremen zum Bischof von Uexküll ernannt. Da Meinhard gegen die Heiden keine Gewalt angewandt hat, wurde die Missionsarbeit für ihn eine wahre Kraftprobe. Allerdings waren seine Nachfolger anders geartet: der Zisterzienser[2] **Berthold** brachte

Grabplatte des Bischofs Meinhard

1.2. BEGINN DER GEWALTSAMEN CHRISTIANISIERUNG

In der 2. Hälfte des 12. Jh. begann sich das Kräfteverhältnis in der Ostseegegend zu verändern. Die Kaufmannschaft der Hanse drang zur Ostsee durch und erreichte die verlockenden Grenzgebiete Osteuropas. Weil die Kaufleute dabei mit Heiden besiedelte Gebiete passieren mussten, entstand der direkte Bedarf, aber auch die Möglichkeit, dem Christentum neue Territorien hinzuzugewinnen. Die Idee der Kreuzzüge wirkte fort, und den westeuropäischen, in erster Linie deutschen und dänischen Rittern, eröffnete sich eine günstige Möglichkeit, sich vor Ort in Europa im Namen des Glaubens auf die Probe zu stellen. Der auf die Ostseeheiden gezielte Kreuzzug wurde von der römischen Kurie wie auch von den Kaisern unterstützt.

Siegel des Schwertbrüderordens und Ruinen der Festung von Uexküll

1   Mitglied eines katholischen Mönchs- bzw. Nonnenordens. Die Ordensregel (die sog. Augustinerregel) gründet auf den Prinzipien der Werke des Kirchenlehrers Augustinus (354–430); Aufgabe: Seelsorge, Predigt.

2   Mitglied eines katholischen Mönchsordens. Der Zisterzienserorden wurde 1098 in Citeaux (lat. Cistercium) in Frankreich gegründet, um die strenge Askese und Frömmigkeit des mönchischen Lebens wiederzubeleben.

Seeschlacht der Kuren gegen die deutschen Ordensritter

1198, um den Widerstand der sich gegen das Christentum sträubenden Liven zu brechen, Kreuzfahrer mit, und ist auch selbst in einer Schlacht gefallen. Richtig in Schwung kam die gewaltsame Christianisierung zu der Zeit von **Albert**, der 1199 Bischof wurde. Als Stützpunkt für Handel und für weitere Eroberungen wurde 1201 die Stadt Riga gegründet, 1202 der **Schwertbrüderorden**[3], eine geistliche Vereinigung berufsmässiger Krieger. Mit der Idee der Christianisierung der Heiden verband sich immer deutlicher die Bestrebung, hiesige Gebiete zu erobern.

Die Lage der einheimischen Bevölkerung wurde immer kritischer. Die friedliche Missionsarbeit wurde von Kreuzzügen abgelöst, und die hiesigen Stämme konnten dem aus dem Westen kommenden, immer zunehmenden Druck nur mit grösster Anstrengung widerstehen. Als erste wurden die **Liven** unterworfen, danach die **Latgallen**. 1208 näherten sich die Eroberer dem estnischen Besiedlungsgebiet.

Estnische Stämme kämpften tapfer für ihre Freiheit. Mitunter versuchte man, die Kräfte auf dem estnischen Festland und der Insel Ösel zu vereinigen, um gemeinsam gegen den aus dem Süden immer gewaltiger vordringenden Feind zu handeln. Freilich führte das zu keinem besonderen Ergebnis. Die Verteidigung des heimatlichen Kreises schien allen wichtiger zu sein, als das Kämpfen für den Nachbarkreis. 1217 gelang es **Lembitu**, dem Ältesten des Sakala-Kreises, ein grösseres gemeinsames Heer zusammenzurufen; zugleich erwartete man auch Hilfe von den Russen. Bedauerlicherweise kamen die Russen zu spät und in der Schlacht am Matthäustag bei Fellin erlitt das estnische Heer eine schwere Niederlage. Der Älteste Lembitu fiel.

Anordnung des Legaten des Papstes Modena Wilhelm aus dem Jahre 1226 über die Verteilung der Gebiete der Unterworfenen: 1/3 des Landes soll dem Bischof von Riga und der Kirche gehören, 1/3 dem Schwertbrüderorden sowie 1/3 den Bürgern von Riga.

1219 schlossen sich den Eroberern auch die **Dänen** an. Zwischen den aus dem Süden vordringenden Deutschen und den Dänen, die in Nordestland Fuss gefasst hatten, brach ein heftiger Konkurrenzkampf um die noch nicht eingenommenen Gebiete aus, wobei die christliche Nächstenliebe restlos vergessen wurde. Unter Anführung der Bewohner von Ösel gelang es um 1220, das Land von der Fremdherrschaft zu befreien, aber nur kurzfristig. Das estnische Festland wurde ab 1225 wieder unterjocht, und 1227 mussten auch die Öselaner den Fremden die Herrschaft einräumen.

---

3   *Oder die Brüder des Kriegsdienstes Christi (Fratres Militiae Christi).*

41

ENTSTEHUNG VON TERRITORIALHERRSCHAFTEN UND CHRISTLICHE
EXPANSION IN DEN BALTISCHEN LÄNDERN IM 13. JH.

Südlich von Riga gab es nach der Unterwerfung der Esten immer noch genügend unbesiegte Stämme und begehrenswertes Land. Einen zähen Kampf um ihre Freiheit führten die **Kuren** und **Semgallen**. Die Kuren mussten sich auf Grund der Verträge von 1225 und 1230 geschlagen geben. In Westsemgallien konnte der Fürst **Westarts** die Unabhängigkeit erhalten und beabsichtigte, das Christentum freiwillig anzunehmen.

Je mehr die Christen ihre Grenzen nach Süden zogen, desto öfter stiessen sie mit dem immer stärker werdenden **litauischen Reich** zusammen. Im September 1236 erlitten die von einem Plünderungszug in Litauen zurückkehrenden Kreuzfahrer und die Ritter des Schwertbrüderordens von den litauischen Stämmen eine erbärmliche Niederlage. Besonders hart traf es den Orden, von dem nur Reste übriggeblieben waren. 1237 wurde der Schwertbrüderorden dem Deutschen Orden angeschlossen, indem er den livländischen Ableger des Deutschen Ordens bildete. Die Niederlage in der Schlacht bei Saule bremste vorübergehend den Schwung der Kreuzfahrer.

1.3. ENTSTEHUNG DES LITAUISCHEN REICHES

Die immer bedrohlicher gewordene auswärtige Gefahr hat die Entstehung des litauischen Reiches nicht verhindert. An der Wende des 12. zum 13. Jh. waren die Voraussetzungen für die Vereinigung der litauischen Gebiete geschaffen. Immer sichtbarer wurde die gesellschaftliche Gliederung des Volkes: die einen bestellten das Feld, die anderen unternahmen Feldzüge, die dritten wiederum strebten nach einer Stellung als Volksanführer. An die Stelle der Ältesten traten die Fürsten, deren Macht vererbbar wurde. Die bisherigen Raubzüge in Nachbargebiete traten vor sichtbaren Bestrebungen, diese Gebiete zu erobern, zurück. Gleichzeitig wurde aber auch die Gefahr von Kreuzzügen wahrgenommen. Es entstand die Notwendigkeit, den gesellschaftlichen Entwicklungsstand zu sichern und die Kräfte zu vereinigen. Die provisorischen Landkreisverbände entwickelten sich am Anfang des 13. Jh. zu einer Konföderation mit älteren Fürsten an der Spitze. In Jahren von 1230–1240 vernichtete der Fürst **Mindaugas** einen Teil der Konkurrenten, unterwarf andere, schloss Verwandtschaftsbeziehungen mit dritten und, „begann das ganze litauische Land alleine zu beherrschen", so die Chronik.

In das junge litauische Reich wurden alle litauischen Gebiete eingefügt, die sich im Einzugsgebiet der Njemen[4] befanden, ausserdem haben gewissermassen auch die Skalwen, Nadruwen, ein Teil der Jatwinger und Sehlen die Übermacht von Mindaugas anerkannt. Dem litauischen Reich wurden zudem die am Njemenoberlauf gelegenen Gebiete mit baltisch-slawicher Mischbevölkerung einverleibt.

Das junge Reich wurde auf die Probe gestellt. 1248 kam es zwischen Mindaugas und seinen Verwandten zu einer ernsthaften Auseinandersetzung. Gegen Mindaugas traten Danil, der Fürst von Galizien-Wolynien, die neuen Herrscher Livlands[5] und ein Teil der von Mindaugas unterworfenen Jatwinger und Samogiten auf. Es war eine „internationale Koalition" im Entstehen, die das Reich zu zerstören drohte. Allerdings gelang es dem schlauen Mindaugas, das feindliche Lager zu spalten, indem er Uneinigkeiten unter seinen Gegnern auslöste. Mindaugas versprach, auch zum **Christentum** überzutreten, und gewann so den livländischen Orden zu seinem Befürworter. 1251 liess sich Mindaugas samt seinem Gefolge taufen und wurde 1253 mit der vom Papst geschenkten Krone zum **König** gekrönt. Die Vereinigung litauischer Länder, die Taufe und die Krönung waren wirklich herausragende Leistungen. Litauen war auf dem Wege, zu den europäischen Staaten zu zählen.

Die Kirche von Mindaugas aus dem 13. Jahrhundert (Rekonstruktion).

---

4   *Deutsch: die Memel.*

5   *Historische Gegend in Estland und Lettland, vorläufig das Siedlungsgebiet der Liven. 1347–1561 erstreckte sich Livland über das ganze Ordensreich, das Bistum Riga sowie die Bistümer Dorpat, Ösel-Wiek und Kurland. Nach der Unterwerfung Estlands durch Schweden und der Bildung des Herzogtums Kurland 1562, bezeichnete man als Livland die polnischen Besitzungen nördlich der Düna. Auf Grund des Altmark-Friedens 1629 wurde Livland in das Livländische Gouvernement, im Besitz Schwedens, und in das zu Polen gehörende Latgallien, das sog. Polen-Livland (Inflanty Polskie) geteilt.*

Das alles hatte aber seinen Preis. Im litauischen Reich verstärkte sich allmählich der Einfluss des livländischen Ordens, dem ein Teil von Samogitien (der andere kam in den Besitz des litauischen Bischofs) und Jatwagien, sowie weitere Länder gegeben wurden. Die Vorbereitungen zur Taufe des Volkes waren im Gange, als ersichtlich wurde, dass sich das Volk dagegen sträubte. Mit Gewalt verteidigten sich die Samogiten vor den Christen. Sie unternahmen Kriegszüge in die Ordensbesitzungen und haben die Ordensbrüder 1259 in der Schlacht bei **Skuodas** und 1260 bei **Durben** (s. 1.4.) geschlagen. Mindaugas nahm den Kampf gegen die Kreuzfahrer wieder auf, fiel aber 1263, von Verschwörern umgebracht.

Innerhalb weniger Jahre erlebte Litauen mehrere Fürsten: **Treniota**, **Vaišelga**, den Sohn des Mindaugas, und **Švarnas**, den Fürsten von Galizien-Wolynien. Das Reich kam in eine Krise. Immer grösser wurde die Gefahr, unter den Einfluss der Fürsten von Livland oder Galizien-Wolynien zu geraten. Die Krise wurde vom Grossfürsten **Traidenis** (1269–1281) gelöst. Er vereinigte wieder die litauischen Länder, verdrängte die Wolynier und veranstaltete Kriegszüge in das Ordensland. Nach dem Tod von Mindaugas herrschte im Lande wieder das Heidentum.

1.4. KAMPF DER BALTISCHEN VÖLKER MIT DEM DEUTSCHEN ORDEN IM 13. JH.

1228 bat der polnische Lehnsfürst Konrad von Masowien den Deutschen Orden um Hilfe gegen die Angriffe der **Preussen**. Die Ordensbrüder kamen 1231 am Weichsel-Unterlauf an und begannen, die Preussen zu unterwerfen und zu christianisieren.

Die Taktik des Ordens war die Eroberung von Gebieten, indem sie Burgen errichteten und so nach und nach weiterdrangen. Weil die preussischen Stämme einzeln gegen die Angreifer kämpften, war es leicht, ihren Widerstand zu brechen. Die Truppenstärke des Ordens wurde ständig ergänzt durch westeuropäische, hauptsächlich deutsche Krieger, und die Einheimischen konnten diesen Kräften schwer widerstehen. In zehn Jahren war die Hälfte der preussischen Gebiete besetzt. 1241 lehnten sich

Ritter des Deutschen Ordens

43

ENTSTEHUNG VON TERRITORIALHERRSCHAFTEN UND CHRISTLICHE
EXPANSION IN DEN BALTISCHEN LÄNDERN IM 13. JH.

die unterdrückten und frischgetauften Preussen auf, jedoch wurden sie 1249 wieder geschlagen. Der Orden setzte seinen Vormarsch nach Norden weiter fort.

Der livländische Orden richtete sich auf die Unterwerfung der **Kuren**, **Semgallen** und Litauer aus. Man versuchte auch, in Russland einzudringen. Die Kuren mussten die fremde Übermacht 1242 und die Semgallen 1250 akzeptieren. Noch konnten die Samogiten dem Feind widerstehen, obwohl auch die anderen Stämme versuchten, die Schwachstellen des Eroberers zu ihren Gunsten auszunutzen. Nach dem Sieg der Samogiten bei Skuodas haben sich die Semgallen wieder aufgelehnt, infolge der **Schlacht bei Durben** 1260 auch die Kuren, Preussen und Öselaner. Die Schlacht von Durben wurde für die Kreuzfahrer zu einem kritischen Punkt.

Das Stadtsiegel von Riga

zwischen der Weichsel und dem Njemen, auf dem Territorium der Preussen, Nadruwen, Skalwen und Jatwinger, der Deutsche Orden als gefährlicher Nachbar Litauens nieder. Die Versuche Litauens, das Christentum anzunehmen und seine Stellung unter den europäischen Staaten zu sichern, sind jedoch gescheitert. Das litauische Reich blieb heidnisch.

1.5. ZUSAMMENFASSUNG DES 13. JH.

Im 13. Jh. haben sich im Leben der Völker der Ostküste der Ostsee wesentliche Wandlungen vollzogen. Die Liven, Latgallen, Esten und ein grosser Teil der Kuren und Semgallen wurden von einer fremden Macht unterworfen. Es bildete sich eine aus kleinen Fürstentümern bestehende Struktur heraus, die nach den Liven **Livland** benannt wurde. **Nordestland** ging in dänischen Besitz über.

Am stärksten ausgeprägt war die Entwicklung **Litauens**. Obwohl das von Mindaugas gegründete Reich nach dem Tod des Grossfürsten in eine Krise geriet, konnte man der Aggression widerstehen. Hingegen liess sich im Gebiet

Das der Stadt Tallinn verliehene Lübecker Stadtrecht aus dem Jahre 1282. Auf dem Buchdeckel ist der dänische König Erik Klipping zusammen mit seiner Mutter Margareta abgebildet.

2. DIE GESELLSCHAFTLICHE ENTWICKLUNG DES LITAUISCHEN GROSSFÜRSTENTUMS

2.1. DAS LITAUEN DER GEDIMINEN BIS ZUM ÜBERTRITT ZUM CHRISTENTUM 1387

Das litauische Reich entstand auf einem ca 80 000 km^2 grossen Territorium, das von ungefähr 3–400 000 Menschen bewohnt war. Schon im 13. Jh. begann es sich auf Kosten anderer baltischer Völker sowie Russlands auszudehnen.

Seit dem Ende des 13. Jh. regierte über Litauen die Dynastie der Gediminen. Die Grossfürsten **Vytenis** (1295–1316), **Gediminas** (1316–1341) und **Algirdas** (1345–1377) haben das litauische Reich erweitert und die Angriffe der Kreuzfahrer zurückgeschlagen. Insbesondere das letztere war schwierig. Der **Deutsche Orden**, mit zahlreichen Kreuzfahrern aus Westeuropa, war sehr bemüht darum, das litauische Reich zu besetzen und zu zerstören. Die Eroberungen wurden mit dem Heidentum der Litauer gerechtfertigt. Immerhin haben sich die Litauer geweigert, sich zum Christentum zu bekennen, das ihnen mit Gewalt aufgedrängt wurde, denn sie kannten das Los der Preussen und der livländischen Bevölkerung.

Jährlich unternahmen die Kreuzfahrer 1 bis 3 Kreuzzüge nach Litauen, indem sie in Samogitien und Richtung Njemen-Oberlauf vorgedrungen sind. In der 2. Hälfte des 14. Jh. näherten sie sich schon Vilnius (Wilna). Die Litauer errichteten Burgen, um Samogitien vom Süden her sowie das Ufergebiet des Njemen zu beschützen. Im Mittelteil des Reiches wurde ein steinernes Befestigungssystem angelegt, dessen Hauptstützpunkte Vilnius und Trakai waren.

Der Krieg zwischen den Litauern und den Kreuzfahrern war ein Plünderungskrieg. Nur sehr selten standen in den Schlachten grosse Heere einander gegenüber. Die Kreuzzüge gegen Litauen wurden von den Litauern mit Kriegszügen ihrerseits erwidert, aber die Plünderungszüge nach Livland und in den preussischen Besitz des Deutschen Ordens wurden allmählich seltener. Die litauischen Herrscher suchten auch nach anderen Möglichkeiten, um ihren Gegner zu entkräften.

Während die **livländischen Mächte** 1298–1330 miteinander im Streit lagen, haben Vytenis und Gediminas die Stadt Riga und ihren Erzbischof unterstützt, um einen Keil zwischen die Gegner zu treiben. Riga war für Litauen schon seit dem 13. Jh ein wichtiger Handelspartner. Im 14. Jh. schloss Litauen auch mit anderen livländischen Kleinstaaten Handelsverträge. Trotzdem konnte der Deutsche Orden den Warenaustausch Litauens mit Europa bis zum Ende des 14. Jh. sperren.

Das ganze 14. Jh. hindurch verbreiteten litauische Herrscher in der christlichen Welt ihre Absicht, das **Christentum** anzunehmen. Die wichtigsten diesbezüglichen Aktionen wurden 1322–1324 von Gediminas durchgeführt. Der Grossfürst verbreitete in Europa seinen Wunsch, zum christlichen Glauben überzutreten, und lud Kolonisten nach Litauen ein. Allerdings waren die Verhandlungen mit den Gesandten des römischen Papstes fruchtlos. In Litauen gab es eine starke heidnische Opposition. Erfolglos verliefen auch die Unterhandlungen mit Kaiser Karl IV. 1358, als Algirdas darauf bestand, dass der Deutsche Orden in die Steppengebiete am Schwarzen Meer versetzt wird und

Litauen im 13. Jahrhundert

das unabhängige Semgallien

das von Mindaugas regierte Gebiet vor der Vereinigung der litauischen Stämme

das durch den Bischof von Litauen und den livländischen Ordenszweig vorübergehend besetzte Gebiet

die ungefähren Grenzen Litauens in der Mitte des 13. Jahrhunderts

Landschaften

Litauen die Gebiete zurückgegeben werden, die südlich an den Pregold- und den Alna-Fluss und nördlich an den Düna- und Aivekste-Fluss grenzten, d. h. die von baltischen Stämmen besiedelten Länder, ausgenommen die preussischen Siedlungsgebiete. Trotzdem boten die Verhandlungen Litauen die Gelegenheit, seine Kräfte zu sammeln und Beziehungen zur europäischen Diplomatie aufzunehmen.

In Bezug auf **Russland** setzten die Gediminen die Politik von Mindaugas fort, der einst das sog. Schwarzrussland (Ein historisches Gebiet im 13. und 14. Jh. am Nemunas-Oberlauf auf dem Territorium des heutigen Weissrusslands) unterworfen hatte. Anfang des 14. Jh. wurde Polozk eingenommen, und am Ende der Regierungszeit von Algirdas drang Litauen östlich des Dnjepr bis zu den Steppen am Schwarzen Meer vor. Das Territorium des Reiches dehnte sich über 800 000 km^2 aus und die Einwohnerzahl stieg auf fast 1 Million. Die staatliche Regelung der eroberten russischen Länder wurde nicht verändert, nur dass an die Stelle des Hauses Rurik[6] dem Grossfürsten unterstellte Gediminen traten. Die russischen Bojaren[7] bewahrten ihren Status, jedoch konnten sie bei der Regierung nicht mitreden.

Angesichts der ständigen Kriegsbereitschaft wuchs die Bedeutung der militärischen Oberschicht. Freilich war dieser untersagt, am Regieren teilzunehmen. Das Oberhaupt des Reiches war der Grossfürst, der in der Regierung von seiner Verwandtschaft unterstützt wurde. Die Mitglieder der **Dynastie** wurden als Statthalter in Litauen wie auch in Russland eingestellt. In der Mitte des 14. Jh. waren bis zu 40 Gediminen gleichzeitig tätig. Da der Grossfürst das Recht hatte, sie zurückzubeordern, gelang es lange, innerstaatliche Konflikte zu vermeiden. Die befähigsten und erfolgreichsten der Statthalter wurden zu den nächsten Helfern des Grossfürsten. Besonders herausragend war **Kestutis**, der Bruder von Algirdas und Fürst von Trakai, der eifrig und begabt war im Organisieren des Widerstandskampfes gegen die Kreuzfahrer.

Am Ende der Regierungszeit von Algirdas wurde das Reich von einer neuen Gefahr bedroht. Der **Deutsche Orden** ergriff die Initiative und verheerte die Umgebung von Vilnius und Trakai. In **Russland** begegnete Litauen dem

Der litauische Grossfürst Gediminas   *Fürst Kestutis*

Widerstand Mokaus, das stärker geworden war. Algirdas unternahm drei Feldzüge nach Moskau, allerdings ohne es unterwerfen zu können. Hatte sich früher die materielle und kriegerische Macht Litauens auf Kosten der russischen Länder vergrössert, musste Litauen nun dafür viel mehr Kraft einsetzen. Man begriff, dass andersartige Beziehungen zu den Nachbarn vonnöten waren. Nach Algirdas' Tod brachen innerhalb

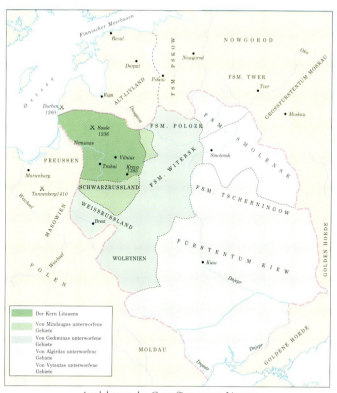

Ausdehnung des Grossfürstentums Litauen

---

6 *Auch: 'Rjurikowitsch', das russische Fürstenhaus, das mit dem schwedischen Waräger, dem Nowgoroder Fürsten Rurik (862–879) begonnen hat und bis zum Jahr 1598 an der Macht blieb.*

7 *Altrussischer Hochadel vom 10. bis zum Beginn des 18. Jh., der die Ländereien auf erbrechtlicher Grundlage besass.*

Grabmonument des Grossfürsten Jogaila in Krakau

Jogaila ihm seine grossfürstliche Macht über Litauen eingeräumt.

1387 hatte Litauen den **christlichen Glauben** angenommen. Für das Land war dieser Schritt von riesengrosser Bedeutung. Von nun an standen alle Wege offen, um das Land und die Gesellschaft zu modernisieren und am Leben Europas teilhaben zu lassen.

In den Jahren der Christianisierung Litauens wurden drei wichtige Privilegien verbrieft. Auf Grund derer wurde die katholische Kirche Grossgrundbesitzer und bekam die juristische sowie die Vermögensimmunität[8]. Dem Katholizismus wurde in Litauen eine privilegierte Stellung verliehen. Jogaila hat auch das Recht der litauischen katholischen Oberschicht auf Grundbesitz erweitert. Vilnius bekam das Magdeburger Stadtrecht[9], und die städtische Bürgerschaft, wie sie in anderen westeuropäischen Städten vorhanden war, begann sich herauszubilden.

Vytautas führte die Reformen weiter. Er beseitigte die alten Gediminerfürsten und vertraute die Verwaltung grosser Besitztümer den ihm nahestehenden Personen an. Den Statthaltern wurde auch Land einschliesslich der Bauern gegeben. So vergrösserte Vytautas die Abhängigkeit der örtlichen Macht von der Macht des Grossfürsten. Die Position der Oberschicht wurde so schnell stärker.

Mit der Annahme des Christentums begann die Errichtung von Kirchen und Klöstern. Bei diesen wurden Schulen gegründet und so der Grund zum Erkennen der Schrift gelegt. Den Litauern öffneten sich die Türen der europäischen Universitäten.

der Dynastie **Konflikte** aus. Kestutis vertrat die alten, heidnischen Kräfte, während der Sohn von Algirdas, **Jogaila**, für die Ansichten der neuen Generation war. Die Notwendigkeit zu politischen Veränderungen sah auch **Vytautas**, der Sohn von Kestutis, ein. Infolge innerer Konflikte fiel Kestutis 1382, Vytautas wurde vom Deutschen Orden in Schutz genommen. Jogaila wurde der neue Herrscher des Reiches.

2.2. LITAUEN ZUR ZEIT VON JOGAILA UND VYTAUTAS

Es war ganz offenkundig, dass Litauen früher oder später das Heidentum aufgeben musste. Es gab mehrere Nutzniesser, die Litauen beim Übertritt zum Christentum gern geholfen hätten: der Deutsche Orden, Polen und das orthodoxe Moskau. 1385 haben Jogaila und Polen einen Vertrag abgeschlossen, der die **Krevo-Union** genannt wurde. Als Gegenleistung für die Taufe Litauens wurde Jogaila die polnische Königskrone angeboten. 1386 wurde Jogaila unter dem Namen Wladyslaw Jagailo König von Polen. Zugleich blieb er auch litauischer Grossfürst, und somit wurden Litauen und das Königreich Polen vereinigt. Jogaila versuchte, Litauen mit polnischer Hilfe zu regieren, was den Litauern freilich nicht gefiel. Mit der Unterstützung der litauischen Oberschicht und des Deutschen Ordens setzte **Vytautas** den Machtkampf fort. 1392 hat

Siegel des Grossfürsten Vytautas

Einer der Gründe, weswegen der Übertritt zum Christentum ausgerechnet über die polnische Vermittlung erfolgte, bestand darin, dass beide Länder im Deutschen Orden ihren gemeinsamen Feind sahen. Mit dem Übergang zum christlichen Glauben wurde dem Deutschen Orden der Grund für weitere Kreuzzüge entzogen. In der Tat haben die Ordensbrüder den Glaubenswechsel Litauens nicht anerkannt und führten den Krieg weiter. Ende des 14. Jh. und Anfang des 15. Jh. gelangte der Orden zum langersehnten Ziel: er bekam

---

8   *Die Immunität – Befreitsein von gewissen Verpflichtungen, z. B. von öffentlichen Abgaben, Lasten; auch Beschränkung der Strafverfolgung.*

9   *Das 1188 in Magdeburg erwachsene Stadtrecht, auch Deutsches Recht genannt, das in den Städten Ostdeutschlands, Schlesiens, Tschechiens und im 14.–16. Jh. auch in Polen, Litauen, Weissrussland, Galizien und der Ukraine Verbreitung fand.*

Die Schlacht von Tannenberg 1410 (Gemälde von J. Matejko)

Samogitien, wodurch die Voraussetzung zur Vereinigung der preussischen und livländischen Ordensbesitze geschaffen wurde. Die Samogiten gaben sich damit nicht zufrieden und lehnten sich auf.

Der Aufstand 1409 entfesselte einen grossen Krieg zwischen Litauen-Polen und dem Deutschen Orden 1410 und 1411. In Preussen, bei **Tannenberg** (Grunwald), fand eine der grössten Schlachten in der Geschichte dieser Region statt. Das vereinigte litauisch-polnische Heer unter Führung von Vytautas und Jogaila hat die Ordenskräfte zerschlagen. Diese Schlacht wurde zum Zeichen des Niederganges des preussischen Ordens und somit auch des ganzen preussischen Ordensreiches. Die Macht des Ordens begann zu bröckeln.

1411 wurde Frieden geschlossen. Litauen bekam Samogitien zurück. Es folgten lange und schwierige Verhandlungen, die erst 1422 zu einem Abschluss führten. Zwischen Litauen-Polen und dem Deutschen Orden wurde Frieden geschlossen, und damit den Kreuzzügen gegen Litauen ein Ende gemacht.

In den ersten Jahrzehnten des 15. Jh. unternahm Vytautas mehrere Feldzüge gegen Russland und unterwarf mit der litauischen Übermacht Nowgorod und Pskow, 1425 auch

Moskau. Die litauische Oberherrschaft wurde sogar von tatarischen Khanen anerkannt. 1422 nahm Vytautas auf Vorschlag der Hussiten die tschechische Krone entgegen und sandte seinen Statthalter Sigismund Koributé nach Tschechien.

Trotzdem blieben die Beziehungen zwischen Litauen und Polen gespannt. Seit 1385, als die Krevo-Union geschlossen wurde, hatte Polen versucht, Litauen die Rolle des sozusagen „jüngeren Bruders" aufzuzwingen. Da Litauen die Union mit Polen nicht ablehnen konnte, wurden die Unionsverträge Ende des 14. Jh. und Anfang des 15. Jh. mehrmals erneuert. Obwohl Litauen hin und wieder an Polen gewisse Zugeständnisse

Festung von Trakai

machte, war es doch darum bemüht, um jeden Preis seine Staatlichkeit und politische Unabhängigkeit zu bewahren. Vytautas wird für einen der einflussreichsten Führer Osteuropas gehalten.

1429 trug Kaiser Sigismund Vytautas die Königskrone an, was freilich sehr ernsthafte politische Folgen hatte. Die Polen waren entschieden dagegen, und so fand die für 1430 festgelegte Krönung nicht statt. Kurz danach starb auch Vytautas.

Die Regierungszeit von Vytautas war für Litauen von grosser Bedeutung: die Einfälle der Kreuzfahrer mussten aufhören, Litauen wurde ein christliches Land, die gesellschaftliche, wirtschaftliche und kulturelle Entwicklung hatte sich beschleunigt.

2.3. LITAUEN IM SPÄTMITTELALTER (1430–1569)

Nach dem Tod von Vytautas ging die Regierung Litauens auf Jogaila über, der die Macht wiederum an seinen Bruder **Švitrigaila** (1430–1432) weitergab. Da Polen dem nicht zustimmte, brach ein kriegerischer Konflikt aus. Švitrigaila war nicht imstande, die innerstaatlichen Kräfte zusammenzuhalten, und es begann ein Krieg im Innern. 1432 wurde Švitrigaila mit polnischer Hilfe gestürzt. An seiner Stelle wurde **Sigismund** (1432–1440), der Bruder von Vytautas, zum Grossfürsten. Er erneuerte die

Litauische Münzen aus dem Spätmittelalter

Vereinbarungen mit Polen und führte im ganzen Reich, darunter auch in russischen Gebieten, die Immunität der Oberschicht ein, wonach die Oberschicht in sein Lager überwechselte. Im Machtkampf ergriff Sigismund die Initiative und schlug 1435 in der Schlacht bei Ukmerge Švitrigaila und seinen Verbündeten, den livländischen Orden. Das letzte Eindringen des Ordens nach Litauen endete mit einer vernichtenden Niederlage. 1438 war der Krieg zu Ende, Sigismund aber wurde 1440 von Verschwörern umgebracht.

Den Grossfürstentitel erbte **Kazimieras** (1440–1492), der 13jährige Sohn von Jogaila, der 1447 auch polnischer König wurde. Bis zur Lubliner Union[10] 1569 bestand zwischen Litauen und Polen eine Personalunion[11] (ausser 1492–1501). Die Gebundenheit durch den gemeinsamen Monarchen und die jagellonische Dynastie bestimmte auch die gemeinsame Politik der Partner.

Kazimieras' Jugend, später aber auch seine häufigen Aufenthalte in Polen, führten zur Konzentration der eigentlichen Macht auf grössere Grundbesitzer und die sog. **Pans[12]-Rada** (Rat der Pans), die Vertreter der Staatsmacht.

Die Bedeutung der Pans nahm zu. 1477 befreite Kazimieras sie von Staatssteuern und verlieh ihnen die Gerichtshoheit über die Bauern. Der Grossfürst verteilte an die Oberschicht Ländereien mit Bauern; vielerorts erzeugte man auch Waren. Es bildete sich ein Geflecht aus **Grossgrundbesitzern**, das hauptsächlich aus Nachkommen der Kampfgefährten von Vytautas bestand, die die wichtigsten Positionen im Reich innehatten. Die Pans, aber auch die niedere Oberschicht, wurden vom Grossfürsten immer weniger abhängig.

Die Pans-Rada erlangte 1492 vom Nachfolger Kazimieras', **Aleksandras** (1492–1506) das Versprechen, keine neuen Gesetze ohne die Zustimmung der Rada zu beschliessen. Zum Ende des 15. Jh. gewann der Seim[13] an Gewicht, dem alle Vertreter der Oberschicht angehören konnten.

Die Standesrechte der polnischen Oberklasse erstreckten sich mit der Zeit auch auf die **russischen Bojaren**. Sie traten in den Staatsdienst und waren als Diplomaten tätig. Unter ihnen traten im 16. Jh. einflussreiche Geschlechter hervor: die Ostrozskis, Hodkevitš' etc. Russische Bojaren behielten ihre Sprache und Religion bei, obwohl sie litauische Interessen vertraten. Das hatte seine Auswirkung auf die Beziehungen mit dem immer stärker werdenden Moskau. Moskau begann, an Litauen Ansprüche auf russische Gebiete zu stellen. Die Regie-

---

10 *Der 1569 abgeschlossene Vertrag, laut dessen sich Polen und Litauen zur Rzeczpospolita, zu einem Staat mit dem gemeinsamen Monarchen, dem Seim und gemeinsamer Aussenpolitik, vereinigten.*

11 *Vereinigung zweier oder mehrerer selbständiger Staaten unter einem Monarchen.*

12 *Anfänglich der Adelstitel, wurde im 19. Jh. im Polnischen und Tschechischen eine allgemein verbreitete höfliche Anredeform (poln., tschech. = der Herr).*

13 *Das Parlament.*

rungszeit von Aleksandras und seinem Bruder **Sigismund dem Alten** (1506–1548) war von fast ständigen Kriegen zwischen Litauen und Moskau geprägt. 1523 verzichtete Litauen auf Smolensk. 1537 wurde zwar Frieden geschlossen, aber die Beziehungen zu Rußland blieben nach wie vor äußerst gespannt.

Das zweite Problem für Litauen waren seine **Verhältnis zu Polen**. Zwei Gesellschaften und Staaten kamen einander allmählich wohl näher, zugleich aber vergrösserte sich der polnische Einfluss. Dieser wurde gefördert durch die jagellonische Dynastie, die katholische Kirche und die aus Polen stammenden Geistlichen, sowie die beim litauischen Heer dienenden polnischen Söldner und die familiäre Zusammengehörigkeit von polnischen und litauischen Pans. Litauen verkehrte mit dem Westen vorwiegend über polnische Vermittlung. Die Polen wollten aus dieser Situation Nutzen ziehen: in Litauen lockten weite Gebiete, die für die Kolonisation wie geschaffen waren. Allerdings kam es vorläufig weder zur Vereinigung der Reiche noch zum Anschluss Litauens an Polen.

Bei der Annäherung Litauens und Polens wirkten in erster Linie die Jagellonen mit. Diese Dynastie herrschte sowohl in Litauen als auch in Polen, Tschechien (1471–1526) und Ungarn (1490–1526). Es prägte sich die sogenannte **Jagellonen-Idee** aus, die darin bestand, die Jagellonen zu einer mitentscheidenden Dynastie in europäischen Angelegenheiten zu verwandeln. Litauen hatte dabei eine entscheidende Rolle zu spielen, denn nur in Litauen war die jagellonische Macht vererbbar. Jedoch brachen diese Pläne nach dem Sieg der Türken bei Mohacs 1526 zusammen, obwohl es für Litauen wie auch Polen schwer war, auf sie zu verzichten.

Die Differenzierung und die stärkere Macht des Adels, der immer zunehmende Druck Moskaus sowie die wachsenden Ansprüche Polens riefen in Litauen starke innere Spannungen hervor. Die Vormachtstellung der Pans erweckte im niederen Adel Unzufriedenheit. Sigismund der Alte und sein Sohn **Sigismund August** (ab 1544 Mitregierender, 1548–1572 Alleinherrscher) mussten sich viel Mühe geben, um den inneren Frieden wiederherzustellen. 1529 wurde das I. Statut[14] für Litauen herausgegeben, welches verpflichtend für alle Untertanen des Reiches war. Reformen wurden durchgeführt, alte Privilegien bekräftigt und neue Vorrechte erteilt, z. B. das Recht, eigene Wirtschaftserzeugnisse zollfrei auszuführen. Diese Massnahmen haben die Spannungen einigermassen gemildert, dennoch blieb eine Unzufriedenheit bestehen.

Seit der Mitte des 16. Jh. richtete die litauische Gesellschaft ihre Aufmerksamkeit auf die Ereignisse in **Livland** (s. 4.3.). Litauen war am Warenaustausch mit dem Westen sowie an den Ostseehäfen interessiert. Preussen als polnischer Vasall kam in dieser Hinischt nicht in Frage. Desto interessanter war Riga. 1577 wurde in der **Pasvalysis**-Siedlung ein **Vereinigungsvertrag** zwischen Litauen und Livland abgeschlossen. Das war eines von mehreren dem Livländischen Krieg vorangehenden diplomatischen Manövern.

Durch den Krieg stieg die Bedeutung und Aktivität der litauischen Oberschicht. Fortdauernd bestanden sie auf der Gleichstellung ihrer Rechte mit denen der Pans. Das verstärkte ihrerseits den Wunsch, sich mit Polen zu vereinigen. Litauen stand an der Schwelle grosser Reformen.

---

14 *Satzung, Ordnung.*

3. GESCHICHTE LIVLANDS – STRUKTUREN UND EREIGNISSE

3.1. DIE GESELLSCHAFTLICHE STRUKTUR LIVLANDS

Die selbständige politische und gesellschaftliche Entwicklung der livländischen Bevölkerung wurde am Anfang des 13. Jh. abgebrochen. Im Laufe der Eroberungen wurde im Land die für Westeuropa typische soziale und politische Ordnung eingerichtet.

Obwohl sich Livland deutlich von seinen Nachbarn unterschied, war es kein einheitlicher Staat. Bis zum Ende des Mittelalters blieb es der Name für eine Reihe verschiedener Herrschaften. Die grösste von ihnen war das Territorium des **livländischen Ordens**, dessen Besitztümer 67 000 km² umfassten. 1237 wurde der bisherige Schwertbrüderorden an den Deutschen Orden angeschlossen, der seinen Sitz in Preussen hatte. Somit wurde der livländische Zweig des Deutschen Ordens gegründet. Bis zum Beginn des 15. Jh. war der livländische Orden von der preussischen Zentralverwaltung stark abhängig. Als die internen Uneinigkeiten des preussischen Zweiges des Deutschen Ordens zunahmen und dieser im Kampf mit Polen-Litauen auf seinen Untergang zuging, konnte sich der livländische Orden von der Zentralverwaltung loslösen.

Der Kern des Ordens waren die Ordensbrüder – die Ritter, die das Mönchsgelübde abgelegt hatten. Die livländischen Ordensbrüder kamen vorwiegend aus Westfalen und gehörten meistens dem niederen Adel an, es gab aber auch Ordensbrüder stadtbürgerlicher Herkunft. Aus heute nicht mehr verständlichen Gründen konnten die in Livland geborenen Deutschen nicht in den Orden aufgenommen werden. Der Orden wurde von einem Ordensmeister und einem aus wichtigeren Amtspersonen bestehendem Kapitel geleitet.

Fahne des Ordensmeisters

Das zweitgrösste Bistum war das in der Mitte des 13. Jh. gegründete **Erzbistum Riga** (18 400 km²). Der Erzbischof von Riga war das Oberhaupt der livländischen Kirche. Ihm waren alle livländischen Bistümer unterstellt ausser dem Bistum von Reval, dessen Mutterkirche in Lund war. Der Rigaer Erzbischof war auch der Oberhirte eines Teils der preussischen Bistümer.

Die **Bistümer Dorpat, Ösel-Wiek** und **Kurland** waren relativ klein. Das kurländische Bistum hat dem Orden politische Unterstützung geleistet, denn das hiesige Domkapitel war schon im 13. Jh. in den Orden einverleibt worden.

Nordestland gehörte in den Jahren 1219–1227 und 1238–1346 zu **Dänemark** und hier regierte der Statthalter des dänischen Königs. 1346 verkaufte Dänemark seine estnischen Besitztümer an den Hochmeister des Deutschen Ordens, der sie 1347 in die Verwaltung des liv-

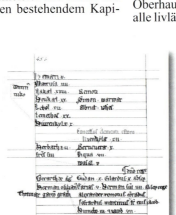

Liber census Daniae. Die im 13. Jahrhundert von Priestern, die Bewohner von Nordestland getauft hatten, zusammengestellte Urkunde beinhaltet Angaben über die damaligen Besitzverhältnisse und ist eine der wichtigsten Quellen zur frühen Geschichte Estlands

ländischen Ordens übergeben hat. Somit war ein langgehegter Wunsch des Ordens in Erfüllung gegangen.

Nach den Herrschern waren im Lehnssystem[15] die **Vasallen** oder die Lehnsleute die wichtigsten Personen, die seinem Lehnsherrn mit Rat und Tat beistanden. Die Vasallen stammten vorwiegend aus Norddeutschland, es wird aber angenommen, dass in Nordestland, das den Dänen gehörte, bis zu 10% Vasallengeschlechter estnischer Herkunft waren. Allerdings haben diese sich schnell eingedeutscht. Die Position der Vasallen in den einzelnen livländischen Kleinstaaten war unterschiedlich. Am stärksten war sie in Nordestland während der Dänenzeit. Die kriegerische Hilfe der Lehnsleute brauchte der Orden nicht, zumal er ja selbst aus berufsmässigen Kriegern bestand. Erst in der 2. Hälfte des 15. Jh. begann der Orden, seine Länder zu Lehen zu geben. Auch in Bezug auf die Vasallenprivilegien hatte das nordestnische Vasallentum die beste Position. 1397 hat es das Erbrecht erlangt, das die Zurückerstattung des Landes an den Lehnsherrn faktisch unmöglich machte. 1457 wurde das Erbrecht auch auf das Erzbistum Riga erweitert.

Im politischen Leben Livlands hatten die **Städte** eine grosse Bedeutung. Zweifelsfrei verbargen sich hinter der Gründung der Städte die Interessen der hanseatischen[16] Kaufmannschaft, die die kriegerischen Eroberungen wirtschaftlich unterstützt hat.

Unter den Städten war sowohl wirtschaftlich als auch politisch **Riga** mit seiner 720 km^2 grossen Gemarkung am einflussreichsten, danach kamen **Reval** und **Dorpat**. Die gemeinsamen Interessen förderten die Entstehung der Städteverbände. Schon seit der Mitte des 14. Jh. wurden livländische **Städtetage** veranstaltet, wo Handelsfragen besprochen, gemeinsame Tätigkeiten abgestimmt und die Interessen der Städte verteidigt wurden. Riga, Reval und Dorpat wurden im 13.–14. Jh. einflussreiche Mitglieder der **Hanse**, die an den Hansetagen teilnahmen und

Alt-Livland zu Beginn des 16. Jahrhunderts

auch dort ihre spezifischen, durch ihre geographische Lage bedingten Interessen zur Geltung bringen konnten.

Durch die von Fremden geschaffene politische Struktur wurde eine deutliche Trennlinie zwischen der Bevölkerung des Landes und den fremdländischen Siedlern gezogen. Die gesellschaftlichen Schranken waren schwer zu überschreiten. Die **einheimische Bevölkerung** blieb überwiegend ein Bauernvolk. Obwohl die Einheimischen bis zum Ende des 15. Jh. an den

Die kirchliche Struktur Livlands im Spätmittelalter

---

15 *Das Lehen – Besitz, der einem Vasallen mit der Verpflichtung verliehen wurde, dass der Betreffende dem Lehnsherrn mit persönlichen Leistungen zur Verfügung steht.*

16 *Die Hanse betreffend. Die Hanse, auch: die Hansa (got., ahd. = Kriegerschar, Gefolge) – 1. die grosse Gemeinschaft der Kaufleute zur gemeinsamen Behauptung ihrer Vorrechte im Ausland; 2. der lose Bund der norddeutschen, niederländischen, preussischen und livländischen Städte vom Ende des 13. Jh. bis zum Ende des 16. Jh.*

feudalen Feldzügen teilnehmen mussten und ihr Rechtssystem sowie ihre Gerichtstätten eine Zeitlang bestehen blieben, verschlimmerte sich die Lage der Vorfahren der Esten und Letten tiefgreifend. Ein Teil der Bevölkerung fand in den livländischen Städten Arbeit, indem sie dort die untere Bevölkerungsschicht bildeten. Ab der Mitte des 14. Jh. war es für die sogenannten „Nichtdeutschen" schon äusserst schwer, Bürger zu werden.

Die gesellschaftliche Ausdehnung der fremden Eroberung war vergleichsweise bescheiden. Im Gegensatz zum Ordensreich in Preussen gab es in Livland kaum fremdländische Bauern. Das hatte mehrere Gründe: erstens wegen des verhältnismässig rauhen Klimas und den dadurch im Vergleich zu Westeuropa eingeschränkten Ackerbaubedingungen; zweitens gelangte man nach Livland nur über den Seeweg, was teuer und gefährlich war. Deswegen entstand hier keine die einheimische Bevölkerung und Ansiedler verbindende gesellschaftliche Schicht. Das Land wurde in zwei unterschiedliche Welten zerteilt. In der einen lebten die Ahnen der Esten und Letten, in der anderen die Deutschen – und zwischen den beiden kam es nie zu wirklich freundschaftlichen Beziehungen.

3.2. LIVLAND ZU ORDENSZEITEN

Das Mittelalter Livlands wird in der historischen Literatur oft auch Ordenszeit genannt. Diese Bezeichnung ist durchaus begründet, denn ohne Zweifel war der Orden im hiesigen Gebiet die aktivste politische Macht, die folgerichtig nach einer Übermacht strebte. Eine solche Hegemonie, wie der Orden sie in Preussen genossen hat, blieb ihm hier aber unerreichbar. Hier gab es schon gewisse politische Kräfte, die der livländische Orden zu berücksichtigen hatte.

Das politische Leben in Livland drehte sich in der Tat um zwei Punkte: die Machtkämpfe zwischen dem Orden und den Bischöfen und die Fehde zwischen der Stadt Riga und ihrem Erzbischof, der sie zusammen mit dem Orden zu unterdrücken versuchte.

1297 brach zwischen **Riga** und dem Orden eine bewaffnete Auseinandersetzung aus. Die Stadt wurde vom Erzbischof und Litauen unterstützt. Der zähe Widerstand blieb bis 1330 bestehen, als Riga den Orden als Suzerän[17] anerkannt hat.

1343 loderte in Estland der **Baueraufstand** gegen die Unterjochung durch dänische Vasallen auf, der sich über Nord- und Westestland und die Insel Ösel ausdehnte. Die Kräfteverteilung in den Lagern war ungleich, denn den Dänen eilte der Orden zu Hilfe.

Ruinen des Klosters von Padis (Estland)

Der letzte Aufstand der Esten im Mittelalter wurde unterdrückt, endgültig jedoch erst im Jahr 1345. Als Folge des Aufstandes verkaufte **Dänemark** seine Besitzungen 1346 an den Hochmeister des Deutschen Ordens, der diese im nächsten Jahr an den livländischen Orden weitergegeben hat. Dadurch vergrösserte sich zwar die Macht des Ordens, indem er zum grössten Grundbesitzer in Livland wurde, aber er erbte von Dänemark auch eine Vielzahl von eigensinnigen Vasallen.

Urkunde, mit der der livländische Ordensmeister Goswin von Herike und noch vier weitere Vertreter des Ordens 1346 alle durch die dänischen Könige an Reval verliehenen Privilegien, Freiheiten und Gesetze bestätigten.

---

17 Oberlehnsherr, oberster Herrscher für einen Vasallen (gewöhnlich war es der König).

Seine grösste Aktivität richtete der Orden auf die **Kriegführung mit Litauen**. Der preussische und der livländische Orden handelten überwiegend gemeinsam. Die livländischen Ordenstruppen waren kleiner als die preussischen, auch kamen nach Livland weniger freiwillige Kreuzfahrer als nach Preussen. Ausserdem waren in Livland die Kräfte, die sich gegen die kriegerischen Eingriffe stellten, sehr stark. An einer ruhigen Entwicklung waren in erster Linie die Städte interessiert. Der Warenaustausch zwischen Riga und Litauen brach sogar während der Kriegszeiten nicht ab, wobei im 14. Jh. bewaffnete Auseinandersetzungen die ruhigen Zeiten weit überwogen.

Der Warenaustausch war auch grundlegend für die Beziehungen mit dem anderen Nachbarn – **Russland**. Nach der Eisschlacht von 1242 schwand der Wunsch der Kreuzfahrer, nach Russland vorzudringen, dennoch kamen kleinere Zusammenstösse vor. Der Warenverkehr mit Nowgorod, wo das Handelskontor der Hanse war, sowie mit Pskow war für die livländischen Hansestädte, insbesondere für Riga, Reval und Dorpat, lebensnotwendig. Ganz reibungslos verlief der Warenverkehr trotzdem nicht, oft wurden Handelssperren verhängt. Ab 1392 stabilisierte sich die Situation einigermassen. Der lebhafte Handel förderte das Wachstum der livländischen Städte.

Die Gegensätze zwischen dem livländischen Orden und seinem Gegner, der bischöflichen Macht, verschärften sich am Ende des 14. Jh. Mit päpstlichem Erlass wurde das Erzbistum Riga in den Orden inkorporiert[18], was für den Orden einen wirksamen Schritt zur Hegemonie hin bedeutete. Gegen den Orden bildete sich mit dem frischernannten Bischof von Dorpat, **Dietrich Damerow**, an der Spitze eine starke Opposition heraus. Die Opposition erweiterte sich so, dass neben den livländischen auch ausländische Kräfte dazugehörten. Dem Orden kostete es viel Mühe, die Opposition niederzuschlagen.

Die **Verhältnisse zwischen dem preussischen und dem livländischen Ordenszweig** begannen sich um die Jahrhundertwende vom 14. zum 15. Jh. zu verändern. In der aussenpolitischen Orientierung kamen Meinungsverschiedenheiten zu Tage. Davon zeugte z. B. auch die Tatsache, dass die livländischen Streitkräfte in der Schlacht bei Tannenberg nicht dabei waren. Der livländische Orden begann, sich immer mehr alleine zu behaupten, und versuchte, in den Beziehungen zum preussischen Orden die Rolle des jüngeren Bruders loszuwerden.

Ordensfestung auf dem Domberg in Reval

3.3. LIVLAND IM SPÄTMITTELALTER

Am Anfang des 15. Jh. veränderte sich in der Ostseeregion das Gleichgewicht der politischen Kräfte. Auch die Livländer waren gezwungen, wechselseitige Kompromisse zu suchen. Kurz nach 1420, während der Regierungszeit des Rigaer Erzbischofs Ambundii, wurde der **Landtag**, das ständische Repräsentantenorgan Livlands, einberufen. Dort versammelten sich alle einflussreichen livländischen Herren: die Bischöfe mit Vertretern der Domkapitel, der Hochmeister mit seinen wichtigsten Gebietigern, Vertreter der Vasallen und der Städte. Die Einberufung der Landtage war in wesentlichem Masse davon abhängig, wie die jeweiligen Beziehungen zwischen den zwei konkurrierenden Mächten – dem Orden

Spätmittelalterliche Residenz des Ordensmeisters in Wenden

---

und dem Erzbischof – waren. Obwohl der Landtag in seiner Tätigkeit nicht besonders erfolgreich war, da die unterschiedlichen Interessen Übereinkünfte nur schwierig zuliessen, hat er doch die livländischen Kräfte konsolidiert.

In den Jahren nach 1430 flammte innerhalb des livländischen Ordens ein ernsthafter Konflikt auf. Zwischen **westfälischen** und **rheinländischen Ordensbrüdern** kam es zum Streit. Die ersteren verlangten für den livländischen Orden grössere Unabhängigkeit vom preussischen Diktat, die Rheinländer aber waren preussisch gesinnt. Im Zusammenstoss wurden die Rheinländer geschlagen und aus allen wichtigen Stellungen verdrängt.

Von der neuen Position des livländischen Ordens zeugte auch die Niederlage in der **Schlacht bei Ükmerge** 1435, an der er als Verbündeter des litauischen Fürsten Švitrigaila teilgenommen hat. Zwischen Livland und Litauen entfalteten sich gutnachbarliche Beziehungen; im 15. Jh. wurde auch die Staatsgrenze festgesetzt.

Die Nachbarschaft zum orthodoxen **Russland** machte aus Livland einen Vorposten des katholischen Europas. Allerdings war die Kampflust Livlands dabei zu schwinden, denn gerade durch den Warenverkehr mit Russland sicherte es seine wirtschaftliche Entwicklung.

Taler des Ordensmeisters Plettenberg aus dem Jahre 1525

Ende des 15. Jh., als sich die Macht des Moskauer Grossfürsten der livländischen Grenze immer mehr näherte, wurde die Situation bedrohlich. 1501–1503 führte Livland Krieg mit Moskau. Anführer der livländischen Streitkräfte war der Hochmeister **Wolter von Plettenberg** (1494–1535). 1502 wurden die Moskowiter am **Smolino-See** geschlagen. Obwohl der 1503 geschlossene Frieden mehrmals verlängert wurde, bedeutete das nicht, dass Moskau sein Interesse an den hiesigen Gebieten aufgegeben hätte. Immer deutlicher wurde auch, dass die politische und soziale Struktur Livlands für die Entwicklung des Landes allmählich hinderlich wurde.

1521 gelangte die **Reformation**, die die Grundlagen des Katholizismus zu untergraben begann, nach Livland. Bis 1526 waren Riga, Dorpat und Reval schon definitiv lutherisch. Auf dem Lande wurde die Verbreitung der reformatorischen Ideen durch die Befürchtung gehemmt, dass sich der Deutsche Bauernkrieg auch auf Livland erstreckt. Der Adel nahm das Luthertum nur vorsichtig und nach langem Zögern an. 1554 hat der Landtag die Glaubensfreiheit erlassen.

Die Schwächung des Katholizismus erschütterte die Position des Ordens und die der Bischöfe, die dem alten Glauben treu geblieben

Grabstein des Ordensmeisters Wolter von Plettenberg in der Kirche von Wenden

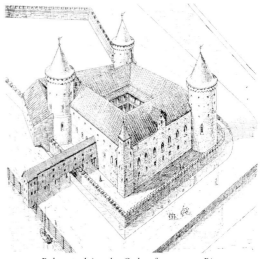

Rekonstruktion der Ordensfestung von Riga

Ruinen der Bischofsfestung von Kokenhusen. Von 1397 an war dies die Residenz des Erzbischofs. (Stich aus dem 19. Jahrhundert)

waren. Nur der Erzbischof Wilhelm Hohenzollern neigte zum Luthertum. Erneut brach die Rivalität zwischen dem Orden und dem Erzbischof aus, die in den Jahren 1556–1557 sogar zu bewaffneten Auseinandersetzungen führte.

Fragen

1. *Wodurch unterschieden sich die Völker der Ostküste der Ostsee bis zum 12. Jh. von den anderen europäischen Völkern? Finden Sie auf der Karte die Siedlungsgebiete der an der Ostküste der Ostsee lebenden Stämme.*

2. *Wie gelangten die Kaufleute der Hanse zur Ostsee?*

3. *Wodurch unterschieden sich die Kreuzzüge in den Nahen Osten und die an die Ostküste der Ostsee voneinander?*

4. *Finden Sie auf der Karte die Siedlungsgebiete der Preussen.*

5. *Wie veränderte sich Litauen nach dem Übertritt zum Katholizismus? Welche Rolle spielte der christliche Glaube bei der Entstehung und Festigung des litauischen Reiches?*

6. *Welche Rolle spielten die Jagellonen im Europa des 15. Jh.?*

7. *Erläutern Sie anhand der Karte, aus welchen Territorien Livland bestand. Wem gehörte in Livland die kriegerische und politische Macht?*

8. *Aus welchen Gebieten stammten die livländischen Ordensbrüder und Vasallen? Wie war die Position der Vasallen in den livländischen Territorien?*

9. *Erinnern Sie sich an die Vorgänge in Europa im 14.–15. Jh.*

10. *Wie veränderte sich die Lage des Deutschen Ordens in Livland nach dem Aufstand in der Georgsnacht?*

11. *Beschreiben Sie die internen Verhältnisse im Deutschen Orden im 15. Jh.*

4. DEUTSCHES ORDENSREICH. PREUSSISCHES HERZOGTUM. KLEINLITAUEN

4.1. BLÜTEZEIT UND UNTERGANG DES PREUSSISCHEN ORDENSREICHES

1308, nach der Unterwerfung der preussischen und der baltischsprachigen Stämme sowie von Pomerellen, erstreckte sich das preussische Ordensreich vom Weichsel-Unterlauf bis Memel, das vom livländischen Orden an Preussen abgegeben worden war.

Die Ordensfestung Marienburg in Preussen war das Zentrum des deutschen Ordens, von wo aus Kriegszüge nach Litauen geplant wurden.

Der Deutsche Orden war ein typischer geistlicher Ritterorden, der von einem Hochmeister geleitet wurde. Die wichtigste kollegiale Institution war das Kapitel. 1309 wurde das Zentrum des Ordens, die Residenz des Hochmeisters, von Venedig nach **Marienburg** verlegt. Der Orden war zentralisiert und hatte die Gestalt eines Militärstaates. In die Städte und Dörfer Preussens wurden zahlreiche deutsche Kolonisten eingeladen.

Die Städte des Ordensreiches entwickelten sich zu wichtigen Handelsstädten. Der Orden selbst hatte in Westeuropa viele Besitztümer. Mit den daraus gewonnenen Geldern wurde die Kriegsführung gegen das heidnische Litauen und das katholische Polen finanziert, und wenn nötig, verschaffte man sich damit auch Geltung an der Ostsee. Ende des 14. Jh., Anfang des 15. Jh. hatte das Ordensreich den Gipfel seiner Macht erreicht. Litauen war gezwungen, ihm vorübergehend Samogitien zu überlassen. Der Plan der territorialen Vereinigung der livländischen und preussischen Ordensreiche war der Verwirklichung nahe. Die Litauisch-Polnische Union und die für den Orden verhängnisvolle Schlacht bei Tannenberg aber haben alle Pläne des Ordens zunichte gemacht. Das Deutsche Ordensreich wurde ein Staat unter anderen zweitrangigen Territorien.

Der nächste starke Schlag wurde dem Orden im 13jährigen Krieg mit Polen 1454–1466 versetzt. Der Orden verlor Pomerellen und Danzig und geriet in eine schwere ideologische und politische Krise. Der preussische Orden wurde *de facto* zum **polnischen Vasallen.** Das Hilfeersuchen beim Kaiser war vergebens und hatte zur Folge, dass von nun an nur die Vertreter bedeutender deutscher Geschlechter zu Hochmeistern ernannt wurden: 1498 der sächsische Fürst Friedrich und 1511 **Albrecht von Hohenzollern** aus Brandenburg. Beide versuchten zwar, die Ablegung des Lehnseids an Polen zu umgehen, wurden aber mit Gewalt dazu gezwungen. Da der Hochmeister Albrecht einsah, dass die Ausdehnung der lutherischen Reformation auf Preussen unabänderlich war, versuchte er den Krieg zu meiden und verkündete 1525 die Säkularisation des Ordensreiches, indem er selbst sein weltlicher Herrscher wurde.

4.2. HERZOGTUM PREUSSEN

Das anstelle des Ordensreiches entstandene Herzogtum Preussen war lutherisch. Sein erstes Oberhaupt, Herzog **Albrecht** (1525–1568), musste sich zum polnischen Vasallen erklären, aber in innerstaatlichen Angelegenheiten war Preussen selbständig.

1525 erstreckte sich der **Deutsche Bauernkrieg** bis nach Preussen. In vielen Gegenden lehnten sich deutsche wie auch einheimische Bauern auf und verlangten persönliche Freiheit und Abschaffung der Abgaben. Jedoch waren die Kräfte ungleich und der Aufstand wurde niedergeschlagen.

Albrecht hat das Luthertum gestärkt und seine Ausweitung nach Litauen, Polen und Livland gefördert. Mit diesem Ziel gründete er 1544 in **Königsberg** eine **Universität**. Albrecht hatte den ambitiösen Wunsch, Preussen und Livland mit Hilfe des lutherischen Glaubens zu vereinigen. Allerdings erwies sich dieser Plan als zu hochfliegend.

4.3. KLEINLITAUEN

Schon in der Mitte des 16. Jh. wurden die von Nadruwen und Skalwen bewohnten Gebiete und ein Teil von Preussen am rechtsseitigen Njemen, darunter auch die Polsoti-Gegend in Kurland, Kleinlitauen genannt. Die Bevölkerung der hiesigen kleinen Städte war ethnisch äusserst vielfältig, in den Dörfern aber lebten in absoluter Mehrheit litauisch sprechende Bauern. Wie sie in diese Gegend kamen, wo der grösste Teil der Bevölkerung – verwandte Stämme der Litauer – im Laufe der Kreuzzüge vernichtet worden war, konnte bis heute nicht eindeutig geklärt werden.

Nominell waren diese Länder Mindaugas unterstellt. 1358 verlangte Algirdas die Zurückerstattung litauischer Gebiete, die sich bis zum Pregel- und Alna-Fluss erstreckten. Darauf bestand wiederholt auch Vytautas. Nach dem Ende des Krieges mit dem Orden begannen die Bauern der litauischen Grenzgebiete, in Ordensbesitzungen umzuziehen. Vermutlich fanden sie hier die Reste von verwandten Stämmen vor und assimilierten sich. So bildete sich eine litauische Untergruppe, die Lietuwininkiais aus. Das waren überwiegend die Bauern, die sich nicht am politischen Leben beteiligten. Obwohl man angesichts der Reformationsideen begann, sie mehr zu beachten, bewirkte dies keinen radikalen Umbruch. Nur wenigen von ihnen gelang es, Schulbildung zu erhalten und lutherische Pastoren zu werden.

Albrecht von Brandenburg, der letzte Hochmeister des deutschen Ordens in Preussen und erster Herrscher des Herzogtums Preussen

5. GESELLSCHAFTLICHE UND WIRTSCHAFTLICHE ENTWICKLUNG VOM 13. JH. BIS MITTE DES 16. JH.

5.1. VERÄNDERUNGEN IN DER DEMOGRAPHISCHEN UND ETHNISCHEN SITUATION

Vermutlich lebten in den baltischen Ländern in der Mitte des 14. Jh. 4 bis 5 Menschen auf einem Quadratkilometer. Während der Kreuzzüge konnte der natürliche Zuwachs den Verlust der Menschen kaum ausgleichen und so stieg die Zahl der Bevölkerung nicht an. Mehrere Stämme wie die Jatwinger, Nadruwen und Skalwen wurden gänzlich vernichtet. Die an den Orden grenzenden litauischen Gebiete blieben fast menschenleer. Wie ganz Europa, waren auch die Völker der Ostküste der Ostsee von Hungersnöten und Seuchen betroffen.

Zur gleichen Zeit kamen deutsche **Kolonisten** hierher. Zuerst kamen in Preussen Ritter und Geistliche an, mit ihnen oder ihnen folgend – Kaufleute und Handwerker. Die Bauern-Kolonisten siedelten sich nur in preussischen Gebieten an. Die litauischen Besitzungen lagen schon weiter, über den Seeweg war eine massenhafte Kolonisation aber so gut wie ausgeschlossen.

In der Tat war die westliche Ansiedlung im heidnischen Litauen relativ begrenzt. Im 15. Jh. lebten in litauischen Städten nur wenige deutschsprachige Kaufleute und Handwerker, aber auch russische Auswanderer. Am Ende des 14. Jh. entstanden sowohl in Litauen als auch in Russland erste jüdische Gemeinschaften, im 16. Jh. begannen sie, in die Städte zu ziehen. Im 15. Jh. besiedelten die Litauer grenznahe Ödländer. So entstand das sogenannte Kleinlitauen mit der Fläche von ca. 9 000 km^2.

Im Mittelalter vollzogen sich in den hiesigen Gebieten schwerwiegende **ethnische Prozesse**. In Livland begann die allmähliche Verschmelzung der verwandten Völker, der Latgallen, Seelen, Semgallen und Kuren – zu einem einheitlichen Volk, den **Letten**. Das neue Volk bekam seinen Namen nach Latgallen, dem grössten baltischen Stamm. Länger als die anderen haben die Kuren ihre ethnische Eigenart bewahrt. Noch in den historischen Quellen des 16. Jh. werden sie als ein selbständiges Volk erwähnt. Es begann die Assimilation der zu den finnisch-ugrischen Stämmen gehörenden Liven an die Letten. Doch sind livische Einflüsse auch in der heutigen lettischen Sprache und Kultur noch erkennbar.

Die auf dem Territorium Litauens lebenden baltischen Völker – die Litauer (Aukschtaiden), Samogiten, Kuren, Semgallen, Seelen, Preussen und Jatwinger – schlossen sich zu einem Volk, den **Litauern**, zusammen.

Livländische Frauen (städtische Bürger). Zeichnung von Albrecht Dürer aus dem Jahre 1521.

Besonders schwer wurde das Schicksal der **Preussen** auf dem preussischen Territorium des Ordensreiches, weil der im 13. Jh. zwischen den Preussen und den Eroberern abgeschlossene Vertrag nicht eingehalten wurde. Die Preussen durften nicht in den Städten leben, sondern wurden von der fremden Herrschaft in die östlichen Gebiete des Reiches verdrängt. Während der Eroberungen und Aufstände im 13. Jh. wurden viele Preussen getötet oder verloren ihr Zuhause. Der Orden organisierte die massenhafte Kolonisation mit deutschen Bauern. So entstand die Situation, dass die Preussen sogar in den Dorfgemeinden neben deutschen Bauern lebten – und das förderte ihre Assimilation. Nur in Sambien, dem nördlichsten Landkreis Preussens blieb die örtliche Bevölkerung mehr oder weniger homogen. Als 1525 der Aufstand der Preussen ausbrach, wurde deutlich, dass die Forderungen der Einheimischen rein sozialer Art waren. Die Idee

59

GESELLSCHAFTLICHE UND WIRTSCHAFTLICHE ENTWICKLUNG VOM 13. JH. BIS
MITTE DES 16. JH.

der Verdrängung der Eroberer aus den alten preussischen Gebieten hatte freilich keine Tragweite.

Während der Reformation wurde die preussische Frage wieder aktuell. 1545 und 1561 wurden drei Katechismen in preussischer Sprache herausgegeben, leider gab es dann noch kaum jemanden, der sie hätte benutzen können. Zu Beginn des 18. Jh. schwand die preussische Umgangssprache, und die Preussen als Volk waren ausgestorben. Ihr Name übertrug sich auf die Nachkommen der Eroberer, mit denen sie sich einst assimiliert hatten.

Ab dem 15. Jh. begann die Bevölkerung der baltischen Staaten wieder zuzunehmen. In der Mitte des 15. Jh. lebten in Litauen 8 bis 9 Menschen auf jedem Quadratkilometer, 100 Jahre später aber schon doppelt so viel.

5.2. DAS DORF

Die wesentlichste Produktionsstätte im Mittelalter war die bäuerliche Hauswirtschaft. Die Bauernhöfe waren sehr unterschiedlich. Es gab vermögende Bauern, die in ihrer gesellschaftlichen Position mit Kleinvasallen vergleichbar waren und Mietlinge halten konnten. Es gab aber auch Bauern, die gar keinen eigenen Haushalt hatten. Im 13.–14. Jh. lebten die Bauern in Dörfern zusammen, obwohl einige Hauswirtschaften auch einzeln ausserhalb der besiedelten Gebiete lagen. Die Hauswirtschaften gehörten grösseren Struktureinheiten an, durch die die Bauern verwaltet, ihre Erzeugnisse eingesammelt und ihre Abgaben festgelegt wurden. Ein Teil der Bauern war auch verpflichtet, Wehrdienst zu leisten.

Der nichtbäuerliche Besitz entstand in Litauen zu gleicher Zeit mit der Herausbildung des Staates und in Livland nach der Festigung der fremdländischen Landnahmen. In Litauen entstand eine Schicht, die nur mit der Kriegsführung beschäftigt war. Dafür wurden ihnen Bauern samt Land und Hauswirtschaft gegeben. Dieser Prozess kam besonders am Anfang des 15. Jh. in Schwung. In Livland bekamen die überwiegend deutschen Vasallen der Landesherren den Grundbesitz mit den Bauern. Die Zahl der aus der einheimischen Bevölkerung stammenden Lehnsleute war aber gering.

Die Grösse des Grundbesitzes war bei der litauischen Oberschicht unterschiedlich. Es gab Adlige, die nur einige Bauernhöfe besassen, und andere, die in einem Dorf oder mehrere hatten. So besassen z. B. die Geschlechter Radvilos, Kesgailos und Goštautas in der II. Hälfte des 15. Jh. tausende, am Anfang des 16. Jh. aber schon zehntausende von Bauernwirtschaften. In Livland waren die grössten Grundbesitzer die Tiesenhausens, Rosens etc. In Litauen bestand daneben auch staatlicher Grundbesitz. Einer der grössten Grundbesitzer war die Kirche.

Die Gutshöfe als wirtschaftliche Unternehmen bildeten sich erst im 15. Jh. heraus. In den ersten Jahrhunderten nach den Kreuzzügen wurden von Bauern nur Naturalabgaben eingezogen, geldliche Abgaben gab es kaum. Im 15. Jh. begann sich die Leibeigenschaft herauszubilden und die Bauern wurden zum privaten Eigentum des Feudalherrn. Der bisher freie Bauer wurde allmählich Leibeigener.

Die Stellung des Adels begann sich im 16. Jh. zu verändern. Die Bedeutung des Söldnerheeres wuchs, indem die Rolle des Ritterheeres immer unbedeutender wurde. Die Verteilung des staatlichen Grundbesitzes ging zurück, weil die Staatsländer grösstenteils schon ausgeteilt worden waren. Da in Westeuropa der Bedarf an Getreide gestiegen war, begann die schwungvolle Entwicklung der Gutshöfe.

Die Umgestaltung der feudalen Wirtschaft und der Abstieg der Bauern in die Leibeigenschaft vollzog sich auch auf den staatlichen Ländereien. 1557 begann in Litauen eine umfassende Agrarreform. Auf grossfürstlichem Land wurden die Folwarks[19] mit Ackerland und Viehställen sowie einverleibten Fronbauern gegründet. Die bäuerlichen Grundbesitze wurden gleichgestellt. Typisch wurde der Bauernhof, der 1 Haken[20] gross war.

Die Grossgrundbesitzer folgten den in den grossfürstlichen Ländern durchgeführten Neuerungen. Dank der Reform stieg die Einträglichkeit der litauischen Landwirtschaft sprunghaft. Der Folwark entwickelte sich zu einer wesentlichen Produktionsstätte und wurde zur Quelle des Reichtums der Grossgrundbesitzer. Dennoch hatte die Reform auch ihre Schattenseiten: die Arbeitsproduktivität der Bauern liess nach, der Binnenmarkt wurde kleiner und das Wachstum der Städte wurde gebremst.

Estnisches Mädchen aus dem 16. Jahrhundert

---

19 *Der Folwark – Gutshof im polnischen Verwaltungsgebiet; Staats- bzw. Domänengut.*

20 *Das Landbenutzungs-, Besteuerungs- und Feldmaß in Estland in der Zeit des Feudalismus; die Grösse des mit einem Haken bebaubaren Ackers.*

Blick auf die Stadt Riga

Auch das Aussehen der Siedlungen hatte sich verändert. Die Gutshöfe mit ihren Wohn- und Wirtschaftsgebäuden, Gärten und Teichen verliehen der Umgebung ein neues Gesicht. In Litauen wurden die frei geplanten Dörfer allmählich durch Strassendörfer ersetzt.

5.3. DIE STADT

Die Entstehunggründe für die Städte an der Ostküste der Ostsee sind unterschiedlich. Der Vormarsch des Christentums wurde von der Kaufmannschaft der Hanse angespornt, die zur Ostsee vorgedrungen war und versuchte, von dort reiche osteuropäische Randgebiete zu erschliessen. Aus ihrer Initiative entstanden im 13.–14. Jh. in **Livland** die Städte Riga, Reval, Dorpat, Wenden, Wolmar, Fellin, Pernau etc., in denen das aus Deutschland übernommene Stadtrecht galt. Sowohl die einflussreiche Bürgerschaft als auch die Stadtverwaltungen dieser Städe waren deutschsprachig und deutschgesinnt, obwohl in den Städten auch zahlreiche einheimische Bürger lebten.

In **Litauen**, wo die Städte meistens von Litauern selbst gegründet wurden, verlief deren Gründung langsamer. Deutsche und Russen gab es Ende des 14. Jh. nur unter den Einwohnern von Vilnius. Im 13.–14. Jh. wurden Vilnius, Kernave (1390 von Kreuzfahrern verheert) und Trakai gegründet. Nach der Übernahme des Christentums 1387 gelangte das deutsche Stadtrecht auch nach Litauen. Das Magdeburger Recht bekam Geltung in Vilnius, Brest, Kaunas (Kauen) und Trakai. Die Mehrheit der Stadbevölkerung waren Litauer, im 15. Jh. aber wuchs die Zahl der deutschen und russischen Ansiedler.

Im 13.–15. Jh. entstanden in den Ostseegebieten neben den Städten auch zahlreiche Flecken, wo Handel und Handwerk getrieben wurde. Diese Flecken entwickelten sich zu Zentren der aus mehreren Dörfern, Folwarks oder Gutshöfen bestehenden Gegenden.

Ausser den grossen Städten und Flecken gab es auch **Kleinstädte**. Die dortigen Einwohner vermittelten zwischen verschiedenen Warenherstellern und grossstädtischen Kaufleuten, die sich mit der Ausfuhr beschäftigten. In erster Linie waren die Kleinstädte auf den Binnenmarkt orientiert. Im 16. Jh. gab es in Litauen schon mehr als 200 solcher Kleinstädte, jeweils eine pro 450 km^2.

Die **Einflussbereiche** der grossen Städte in der Funktion von Handels- und Handwerkszentren wurden immer grösser und dehnten sich weit über die Landesgrenzen hinaus. In Litauen waren solche dominanten Städte Vilnius und Kaunas, in Livland Riga, Reval und Dorpat. In engen Beziehungen mit diesen standen Danzig und Königsberg im preussischen Ordensreich, sowie die russischen, jedoch in den Grenzen des litauischen Reiches gelegenen Städte Polozk, Vitebsk und Mogiljov.

Die Städte waren zugleich auch **Zentren des politischen Lebens**; dort befanden sich die Residenzen der Beamten. Vilnius war die Hauptstadt des litauischen Reiches, Riga – das Zentrum des Erzbistums und hin und wieder auch der Sitz des livländischen Ordensmeisters. Königsberg wurde im 15. Jh. die Hauptstadt des preussischen Ordensreiches. Mittelpunkte des politischen Lebens waren darüber hinaus auch der Sitz des Hochmeisters, die Marienburg, und Trakai in Litauen. Wegen des Fehlens

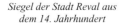

Siegel der Stadt Reval aus dem 14. Jahrhundert

61

GESELLSCHAFTLICHE UND WIRTSCHAFTLICHE ENTWICKLUNG VOM 13. JH. BIS
MITTE DES 16. JH.

Wohnhäuser der Kaufleute – „Drei Schwestern" in Tallinn

einer starken Bürgerschaft erlangten diese beiden jedoch als Städte keine Bedeutung.

In den meisten Städten galt deutsches **Stadtrecht** und deren Verwaltung war der der deutschen Städte relativ gleich. Den Kern der Stadtbevölkerung bildeten die Stadtbürger – Kaufleute und Handwerker, aus denen die Stadtverwaltung (der Magistrat bzw. der Rat) sowie die Mitglieder der Gerichte gewählt wurden.

Die mittelalterlichen Städte waren **korporativ** gegliedert. Schon im 13. Jh. waren in den livländischen Städten die Gilden, die Bruderschaften von Kaufleuten und Handwerkern, tätig. Die Gildenmitglieder legten viel Wert auf religiöse Bräuche und gegenseitige Hilfe. Mit der Zeit nahm die Bedeutung der gewerbsmässigen Aktivitäten zu. In der Mitte des 14. Jh. bestanden in Riga und Reval die Grosse Gilde der Kaufleute, die Gilden der Handwerker und die Bruderschaft der Schwarzhäupter[21], die unverheiratete Kaufleute vereinigte. Zum Ende des 14. Jh. hatten sich die Zünfte herausgebildet. Das waren Vereinigungen von Handwerkern, die die Produktion regelten, die Konkurrenz in Grenzen hielten und die handwerkliche Ausbildung überwachten.

Die erste litauische Handwerkerbruderschaft lässt sich in der Mitte des 15. Jh. in Vilnius nachweisen. 1495 gab es dort schon eine Zunft der Goldschmiede. Die Kaufleute von Vilnius und Kaunas bildeten in der I. Hälfte des 16. Jh. ihre Vertretung, die befugt war, die Tätigkeit der Magistrate zu prüfen.

5.4. MARKT UND HANDELSWEGE

Die mittelalterliche Warenerzeugung bezog sich sowohl auf den Binnen- als auch auf den Aussenmarkt. Mit dem Handel war die Mehrheit der Bevölkerung beschäftigt: von Bauern bis zu Grosskaufleuten, deren Interesse überwiegend auf den Transithandel gerichtet war. Natürlich waren die Art der Waren sowie ihre Menge sehr unterschiedlich.

Die **Transitwarenhändler** exportierten hauptsächlich Wachs, Pelze, Getreide, Leinen/Flachs, Hanf, Holz für Schiffsbau, Pottasche[22], Teer und Leder nach Europa. Eingeführt wurden Stoffe, Metallerzeugnisse, Waffen, Salz, gesalzener Fisch, Luxusartikel etc. In ruhigen Zeiten konnten die Kaufleute aus dem Transithandel der ostwestlichen Richtung erheblichen Gewinn ziehen.

Die **Handelswege** hatten sich folgendermassen herausgebildet: der nördlichste war der Seeweg über die Ostsee und den Finnischen Meerbusen nach Russland. Der wichtigste Hafen auf diesem Weg war Reval. Von Reval wurde gesagt, dass die Stadt auf Salz gebaut worden ist, d. h. dass sein Reichtum auf den Transithandel mit Salz gegründet war. Der Handelsweg nach Süden führte die Düna entlang, an deren Mündung Riga, der grösste Hafen der Ostsee lag. Schon Anfang des 13. Jh. benutzten die Rigaer den Wasserweg nach Russland, wo sie forthin sehr aktiv tätig waren. Für Litauen war der vom Njemen über Kanäle aufs Meer führende Was-

Das Rathaus von Pernau

---

21 *Die Bruderschaft der Schwarzhäupter bekam ihren Namen nach ihrem schwarzhäutigen Schutzheiligen St. Mauritius*

22 *Auch: das Potassium – Kaliumkarbonat; wird zur Herstellung von optischem Glas und der Flüssigseife verwendet.*

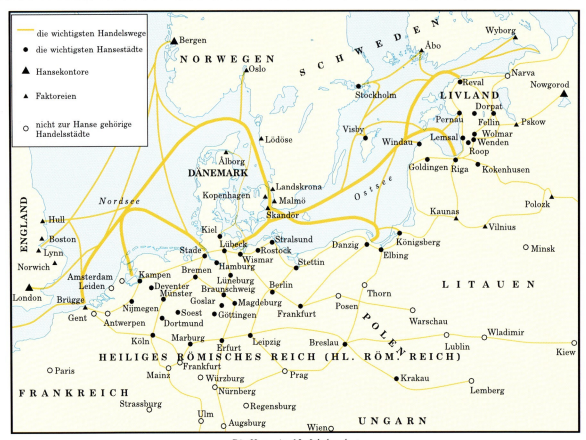

Die Hanse im 15. Jahrhundert

serweg von grosser Bedeutung. Im 15.–16. Jh. begann dieser Weg in Kaunas, endete aber in Danzig bei der Weichselmündung.

Wichtig waren auch die **Landwege**, die parallel zu der Düna und dem Njemen liefen. Eine grosse Bedeutung hatte der Handelsweg Moskau-Smolensk-Mogiljov-Brest (mit einer Abzweigung nach Vilnius), der Russland mit Westeuropa verband. Aus Vilnius gingen die Handelswege nach Süden, nach Polen und auf die Krim, aus Riga wiederum nach Vilnius und Nowgorod. Auf diesen Wegen bewegten sich die Trosse der Kaufleute, die Aufenthalte in Zollstellen, auf Jahrmärkten und in Wirtshäusern machten.

Die Handelsstädte Norddeutschlands und der Ostseeländer waren durch den Städtebund der **Hanse** verbunden. Zur Hanse gehörten 12 livländische Städte und die Städte des preussischen Ordensreiches. Auch der Deutsche Orden selbst war ein Grosskaufmann. Der ganze Ostseehandel stand unter der Kontrolle der Hanse. So konnten die Konkurrenten aus Dänemark, Schweden und anderen Ländern im Zaum gehalten werden.

Die dominierende Rolle der Hanse wurde von litauischen Kaufleuten missbilligt. Mitte des 15. Jh. wurden in Danzig und Riga die Geschäfte unter Gästen, d. h. unter fremden Kaufleuten ohne Vermittlung durch örtliche verboten. Im Gegenzug wurde in der 2. Hälfte des 15. Jh. in litauischen Städten dasselbe eingeführt, und zusätzlich noch das Stapelgesetz (die Stapelgebühr). Den hanseatischen Kaufleuten wurde das Handeln im Inland sowie der Einzelhandel untersagt. Die Kaufleute von Vilnius, Kaunas und Polozk verlangten einen Teil des Gewinns für sich.

Die Kaufleute von **Riga** und **Danzig** waren in einer besseren Lage: sie hatten die Möglichkeit, mit Westeuropa zu handeln und Schiffe aus Deutschland, den Niederlanden sowie England kamen dorthin. So war ihr Handelsvolumen und ihr Hinterland am grössten. Für Riga bedeutete Hinterland das Einzugsgebiet der Flüsse Düna, die Kurländische Aa (Lielupe) und die Livländische Aa (Gauja), d. h. der südliche Teil Livlands, aber auch Nordlitauen und dem litauischen Reich angeschlossene russische Gebiete. Für Danzig: die Gebiete am Njemen und Pregel, die grössten Teile Litauens und das

63

GESELLSCHAFTLICHE UND WIRTSCHAFTLICHE ENTWICKLUNG VOM 13. JH. BIS
MITTE DES 16. JH.

preussische Ordensreich. Im 16. Jh. trat Königsberg als Konkurrent für Danzig im Njemengebiet hervor. **Reval** und **Dorpat** konzentrierten ihr Interesse auf Geschäfte mit Nowgorod und Pskow. In Litauen überwachte **Kaunas** (Kowno) den grössten Teil des Handels, der am Njemen getrieben wurde, es war allerdings durch Danzig und Königsberg von der Ostsee abgeschnitten. Die Kontakte der litauischen Kaufleute reichten in der 1. Hälfte des 16. Jh. bis Nürnberg, Antwerpen, Konstaninopel und bis zur Krim, von näher liegenden Gegenden ganz zu schweigen. Der Warenhandel war von grosser Bedeutung bei der Eingliederung des Baltikums in das europäische Wirtschaftsleben.

5.5. DIE SOZIALWIRTSCHAFTLICHE STRUKTUR AN DER SCHWELLE ZUR NEUZEIT

Die gesellschaftliche Struktur der baltischen Länder blieb beim Übergang vom Mittelalter in die Neuzeit grundsätzlich unverändert. Zu den wichtigsten Veränderungen dieser Zeit gehörten die Feudalisierung der Ritter und die Leibeigenschaft der Bauern. Die feudale Wirtschaft verdrängte die bäuerliche immer mehr vom Markt. Dank der steigenden Bedeutung der Feudalwirtschaften wuchs auch die Rolle des Adels sowie sein Bestreben, an der politischen Macht teilhaben zu können.

Der Handel und das Handwerk konzentrierten sich auf die Städte. Besonders wichtig war die Rolle der Städte im sozialen Leben Livlands, wogegen die Position der litauischen Stadtbürgerschaft wesentlich schwächer ausgeprägt war. Weil die litauischen Städter nicht in der Lage waren, die Oberschicht zu übertreffen,

blieben sie im politischen Leben des Landes im Hintergrund. Dennoch verkörperten die Städte nicht nur die auf Handel und Handwerk fussende Wirtschaftsmacht, sondern waren auch Zentren der politischen Macht, zumal die hohen Würdenträger ihre Residenzen zwischen den Mauern der Städte zu errichten pflegten. Als Handelszentrum war z. B. Vilnius weniger bedeutend als Riga, aber in der Rolle der Hauptstadt eines grossen Reiches ebenso mächtig.

Das Wirtschaftsleben des Baltikums zeigte spürbare Reaktionen auf Konjunkturentwicklungen[23] in Westeuropa. Am Anfang des 15. Jh. herrschte im Westen eine grosse Nachfrage nach Getreide, Holz und anderen örtlichen Erzeugnissen. Das förderte zwar das Wirtschaftswachstum, vertiefte dabei aber die Einseitigkeit der Entwicklung, die Leibeigenschaft der Bauern, die Einschränkung des Binnenmarktes und die Abhängigkeit von der westeuropäischen Konjunktur. In dieser widersprüchlichen Situation gehen die baltischen Länder in die Neuzeit.

FRAGEN

1. *Wie war das im 16. Jh. entstandene Herzogtum Preussen mit den preussischen Stämmen verbunden?*

2. *Warum wurden preussische Gebiete mit deutschen Bauern besiedelt, Livland und Litauen dagegen nicht?*

3. *Das Schicksal eines livländischen Urvolkes gleicht dem Schicksal der Preussen. Um welches Volk handelt es sich?*

4. *Welche Formen des Grundbesitzes gab es im mittelalterlichen Baltikum?*

5. *Wie veränderte sich die Lage der Bauern im 13.–16. Jh.?*

6. *Wodurch unterschied sich die Entstehung der Städte in Livland und Litauen voneinander?*

7. *Was förderte die Entwicklung der livländischen Städte und verschaffte ihnen die Vorzugsstellung vor litauischen Städten?*

8. *Aus welchem Grunde begann die Geschichte der Vorfahren der Esten und Letten mit fremdländischen Eroberungen?*

---

23 *Die Konjunktur – gesamtwirtschaftliche Lage (mit bestimmter Entwicklungstendenz).*

6. DIE KULTUR VOM 13. JH. BIS MITTE DES 16. JH.

6.1. VOLKSGLAUBE UND CHRISTENTUM

Die Kultur der baltischen Völker gründete sich in der Zeit vor den Kreuzzügen des Deutschen Ordens, in Litauen auch weiterhin, auf dem animistischen Volksglauben. Eine Schriftsprache war hierzulande unbekannt. Im 13. Jh. drang in das Weltbild der hier wohnenden Völker die europäische, auf das Christentum bezogene Kultur ein.

Das **Christentum** kam nicht schmerzlos nach **Livland**, sondern mit Krieg und Unterwerfung. Die Menschen, die hierher kamen, stammten vorwiegend aus Deutschland. Sie erreichten gegenüber den Einheimischen in fast allen Sphären eine monopolartige Stellung. Sie errichteten alle Strukturen, die für das westliche Christentum typisch sind: sie gründeten Bistümer, bauten Kirchen, bildeten Parochialkirchspiele etc. Mit den Kreuzfahrern kamen die geistlichen Orden nach Livland: die Zisterzienser, Franziskaner, Dominikaner[24] u. a., es wurden Klöster angelegt. Der Übertritt zum Christentum bedeutete für die einheimische Bevölkerung die erzwungene Lossagung von vielen Traditionen und Bräuchen sowie Änderungen in der gewohnten Lebensführung. Es war verständlich, dass der Wechsel vom Volksglauben zu christlichen Dogmen einer Übergangszeit bedurfte. Die konservative Dorfgemeinschaft war lange nicht in der Lage, sich zur neuen, durch die Kreuzzüge mitgebrachten, Weltanschauung zu bekennen. Für die Dorfbewohner muss dies ein kultureller Schock gewesen sein, der sie dazu zwang, an alten Sitten und Weltanschauungen festzuhalten.

Litauen blieb im 13.–14. Jh. heidnisch, indem sich der Volksglaube weiterentwickelte. Es bildete sich eine Dynastie von anthropomorphen Göttern heraus, mit dem Hauptgott der führenden Dynastie an der Spitze. Während der Verhandlungen mit dem Papst soll Gediminas gesagt haben: „Wir alle haben einen Gott". Natürlich konsolidierte er damit die Gesellschaft und bereitete das Volk auf den Übertritt zum Christentum vor. Für die Litauer war die Annahme des christlichen Glaubens auch dadurch leichter, dass Jogaila sowie Vytautas grosses Ansehen beim Volke genossen, und dass die Oberschicht und das Volk zur gleichen Zeit getauft wurden.

Die **Reformation** verlief in Livland wie auch in Litauen in erster Linie in den Städten schnell und erfolgreich. Neben den litauischen Städtern schlossen sich auch die oberen Gesellschaftsschichten den Ideen der reformierten Kir-

che an. In der Dorfgesellschaft Livlands und Litauens gab es genügend Voraussetzungen dafür, dass der Volksglaube und das Christentum nebeneinander weiterlebten. Einer der Gründe war, dass die Geistlichen meistens Ausländer waren – in Litauen die Polen, in Livland die Deutschen –, die häufig nicht imstande waren, mit ihren Gemeinden in deren Muttersprache zu kommunizieren.

Die estnische, lettische sowie litauische **Bauernschaft** übernahm aus dem christlichen Glauben zuerst den Heiligenkult und passte diesen der Volkstradition an. Die heidnischen Riten wurden auf Dorffriedhöfen, öfters auch in christlichen Kapellen, durchgeführt. Den Toten wurden in das Grab Gegenstände beigegeben, die sie im Jenseits möglicherweise gebrauchen konnten. Üblich war die Sitte, dass die Bräute sozusagen geraubt und für Lösegeld erworben wurden. Die heidnischen Heiligtümer – Quellen, den Göttern geweihte Haine, heilig gehaltene Bäume, in Litauen auch die Nattern – wurden weiterhin angebetet. Noch im 16. Jh. wurden die hiesigen Bauern oft Frischgetaufte oder sogar Heiden

Kapelle von Sage in der Nähe von Reval

---

24   *Franziskaner – auch: Mindere Brüder, Minoriten (lat. Ordo fratrum minorum). Von Franz von Assisi 1210 gestifteter, 1223 bestätigter Orden der zur strengsten Armut verpflichtet und sich besonders der Seelsorge und äusseren Mission (Predigen) widmet. Dominikaner – der Katholische Orden der Bettelmönche und -nonnen, 1216 von Dominikus in Toulouse gestiftet. Er ging (und geht) in seiner Tätigkeit von Intellektualität und Bildung aus und besteht auf aktivem Predigen, um die Irrlehren auszurotten.*

genannt. Die Situation, in der sich der christliche und heidnische Glaube verflochten hatten, war in Europa durchaus ungewöhnlich. Sogar deutsche Ordensbrüder sollen in Livland heidnische Riten durchgeführt haben. Immerhin waren hier die heidnischen Glaubenselemente vorherrschend.

Mit dem Christentum gelangte die europäische Zivilisation in das Baltikum: neue Technologie, Bücher und professionelle westeuropäische Kunst. Livland wurde am meisten von Deutschland beeinflusst, Litauen dagegen von Polen und Russland. Ohne Zweifel bereicherten die neuen kulturellen Elemente die örtlichen Kulturen.

Eine wesentliche Rolle im Kulturwechsel spielten die **Universitäten**. Die Livländer studierten vorwiegend in Leipzig und Rostock, die Litauer seit dem Ende des 14. Jh. in Krakau. Dank der Reformation wurden die Universitäten Wittenberg und ab 1544 Königsberg populär, man studierte sogar in Italien.

Im 15. Jh. gab es sehr viel Zufluss an gebildeten Menschen in das Baltikum. Es waren in erster Linie Geistliche, Juristen, Ärzte, Künstler und Architekten. Manche von ihnen hielten sich hier über längere Zeit auf, andere fanden nur kurzfristig Arbeit. Auch sie haben ihren Beitrag zur Verbreitung der europäischen Kultur geleistet.

Seit dem 13. Jh. war die livländische und seit dem Ende des 14. Jh. die litauische Kultur ein entwicklungsfähiger, sich immer deutlicher ausprägender Ableger der westeuropäischen Kultur. Aus europäischen Erfahrungen wurde gelernt, aber auf vielen Gebieten wurde auch eine originäre Kultur geschaffen.

6.2. KULTURZENTREN UND RANDGEBIETE

Ihre Zugehörigkeit zum westeuropäischen Kulturraum verdankten die baltischen Länder in erster Linie der katholischen Kirche, dem wesentlichsten Träger der europäischen Kulturtraditionen. In Livland vertiefte die Rolle der Kirche die Verbindung zwischen der geistlichen und weltlichen Macht in vielen Führungsstrukturen. Die Bischöfe mit den Domkapiteln waren erste gewichtige Kulturförderer in Livland. Sie organisierten die Errichtung von Kirchen, die Ausbildung der Geistlichen und die Versorgung mit geistlicher Literatur. In Litauen waren die Bischöfe von Vilnius und Samogitien besonders einflussreich, insbesondere seit an europäischen Universitäten ausgebildete Männer zu ihrer Gefolgschaft zählten.

Wichtige Zentren der geistigen Kultur waren die **Parochialkirchen**. Erste Kirchen wurden in Livland 1186 in Uexküll und

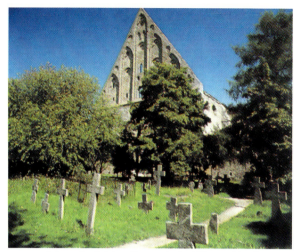

Ruinen des Brigittenklosters in der Nähe von Reval

1209–1211 in dem eben gegründeten Riga gebaut. In Vilnius war eine katholische Kirche schon zu Zeiten von Vytenis vorhanden; richtig in Schwung kam der Kirchenbau nach der Annahme des Christentums 1387. Die Kirchen mit ihrem Erscheinungsbild, ihren Altären, Glasgemälden, der Orgelmusik und den Messen mit kirchlichen Liedern verschafften dem Menschen ein seelisches wie auch religiöses Erlebnis. Zu den Kirchen gehörten manchmal auch Schulen.

Die zweite Stütze der Kirche bildeten die **Mönchsorden**. Die Zisterzienser kamen schon Ende des 12. Jh. nach Livland, die Franziskaner und Dominikaner Anfang des 13. Jh. Zu Beginn der Reformation gab es hier etwa 30 Klöster. In Vilnius war das Franziskanerkloster schon in der Zeit von Gediminas tätig. Nach der Einführung der Taufe bildete sich in Litauen ein Netz von Klöstern der Bernhardiner, Franziskaner, Dominikaner u. a.; kurz vor der Reformation aber war ihre Zahl auf ca. 10 zurückgegangen. Die Klöster spielten eine wichtige Rolle in der Verbreitung der Schrift und der Förderung der sakralen Kunst. In Klöstern gab es häufig Schulen, wo u. a. auch Bücher abgeschrieben wurden. Die Dominikaner und Franziskaner, von denen schon die Beherrschung der örtlichen Sprache verlangt wurde, begaben sich als Wanderprediger von Dorf zu Dorf.

Im kulturellen Leben **Litauens** waren **weltliche Institutionen** stärker ausgeprägt als in Livland. Schon der heidnische Hof des Grossfürsten beeinflusste in wesentlichem Masse das Kulturleben des Reiches, vom christlichen Leben ganz zu schweigen. In der 1. Hälfte des 16. Jh. vermittelte der Hof der Gemahlin Sigismunds des Alten, der italienischen Fürstin Bona Sforza, in Litauen die neuesten Tendenzen der italienischen Kultur. Der Hof ihres Sohnes Sigismund August entwickelte sich zum prunkvoll-sten Hof in der Region, er selbst aber genoss den Ruf eines Mäzens[25]. Dem Vorbild von Sigismund August folgte die Spitze der Oberschicht. Bedeutend war in dieser Hinsicht auch der Hof von Albrecht Goštautas, der das Verfassen von Chroniken unterstützte und die Ausarbeitung des 1. Statuts von Litauen leitete. Die Kultur wurde auch von der Familie Radvilos gefördert.

Einflussreiche Kulturstätten waren die **Städte**. Die Bürgerschaft und der Magistrat der Städte unterhielten Schulen, liessen prächtige Gebäude bauen und sorgten für die Stadtbefestigung. Die Städte führten Aufsicht über Kirchen und Siechenhäuser[26]. Natürlich war der kulturelle Stand der jeweiligen Städte unterschiedlich. Nur vermögende Städte konnten es sich leisten, an die Kultur zu denken. In Livland waren solche Städte Riga, Reval und Dorpat, in Litauen Vilnius und Kaunas.

Das **Dorfmilieu** – die Bauern und in Litauen auch die Kleingutsbesitzer – behielt die Rolle des Traditionträgers von Kultur, Sprache und Bräuchen. Auch der Sinn für bestimmte Arten von Verzierungen wurde bewahrt. Diese Verbundenheit mit der Tradition beruhte auf den spezifischen Bedingungen der bäuerlichen Lebensweise, der Sesshaftigkeit der Bauern, den Schwierigkeiten bei der Christianisierung, ebenso aber auf den gesellschaftlichen Schranken zwischen Städtern und Landbewohnern, die in Livland darüber hinaus noch von ethnischen Gegensätzen vertieft wurden. Die Kultur der Oberschichten stützte sich in ihrer Entwicklung ausser dem Lateinischen in Livland vorwiegend auf die niederdeutsche, in Litauen aber auf die slawische Sprache, die Amtssprache war, und seit der Mitte des 16. Jh. auch auf die polnische Sprache.

Im Dorf herrschte die einheimische Sprache vor, in der die Lebenserfahrungen und Volksüberlieferungen, die den Kern der traditionellen Kultur bildeten, von Generation zu Generation weitergegeben wurden. Auf dem Lande waren auch die Einflüsse des Volksglaubens stärker. Das Dorf, das sich nur teilweise und allmählich zu Elementen der städtischen Kultur bekannte, bewahrte die ethnische Eigenart der estnischen und lettischen Bevölkerung. Dasselbe galt auch für die Litauer, besonders im Hinblick auf das Vorhandensein der litauischen Oberschicht.

6.3. SCHULEN UND SCHRIFTTUM

Das wesentlichste Kulturgut, das ins Baltikum gelangte, war die **Schrift**. Schon während der Eroberungen entstand der Bedarf nach schriftlichem Verkehr. In den Zentren aller neuen Machtstrukturen – Orden, Bistümer, Städte – wurden eigene Kanzleien eingerichtet. In Litauen wurde die Schrift vor dem Übertritt ins Christentum nur im Verkehr mit dem Ausland benutzt. Nach der Christianisierung entstanden zahlreiche Kanzleien.

Durch kirchliche Unterstützung entstanden **Schulen**. Erste Schulen wurden bei den Domkirchen gegründet. In Riga kann die Domschule schon seit dem Anfang des 13. Jh., in Reval und Dorpat seit dem 13. Jh. nachgewiesen werden. Schulen wurden auch bei Klöstern, Parochialkirchen und natürlich in den Städten gegründet. In Litauen entstanden Schulen nach der Annahme des christlichen Glaubens. Über die Schule bei der Domkirche von Vilnius gibt es Angaben schon aus dem Jahr 1397. Im 16. Jh. gab es in den meisten litauischen Kirchspielen Schulen.

Von litauischen Parochialschulen wurde zwar verlangt, dass die Bildung in der Muttersprache erfolgte, in der Tat aber war die Unterrichtssprache meistens Latein. Obwohl die Parochialschulen nur Elementarbildung vermittelten, genügte diese, um an den Universitäten weiterzustudieren. Trotz allem konnte nur ein kleiner Teil der Bevölkerung an der Schulbildung teilhaben. Die meisten Intellektuellen waren doch deutscher, in Litauen auch italienischer und polnischer Herkunft, aber seit dem 16. Jh. fanden sich unter den Gebildeten immer mehr Einheimische.

Die Gebildeten, die die Schrift beherrschten, standen gewöhnlich im Dienste der Obrigkeit. Neben dem alltäglichen Schriftverkehr und der Aktenführung begann man in Livland schon im 13. Jh., **Chroniken** zu verfassen. Für Estland und Livland ist die wichtigste historische Quelle die vom Priester Henrik (Heinrich von Lettland) niedergeschriebene Livländische Chronik, in der die Ereignisse bis 1227 behandelt werden. Die Chronik entstand im Umkreis des Bischofs von Riga und betrachtet die Eroberung und Christianisierung der Liven, Esten und Letten aus der Sicht der Rigaer Kirche. Wichtige historische Quellen sind überdies die vom Orden verfasste Livländische Ältere Reimchronik (behandelt die Ereignisse bis 1290) und die von Bartholomäus Hoeneke geschriebene Livländische Jüngere Reimchronik (schildert den Aufstand in der Georgsnacht). Viele wertvolle Informationen ent-

---

25 *Vermögende Privatperson, der die Wissenschaft bzw. die Künste mit finanziellen Mitteln fördert.*

26 *Das Siechenhaus – ständige Pflegestätte für Kranke, Invaliden und alte Menschen im Mittelalter.*

hält auch die aus dem 14. Jh. stammende Ordenschronik von Hermann Wartberge. In allen genannten Annalen werden die Vorgänge aus der Sicht der neuen Mächte behandelt, wobei die zähe Konkurrenz zwischen unterschiedlichen Kräften deutlich zum Vorschein kommt.

In Litauen entstand die Tradition der Chroniken zu Zeiten von Vytautas. Im 15. und 16. Jh. wurden drei litauische Chroniksammlungen zusammengestellt. In ihnen wird die Gründung des litauischen Reiches und die Tätigkeit seiner Herrscher dargestellt. In der 2. Hälfte des 15. Jh. wurde in die Chroniken die Überlieferung über die gemeinsame Abstammung von Litauern und Römern aufgenommen, die das Prestige der wichtigsten litauischen Geschlechter steigern und vor Ansprüchen Moskaus und Polens schützen sollte.

Die geopolitische Lage der baltischen Länder sowie die Konkurrenz zwischen unterschiedlichen politischen Kräften bedingte die Herausbildung eines in seinem Inhalt propagandistischen, **polemischen Schreibstils**. Besonders auffallend ist in dieser Hinsicht der Deutsche Orden, obwohl auch die Litauer, vor allem in der Zeit von Vytautas, darin den Ordensbrüdern durchaus gleichgekommen sind. Es wurden polemische[27] und politische Traktate verfasst, wovon in Disputen mit dem Deutschen Orden Gebrauch gemacht wurde. Unübertrefflich auf diesem Gebiet war Petrus Vlodkovitš, der Professor der Universität Krakau.

Die Ausweitung der Schreib- und Lesefertigkeit, noch mehr aber die an Universitäten erworbenen Kenntnisse und die Verbreitung der **humanistischen[28] Ideen** brachten neue Anregungen. Es entstanden Werke, die frei vom Diktat der Obrigkeit waren. Aus den Jahren nach 1520 sind in Litauen die politische Polemik mit den polnischen Pans von Goštautas und das Traktat von Mikalon Litvin, in dem die politische Situation Litauens analysiert und Reformpläne entwickelt werden, hervorzuheben. Die Kritik an den örtlichen Umständen findet sich in der Livländischen Chronik von Balthasar Russow. Auch ein der Belletristik nahes Genre wurde gepflegt. In Litauen hat Nikolai Gusovian das Epos „Lied vom Bison" verfasst, in dem Vytautas gerühmt wurde.

Titelseite der Chronik von Balthasar Russow

Die Verbreitung **gedruckter Bücher** ist in Livland schon seit der 2. Hälfte des 15. Jh. bekannt. 1499 wurde in Danzig das erste in Litauen geschriebene Buch gedruckt – die „Agenda" des Kanonikus[29] Martin aus Vilnius. In Deutschland wurden im 16. Jh. lettisch- und estnischsprachige Bücher gedruckt (s. 6.5.) Allmählich begann der Druck von Büchern vor Ort. 1522–1524 druckte Franciscus Skorina in Vilnius für Russland Bücher in Kyrilliza[30].

---

27 *Öffentlich, wissenschaftlich oder literarisch streitend bzw. diskutierend.*

28 *Der Humanismus – geistige Strömung in Europa, die nach der Erneuerung des von der Kultur des Altertums beeinflussten Bildungsideals strebte.*

29 *Auch: der Kanoniker – Mitglied eines Stifts- oder Domkapitels, Domherr.*

30 *Auch: kyrillische Schrift. Aus dem 9. Jh. stammende kirchenslawische Schrift (Kyrill - Apostel der Slawen).*

Bernt Notkes „Totentanz" in der Nikolaikirche von Reval (Fragment)

6.4. MITTELALTERLICHE KUNST

Mit dem Christentum begann sich die Architektur des Baltikums zu verändern. Die wichtigste Neuerung waren Steinbauten. Das erste aus Stein gebaute Gebäude war die im **romanischen Stil** errichtete Festungskirche in Uexküll, deren Bau in den Jahren nach 1180 begonnen wurde. Der erste Steinbau in Litauen war die um die Jahrhundertwende vom 13. zum 14. Jh. erbaute Residenz des Grossfürsten.

Der romanische Stil wurde bald vom **gotischen** abgelöst. Für die Sakralarchitektur von Riga und Reval im 13.–14. Jh. sind die Monumentalität und der bescheidene Dekor typisch. Dasselbe gilt auch für Kirchen, die in den Zentren von Kirchspielen errichtet wurden. In Vilnius und Kaunas wurden spätgotische Kirchen Ende des 14. Jh. und im 15. Jh. erbaut. In den ländlichen Bistümern Litauens waren die Kirchen meist aus Holz.

Im Laufe des 13.–14. Jh. wurden in Livland über 150 **Steinburgen** errichtet. In Litauen entstanden Steinburgen im 14. Jh, Ende des 16. Jh. lag deren Zahl bei ca. 20. Die frühesten waren die mit einem Schutzwall versehenen Turmburgen (z. B. Treiden aus dem Ende des 13. Jh.). Bald erschien im Burgenbau das Kastell (Medininkai etc.). Im 16. Jh. wurden in Livland Konventshäuser, 3- bis 4-geschössige befestigte Bauten mit einem viereckigem Hof errichtet (Riga, Wenden, Fellin, Ahrensburg). In Litauen wurden grossfürstliche Residenzen in Vilnius und Trakai erbaut.

In den livländischen **Städten** war die Steinarchitektur vorherrschend, in den Städten Litauens dominierte bis zum 15. Jh. die Holzarchitektur. Das waren überwiegend 2- bis 4-geschössige Häuser mit Wohnräumen, Speichern und Werkstätten. Die Häuser wurden dicht nebeneinander gebaut. Die prächtigsten der städtischen Bauten neben den Kirchen waren öffentliche Gebäude, wie das Rathaus und die Häuser der Gilden. Die grösseren Städte waren von einer Stadtmauer umgeben. In Riga wie auch in Reval hatte die Stadtmauer 27 Wehrtürme. Im 15.–16. Jh. wurde auch in Vilnius eine Schutzmauer angelegt. Die Architektur der livländischen Hansestädte ähnelt in wesentlichem Masse der Architektur der norddeutschen Hansestädte.

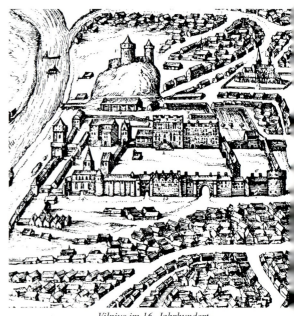

Vilnius im 16. Jahrhundert

Der **Dekor** der mittelalterlichen Kirchen war relativ spärlich. Hervozuheben sind die Statue des Gekreuzigten in der St. Jacob-Kirche in Riga (Ende des 13. Jh.), die Altäre der Schwarzhäupterbruderschaft und der Grossen Gilde aus dem Ende des 15. Jh. in der St. Petrus-Kirche in Riga, die Portale[31] der Nikolaikirche und der St. Katharina-Kirche in Reval ohne vom Ende des 14. Jh. stammenden Fresken[32] in der Domkirche von Vilnius. Es sind auch hervorragende Beispiele von Profandekor erhalten, z. B. die aus dem 14. Jh. stammenden Möbel des Rathauses in Reval oder das spätgotische Giebelfeld[33] des sog. Perkunas-Hauses in Kaunas aus dem 16. Jh.

Im 16. Jh. wurde das Streben nach mehr Dekoration sichtbar. Über dem Tor des Ordensschlosses von Riga wurde am Anfang des 16. Jh. ein Flachrelief[34] mit Abbildungen der Jungfrau Maria und dem Ordensmeister Wolter von Plettenberg angebracht. In Litauen war der imposanteste Bau das Schloss des Grossfürsten in Vilnius, das nach dem Brand 1530 in dem für Litauen neuartigen Renaissancestil wiederaufgebaut wurde. Am Bau des Schlosses arbeiteten neben örtlichen Meistern auch Architekten und Bildhauer aus Italien, und das bedeutete, dass in litauischer Kunst und Kultur neue Richtungen eingeschlagen wurden.

6.5. DIE REFORMATION

Auf Grund der Einflüsse durch den Humanismus und die Renaissance reifte im 16. Jh. in Livland sowie in Litauen ein gesellschaftlicher Konflikt. Die katholische Kirche war nicht mehr in der Lage, alle Forderungen der Gesellschaft zu erfüllen. Diese für ganz Europa typische Tendenz war besonders hervorstechend in Livland, wo der Einfluss der katholischen Kirche überaus gross war. In Litauen, wo es der Kirche an weltlicher Macht fehlte, wurde die Krise dadurch vertieft, dass neben dem Katholizismus der orthodoxe Glaube eine gleichwertige Position innehatte.

Die von Martin Luther seit 1517 verbreiteten Reformationsideen gelangten schon in wenigen Jahren in die **livländischen** Städte. Der erste theologische Disput, der den Anfang der Reformation in Livland bezeichnete, fand 1522 in Riga statt. Die Predigten im Geiste der neuen Lehre der aus Deutschland stammenden reformatorischen Prediger Andreas Knopken, Silvester Tegetmeyer u. a. fanden ein positives Echo.

Die Livländer fühlten sich auch durch die persönliche Botschaft von Martin Luther angespornt.

In **Litauen** gibt es Nachweise über die Tätigkeit der Anhänger des reformierten Glaubens erst aus den 30er Jahren des 16. Jh. Die Träger der reformatorischen Ideen waren in erster Linie die Litauer, die in Europa studiert hatten und von den kirchlichen Erneuerungsbestrebungen beeinflusst waren. Abraham Kulvetis gründete in Vilnius eine kollegiumartige Schule, die allerdings nur in den Jahren 1539–1542 existierte. Dort wurde die Lehre Luthers mit grossem Erfolg unterrichtet. Nachdem Sigismund der Alte ein gegen religiöse Neuerungen gerichtetes Dekret erlassen hatte, begannen in Litauen die Verfolgungen, und Kulvetis zog mit Gleichgesinnten nach Königsberg, wo er und Stanislav Rapalenis 1544 Professorentitel der neuen Universität erhielten.

Die von der Reformation erfasste Kirche bemühte sich, **volkssprachliches Schrifttum** zu schaffen. Obwohl schon aus der vorreformatorischen Zeit geistliche Texte in estnischer, lettischer und litauischer Sprache nachzuweisen sind, waren sie nicht weit verbreitet. 1525 wurden in Lübeck Bücher beschlagnahmt, die wahrscheinlich

Abbildung der Jungfrau Maria und Wolter von Plettenberg auf einem Basrelief am Tor der Ordensfestung von Riga

---

31 *Das Portal – architektonisch repräsentativ gestalteter grösserer Eingang an einem Gebäude.*

32 *Das Fresko – auf frischem, noch feuchtem Putz ausgeführte Malerei.*

33 *Vorspringender Giebel an der Front eines Gebäudes, Ziergiebel über Fenster und Türen.*

34 *Auch: Basrelief – nur wenig plastisch aus der Fläche herausgearbeitetes Bildwerk.*

Erhaltene Fragmente des Katechismus von Wanradt und Koell

ben dem katholischen Glauben treu. Auch in Kleinlitauen und Preussen war die Reformation erfolgreich. Nach der Flucht von Kulvetis und seinen Mitkämpfern büssten die Reformationsideen in Litauen allmählich ihre Wirkung ein. Dank der Unterstützung von seiten der Familie Radvilos begann Mitte des 16. Jh. ein neuer Vormarsch der Reformation.

Die Reformation war in ihren Äusserungen mannigfaltig. Ihre Anhänger richteten ihr Augenmerk neben religiösen Zielen auch auf sozialwirtschaftliche und politische Absichten. Die katholische Kirche war nicht bereit, auf Kompromisse einzugehen, die radikale Richtung der Reformation hingegen verbarg in sich einen zerstörerischen Keim, der in den Bilderstürmen in livländischen Städten zum Vorschein kam. Das war aber nur die eine Seite der Reformation. Die neue Lehre entfaltete die Initiative der Menschen. Für die einheimische Bevölkerung des Baltikums hat die Reformation neue Voraussetzungen für die kulturelle Entwicklung geschaffen und war ausschlaggebend für die Entstehung der Schriftsprache.

auf Estnisch, Lettisch und Livisch waren. Aus dem 1535 gedruckten Katechismus von Wanradt und Koell, in dem estnischer und deutscher Text parallel gedruckt waren, sind einige Bruchstücke bis heute erhalten. Ein junger Mann estnischer Herkunft, Hans Susi aus Reval, machte den Versuch, die Heilige Schrift ins Estnische zu übersetzen. Das erste litauischsprachige Buch, den Katechismus hat der Lutheraner Martinas Mažvydas 1547 in Königsberg herausgegeben. Der Katechismus war in erster Linie für das lutherische Kleinlitauen gedacht, in der Hoffnung, dass sich die Reformationsideen dann auch über ganz Litauen ausdehnen würden. 1561 wurden drei Katechismen auf Preussisch veröffentlicht.

In Livland siegte die Reformation zuerst in den Städten. Der Adel, in der Befürchtung, dass sich der Deutsche Bauernkrieg über das Land erstreckte, war anfangs der lutherischen Lehre gegenüber misstrauisch. Erst in der Mitte des 16. Jh. veränderte sich sein Verhalten zu Gunsten des Luthertums. Der Orden und der Bischof blie-

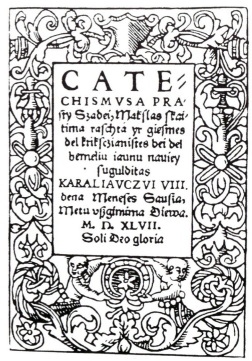

Der erste Katechismus in litauischer Sprache aus dem Jahre 1547

7. DIE BALTISCHEN LÄNDER AM ENDE DES MITTELALTERS

7.1. VERÄNDERUNGEN IN DER GEOPOLITISCHEN LAGE

Die Ende des 12. Jh. begonnene fremdländische Invasion unterbrach die natürliche Entwicklung der einheimischen Völker. Nur den Litauern gelang es, dem auszuweichen und ihr eigenes Reich zu gründen. Es bildete sich grosser Widerstand: auf der einen Seite stand das christianisierte Livland und das preussische Ordensreich, auf der anderen das hauptsächlich auf Kosten Russlands expandierende litauische Reich. In dieser gespannten Situation sahen sich beide Parteien nach Verbündeten um. Litauen schloss einen Vertrag mit Polen, das ebenso einen Konflikt mit dem Deutschen Orden hatte. Das Jahr 1385 wurde für die Entwicklung der Region entscheidend. 1387 trat Litauen zum Christentum über, indem es so dem Deutschen Orden die Rechtfertigung für seine Existenz entzog. Dadurch wurde dem im Laufe der Kreuzzüge entstandenen Livland und Preussen die von den Mächten Europas gewährte Unterstützung entzogen. Das vereinigte Heer Polens und Litauens hat 1410 in der Schlacht bei Tannenberg die Streitkräfte des Ordens vernichtend geschlagen, was den Beginn des Unterganges des preussischen Ordensreichs bedeutete. Livland versuchte, seine Bedeutung als Vorposten der katholischen Welt an der Grenze des orthodoxen Russlands zu behaupten, aber freilich ohne besonderen Erfolg.

Obwohl die lange Friedenszeit bis 1558 dauerte, lebte man unter zunehmender **russischer Gefahr**. Moskau war dabei, die Idee der Wiedervereinigung altrussischer Gebiete erfolgreich zu verwirklichen, und erhob gegen das Grossfürstentum Litauen den ernstgemeinten Anspruch auf seine Ländereien, die ihm von Litauen entrissen worden waren. Litauen und Russland führten Ende des 15. Jh. und im 1. Viertel des 16. Jh. mehrere Kriege. Auch das Interesse des immer stärker werdenden Moskaus an Livland nahm zu. Obwohl es den Livländern Anfang des 16. Jh. gelang, den Vorstoss der Russen vorübergehend aufzuhalten, war dadurch die Gefahr bei weitem nicht gebannt.

Das Ziel **Polens** war, Litauen mit Hilfe eines Bündnisvertrages zu unterwerfen. Trotzdem konnte Litauen seine Staatlichkeit bewahren und auch sichern, besonders in der Zeit von Vytautas. Aber der 1385 abgeschlossene Unionsvertrag und die Personalunion Litauens mit Polen während der Regierungszeit der Jagellonen (1447–1492, 1501–1569) erleichterten für Polen den Zugang zu Litauen und dem ganzen Baltikum.

Die Säkularisierung des Deutschen Ordens 1525 und die Entfaltung der Reformationsideen in Livland verlieh dem Leben in der Region neue Nuancen. Die Interessen und Vorstellungen, die das Herzogtum Preussen, Litauen, Polen, die livländischen Kleinstaaten und Russland, aber auch Dänemark und Schweden in Bezug auf die baltische Zukunft hatten, waren unterschiedlich. Ein umfangreicher Konflikt war dabei, zu reifen.

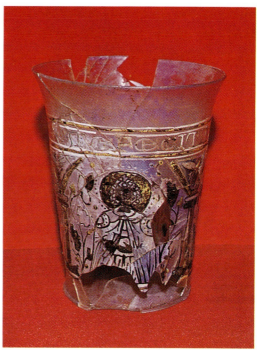

Ein in der Stadt Tartu (Dorpat) bei Ausgrabungen gefundener unikaler in der ersten Hälfte des 14. Jh. In Venedig hergestellter Glasbecher

7.2. ZUSAMMENFASSUNG DER GESELLSCHAFTLICHEN ENTWICKLUNG

Mit den fremdländischen Eroberungen wurden in Livland und im preussischen Siedlungsgebiet innerhalb des Gebiets des Deutschen Ordens die für Europa typischen Machtstrukturen eingeführt. Den einheimischen Völkern wurde das Recht entzogen, sich an der Staatsführung zu beteiligen und sie wurden in den Stand der Unterschicht versetzt. In Litauen sprachen die Fürsten, die Oberschicht und die Bauern zwar ein und dieselbe Sprache, aber tiefe soziale Unterschiede zwischen verschiedenen Bevölkerungsschichten bildeten sich auch dort heraus.

Zum Ende des Mittelalters hatten sich in der Entwicklung der hiesigen Gesellschaften trotz der Unterschiede immerhin auch viele gemeinsame Züge ausgeprägt. In Litauen wie auch in Livland entstand die ständische Ordnung. Die Vasallen entwickelten sich zum Adel, der aus Grossgrundbesitzern bestand und von Erträgen,

die aus seinen Gutshöfen flossen, lebte. Zunehmende Leibeigenschaft der Bauern herrschte sowohl in Livland als auch in Litauen.

Neue Erscheinungen im Baltikum waren die Städte und die Entstehung des dritten Standes. In den livländischen Städten, in erster Linie den grossen Handelsstädten Riga, Reval und Dorpat konzentrierten sich die Macht sowie die Verwaltung auf die Kaufmannschaft der Hanse. Den Kern der Bevölkerung bildeten überwiegend deutsche Ansiedler. Die Entwicklung der Städte Litauens wurde durch lange Kämpfe mit den Kreuzfahrern gebremst. Zum 15. Jh. hin hatte der Entwicklungsstand der grösseren litauischen Städte Vilnius und Kaunas fast das gleiche Niveau erreicht wie der der Städte in Livland. In erster Linie wuchs die Bedeutung von Vilnius als Handelszentrum und Hauptstadt des litauischen Grossfürstentums.

Vom 14.–16. Jh. hatten die Pans in Litauen die meiste Macht. Die Hegemonie einer Gesellschaftsschicht wirkte sich auf die Entwicklung des Staates als Ganzes nachteilig aus. Die politischen Kräfte Livlands aber waren auch in schwierigsten Zeiten nicht in der Lage, sich zu vereinigen.

7.3. ENTWICKLUNGSZÜGE DER BALTISCHEN VÖLKER

Den Völkern des Baltikums, in deren Gebieten im Laufe der Kreuzzüge neue staatliche Strukturen entstanden waren, fehlte entweder die Zeit, ihre eigene ethnische Elite entstehen zu lassen, oder sie haben sie während des Freiheitskampfes wieder verloren. Sie blieben überwiegend ein Landvolk und verkapselten sich in ihrer traditionellen Kultur. Es fehlte eine politische Kraft, die in der Lage gewesen wäre, die ethnische Konsolidierung und Entwicklung zu sichern. Das nationale Bewusstsein wurde trotzdem aufrechterhalten, in erster Linie „dank" bestehender sozialer Schranken zwischen der livländischen und preussischen Bevölkerung und den Ansiedlern.

Die Lage der Litauer war anders. Alle gesellschaftlichen Schichten und Stände entwickelten sich überwiegend aus dem eigenem Volk. In Litauen bildete sich eine eigene Elite heraus; die Fürsten sowie Staatsbeamten sprachen litauisch und dachten auf Litauen bezogen. Alle Schichten der Gesellschaft gebrauchten Litauisch als Umgangssprache, das Lateinische blieb die Schrift- und das Slawische die Amtssprache. Das Litauische konnte sich als Amtssprache auch im 16. Jh. nicht durchsetzen, als unter dem Einfluss von Humanismus, Renaissance und Reformation die nationalen Sprachen immer mehr Anwendung fanden. Statt dem Litauischen wurde das Polnische benutzt, das sich zur zweiten Sprache der litauischen Oberschicht und russischen Bojaren entwickelte.

Das „litauische Volk" hatte im 16. Jh. zweierlei Bedeutung. Damit konnten zum einen alle ethnischen Litauer bezeichnet werden, die durch die litauische Sprache und ein nationales Bewusstsein miteinander verbunden waren – Oberschicht, Bauern, Städter sowie die Litauer in Kleinlitauen. Zum zweiten bildeten die litauische Oberschicht und die russischen Bojaren in Litauen ein sog. politisches Volk, dem die Loyalität dem litauischen Reich gegenüber und das politische Bewusstsein eigen waren. In der Mitte des 16. Jh. wiesen diese zwei sozialen Erscheinungen keine sichtbaren Unterschiede mehr auf. Die wenigen russischen Bojaren hatten kaum eine Auswirkung auf die litauische Gesellschaft, das Vordringen des Polnischen, der spätere Grund der teilweisen Entfremdung der Oberschicht, war erst am Beginn. Die Tätigkeit von Kulvetis und Mažvydas war auf das Wohl des litauischen Volkes ausgerichtet.

Fensterverzierung in Tallinn (Reval)

FRAGEN

1. *Warum blieb der Volksglaube der baltischen Völker bestehen?*

2. *Welche Schriftsprachen wurden im Mittelalter in Litauen und Livland benutzt?*

3. *Wie veränderten das Christentum und die fremde Eroberung das Aussehen der Besiedlung des Baltikums?*

4. *Wie schätzen Sie die Christianisierung der baltischen Völker und seine Folgen ein?*

5. *Welche schriftlichen Quellen berichten über das Mittelalter im Baltikum?*

III. DAS BALTIKUM IN DER FRÜHEN NEUZEIT (VON DER 2. HÄLFTE DES 16. JH. BIS ZUM 18. JH.)

---·---·---	Grenzen Polen-Litauens 1645
---·---·---	Grenzen Polen-Litauens 1618

Reval

INGERMANLAND
(SCHWEDEN)

Narva

Nowgorod

ESTLAND (SCHWEDEN)

Twer

Pernau   Dorpat

LIVLAND   Pskow

Wenden

Welikije Luki

Pilten   Riga

Moskau

HZM. KURLAND   Kirchholm

Hasenpoth   Mitau   LATGALLIEN

Dünaburg

Polozk

Raseiniai   Kedainiai

Smolensk

Kaunas

Vilnius

GFSM. LITAUEN

Mogiljow

Königsberg

HZM.   Grodno   Minsk

Oliwa   PREUSSEN

Danzig

Altmark

Novgorodok

Kulm

Thorn   PODLESIEN

Brest   Pinsk   Tschernigow

Warschau

Lublin

KGR. POLEN   Kiew

WOLHYNIEN   Zhitomir

Krakau   Lemberg

GALIZIEN   Brazlaw   UKRAINE

PODOLIEN

Kamenets-Podolsk

Das Baltikum in der Frühneuzeit

1. POLITISCHE GESCHICHTE

1.1. DER LIVLÄNDISCHE KRIEG UND POLITISCHE VERÄNDERUNGEN IN DER REGION IN DER 2. HÄLFTE DES 16. JH.

Der sich verstärkende Drang verschiedener Mächte in die Länder des Ostseeraums begann das Bestehen der Kleinstaaten Alt-Livlands zu gefährden. In den Kampf um die Vormacht an der Ostsee (*dominium maris Baltici*) schalteten sich am aktivsten Polen, Litauen, Schweden und Russland ein. Die Reformation, die die Position der römisch-katholischen Kirche in Livland untergrub, trug zur Schwächung der bestehenden Territorien bei.

Unter dem Vorwand, dass der 1557 zwischen dem litauischen Grossfürsten **Sigismund II. August** und dem livländischen Ordensmeister abgeschlossene **Frieden von Posvoli** gegen Russland gerichtet gewesen und die Abgaben des Bistums Dorpat fällig sein sollten, entfesselte der russische Zar **Iwan IV. der Schreckliche** den **Livländischen Krieg** (1558–1582/83). Im Januar 1558 drangen russische Truppen in Livland ein und besetzten das Bistum Dorpat, welches als erstes der altlivländischen Territorien seine selbständige Existenz beendete.

Sigismund II. August

Die Livländer waren nicht in der Lage, den Russen ernsthaften Widerstand zu leisten und wandten sich mit einem Hilfeersuchen an den deutschen Kaiser und die Hansestädte. Die Bischöfe von Kurland und Ösel-Wiek verkauften ihre Besitztümer an den dänischen König, der sie in die Verwaltung seines jüngeren Bruders **Magnus**, dem Herzog von Holstein, weitergab. Die Erzbischöfe des Ordens und der Stadt Riga huldigten Sigismund II. August. Für die Hilfe im Kampf gegen Moskau wurden fünf Ordens- und zwei Erzbischofsburgen samt ihrem Umland an den König verpfändet.

1560 wehten die Ordensflaggen zum letzten Mal in der **Schlacht bei Härgmäe**. Das Heer des Livländischen Ordens wurde von den Russen vollständig vernichtet. Ein Jahr später, am 28. November 1561, hat der Ordensmeister **Gotthard Kettler** die Oberhoheit von Sigismund II. August in allen Ordensgebieten anerkannt. Diesem Vertrag,

der als ***Pacta subiectionis*** bekannt wurde, schloss sich auch der Erzbischof von Riga an.

Die Stadt Riga begab sich nicht unter die polnisch-litauische Hoheit und bewahrte ihre faktische Selbständigkeit noch für zwei Jahrzehnte. Reval ersuchte zusammen mit Harrien-Wierland und Jerwen Schweden um kriegerischen Beistand, indem sie im Juni 1561 dem schwedischen König **Erik XIV.** die Treue schworen.

Die *Pacta subiectionis* traten 1562 in Kraft, als der Ordensmeister samt anderen Rittern im Schloss Riga im Beisein von königlichen Vertretern Sigismund II. Augusts von Polen den Treueid ablegte. Gotthard Kettler wurden Kurland und Semgallien zu Lehen gegeben. Die Gebiete nördlich der Düna gingen in den direkten Besitz von Sigismund II. August als Grossfürsten von Litauen über.[1]

Jedoch war der Kampf um die Oberherrschaft im Baltikum damit noch nicht entschieden. Kurz nach 1570 begannen die Russen einen erneuten Feldzug unter der Führung von Iwan IV. dem Schrecklichen bis Riga und Reval. Es gelang den Russen jedoch nicht, diese Städte zu unterwerfen. Nach 1580 hatte sich die Situation verändert. Die Schweden haben von Russland Narva, die Litauer aber Polozk und Welikije Luki zurückerlangt. Die Russen waren gezwungen, auf fast ganz Livland zu verzichten. Laut dem zwischen dem russischen Zaren und dem polnisch-litauischen Reich 1582 in **Jam Zapolsk** geschlossenen Friedensabkommen ging Livland an Polen-Litauen. 1583 hat

Iwan IV., der Schreckliche

---

1   *Die Übergabe dieser Gebiete in den Besitz Litauens wurde erst 1566 entschieden.*

Fragment des Grabmonuments von Pontus De la Gardie in der Tallinner Domkirche: Die Belagerung von Narva

Iwan IV. einen ähnlichen Vertrag mit Schweden abgeschlossen und die schwedische Oberhoheit in Nordestland anerkannt.

Pontus De la Gardie: schwedischer Feldherr französischer Herkunft in Finnland und Estland

Infolge des Livländischen Krieges gerieten die nördlich von der Düna gelegenen Gebiete (das „Livland-jenseits-der-Düna") unter die direkte Macht von Polen-Litauen. Kurland und Semgallien am linken Dünauer bildeten ein Lehnsherzogtum. Das ehemalige Bistum Kurland blieb im Regierungsgebiet des dänischen Herzogs Magnus. Nach seinem Tod 1583 erfolgte zwischen Dänemark und Polen-Litauen eine bewaffnete Auseinandersetzung, infolge derer dieses Gebiet in preussischen Besitz überging. 1617 wurde es als Pilten-Distrikt zu einem autonomen Bezirk von Polen-Litauen, 1656 wurde es jedoch Kurland zugesprochen, wobei seine Selbstverwaltung erhalten blieb.

Eine der Folgen des Livländischen Krieges war, dass der Begriff „Livland", das einst fünf im Gebiet des heutigen Estland und Lettland gelegene mittelalterliche Territorien umfasste, seine bisherige Bedeutung einbüsste. Das ganze Gebiet wurde von nun an zwischen dem neuzeitlichen Livland[2], Estland, Kurland und Semgallien verteilt.

1.2. REFORMEN DER JAHRE NACH 1560 IN LITAUEN

Obwohl die eigentlichen Herrscher Litauens die Grossgrundbesitzer waren, erweiterte auch die **Schlachta**[3] ihre Rechte. Der um Livland geführte Krieg mit Moskau sowie die leere Staatskasse zwangen Sigismund II. August, in zunehmendem Masse Rückhalt bei der Schlachta zu suchen und ihre Befugnisse zu erweitern. Die Schlachtchitzen[4] wurden in den **Sejm** geladen, auf ihre Forderungen hin wurde die Reform des Sejms in Gang gesetzt.

1566 wurde auf dem Sejm von Vilnius das **II. Statut** verabschiedet, mit dem der Schlachta neue Rechte und Privilegien zugesprochen wurden. Dieses Statut bestimmte das Recht der Schlachta, nach eigenem Ermessen über Grundbesitz sowie die Bauern zu verfügen. Es legte auch weitere das staatliche Leben regelnde Reformen fest: die administrative Gliederung in Woiwodschaften[5] und Landkreise (Powets), die Gerichtsreform, das Recht der Schlachta, an der Tätigkeit des Sejms[6] und der **Sejmiks** teilzunehmen, sowie Veränderungen im Landrecht.

---

2   *Das neuzeitliche Livland (estn. Liivimaa, russ. Lifljandija) nahm nur einen Teil des mittelalterlichen Alt-Livlands, nämlich Nordlettland und Südestland ein. Das traditionelle Zentrum des neuzeitlichen Livland blieb Riga.*

3   *Schlachta – Weltlicher Feudaladel in Polen, überwiegend niederer od. Kleinadel.*

4   *Der Schlachtschitz – Angehöriger der Schlachta.*

5   *Die Woiwodschaft – Amt, Amtsbezirk eines Woiwoden. Der Woiwod(e) – polnischer Heerführer; oberster Beamter einer polnischen Provinz.*

Die Union von Lublin (Gemälde von J. Matejko)

Die Angelegenheiten der Landkreise wurden in Sejmiks[7] behandelt, ebenda wurden auch Richtlinien für die Abgeordneten des grossen Sejms ausgearbeitet. Oft wurden in den Sejmiks Abänderungen der Regierungsbeschlüsse verlangt. Die Sejmiks erörterten neben den wichtigsten regionalen Problemen auch allgemeine staatliche Fragen.

1.3. DIE LUBLINER UNION (1569) UND DIE GRÜNDUNG DER „RZECZPOSPOLITA"

Wegen der bestehenden Gefahr eines russischen Angriffs musste das **Grossfürstentum Litauen** in Livland grosse Truppenmengen bereit halten. Die Unterhaltungskosten der Armee konnten nicht gedeckt werden, daher verlangte die Regierung vom Sejm immer neue Subventionen[8] für das Militär. Die steigenden Steuern und Kriegsabgaben gefielen der Schlachta nicht. In der Armee, die ihren Sold entbehren musste, fehlte jede Disziplin. Die Mittel- und Kleinschlachta begriff, dass Litauen allein nicht in der Lage war, den Krieg zu Ende zu führen und suchte ein engeres Bündnis mit Polen. Die Annäherung an Polen wurde auch von den Grossgrundbesitzern unterstützt, die da-durch ihren Warenhandel mit dem Westen durch polnisches Territorium zu erweitern hofften. Im Laufe der früheren Geschichte hatte Litauen von Polen schon manches, was die Staatsordnung betraf entlehnt – auch das vereinfachte die Bildung der Union.

Auch für **Polen** verhiess die Union mit Litauen Vorteile. Polnische Magnaten[9] lockte das fruchtbare Land der Ukraine. Da König Sigismund II. August schon alt und kinderlos war, fürchtete man, dass nach seinem Tod die Beziehungen mit Litauen abbrechen könnten. Die zunehmende Gefahr durch die Türkei zwang Polen, ein engeres Bündnis mit Litauen zu schliessen.

Die im Warschauer Sejm 1563–1564 begonnenen Verhandlungen zwischen den beiden Staaten wurden wegen Unstimmigkeiten unterbrochen. Im Januar 1569 wurden die Verhandlungen in Lublin wieder aufgenommen, jedoch gelang es auch diesmal nicht, zu einem Konsens zu kommen. Die polnische Seite wünschte als Unionsgrundlage den Krevo-Vertrag von 1385, die litauischen Grundbesitzer boten aber das Litauische Statut als Basis an, dem Polen nicht zustimmte. Die litauischen Vertreter verliessen den Sejm.

---

6 *Der Sejm – 1. polnisches Parlament; 2. litauisches Einkammer-Parlament (Sejmas); 3. lettisches Einkammer-Parlament (Saimas).*

7 *Der Sejmik – Gemeinde- bzw. Kreisversammlung; Repräsentantenversammlung der polnischen Schlachta im 14.–18. Jh.*

8 *Die Subvention – Unterstützung, Beihilfe aus öffentlichen Mitteln.*

9 *Der Magnat – Hochfeudal, hoher Adliger, bes. in Polen und Ungarn.*

Polnische Magnaten nutzten die Abwesenheit der Litauer aus und erhoben territoriale Ansprüche an Litauen. Auf Befehl des Königs wurden vier Woiwodschaften des Grossfürstentums Litauen – Kiew, Wolhynien, Podolien und Podlasien dem Königreich Polen angeschlossen. Die von Jan Chodkiewicz geleitete litauische Delegation kehrte nach Lublin zurück, wo nach heftigen und dramatischen Disputen der Kompromissentwurf der Union vorbereitet wurde.

Die **Lubliner Union** wurde am 4. Juli 1569 von Sigismund II. August ratifiziert. Im Vereinigungsvertrag stand, dass beide Staaten zusammen einen föderativen Staat – die „Rzeczpospolita" – mit einem gemeinsam gewählten Oberhaupt bilden, das in Krakau gekrönt wurde. Dem Staat waren gemeinsam der Sejm, der Senat und die einheitliche Aussenpolitik. Den litauischen Grundeigentümern wurde das Recht zugesprochen, auch in Polen Land besitzen zu können. Dasselbe wurde auch den polnischen Grundbesitzern zuerkannt, so dass die polnische Schlachta im Grossfürstentum Fuss fassen konnte. Beide Staaten behielten ihre Staatskassen, separate Armeen mit eigenen Feldherren und gesonderte Beamtenschaften. Die früheren Rechte und Privilegien galten auch weiterhin, wie auch das litauische Staatssiegel.

1.4. LITAUEN IN DER „RZECZPOSPOLITA"

Der Name des neuen Staates, die „Rzeczpospolita" – Republik beider Völker – unterstrich die politische Stellung des polnischen und litauischen Adels. Obwohl die Union formell beide Staaten vereinigte, kam es nicht zu einer vollständigen Verschmelzung, weil die Magnaten Polens und der Hochadel Litauens strikt dagegen waren. Beide Staaten bewahrten ihre Staatlichkeit und Eigenständigkeit. Auch nach der Lubliner Union behielten beide ihre Territorien, ihre eigene Armee und Staatskasse, sowie ihr eigenes Geld und eigene Gesetze.

Im föderativen polnisch-litauischen Staat wurde es für die Schlachta möglich, ihre politische Macht zu festigen. Zugleich schuf die Union die Voraussetzungen zur **Polonisierung** der Litauer und Abschaffung der litauischen Staatlichkeit. Polen versuchte, das Grossfürstentum Litauen mit Hilfe der Union in seinen Bestand einzufügen, oder es wenigstens in eine zweitrangige Rolle zu drängen; das aber rief in der litauischen Gesellschaft Unzufriedenheit über die Unionsbedingungen hervor. Litauen kam in der Union in eine ungleiche Lage. Auch die Bedingung, dass das Staatsoberhaupt in Polen – obwohl vom gemeinsamen Sejm – gewählt und in Krakau gekrönt wurde, erweckte Missmut. Der litauische Adel hatte kaum die Möglichkeit, bei den Wahlen mitzureden. So festigte Polen bei den Wahlen des Königs seine Priorität. Ausserdem ermöglichte die Union dem polnischen Adel, in Litauen Grund und Boden sowie Ämter zu besitzen, was aber die ureigenen Rechte des litauischen Adels verletzte. In der Gleichstellung der Rechte von Polen und Litauern sah die litauische Aristokratie eine Gefährdung ihrer Selbständigkeit.

Zur gleichen Zeit bildeten sich in Litauen spezifische Institutionen, die die Selbständigkeit Litauens und seinen Bedarf an **Selbstverwaltung** behaupteten. Stefan Batory, der die Unterstützung des litauischen Adels zu erlangen versuchte, hat die überstaatlichen litauischen Adelsversammlungen, die **Konvokationen**, einberufen, obwohl das nach den Unionsbedingungen nicht vorgesehen war. Auf den Konvokationen wurden die dringendsten Probleme des Grossfürstentums, die Rechte der Schlachta und die Steuerfragen, verhandelt. Gegen die Unionsbedingungen waren auch die litauischen Generalsejmiks, bei denen eventuelle Stellungnahmen der Abgeordneten vor ihrer Teilnahme am Sejm besprochen wurden. So lebte das Grossfürstentum Litauen sein eigenes politisches Leben. Die Selbständigkeit der litauischen Politik im Rahmen der „Rzeczpospolita" wurde auch vom III. Statut Litauens bekräftigt, das 1588 in Vilnius verabschiedet und veröffentlicht wurde. Das Statut war bis 1840 gültig, also auch noch nach dem Anschluss Litauens an das Russische Reich. Das Statut untersagte Ausländern in Litauen Grundbesitz und staatliche Posten, sicherte die Selbständigkeit Litauens und schützte das Land vor der Unterstellung unter die Interessen der polnischen Magnaten.

1.5. KRIEG IN DEN JAHREN 1600–1629

Seit dem Livländischen Krieg waren keine zwanzig Jahre verstrichen, als ein neuer kriegerischer Konflikt ausbrach, diesmal schon

Sigismund III. Wasa, König von Polen und Grossfürst von Litauen 1587–1632, König von Schweden 1592–1599

zwischen Polen-Litauen und **Schweden**. 1592 hatte der polnisch-litauische König **Sigismund III.** auch den schwedischen Thron geerbt. Seine unbeugsame Politik sowie seine leidenschaftliche Katholizität bewirkten den Widerstand der protestantischen schwedischen Bevölkerung, so dass Sigismund III. gezwungen war, nach Polen zurückzukehren. 1599 hat der schwedische Landtag[10] den Onkel von Sigismund, den Herzog von Södermanland, Karl, zum neuen Herrscher gewählt. 1604 wurde Herzog Karl als König **Karl IX.** gekrönt. Die Widersprüche zwischen Polen-Litauen und Schweden vertieften sich immer mehr.

Der Krieg wurde von Schweden unter dem Vorwand der von Sigismund III. gestellten Ansprüche auf Nordestland ausgelöst. 1600 kam Herzog Karl mit dem schwedischen Heer in Reval an. Obwohl die Haupttruppen Polen-Litauens zur gleichen Zeit gegen die Türkei kämpften, haben die Schweden am Anfang des Krieges bei Wenden und Kokenhusen beachtliche Verluste erlitten. Auch die Belagerung von Riga scheiterte. Im Herbst 1601 gelangte König Sigismund III. selbst mit seiner Armee ins „Livland-jenseits-der-Düna", und bis zum Jahresende hatten die polnisch-litauischen Truppen die Schweden aus dem ganzen Territorium des heutigen Lettlands verdrängt.

1604 ist den Schweden die Belagerung von Riga abermals misslungen. Die Stadt Riga, deren Einkommen auf den Handel mit Weissrussland und Litauen angewiesen war, war an der Erhaltung guter Beziehungen mit Polen-Litauen interessiert. Für seine Ergebenheit verlangte Riga von Sigismund neue Privilegien. Die Schweden unternahmen einen grossen Feldzug in die Besitztümer des Herzogs von Kurland, wurden aber 1605 bei Kirchholm von den um das dreifache kleineren Truppen unter Hetman Jan Chodkiewicz vernichtend geschlagen. Mit knapper Not konnte Karl IX. der Gefangenschaft entkommen.

Das 1609 geschlossene Bündnis zwischen **Russland** und Schweden verärgerte Sigismund. In der Angst vor unruhigen Zeiten in Russland sowie vor dem Bündnis zwischen Russland und Schweden begann Sigismund noch im selben Jahr Krieg mit Russland. Seine Truppen besetzten Moskau. Nach langer Belagerung fiel auch Smolensk. Wegen des in Russland

ausgebrochenen Freiheitskampfes des Volkes war das Heer Sigismunds gezwungen, Moskau zu verlassen. Der Krieg mit Russland dauerte bis 1618, als im Dorf **Deulino** der **Friedensvertrag** unterzeichnet wurde.

1617 setzten Polen-Litauen und Schweden den Kampf um die Oberhoheit im Baltikum fort. Der neue schwedische König **Gustav II. Adolf** besetzte die Küste von Kurland und Pernau und leitete diplomatische Aktivitäten ein, um Verbündete zu werben. Zur gleichen Zeit reorganisierte er die schwedische Armee und Flotte. Mit dem Ziel, das von Zeitgenossen für den Schlüssel Livlands gehaltene Riga in seinen Besitz zu nehmen, begann Gustav II. Adolf, seine Pläne zu verwirklichen. 1621 musste sich Riga ergeben. Schwedische Truppen haben den Krieg auf litauisches und polnisches Gebiet getragen.

Die erfolgreiche kriegerische Tätigkeit Schwedens in Preussen entschied den Ausgang des Krieges. Nach langwierigen Verhandlungen wurde 1629 in **Altmark** ein **Friedensabkommen** abgeschlossen, das den Krieg zwischen Polen-Litauen und Schweden beendete. Gemäss den Friedensbedingungen wurden die bisherigen polnischen Besitztümer in Livland in zwei Teile geteilt: Schweden bekam das heutige Nordlettland (Vidzeme) und Südestland, Polen behielt Latgallien im heutigen Westlettland. So gingen alle wichtigen Häfen der Ostküste der Ostsee – Riga, Reval und Narva – an Schweden über[11]. Ausser Polnisch-Livland (*Inflantija*, poln. *Inflanty*), das bis zu seiner ersten Teilung 1772 im Besitz Polen-Litauens blieb, bewahrte Polen-Litauen auch sein Lehnsrecht über das Herzogtum Kurland.

1.6. DER ERSTE NORDISCHE KRIEG 1654–1667[12]

Die Beziehungen zwischen Polen-Litauen und Schweden wiesen keine Merkmale von Beständigkeit auf. Während des 30jährigen Krieges stand die Ostsee völlig unter der Kontrolle Schwedens, das nach der führenden Rolle in Nordosteuropa strebte. Desgleichen hatten weder **Polen-Litauen** noch **Russland** ihre Absicht aufgegeben, in dieser Region ihre Hegemonie zu errichten. 1654 brach zwischen Russland und Polen-Litauen ein **Krieg um die Ukraine** aus. Russische Truppen besetzten die wichtigs-

---

10 *Das höchste Organ der Ritterschaft; Versammlung der Landstände.*

11 *1645 bekam Schweden auch die bis dahin dänische Insel Ösel.*

12 *In der europäischen Geschichtsliteratur werden drei Nordische Kriege unterschieden: der erste, auch Dreikronenkrieg genannt, 1563–1570, zwischen Schweden einerseits und Dänemark, Polen und der Hansestadt Lübeck andererseits. In der estnischen Geschichte wird dieser dem Livländischen Krieg untergeordnet. Der zweite, 1655–1660, zwischen Polen und Schweden. Der dritte oder der Grosse Nordische Krieg 1700–1721.*

okkupierten, zum ersten Mal in der Geschichte, Samogitien, danach auch Kaunas und Grodno. Der Zar Alexei bestand darauf, zum Grossfürsten Litauens ernannt zu werden.

Der neue König von Schweden, **Karl X.**, nutzte den Vorstoss Russlands nach Polen-Litauen aus, um polnisch-litauische Gebiete zu erobern und die Übermacht Schwedens im Baltikum zu

Häuschen in Kardis (Estland), in dem nach Volks-überlieferung der schwedisch-russische Waffenstill-stand unterschrieben wurde

erringen sowie die Russen daran zu hindern, zur Ostsee vorzudringen. 1655 fielen die Schweden mit zwei Armeen in Polen ein, mit der dritten Armee aber besetzten sie Polnisch-Livland und einen Teil des heutigen Litauens. In einer Situation, in der die meisten Teile des Grossfürstentums Litauen in russischem Besitz waren, wandte sich **Janusz Radziwill** mit einigen anderen Adligen an Schweden, um Hilfe zu erbitten. Bei der Stadt **Kedainiai** haben Litauen und Schweden den Vertrag abgeschlossen, mit dem die **Union** zwischen dem Grossfürstentum Litauen und Polen aufgehoben und eine gleich-wertige Union zwischen Litauen und Schweden abgeschlossen wurde. Der schwedische König Karl X. Gustav wurde zum Grossfürsten Litau-ens ernannt. Der Akt wurde von über tausend litauischen Adligen unterzeichnet. Obwohl die Lage Litauens in der neuen Union deutlich untergeordnet war, verfügte der Vertrag über die Erhaltung der litauischen Staatlichkeit und legte die ständischen und religiösen Privilegien des Adels fest. Die Union von Ked zeugte von der Unbeständigkeit der polnisch-litauischen Union und dem Bestreben der litauischen Oberschicht,

Mittel- und Osteuropa im 17. Jahrhundert

KÖNIGREICH NORWEGEN

KÖNIGREICH SCHWEDEN

• Stolbovo
  1617

Kardis
1661 •

Dorpat •

KAISERREICH RUSSLAND

KÖNIGREICH DÄNEMARK

• Riga

Dünaburg •

PREUSSEN

Vilnius •

Oliva
1660 •

• Altmark
  1629

Moskau •

GFSM LITAUEN

• Smolensk

Andrussovo •
1667

BRANDENBURG

Warschau •

Lublin •
1569

R Z E C Z P O S P O L I T A

Tschernigow •

• Kiew

HEILIGES RÖMISCHES REICH

ÖSTERREICH

KÖNIGREICH POLEN

OSMANISCHE VASALLEN

das in den Jahren 1583–1629 zu Polen-Litauen gehörende Livland	im 17. Jahrhundert vorübergehend mit Polen-Litauen vereinigte Gebiete Russlands	das Herzogtum Preussen wurde 1618 mit dem Kurfürstentum Brandenburg vereinigt

und dem Bestreben der litauischen Oberschicht, das Grossfürstentum Litauen um jeden Preis zu bewahren.

Die Art, wie sich die schwedischen Truppen in den besetzten Gebieten verhielten, entfesselte 1656 einen **Aufstand gegen Schweden**. Die schwedische Armee musste Litauen verlassen, und damit endete auch die Union Litauens mit Schweden. Der Zusammenstoss der **russischen** und schwedischen Interessen in den eroberten Gebieten bedingte noch in demselben Jahr einen Krieg zwischen beiden Staaten. Das russische Heer drang in das Schweden gehörende Livland ein. Es gelang ihm, bis nach Riga vorzustossen, aber zur Eroberung der Stadt fehlte ihm die Kraft. Innerhalb der zwei nächsten Jahre verheerten russische Truppen die Besitzungen Schwedens wie auch das Herzogtum Kurland, wodurch Russland seine früheren Versprechungen, die Neutralität des Herzogtums anzuerkennen, nicht eingehalten hat.

1658 wurde zwischen Schweden und Russland für drei Jahre Frieden geschlossen. Nach dem Tod Karls X. wurde in **Oliva**[13] bei Danzig zwischen Schweden und Polen-Litauen ein **Friedensabkommen** geschlossen, das den Vorkriegszustand wieder herstellte. Der polnische König Johan Kasimir verzichtete auf alle Ansprüche auf den schwedischen Thron, die von seinen Vorgängern seit Sigismund III. Wasa immer wieder erhoben worden waren. Auch der zwischen Schweden und Russland 1661 in **Kardis** abgeschlossene **Frieden** hat die Vorkriegssituation wiederhergestellt.

Der Krieg zwischen Russland und Polen-Litauen dauerte jedoch an. Den litauischen Truppen gelang es, Vilnius, Grodno und Mogilov zu befreien, aber Latgallien blieb weiterhin unter der Kontrolle Russlands. 1667 wurde im Dorf **Andrussowo** ein **Vertrag** unterzeichnet, laut dem Polen-Litauen Latagallien und Weissrussland zurückbekam, aber gezwungen wurde, Smolensk, Kiew und die Ukraine am linken Ufer des Dnjepr abzugeben.

1.7. DIE INNENPOLITISCHE ENTWICKLUNG DES GROSSFÜRSTENTUMS LITAUEN IM 17. JH.

Der polnische König **Sigismund III. Wasa** versuchte, im Laufe des mit Schweden geführten Krieges seine persönliche Macht zu verstärken. Er wollte ein stehendes Heer und eine Staatskasse gründen, die vom Sejm unabhängig wären, und wünschte, den Habsburgern näherzu-

Wahl des polnischen Königs

kommen. Die Aktivitäten des Königs riefen den Widerstand der Schlachta hervor, die ihn wegen seiner absolutistischen Bestrebungen und des Bruches der bei der Krönung abgelegten Gelöbnisse beschuldigte. Die unzufriedene Schlachta machte von ihren Rechten Gebrauch und gründete eine gegen den König gerichtete Konföderation. In Polen brach ein **Aufruhr** – Rokosz – aus, der von 1606 bis 1609 dauerte und woran sich auch einige litauische Magnaten beteiligten. Obwohl die Konföderation zerschlagen wurde, komplizierte das innerstaatliche Durcheinander die Lage Polen-Litauens weitgehend.

Obwohl für die Schlachta das goldene Zeitalter begonnen hatte, nahm die allgemeine **politische Instabilität** im Staat zu. Die Auseinandersetzungen zwischen den Magnaten und dem König verschärften sich über die Massen. Die politischen Umstände wurden noch verwickelter wegen der Kontroversen unter den Magnaten selbst.

Die ungefähr 80 Jahre andauernde Regierungszeit der Wasa-Dynastie wurde für das Grossfürstentum Litauen eine Zeit der Heimsuchungen und Erschütterungen. In zahlreichen Kriegen verlor Litauen fast die Hälfte seiner Bevölkerung und büsste grosse Gebiete ein. Mit der Wirtschaft ging es bergab. In der Oberschicht gärten Konflikte. Die den Staat schwächenden Tendenzen verstärkten sich fortgehend.

Nachdem Johan Kasimir Wasa auf den Thron verzichtet hatte, brach erneut ein zäher Kampf um die Königskrone Polens aus. Im Wahlsejm standen sich zwei Magnatengruppen gegenüber. Eine Gruppe unterstützte den Prinzen von Condé aus Frankreich und die andere die Habsburger. Im Laufe des langwierigen Wahlsejms wurde vorgeschlagen, jemanden aus der Schlachta auf den Thron zu heben. So wurde

---

13 *Der Frieden von Oliva – der 1660 abgeschlossene Friedensvertrag, der den Krieg Schwedens mit Polen sowie mit Österreich und Brandenburg ein Ende setzte. Der polnische König verzichtete auf den schwedischen Thron und auf Nordlivland.*

dann 1669 Michal Korybut Wisniowiecki aus einem alten Fürstengeschlecht, der behauptete, von Korybut, dem Sohn des litauischen Grossfürsten Algirdas abzustammen, zum König gewählt.

Die Wahl des neuen Königs sowie seine Regierungszeit wurden von heftigen Kämpfen zwischen litauischen und polnischen Magnaten begleitet, die Wisniowiecki für nicht würdig genug erachteten, um über sie zu regieren. Um den Anhängern des Prinzen von Condé zu widerstehen, heiratete der König Eleonora, eine Prinzessin von Habsburg. Freilich bewirkte dieser Schritt nicht die Milderung der Gegensätze, sondern führte zur Gründung einer gegen den König gerichteten Konföderation. Der Staat wurde erneut von einem Bürgerkrieg bedroht.

Neuer König Polens wurde der polnische Grosshetman **Jan Sobieski**. Der litauische Adel war sich in Bezug auf ihn nicht einig. Die Mehrheit der litauischen Oberschicht misstraute dem neuen König. In der Tat wurde das Grossfürstentum Litauen während der Regierungszeit von Sobieski von den ehemaligen politischen Gegnern des Königs verwaltet.

Nach Jan Sobieskis Tod gelang es dem sächsischen Kurfürsten, der als **August II.** gekrönt wurde, den Thron zu gewinnen. Er hatte sich zum Ziel gesetzt, die in den vorhergegangenen Kriegen verlorenen Gebiete Polen-Litauens, darunter auch das ehemalige Livland, zurückzugewinnen.

1.8. LIVLAND IM 17. JH.

Gemäss dem Frieden von Altmark 1629, behielt Litauen nur **Latgallien**, den östlichen Teil des ehemaligen „livlands-jenseits- der-Düna". An der Spitze der polnisch-litauischen Verwaltung stand hier ein **Woiwode**, mit Sitz in Dünaburg. Das ganze Territorium Polen-Livlands wurde in vier Kreise oder **Trakte** geteilt, die von **Starosten**[14] verwaltet wurden. Der Adel versammelte sich in **Sejmiks**, wo die wichtigsten Fragen des politischen und täglichen Lebens verhandelt wurden. Im **Sejm** war Livland nach wie vor durch vier Abgeordnete vertreten.

Polen setzte die **Politik der Katholisierung** fort, dafür wurde ein katholisches Bistum gegründet. 1630 eröffneten die Jesuiten in Dünaburg eine Schule und machten auch ansonsten aktive Propaganda. Der Staat bestand auf der **Polonisierung** des deutschen Adels. Da nur denjenigen Deutschen, die zum katholischen Glauben übertraten, die polnische Sprache erlernten

und sich den Lebensstil der Schlachta und der Magnaten aneigneten, die gleichen Rechte wie dem polnischen und litauischen Adel zugesprochen wurden, hatte diese Politik schnellen Erfolg. Bald erinnerten an den deutschen Adel nur noch die Namen der Geschlechter (Tiesenhausen, Borch, Plater).

1.9. DAS HERZOGTUM KURLAND IM 17. JH.

Das auf den Ruinen von Alt-Livland entstandene Herzogtum Kurland (mit dem offiziellen Namen Kurland und Semgallien) befand sich anfangs in Lehnsabhängigkeit zu Litauen, nach der Schliessung der Lubliner Union aber zu Polen. Die staatliche Regelung war ähnlich wie im 1525 gegründeten Herzogtum Preussen. Als Grundlage der Staatsordnung dienten die Glaubensfreiheit auf der Grundlage der Augsburgischen Konfession, die Festigung der vorhandenen Rechte und **Privilegien des Adels** sowie das Indigenatsrecht[15], laut dem nur die Deutschen, die aus dem Urland stammten, staatliche Ämter erhalten durften. Die Vertreter der Städte büssten das Recht ein, sich an den **Landtagen** zu beteiligen, wo vom Adel und vom Herzog über die wichtigsten Fragen entschieden wurde. Nur diejenigen Beschlüsse der Landtage, die unter der

DN IACOBO DEIGRATIA in Livonia Curlandiæ et Semgalliæ et Duci Pomerano ipsius Principum EFFIGIEM Martinus Cambeck...

Herzog Jakob von Kurland

---

14   *Der Starost – Vorsteher eines Dorfes (im Königreich Polen und im zaristischen Russland).*

15   *Das Indigenat – Staatsbürgerschaft, Staatsangehörigkeit.*

Zustimmung beider Seiten gefaßt worden waren, erhielten die Gesetzeskraft. Die Verpflichtungen des Adels gegenüber dem Herzog bestanden im Leisten des Wehrdienstes sowie in der Einhaltung des Treueides (Lehnseides).

Obwohl der Adel die herzögliche Macht *per se* nicht bestritten hat, widerstand er ihrer Vergrösserung, und versuchte, seine eigenen Rechte und Privilegien zu erweitern. Die ganze innenpolitische Geschichte des Herzogtums war in der Tat nur ein Kampf zwischen den Herzögen und dem Adel.

Der letzte Ordensmeister Livlands, **Gotthard Kettler**, wurde zum ersten Herzog von Kurland, trat zum Luthertum über und heiratete die Tochter des Herzogs von Mecklenburg. Nach dem Tod Gotthards 1587 erbten seine Söhne **Friedrich** und **Wilhelm** gemäss dem Testament das Herzogtum. Nachdem der jüngere Sohn Wilhelm 1596 volljährig wurde, wurde das Herzogtum *de facto* halbiert. Wilhelm, der in ständigem Streit mit dem Adel lag, versuchte seine Macht zu festigen. Der Adel erhob beim polnischen König eine Anklage gegen ihn, und Wilhelm wurde abgesetzt.

Friedrich, der jetzt alleiniger Herrscher geworden war, wusste mit dem König und dem Adel auszukommen. Dafür brauchte er nur die von der litauisch-polnischen Kommission[16] ausgearbeitete Regierungsordnung, die sog. *Formula Regiminis* des Herzogtums anzunehmen. Diese Ordnung verstärkte in erheblichem Masse die Position des Adels, dem von nun an das Recht zugesprochen wurde, sich über Konflikte mit dem Herzog direkt beim König zu beklagen. Dadurch entstand für den König eine günstige Möglichkeit, sich in die Angelegenheiten des Herzogtums einzumischen. Die Regierungsordnung bestimmte auch den administrativen Aufbau des Herzogtums.

Weil Friedrich keine Kinder hatte, wurde der Sohn seines entthronten Bruders zum Thronfolger erklärt. **Jakob**, der nach dem Tod Friedrichs 1642 den Thron bestieg, wurde der bedeutendste Herzog Kurlands. Jakob gelang es, mit seiner auf dem Merkantilsystem[17] beruhenden Politik die innerstaatliche Lage sowie die internationalen Positionen zu sichern, indem er nach Möglichkeit gute Beziehungen mit dem Adel unterhielt. Er liess Manufakturen gründen, betrieb aktiven Handel, erwarb kleine Kolonien in Afrika, an der Mündung des Gambia-Flusses, und die Insel Tobago in Südamerika. Der Herzog beabsichtigte, an der Kolonisierung Australiens teilzunehmen, und versuchte auch, beim Papst Interesse daran zu wecken. Um die Neutralität Kurlands im Falle eines Krieges zu gewährleisten, schloss er diesbezügliche Verträge mit Schweden, England, Russland und den Niederlanden. Jakob setzte sich aktiv für den Frieden ein. Unter Vermittlung des französischen Königs Ludwig XIV. veranstaltete er 1651 in Lübeck einen Friedenskongress zur Versöhnung Polen-Litauens mit Schweden. Der Kongress dauerte mit Unterbrechungen zwei Jahre, führte freilich zu keinem Ergebnis. Als der Krieg 1654 wieder ausbrach, wurde das Neutralitätsabkommen von den Gegnern verletzt, und Jakob war nicht in der Lage, seine Besitzungen zu verteidigen. 1658 haben die Schweden Mitau erobert, der Herzog mit seiner Familie wurde nach Iwangorod verbannt. Erst 1660, nach dem Frieden von Oliva, konnte der Herzog zurückkehren. Er begann sofort, die Wirtschaft des fast völlig vernichteten Herzogtums wiederaufzubauen.

Nach Jakobs Tod 1682 büsste das Herzogtum Kurland nach und nach seine politische und wirtschaftliche Bedeutung in der Region ein. Am Ende des 17. Jh. brach ein politisches Chaos aus, das für das Herzogtum das ganze folgende Jahrhundert andauerte.

1.10. LIVLAND UND ESTLAND UNTER SCHWEDISCHER HERRSCHAFT IM 17. JH.

Nordestland mit der Insel Dagö, welches zuerst unter die schwedische Macht gekommen war, bildete das **Gouvernement Estland** mit vier **Landkreisen**: Wiek, Harrien, Jerwen und Wierland. Das später eroberte Südestland sowie Nordlettland wurden mit dem **Livländischen Gouvernement** vereinigt, das wieder aus vier Landkreisen bestand: Riga und Wenden in Lettland und Dorpat und Pernau auf estnischem Gebiet. Unter livländischer Verwaltung blieb auch die den schwedischen Besitztümern zuletzt angeschlossene Insel Ösel, die ihre Ritterschaft, ihr Steuersystem und andere Eigenheiten behielt. Die Landkreise waren in **Kirchspiele** gegliedert.

Die schwedische Staatsgewalt war durch **Generalgouverneure** in Reval und Riga vertreten. Sie mussten auch die Interessen des baltischen Adels verteidigen. Dafür waren

---

16 *Die erwähnte Kommission wurde zur Bewältigung der Streitigkeiten zwischen dem Herzog Wilhelm und dem Adel gegründet.*

17 *Der Merkantilismus – Wirtschaftspolitik der absolutistischen Staaten, die insbesondere die Warenausfuhr förderte und die Einfuhr durch Schutzzölle versperrte, mit dem Ziel, die Einkünfte der Staatskasse zu erhöhen.*

Schwarzhäupterhaus in Riga

von den Landtagen gewählten **Landräten** bestanden. Das Landratskollegium Estlands unter der Führung des Generalgouverneurs war zugleich auch das höchste Gericht der Provinz. Im livländischen höchsten Gericht, das sich in schwedischer Zeit in Dorpat befand, waren neben den Landräten auch die vom König ernannten, oft nichtadligen Richter vertreten.

Mit dem Namen des Königs **Karl XI.** (1661–1697) verbindet sich die beachtliche Verstärkung der Macht des Königs in Schweden sowie in seinen Ostseeprovinzen. 1680 wurde vom schwedischen Reichstag die grosse **Reduktion**[18] erlassen, nach der die von früheren schwedischen Herrschern in Privatbesitz gegebenen Staatsländereien wieder verstaatlicht wurden. In Livland gingen 5/6, in Estland mehr als die Hälfte der Gutshöfe auf den Staat über. Der wirtschaftliche Sinn der Reduktion war die Auffüllung der leer gewordenen Staatskasse. Die früheren Gutsbesitzer wurden von nun an zu Pächtern gemacht, die einen Teil des aus den Gutshöfen gewonnenen Einkommens als Pacht an den Staat abgeben mussten. In politischer Hinsicht bedeutete die Reduktion eine Verstärkung der königlichen Macht und die beachtliche Einschränkung der bisherigen Rechte des baltischen Adels. Das livländische Landratskollegium wurde 1694 aufgelöst und der Landtag der Kontrolle des Gouverneurs unterstellt. Diese Politik Schwedens bewirkte beim baltischen Adel ernsthaften Widerstand.

neben dem Gouverneur zwei aus dem örtlichen Adel gewählte Berater (**Regierungsräte**) tätig. Die schwedische Zeit war vom angespannten Kampf zwischen der Macht des Königs und der baltischen Ritterschaft geprägt. Die Versuche der schwedischen Könige, das Baltikum schnellstens schwedisch zu machen, waren vergebens. Am erfolgreichsten war auf diesem Gebiet König **Gustav II. Adolf** (1611–1632) in Livland. Im Unterschied zu Estland, das sich freiwillig Schweden angeschlossen hatte, wurde Livland als eine eroberte Provinz angesehen, und die schwedische Staatsmacht erlaubte sich hier, ihre Interessen entschiedener durchzusetzen.

Während der Regierungszeit der Königin **Christina** (1632–1654) verstärkte sich in Schweden die Macht der Aristokratie. Im Baltikum äusserte sich das in einer umfassenden Vergabe von Staatsgütern, die meistens in die Hände der schwedischen Aristokratie übergingen. Obwohl die Anzahl der schwedischen Gutsbesitzer im Vergleich zu deutschen gering war und nur ca. 1/4 ausmachte, gehörten den Schweden fast 2/3 der hiesigen Ländereien. Zur Zeit der Königin Christina bekam der livländische Adel dieselben umfassenden Rechte und Privilegien wie die estnischen Gutsbesitzer. Ihre Interessen wurden von den Adelsversammlungen, den **Landtagen der Ritterschaft**, vertreten. Die Hauptrichtung der politischen Tätigkeit des Adels wurde von **Kollegien** festgesetzt, die aus

Johann Reinhold Patkul

---

18   *Reduktion – Zurücknahme der dem Adel zu Lehen gegebenen Domänen (Staatsgüter). Die in den Jahren nach 1680 in Schweden durchgeführte umfangreiche Reduktion betraf auch die schwedischen Provinzen an der anderen Ostseeküste.*

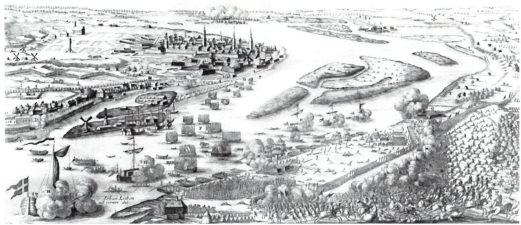

Die Schlacht von Spilwe

1.11. DER GROSSE NORDISCHE KRIEG (1700–1721) UND SEINE FOLGEN

Im 18. Jh. wurde das Baltikum erneut zum Kriegsschauplatz. 1699 schlossen Russland, Dänemark, Polen-Litauen und Sachsen die antischwedische **Nordische Union**. Polen und der sächsische Kurfürst **August II.** hofften, mit der Unterstützung **Peters I.** Livland wieder unter die polnisch-litauische Herrschaft zu bringen. Die Gründung der Union wurde von dem livländischen Baron **Johann Reinhold Patkul**, einem heftigen Gegner der schwedischen Agrarreformen, wirksam angespornt. Er organisierte 1698 die Verhandlungen zwischen August III. und Peter I.

hatte der König Dänemark geschlagen und dazu gezwungen, Frieden zu schliessen. Bei Narva erlitten die Russen eine schwere Niederlage. Im Juli 1701 besiegten die Schweden in der **Schlacht von Spilwe** bei Riga auch die sächsische Armee. In der Annahme, Russland zerschlagen zu haben, besetzte Karl XII. Kurland und unternahm einen Feldzug nach Litauen. Die schwedischen Truppen nahmen Samogitien ein und unterwarfen Vilnius, Kaunas und andere litauische Städte. Ein Teil der Magnaten hiess Karl XII. willkommen, die anderen aber führten gegen die Schweden einen Kleinkrieg.

Der polnische Sejm versuchte, einen Krieg zu verhindern und verbot dem König, das polnische Heer in den Krieg zu führen. Daher war August II. gezwungen, sächsische Truppen einzusetzen. Der Grosse Nordische Krieg begann im Februar 1700 mit dem Angriff des sächsischen Heeres auf Riga, das freilich nicht erobert werden konnte. Im März zog **Dänemark**, kurz danach auch **Russland**, in den Krieg. Zum Erstaunen der Verbündeten erwies sich der junge schwedische König Karl XII. als energischer und begabter Heerführer. Schon im August

Karl XII.

Zur gleichen Zeit verheerten russische Truppen unter Anführung des Grafen **Scheremetjew** zielstrebig Livland und Estland, um das schwedische Hinterland zu schwächen. Die an Zahl geringen schwedischen Truppeneinheiten zusammen mit den Gruppen der aus estnischen und lettischen Bauern zusammengesetzten Landwehr waren ausserstande, ausreichenden Widerstand zu leisten. Russische Truppen besetzten Mitau, die Hauptstadt des Herzogtums Kurland. In Estland und Livland haben die Russen fast alle Städte

Peter I

niedergebrannt, darunter Dorpat und Wenden, ausserdem eine Vielzahl von Flecken und Bauernhöfen. Die Bewohner Estlands und Livlands, die Esten, Letten wie auch die Deutschen, wurden umgebracht oder nach Russland verschleppt. Unter ihnen war auch die aus Aluksne stammende Marta Skawronska, die spätere Gemahlin von Peter I. und russische Kaiserin Katharina I.

Karl XII. besetzte 1704 Warschau und liess den Sejm einberufen, der unter schwedischem Druck August II. absetzte und den polnischen Magnaten **Stanislaw Leszczynski** zum König ernannte. Die Anhänger von August gründeten eine Konföderation, wodurch die Situation gespannt wurde. Infolge des zwischen Russland und Polen geschlossenen Vertrages, wurde Polen offiziell in den Krieg gegen Schweden einbezogen.

Die in Richtung Moskau ziehenden Truppen Karls XII. bogen bei Mogilov in die Ukraine ab. 1709 fand bei **Poltawa** zwischen Schweden und Russen eine **Schlacht** statt, die den Lauf des Krieges änderte. Die Schweden wurden geschlagen, Karl XII. floh in die Türkei, die Nordische Union wurde wiederhergestellt. 1709 näherten

sich die Russen Riga, besetzten das linke Ufer der Düna und begannen die Belagerung der Stadt. Pest und Hungersnot, die überall in Livland und Kurland grassierten, zwangen die Rigaer 1710, sich zu ergeben. Im gleichen Jahr kapitulierten auch Reval, Pernau und andere Städte. Somit waren alle schwedischen Gebiete im Baltikum in den Besitz Russlands übergegangen. Juristisch wurde die russische Oberhoheit im Baltikum 1721 mit dem **Frieden von Nystad** eingeführt.

1.12. LIVLAND UND ESTLAND UNTER RUSSISCHER HERRSCHAFT IM 18. JH.

Als im Sommer 1710 bei Riga über die Kapitulationsbedingungen verhandelt wurde, gab Peter I. dem Oberbefehlshaber der russischen Armee, B. Scheremetjew, den Auftrag, den Livländern alle Forderungen zuzugestehen, die sie stellen würden. Der Grund für diese Nachgiebigkeit bestand im Andauern des Nordischen Krieges und in dem früheren Versprechen Peters I. an August II., dass im Falle des siegreichen Ausganges des Krieges Livland nicht Russland, sondern Polen zuteil würde. Peter I. wollte ganz Europa zeigen, dass die Bürgerschaft von Riga sowie der livländische Adel schon vor dem Friedensschluss den russischen Zaren als ihren Herrscher anerkannt haben. Daher waren die **Kapitulationsbedingungen** für die Unterworfenen auch äusserst günstig und sie erhielten die höchste Bestätigung durch ein Gnadenschreiben Peters I. Die Stadt Riga konnte alle

Urkunde mit der eigenhändigen Unterschrift des russischen Zaren Peters I. über die Bestätigung der Privilegien von Reval

Grundprivilegien behalten: ihr bisheriges Territorium, ihre politische und soziale Ordnung. Dem Adel wurden nicht nur alle seine alten Privilegien zugesichert, sondern auch neue erteilt. Die Selbstverwaltung des Adels wurde wiederhergestellt, die Adligen bekamen ihre Gutshöfe zurück, die während der Schwedenzeit reduziert worden waren. Livland, Estland und das am Ende des 18. Jh. an Rußland angeschlossene Kurland wurden autonome russische Gouvernements.

Die aus der schwedischen Zeit hervorgegangene Verwaltungsgliederung in **Gouvernements**, mit der entsprechenden Administration an der Spitze, blieb erhalten. Die baltischen **Generalgouverneure** wurden direkt dem Monarchen unterstellt, obwohl sie in anderen russischen Gouvernements dem Senat untergeordnet waren.

In Livland und Estland war im 18. Jh. die Amtssprache nach wie vor Deutsch; auch die souveräne Steuerordnung sowie das eigene Rechtssystem blieben bestehen. Im geistlichen Leben behielt die lutherische Kirche ihre dominierende Rolle. Der baltendeutsche Adel schaffte es, seine Autonomie zu bewahren.

Erst in der Regierungszeit der Kaiserin **Katharina II.** (1762–1796) begann der Druck der russischen Staatsgewalt auf den livländischen und estländischen Adel zuzunehmen. Die wesentlichsten Veränderungen wurden in den Jahren nach 1780 vollzogen. 1783 wurde im Baltikum die gleiche Verwaltungs-, Gerichts- und Steuerordnung eingeführt, wie sie in den anderen russischen Inlandsgouvernements bestand. Grosse Änderungen erfolgten auch in den adligen und städtischen Selbstverwaltungen, die nach dem Vorbild der Inlandsgouvernements umgestaltet wurden. Diese Periode, die auch als **Statthalterperiode** bekannt ist, endete 1796 mit der Thronbesteigung Pauls, der die frühere Ordnung der Ritterschaften und städtischen Selbstverwaltungen wiederherstellte.

1.13. DAS GROSSFÜRSTENTUM LITAUEN IM 18. JH.

Der Grosse Nordische Krieg beeinflusste die Beziehungen zwischen Polen-Litauen und Russland. Im Kampf mit der Schlachta sah sich August II. gezwungen, die Unterstützung **Russlands** zu suchen. Als Vermittler im Streit des Königs mit der Schlachta führte Russland ein Heer nach Polen. Damit begann die allmähliche Unterwerfung Polens und Litauens unter die politischen Interessen Russlands. Die zerstörerischen Folgen der goldenen Adelsfreiheit und der

innere politische Kampf haben den Staat geschwächt und ihn zu einer verlockenden Beute für die Nachbarländer gemacht.

Nach dem Tod Augusts II. brach 1733 der **polnische Erbfolgekrieg** aus, in dem die Anhänger von August III., unterstützt von Österreich, Russland und Sachsen, die Oberhand gewonnen haben. Der Rivale Augusts, Stanislaw Leszczynski, musste aus Polen fliehen.

Der neue König wollte im Sinne des Absolutismus herrschen. Das vertrug sich nicht mit den Selbständigkeitsbestrebungen der **Magnaten** und der Schlachta. Obwohl die ganze Staatsgewalt auf den König, in der Tat aber auf seinen ersten Minister, Graf Heinrich Brühl, konzentriert war, behielten die Magnaten ihre wirtschaftliche und politische Selbständigkeit und herrschten über ihre Besitzungen ganz souverän. Als Folge des Streites zwischen den zwei politischen Richtungen verstärkte sich das Recht des *liberum veto*[19], das die ganze Tätigkeit des Sejms unkonstruktiv machte. Aus diesen Richtungen bildeten sich im Staatsleben Polen-Litauens zwei politische Magnatengruppierungen. An der Spitze der einen, der **„Republik"**, standen die Potockis, die sich für die Erhaltung der Rechte und Freiheiten des Hochadels einsetzten und an einem Wahlkönig mit beschränkter Macht interessiert waren.

Der „Republik" widersetzte sich die **„Familie"**, die die Reform von Staatsmacht, Armee und Finanzwesen anstrebte. Für die Sicherung der Staatlichkeit hielt die „Familie" es für nötig, das *liberum veto* aufzuheben und den Sejm sowie die Sejmiks umzuorganisieren. Die „Familie" wurde vom russischen Kaiserhof unterstützt. Der Kampf der zwei Gruppierungen schwächte den Staat noch mehr, so dass Polen zum Objekt der politischen Manipulationen anderer Staaten wurde.

Nach dem Tod Augusts III. plante die „Familie" einen Staatsstreich, um die Staatlichkeit zu sichern. Unter indirekter Beteiligung Russlands wurde 1764 eine der Spitzenfiguren der „Familie", **Stanislaus August Poniatowski**, ein Verwandter von Czartoryskis und sächsischer Gesandter in Petersburg und London, zum König gewählt. Um die Staatsmacht zu festigen, leitete die „Familie" nach der Machtübernahme die Umgestaltungen des Staates ein.

Die beabsichtigten Reformen riefen den Wider- stand Russlands und Preussens hervor, die versuchten, Polen für ihre politischen Interessen auszunutzen. Unter dem Vorwand der Einmischung in ihre inneren Angelegenheiten, stell-

---

19 *Von 1652–1791 gültiges Recht eines jeden Mitglieds des polnischen Sejms, durch Einlegen seines Vetos die Beschlüsse der anderen nichtig zu machen.*

ten **Katharina II.** und der preußische König **Friedrich II.** 1766 an Polen die Forderung, den Orthodoxen und Protestanten gleiche Rechte mit den Katholiken zu gewähren. Die Gegnerschaft Czartoryskis führte zu einer Auseinandersetzung zwischen Russland, dem König Stanislaw Poniatowski und der herrschenden Oligarchie. Rußland erklärte sich zum Fürsprecher für alle slawischen Dissidenten[20] in Polen und bestand auf der Einberufung einer außerordentlichen Versammlung des Sejms, um das Problem zu lösen. Der russische Gesandte in Polen, N. Repnin, wurde beauftragt, eine Konföderation der Orthodoxen und Protestanten zum Schutz ihrer Rechte zu bilden. Insgesamt wurden drei gegen den König und die in Angriff genommenen Reformen wirkende Konföderationen gegründet. Mit der Unterstützung russischer Truppen haben die Konföderaten 1768 in **Warschau** den **Sejm** einberufen, der laut dem Diktat von Repnin die frühere Ordnung und die Privilegien des Hochadels, darunter sein Recht, dem König nicht zu gehorchen, wiederherstellte und die inzwischen von dem *liberum veto* bewirkten Einschränkungen aufhob.

Katharina II.

König Stanislaus August schloss sich dem Sejm an. Den Dissidenten wurden gleiche Rechte wie den Katholiken zugesprochen. Repnin, der das nicht billigte, gebot, die katholischen Anführer des Sejms zu verhaften, darunter auch zwei Bischöfe, die nach Russland verbannt wurden. Die Beschlüsse des Warschauer Sejms, durch die Katharina II. die Stabilität der politischen Situation sichern wollte, unterstellten Polen nun auch juristisch der russischen Überwachung.

1.14. DIE TEILUNG POLENS

Der Erfolg Russlands in den Kriegen mit der Türkei machte seine Beziehungen zu den anderen Grossmächten gespannt. Um die Wider-

Karikatur von der Aufteilung Polens

stände zu mildern, wurde ein Plan zur Teilung Polens ausgearbeitet. Ein entsprechendes dreiseitiges Abkommen wurde 1772 abgeschlossen. Mit dem Scheingrund, die Ordnung wiederherzustellen und den Bürgerkrieg zu beenden, marschierten Truppen der drei Staaten – **Russland**, **Österreich** und **Preussen** – nach Polen ein. Mit der ersten Teilung büsste Polen etwa 30% seines Territoriums ein.

Infolge der **ersten Teilung** fielen an Russland nicht nur die Litauen gehörenen slawischen Gebiete, sondern auch das mit Letten besiedelte Latgallien. Zuerst wurde Latgallien dem Gouvernement Polozk, am Anfang des 19. Jh. aber dem Gouvernement Witebsk angeschlossen. Die Verwaltungsautonomie, die Latgallien in Litauen genossen hatte, wurde aufgehoben. Die kulturellen und sozialen Unterschiede zwischen Latgallien und dem mit Letten besiedelten Livland und Kurland vertieften sich immer mehr.

Der polnische Senat wurde von einem, mit Beschluss des Sejms von 1775 gegründeten Ständigen Rat abgelöst. Damit hofften die sich an der Teilung Polens beteiligten Staaten, die Kontrolle zu sichern.

Trotz allem dachte ein Teil der Adligen nicht daran, sich zu ergeben, und 1788 begann der sogenannte 4-jährige Sejm, der am 3. Mai 1791 eine **Verfassung** verabschiedete. Das veränderte die Staatsordnung in wesentlichem Masse. Die

---

20 *Der Dissident – Andersdenkender. Hier: jemand, der sich ausserhalb der staatlichen, der katholischen Kirche stellt.*

DIE POLNISCHEN TEILUNGEN

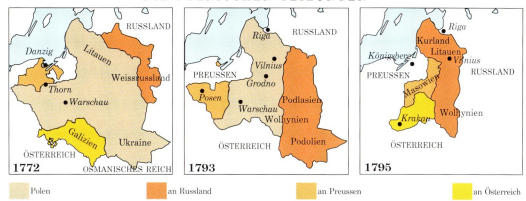

Polen	an Russland	an Preussen an Österreich

Mehrheit der Schlachta unterstützte die Tätigkeit des Sejms nicht und verlangte die Erhaltung der bisherigen sozialen und politischen Ordnung. Im Lande bildete sich eine starke Opposition gegen die Verfassung vom 3. Mai. Die Gegner bildeten auf dem Territorium Russlands im Dorf **Targowitz** eine **Konföderation**, die auch von Katharina II. unterstützt wurde. Mit der Hilfe der russischen Armee drangen die Konföderaten nach Polen ein.

In drei Monaten war der ganze Staat von russischen Truppen besetzt. König Stanislaus August, der soeben der Verfassung die Treue geschworen hatte, musste nun die Forderungen der Konföderation von Targowitz annehmen. Zugleich bedrohte Preussen die Westgebiete Polens und besetzte Danzig und Thorn. 1793 wurde von Russland und Preussen in St. Petersburg der **zweite Teilungsvertrag** unterzeichnet. Russland erhielt die Ukraine rechts des Dnjepr und Gebiete Weissrusslands, darunter die Woiwodschaften Kiew, Braclaw und Minsk, Podolien, den östlichen Teil der Woiwodschaft Vilnius und einen Teil von Wolhynien. Polen-Litauen verlor etwa die Hälfte seines Territoriums. Der letzte Sejm von Grodno ratifizierte die zweite Teilung.

Darauf reagierten die Anhänger der Verfassung mit einem Aufstand gegen die Konföderation von Targowitz, den Sejm von Grodno und die Okkupanten. Zum Oberbefehlshaber des Aufstandes wurde **Tadeusz Kosciuszko** aus dem Grossfürstentum Litauen, der als General im nordamerikanischen Unabhängigkeitskrieg berühmt geworden war. Der Aufstand brach am 24. März 1794 in Krakau aus; die Aufständischen bestanden auf Freiheit, Unabhängigkeit und Einheit des Landes. Am 16. April begann der Aufstand auch in Litauen. An der Spitze der litauischen aufständischen bewaffneten Truppen stand **Jakub Jasinski**. In Vilnius wurde ein höchster nationaler Rat gebildet. Die Anführer des Aufstandes versuchten, auch die Bauern mit-

einzubeziehen. Es wurden Aufrufe gedruckt und verteilt, in denen den Bauern persönliche Freiheit und Verminderung der Fronabgaben versprochen wurden. Die Aufständischen riefen zum Kampf für Selbständigkeit, Freiheit und Gleichberechtigung sowie zur Bildung einer eigenen Regierung auf.

Im Laufe des Aufstandes entstanden unter den Anführern Meinungsverschiedenheiten über die Ziele und Taktik des Aufstandes. Kosciuszko verdächtigte Jasinski dessen, dass dieser in der Tat für die Selbständigkeit Litauens kämpfe, und liess ihn nach Polen kommen. Im Kampf mit einem starken Gegner erlitten die Aufständischen grosse Verluste. Am 12. August 1794 besetzte die russische Armee Vilnius, bis zum Oktober aber schon das ganze litauische Territorium. Die Aufständischen zogen sich auf das Gebiet hinter dem Njemen zurück und zogen weiter nach Polen, wo sie an der Verteidigung Warschaus teilnahmen. In den Kämpfen um die polnische Hauptstadt fiel auch Jasinski. Im November war der Aufstand schon niedergeschlagen. Obwohl er den polnisch-litauischen Staat nicht retten konnte, hat er dennoch seine Ehre verteidigt.

Nach des Aufstandes wurde Polen-Litauen zwischen Russland, Preussen und Österreich **zum dritten Mal geteilt**. 1795 wurde in St. Petersburg der Vertrag unterschrieben, nach dem Preussen litauische Gebiete hinter dem Njemen und einen Teil Polens mit Warschau zugesprochen bekam. An Österreich fielen die übrigen polnischen Gebiete mit Lublin, an Russland aber die Gebiete Litauens und Weissrusslands bis zum Njemen.

Am 26. Januar 1797 wurde Polen-Litauen als selbständiger Staat aufgelöst. Danach existierte Litauen fast anderthalb Jahrhunderte nur als ein Teil des russischen Reichs. Für diese Zeit verschwanden Litauen und Polen vorübergehend von der Karte Europas.

1.15. KURLAND IM 18. JH.

Das Schicksal des Herzogtums Kurland wurde schon 1709 entschieden, als der preussische König in Verhandlungen mit Peter I. darauf bestand, das Herzogtum als Gegenleistung für die preussische Unterstützung Russlands im Krieg mit Schweden zu erwerben. Der Zar, der seine eigenen Interessen verteidigte, hat die Ehe des jungen Herzogs **Friedrich Wilhelm** mit seiner Nichte, **Anna Iwanowna**, gutgeheissen. Die Hochzeit wurde gehalten, aber unterwegs von St. Petersburg nach Kurland, starb der junge Herzog. Peter I. befahl der Witwe, in Mitau, in der Hauptstadt des Herzogtums zu bleiben. Seitdem begann der politische Einfluss Russlands in Kurland mit jedem Jahr zuzunehmen. Unter den Thronbewerbern war auch **Ferdinand**, der Onkel Friedrich Wilhelms. Es tauchten viele Freier auf, um um die Hand der Witwe zu bitten, unter anderen auch Moritz von Sachsen, der ausserehelige Sohn des polnischen Königs August II., und der nächste Freund Peters I., A. Menschikow, der zugleich auch auf den herzöglichen Thron Anspruch erhoben. Die Situation veränderte sich auch danach nicht, als Anna Iwanowna russische Kaiserin geworden war. Ferdinand hielt sich nach wie vor für den Herzog, die eigentliche Macht wurde aber von den Oberräten ausgeübt. Russische Residenten bewahrten ihren Einfluss sowohl auf innere als auch auswärtige Angelegenheiten des Herzogtums.

Mit dem Tod Ferdinands hörte 1737 die Kettler-Dynastie auf. Unter dem Einfluss Anna Iwanownas wählte der kurländische Adel den Favoriten der Kaiserin, Ernst **Johann Bühren** (Biron), zum neuen Herzog. Bühren zog nicht nach Mitau um, sondern dirigierte das Herzogtum von St. Petersburg aus. Als Bühren 1740 nach einer Palastrevolution nach Sibirien verbannt wurde, blieb Kurland bis 1758 wieder ohne Herzog. Mit Hilfe der Kaiserin Elisabeth erhielt dann der Sohn Augusts III., **Karl von Sachsen**, den Herzogstitel. 1763 hat Kaiserin Katharina II. die herzöglichen Rechte Bührens wiederhergestellt. Bühren zog nach Mitau und verjagte Karl von Sachsen.

Der alte und kranke Ernst Johann verzichtete 1769 auf den Thron zugunsten seines Sohnes Peter. Peter Bühren interessierte sich mehr für die Kunst als für Politik. Das Herzogtum blieb auch nach der ersten und dritten Teilung Polens bestehen. Ein Teil der kurländischen Adligen fühlte sich durch Tadeusz Kosciuszkos Aktionen und den damit verbundenen Bauernunruhen geängstigt. 1795 riefen die Adligen das russische Militär zu Hilfe und beschlossen, sich vollständig der Obhut Russlands anzuvertrauen. Die unbeholfenen Proteste des Herzogs wurden von niemandem wahrgenommen, insbesondere, weil er keine Söhne, sondern nur Töchter hatte. In der Abwägung, günstigere Bedingungen auszuhandeln, kam Peter nach St. Petersburg. Nachdem er 2 Millionen Rubel erhalten und eine lebenslange Rente zugesprochen bekommen hatte, unterzeichnete er die Verzichtserklärung auf den Thron. Nach dem Vorbild des kurländischen Adels erklärten auch die Adligen von Pilten ihre freiwillige Unterwerfung. Das Herzogtum und das Gebiet von Pilten wurden mit Russland vereinigt. Somit war das ganze Gebiet des heutigen Lettlands an das Zarenreich gefallen; dabei wurde es in mehrere Gouvernements zersplittert.

FRAGEN

1. *Wodurch erklärt sich der Ausbruch des Livländischen Krieges?*

2. *Warum zerfiel die politische Ordnung Altlivlands so schnell?*

3. *Hätte der Livländische Krieg mit dem Sieg Russlands ausgehen können? Begründen Sie Ihre Meinung. Hätten die folgenden Kriege im 17.–18. Jh. dadurch vermieden werden können?*

4. *Analysieren Sie die Gründung Polen-Litauens. Für wen war sie notwendig und nützlich?*

5. *Bewerten Sie die Goldene Ära der Schlachta. Welche Auswirkung hatte sie auf die Entwicklung Polen-Litauens?*

6. *Begründen Sie das Verhalten des baltischen Adels am Vorabend des Grossen Nordischen Krieges. Wie schätzen Sie die Tätigkeit von Johann Patkul ein?*

7. *Begründen Sie die Niederlage Schwedens im Grossen Nordischen Krieg.*

8. *Warum war der Anschluss estnischer, lettischer und litauischer Gebiete an Russland möglich? Wann geschah er?*

9. *Welche Auswirkungen hatten die Kriege des 16.–18. Jh. auf die demographische Situation der einheimischen Völker?*

2. DEMOGRAPHISCHE UND ETHNISCHE PROZESSE

Zahlreiche Kriege an der Ostseeküste forderten in der ganzen zu betrachtenden Periode riesige **Menschenopfer**. Die Tragik der Situation vergrösserten weitgehend die Seuchenepidemien, die die Kriege begleiteten.

In den Kriegen verlor Litauen in der Mitte des 17. Jh. etwa 48% seiner Bevölkerung. Bevor dieser Verlust ausgeglichen werden konnte, verminderte sich die Bevölkerungszahl im 18. Jh. wieder um 35%. Alleine im Jahr 1710 starben in Vilnius mehr als 25 000 Menschen an Hunger und der Pest. Die vielen Leichen, die niemand mehr begraben konnte, lagen auf den Strassen und Treppen der Häuser und Kapellen.

In den lettischen und estnischen Gebieten war die demographische Situation in groben Zügen dieselbe. Die Menschenverluste waren sogar grösser. Die durch Missernten und wiederholte Kriege entstandene Hungersnot, Verarmung sowie grassierende Pestepidemien und andere Seuchen haben die Bevölkerungszahl rapide vermindert. Besonders folgenschwer waren die Kriege am Anfang des 17. Jh. (1600–1629) und der Grosse Nordische Krieg, die ganze Gebiete und Städte praktisch veröden liessen.

Trotzdem ist die **Bevölkerungszahl** des Baltikums in dieser Periode im Endeffekt gestiegen. Waren im Herzogtum Kurland im 16. Jh. ca. 135 000 Einwohner, hat sich die Bevölkerungszahl zum Ende des 17. Jh. bis auf 209 000 und Ende des 18. Jh. auf fast 400 000 Menschen vergrössert.

Litauen entwickelte sich zu einem **multinationalen**, von verschiedenen Kulturen geprägten **Staat**. Neben ethnischen Litauern stellten im 16.–18. Jh. unter der Bevölkerung die Weissrussen einen beträchtlichen Anteil. Die an Preussen und Livland grenzenden Gebiete waren von deutschsprachiger Bevölkerung besiedelt. Seit dem Ende des 14. Jh. lebten in Litauen Tataren und Karaimen[21], die ihre kulturellen und religiösen Eigenarten beibehalten hatten.

Im 17. Jh. kamen aus Westeuropa und Russland **Umsiedler** verschiedener Nationalitäten nach Litauen, die hier einen Zufluchtsort vor religiösen Verfolgungen suchten. Auf litauischem Gebiet bildeten sich Gemeinden **russischer Altgläubi-**

Litauische Bauern im 18. Jahrhundert

ger[22], die gezwungen gewesen waren, Russland zu verlassen, weil sie die Neuerungen der orthodoxen Kirche nicht annehmen konnten. Ins Grossfürstentum Litauen zogen auch zahlreiche **Juden**, die in der Mitte des 16. Jh. etwa 5% der litauischen Bevölkerung ausmachten, wobei sie vorwiegend in den Städten lebten. Die Juden konnten sich in Litauen in einigen Dingen selbst verwalten; sie hatten ihre Synagogen und Gerichtshöfe. Es gab Gebiete, wo die Juden fast die Hälfte der örtlichen Bevölkerung ausmachten.

Die einheimische Bevölkerung des zu Litauen gehörenden **Latgalliens** bestand aus den Letten oder Latgallen, die allmählich zum katholischen Teil des lettischen Volkes wurden, wobei sie ihre Mundarten, Lebensgewohnheiten und Traditionen bewahrten. Neben Latgallern lebten dort Polen, Litauer, russische Altgläubige und Juden. Am Anfang des 17. Jh. entstanden in Latgallien auch estnische Dörfer. Die Esten[23] behielten dort ihre ethnische Identität bis zum 19. Jh. Nach dem Livländischen Krieg gelangten auch deutschstämmige latgallische Adlige ins Grossfürstentum Litauen.

---

21 *Türkisches Kleinvolk in der Ukraine und in Litauen.*

22 *Russ.: die Starowerets – Gläubige, die die vom Patriarchen Nikon im 17. Jh. durchgeführten Erneuerungen der orthodoxen Kirche nicht anerkannt haben und bei der alten Ordnung der Gottesdienste geblieben sind.*

Estnische Bauern im 18. Jahrhundert (nach A. W. Hupel)

Das ethnische Bild veränderte sich auch im zu Preussen gehörenden **Kleinlitauen**. Bis zum Anfang des 18. Jh. waren die dortigen Einwohner Litauer. Während der Pest von 1707–1711 sind die meisten von ihnen gestorben. Ganze Dörfer und grosse Gebiete verödeten. Die preussische Regierung fing an, Kleinlitauen mit deutschen Bauern zu besiedeln, was zur Germanisierung dieser Gebiete führte. Es wurden neue Gemeinden gebildet, wo die Gottesdienste nur auf Deutsch abgehalten wurden. Auch die Schulbildung wurde allmählich deutschsprachig.

Die einheimische Bevölkerung **Kurlands** und des **südlichen Teils von Livland** waren Letten. Trotz ihrer führenden Position sowohl auf dem Lande als auch in den Städten, bildeten die Deutschen im Lettland des 16.–18. Jh. nur 4–9% der Bevölkerung. Die politischen Ereignisse hatten ihren Einfluss auf die ethnische und kulturelle Entwicklung Lettlands. Nach 1629 kam ein Teil Lettlands an Schweden, der andere blieb im Machtbereich Polen-Litauens. Wurden die Letten Livlands und Kurlands von der deutschen Sprache und Kultur sowie dem Luthertum beeinflusst, so befanden sich die Letten Latgalliens im Wirkungsbereich der polnischen Kultur und des Katholizismus.

An der Küste des heutigen Lettlands lebten die damals noch nicht unter die Letten vermischten **Liven**, ein den Esten verwandtes Volk.

Jedoch nahm ihre Anzahl an der livländischen Küste besonders nach der Pest von 1710 stark ab.

Im **nördlichen Teil des Gouvernements Livland** und im **Gouvernement Estland** lebten vorwiegend Esten. Die Anzahl von Deutschen und Esten war in fast gleicher Relation wie die Zahl der Letten und Deutschen. Neben dem estnischen Bauernvolk siedelten sich auch Finnen, Schweden, Russen und Letten an. Die Neuankömmlinge haben sich schnell assimiliert, indem sie die Sprache und Bräuche der Esten übernahmen. In selbständigen Gemeinschaften lebten nur die Russen an der West- und Nordküste des Peipussees sowie die Schweden im westestnischen Küstengebiet und auf den Inseln. Der Anteil der nationalen Minderheiten stieg aber nie über 10–15% der Bevölkerungszahl Estlands.

In den **Städten** Kurlands, Livlands und Estlands dominierten andauernd die Deutschen und die deutsche Sprache, obwohl die Anzahl der Esten und Letten dort stieg. Für Juden war das Wohnen und Handeln auf dem ehemaligen altlivländischen Territorium untersagt. Seit dem Anfang des 17. Jh. zogen etliche Juden jedoch ins Herzogtum Kurland. Zur gleichen Zeit wuchs die Rolle jüdischer Handwerker und Kaufleute in Latgallien. Das Zentrum der jüdischen Kultur und Religion hier wurde Kraslava (Kreslawka).

---

23   *Es handelte sich um ein Bauernvolk, das wahrscheinlich Anfang des 18. Jh. aus Võrumaa, aus der Nachbarschaft der Setukesen, in die Ludsen-Gegend umgesiedelt war, wobei es bis zum Anfang des 20. Jh. seine südestnische Mundart beibehielt.*

3. SOZIAL- UND WIRTSCHAFTSGESCHICHTE

3.1. GUTSHOF UND DORF

In wirtschaftlicher Hinsicht blieb das Baltikum bis zum 16.–18. Jh. überwiegend eine Agrargegend. Seit der Mitte des 16. Jh. herrschte auf dem Territorium des ehemaligen Altlivlands die **Gutswirtschaft mit Frondiensten**. Die Gutshöfe waren hier nicht besonders gross und konnten mit den polnisch-litauischen Latifundien[24] nicht verglichen werden. Güter, die über 100 Dörfer besassen, galten in Livland als sehr gross, der Besitz von 200 bis 300 Dörfern war aber schon selten. Dennoch gab es einige Besitztümer, die ebenso gross waren wie die polnischen Güter im 16. Jh. oder der Grundbesitz des schwedischen Grossgrundbesitzers Oxenstierna im 17. Jh.

Das Herrengut von Kunda (Stich von A. Olearius)

In der **Agrartechnik** herrschte im 16.–18. Jh. die klassische Dreifelderwirtschaft. Zur Produktivitätssteigerung wandte der kurländische **Herzog Jakob** auf seinen Gutshöfen das Teichsystem an. In den künstlich angelegten Teichen wurden einige Jahre Fische gezüchtet, dann wurde das Wasser aus den Teichen abgelassen und auf dem Teichboden Saatgut gesät, was einen zwei- bis dreimal höheren Ertrag brachte als üblich. Diese Methode wurde von vielen kurländischen Adligen übernommen und angewendet. Jakob, dessen wirtschaftliche Tätigkeit in der Geschichte des Baltikums eine besondere Rolle gespielt hat, benutzte auch andere, für diese Zeit fortschrittliche Methoden, wie die Sortensamensaat, Unkrautbekämpfung o. Ä. Die Mehrheit des Adels begnügte sich mit extensiver[25] Wirtschaft.

Die Gutswirtschaft des 16.–18. Jh. fusste auf **Getreideanbau**. Am meisten wurde Roggen, danach Hafer und Gerste angebaut. Die Saatfläche von Weizen war relativ begrenzt. Die Viehzucht hatte neben dem Getreideanbau eine zweitrangige

---

24 *Das Latifundium – sehr grosser, in einer Hand vereinigter Grundbesitz.*

25 *Extensiv – auf großen Flächen, aber mit relativ geringem Aufwand und nicht mit Ausnutzung aller Möglichkeiten betrieben.*

Baron O. F. von Rosen. Durch die von ihm unterschriebene Deklaration (1739) begann sich die Lage der estnischen und lettischen Bauern rapide zu verschlechtern.

Stellung. Eine Ausnahme war wieder Herzog Jakob, der aus Europa Zuchtvieh, -schweine und -schafe für seine Güter bestellt hat.

Für sein Stück Land musste der **litauische** Bauer zweimal wöchentlich Fronarbeit leisten und hatte zusätzlich noch Geld- und Naturalabgaben zu leisten. Die Reform des Grundbesitzes und das II. Statut Litauens von 1588 haben die Bauern endgültig zu Leibeigenen gemacht.

In Litauen war die Leibeigenschaft vorwiegend auf dem Grossgrundbesitz (Folwarks) verbreitet. In Samogitien, wo der Grossgrundbesitz fehlte, zahlten die Bauern ihre Pachtzinsen in Geld oder Naturalabgaben. Auf kleinen Gütern fehlte der Frondienst.

Die Nachfrage nach Getreide und die steigenden Getreidepreise vergössten das Interesse estnischer und lettischer Gutsbesitzer an der **Erweiterung der Saatflächen**. Im 16.–18. Jh. wuchs die Fläche der Saatfelder auf den Gütern um das anderthalb bis zweifache. Die Gutsfelder wurden meistens durch den Anschluss von Bauernhöfen an die Gutshöfe erweitert. In erster Linie betraf dies solche Bauernhöfe, die infolge von Kriegen oder Seuchen nicht mehr bewirtschaftet waren. Die direkte Vertreibung der Bauern von ihren Höfen war im 16.–17. Jh. verhältnismässig selten. Wenn dies geschehen musste, wurde dem Bauer gewöhnlich sein Land durch ein neues Landstück ersetzt, das freilich nicht gleichwertig zu sein brauchte. Vertrieben wurden vor allem diejenigen Bauern, die nicht imstande waren, den Frondienst zu leisten oder die Geldpacht zu zahlen. Viele von ihnen behielten nur ein winziges Stück Land oder blieben gar ohne, und fanden Arbeit in reicheren Bauernhöfen. Im 18. Jh. kam die Vertreibung von Bauern von ihren Bauernhöfen schon wesentlich öfter vor.

Da der Adel kaum Lohnarbeiter beschäftigte, bedeutete die Ausweitung der Güter auch **zunehmende Leibeigenschaft**. Der erzielte Gewinn wurde nicht in die Produktion zurückinvestiert. Schon zu Zeiten Polen-Litauens galt als Norm die alltägliche Fronarbeit. Der Umfang der Fronabgaben bezog sich nicht auf die Grösse des Bauernhofes, sondern auf die Anzahl des Viehs. Im 16.–17. Jh. wurden zur Fronarbeit hauptsächlich die auf dem Bauernhof arbeitenden Knechte geschickt. Das Wachstum der Leibeigenschaft zwang im 18. Jh. auch die Gehöftbesitzer zur Fronarbeit auf dem Gutshof. Ausser dem Frondienst mussten die Bauern auch Naturalabgaben entrichten und etwas Pachtzinsen zahlen. Manche Arten von Naturalabgaben wurden gewöhnlich auf grössere Bauerngruppen, manche sogar auf die ganze Gemeinde bezogen.

Die Gutswirtschaft auf der Basis der Frondienste hat die Leibeigenschaft weitgehend vertieft. Die an bäuerlicher Arbeitskraft interessierten Gutsherren versuchten, die **Bewegungsfreiheit der Bauern** höchstmöglich einzuschränken, indem sie nicht nur die Hofbesitzer, sondern auch andere Kategorien der

Lettische Knechte (Zeichnung von J. Chr. Brotze)

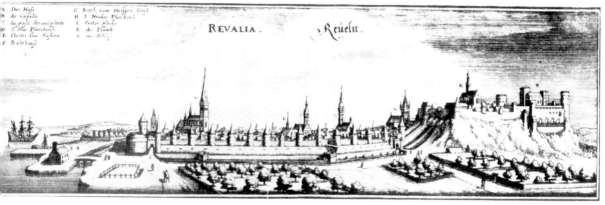

Reval 1630

Landbevölkerung zu Leibeigenen machten. Das ganze 16. Jh. hindurch waren die Adligen bestrebt, die Verwaltungsrechte ihrer Lehnsgüter zu erweitern und somit die Macht über ihre Untertanen zu vergrößern.

Im 18. Jh. verbesserte sich die Lage der Bauern keineswegs. Die Abstufung unter den Bauern nahm zu. Zugleich zeigten sich aber schon erste Merkmale des Niederganges der Leibeigenschaft, vor allem die niedrige Effizienz der bäuerlichen Fronarbeit. In der Landwirtschaft wurde allmählich die Lohnarbeit eingeführt.

3.2. STADT UND HANDEL

Eine besondere Bedeutung im Wirtschaftsleben der Region hatte der durch die Hafenstädte verlaufende Handel. Eine führende Rolle spielte dabei **Riga**, das sich schon in der 2. Hälfte des 16. Jh. auf den Transithandel von Flachs und Hanf sowie auf den Verkauf von Flachs- und Hanfsamen nach Westen spezialisierte. Im Zarenreich war Riga nach St. Petersburg der zweitgrösste Hafen.

Die Hauptlieferanten von Landwirtschaftserzeugnissen waren die Produzenten Livlands, Kurlands, Estlands und des Grossfürstentums Litauen. Zu den wichtigsten Einfuhrartikeln, insbesondere im 16.–17. Jh., gehörte Salz, aber auch Silber und, seltener, Gold (als Guss oder auch als Münzen). Schon im 16. Jh. überstieg die Ausfuhr beachtlich die Einfuhr. Weil Riga keine eigene Handelsflotte besass, wurden aus Riga vom 16. Jh. bis zum letzten Drittel des 18. Jh. Waren vorwiegend auf niederländischen, am Ende des 18. Jh. aber auf englischen Schiffen befördert. Etwa 2/3 der Schiffe verkehrten von Riga aus durch den Sund in die Nordsee und weiter zum Atlantischen Ozean. Nach Riga kamen die Schiffe hauptsächlich aus den Häfen Schwedens und Ostdeutschlands.

Der Handel von Riga beruhte auf den gegen Ende der Hansezeit entstandenen Bräuchen. Im 16.–18. Jh. bewahrten die Rigaer Kaufleute ihre Vermittlerstellung, so dass andere kaum Handelskontakte ohne Riga knüpfen konnten. Dagegen haben sich die Adligen oft aufgelehnt, die direkte Kontakte mit dem Ausland zur Vermarktung ihres Getreides haben wollten – jedoch ohne Ergebnis. Am Ende des 16. Jh. begannen die Adligen, die Kaufleute an Fahrten in ländliche Gegenden zu hindern und verboten ihren Bauern, Waren in die Städte zu bringen. Im 16.–17. Jh. brachen zwischen der Stadt und dem Adel wegen des Ankaufs und teureren Weiterverkaufs der Erzeugnisse der Bauern abermals scharfe Auseinandersetzungen aus.

Während der Schwedenzeit entwickelte sich von den Städten Estlands **Narva** am schnellsten; in erster Linie dank seiner Handelsmöglichkeiten mit Russland. Von der Bedeutung Narvas zeugt auch die Absicht Schwedens, die Stadt zur zweiten schwedischen Hauptstadt zu machen.

Die mittelalterliche Stadt wäre unvorstellbar ohne **Handwerkerzünfte** und **Gilden**. Dieses System bestand, seine Lebenskraft beweisend, auch im 16.–18. Jh. Der Bedarf der Stadtbevölkerung an Verbrauchsgütern wurde von Handwerkern aus der Stadt oder vom Land gedeckt. Während die städtischen Zünfte ausnahmslos nur für den Binnenmarkt, und nicht für den Aussenmarkt produzierten, versuchten sie, in steigender Konkurrenz mit nichtorganisierten Handwerkern, die ganze Produktion zu monopolisieren. Schon im 16. Jh. wurde die Aufnahmeordnung in die Zünfte wesentlich strenger gemacht. Die zunehmende Spezialisierung der Handwerker führte zur Zersplitterung der Zünfte und zum Ansteigen ihrer Zahl. Die in die Städte Kurlands, Livlands und Estlands geflohenen Bauern fingen an, lettische und estnische Hand-

Der Handelshafen von Riga

schen arbeiteten dort auch aus anderen europäischen Ländern angeworbene Meister. Während des Grossen Nordischen Krieges wurden leider alle Manufakturen im Herzogtum wie auch in dem Schweden gehörenden Livland und Estland vernichtet.

In **Litauen** lässt sich im 17.–18. Jh. eine gewisse Belebung des Gewerbes, vorwiegend auf den Gutshöfen, beobachten. Hier wurden Bierbrauereien und Buttermolkereien gegründet, Baumaterialien hergestellt, Wind- und Wassermühlen errichtet. In den Werkstätten bildete sich die Arbeitsteilung heraus.

werkerzünfte zu gründen. Wegen der abschätzigen Einstellung der deutschen Einwohner zu allen Nichtdeutschen wurden diese Zünfte nicht in die Handwerkergilden aufgenommen. Die Handwerker auf dem Lande waren überwiegend Leibeigene.

Die Entwicklung von **Manufakturen** in Kurland, Livland und Estland wurde zum einen durch Einschränkungen seitens der Zünfte und zum anderen durch die Entwicklung der Güter auf der Basis von Frondiensten gehemmt. Dank der Verbreitung der merkantilistischen Ideen erlebten die Manufakturen im 17. Jh. einen Aufschwung. Im Herzogtum Kurland wurden auf Initiative Jakobs auf seinen Besitzungen die unterschiedlichsten Unternehmen gegründet: Schiffbauwerkstätten, metallurgische Manufakturen, Textilunternehmen, Glas-, Schiesspulver- und Seifenmanufakturen. Neben den Einheimi-

Fragen

1. *Schildern Sie die Entwicklung der Güter auf der Basis von Frondiensten.*

2. *Wodurch erklärt sich die geringe Anzahl der Manufakturen?*

3. *Beschreiben Sie Riga als Wirtschaftszentrum. Wie sicherte sich die Stadt ihre führende Stellung im hiesigen Handelswesen?*

4. *Welche Umstände förderten die Entwicklung von Narva?*

5. *Vergleichen Sie die Entwicklung von Handwerk und Handel im Mittelalter und in der Neuzeit. Welche Ähnlichkeiten finden Sie?*

4. DAS GEISTIGE LEBEN

4.1. FORTSETZUNG DER REFORMATION

Die nach 1520 begonnene Reformation hatte in **Livland** bis zur Mitte des Jahrhunderts ihr eigentliches Ziel erreicht. Erste lutherische Gemeinden hatten ihre Tätigkeit begonnen und das Prinzip *cuius regio, eius religio* – wessen das Land, dessen die Religion – hatte sich Geltung verschafft. Weil die Adligen, die im Luthertum die Möglichkeit sahen, sich von der Übermacht zweier Landesherren – des Ordens und des Erzbischofs – zu befreien und deren Land einzunehmen, zum lutherischen Glauben übertraten, galten auch ihre Bauern als Lutheraner. In der Tat konnten die Bauern im 16. Jh. nur unter Vorbehalt für Christen gehalten werden, denn die heidnischen Traditionen waren noch ziemlich verbreitet. Kurz vor dem Livländischen Krieg lebten in lettischen und estnischen Gebieten Katholiken und Lutheraner nebeneinander, aber nach der Auflösung des Ordens büsste die katholische Kirche ihre bisherige Stellung ein.

Auch in **Litauen** verbreitete sich der Protestantismus, vor allem bei Adel und Bürgern. Die litauische Reformation hatte ihren Höhepunkt in der 2. Hälfte des 16. Jh, jedoch dauerte sie nicht lange, denn unter den Reformatoren kam es zu Streitigkeiten. Drei protestantische Richtungen – das Luthertum, der Kalvinismus[26] und der Arminianismus[27] – polemisierten miteinander und mit der katholischen Kirche. Der zweite Grund für den Rückgang der Reformation war die Ergebenheit der Bauern, die die Mehrheit der Bevölkerung des Grossfürstentums Litauen bildeten, gegenüber dem katholischen Glauben, sowie dass sie an der Reformation unbeteiligt waren. Die Lutheraner fingen erst gegen Ende ihrer Tätigkeit an, Predigten in der den Bauern geläufigen litauischen Sprache zu halten.

Der **Einfluss der Reformation auf das geistige Leben** ist nicht hoch genug einzuschätzen. Für Letten und Esten bedeutete sie die Einführung von muttersprachlichen Gottesdiensten, die wiederum den Bedarf an volkssprachlicher Kirchenliteratur bewirkte und die allgemeine Entwicklung des Lettischen und Estnischen förderte. Die früheren klösterlichen oder für den höheren Klerus bestimmten Bibliotheken wurden der Öffentlichkeit zugänglich gemacht. Es wurden neue weltliche Schulen, Armenhäuser und Altenheime sowie öffentliche Heilanstalten gegründet. Martin Luther richtete viel Aufmerksamkeit auf Musik und Kirchengesang und sorgte dafür, dass auch in den Kirchen der livländischen Städte Orgeln vorhanden waren. Das förderte die Entwicklung der musikalischen Kultur der Region. Neue Anregungen bekamen auch die Architektur und die Kunst.

Unter dem Einfluss des neuen Zeitalters haben die **Humanisten** des Baltikums eine Reihe literarischer Werke geschaffen. Unter diesen ist die 1595 veröffentlichte „Ode an die Stadt Riga" des Rigaers Basileus Plinius besonders hervorzuheben.

4.2. DIE GEGENREFORMATION

In der Mitte des 17. Jh. kam die Reformation in **Litauen** zum Stillstand. In der 2. Hälfte des 17. Jh. stieg die Anzahl der katholischen Gemeinden im Vergleich zur Mitte des 16. Jh. um das Dreifache. Während dieser Zeit wurden 170 Klöster angelegt. Der Einfluss der katholischen Kirche wuchs in der ganzen Gesellschaft. Den Kirchen gehörten viele Lehranstalten.

Die Tatsache, dass Papst Clemens VIII. 1602 den Sohn des polnischen Königs, Kasimir, kanonisierte, trug zur wesentlichen Verstärkung der Position des Katholizismus in Litauen bei. Da in Litauen eine beträchtliche Anzahl von **Orthodoxen** lebte, kam die katholische Kirche in der 2. Hälfte des 16. Jh. auf die Idee, die orthodoxe Kirche des Grossfürstentums Litauen der Oberheit des Papstes zu unterstellen. Die Idee fand auch unter einigen orthodoxen Geistlichen Litauens Anhänger, die die gleichen Rechte wie die Katholiken haben wollten. 1596 wurde in **Brest** eine **Kirchenunion** geschlossen: ein Teil der orthodoxen Geistlichkeit schloss sich an die römisch-katholische Kirche an und bekannte sich zur Unterordnung unter den Papst, wobei die Liturgie der orthodoxen Kirche beibehalten wurde. Ein recht grosser Teil der Orthodoxen Polen-Litauens war aber gegen die Union und versammelte sich um den Fürsten K. Ostrozcki,

---

26 Protestantische Glaubenslehre von Johann Calvin (1509–1564), der mit Ulrich Zwingli Gründer der reformierten Kirche war

27 Die Arminianer, auch: Remonstranten genannt – eine von dem Theologieprofessor Jakob Arminius (1560–1609) gegründete Sekte in der reformierten Kirche der Niederlande, verwirft die unbedingte Prädestinationslehre Calvins, betont die Mitwirkung des menschlichen Willens.

einen heftigen Verteidiger der orthodoxen Kirche. Durch die Kirchenunion gab es zwischen den Orthodoxen eine Trennung.

In **Livland**, das nach dem Livländischen Krieg in den Besitz Polen-Litauens übergegangen war, begann in der 2. Hälfte des 16. Jh. die von **Jesuiten**[28] geleitete Gegenreformation, die Rekatholisierung. In Riga, Dorpat und Mitau wurden Jesuitenkollegien gegründet. Der Herzog von Kurland wurde verpflichtet, die Wiederherrichtung der katholischen Kirchen in den Städten zu sichern. In Riga wurde die Jakobskirche den Katholiken zurückgegeben. Trotzdem waren die Anstrengungen der Jesuiten, den Katholizismus zu restaurieren, vergebens. Ihre Kräfte waren begrenzt und sie hatten wenig Zeit. Entscheidend wurden die Umwandlungen der politischen Situation. In Estland und im größten Teil Lettlands – in Kurland und Livland, die von Schweden erobert wurden, schlug die lutherische Konfession Wurzeln, in Latgallien aber, das über längere Zeit im Besitz Polen-Litauens blieb, bewahrte die katholische Kirche ihren Einfluss.

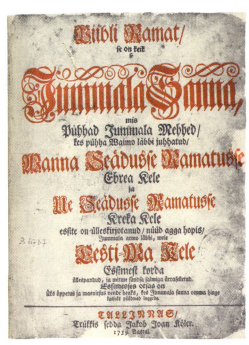

Titelseite der ersten estnischen Bibel

Gründer des estnischen Lehrerseminars B. G. Forselius mit seinen beiden estnischen Schülern auf dem Weg nach Stockholm zur Audienz beim König

4.3. KULTURGESCHICHTE IM 16.–17. JH.

Der Sieg Schwedens im Krieg von 1600–1629 veränderte das **Kirchenleben** Livlands und Estlands in wesentlichem Masse. Für die lutherische Konfession gab es hier völlige Handlungsfreiheit. Neben den anderen lutherischen kirchlichen Institutionen wurde ein Generalsuperintendent[29] eingestellt und Gemeinden wurden gegründet. Wichtig war die vom schwedischen König unterstützte Bibelübersetzung in die estnische und die lettische Sprache.

1632 unterzeichnete König Gustav II. Adolf die Urkunde über die Gründung der **Universität Dorpat**. Wie an anderen europäischen Universitäten, gab es in Dorpat vier Fakultäten: die theologische, juristische, medizinische und philosophische Fakultät. Die Studiensprache war Latein. Das wissenschaftliche Niveau der Universität Dorpat war ebenso hoch wie an anderen Universitäten Europas. Nach dem Ausbruch des russisch-schwedischen Krieges 1656 wurde die Universität nach Reval verlegt, wo sie ihre Tätigkeit bald unterbrach. Die 1690 in Dorpat wiedereröffnete Universität zog bald nach Pernau um, wo sie bis 1710 tätig war.

---

28   *Lat. Societas Jesu (Gesellschaft Jesu) – katholischer Orden, 1534 von Ignatius von Loyola gegründet, 1540 von Papst Paul III. bestätigt. Hauptziel: Ausarbeitung und Befestigung der katholischen Kirche durch äussere und innere Mission.*

29   *Dem Bischof oder Prälaten rangmässig entsprechender leitender Geistlicher einer Landeskirche.*

Titelseite der ersten lettischen Bibel

In Dorpat wurde die Universität erst 1802 wieder eröffnet.

In der schwedischen Zeit wurden die Voraussetzungen für **Bauernschulen** geschaffen, deren Entwicklung auch im 18. Jh. weiterging.

Das wichtigste kulturelle Ereignis dieser Periode war in Litauen die Gründung der **Universität Vilnius**. Das Jesuitenkollegium von Vilnius wurde auf Befehl des Königs Stefan Batory 1579 zur Universität erhoben. In der Universität Vilnius gab es drei Fakultäten: die philosophische, theologische und juristische Fakultät. Der erste Rektor der Universität war der berühmte katholische Theologe Peter Skarga. 1570 studierten an der Universität 160 Studenten, aber ihre Anzahl stieg forthin und am Anfang des 17. Jh. waren es schon um 1200. Die Studiensprache war Latein. Die Universität Vilnius entwickelte sich schnell zu einem Zentrum der wissenschaftlichen und pädagogischen Arbeit und war schon im 17. Jh. massgebend für das intellektuelle Niveau der litauischen Gesellschaft.

Die im 16. Jh. in Vilnius herrschende politische und kulturelle Atmosphäre förderte die **Herausbildung der litauischen Intelligenz**. In Polemiken gegen die ideologischen Standpunkte Polens und Russlands hatten die Intellektuellen die Konzeption eines litauischen Nationalstaates geschaffen, indem sie seine historische Kontinuität bewiesen und Gründe für seinen staatlichen Zentralismus lieferten.

Der Humanist Augustinus Rotundas wies in seinem Traktat „Gespräch eines Polen mit einem Litauer" auf Unterschiede zwischen den zwei Nationen und Staaten hin und betonte zugleich, dass die verbindliche Bedingung der Vervollkommnung von Staatsordnungen die Sittlichkeit des Regierenden sei. Ein anderer litauischer Intellektueller, Mihhalon Litvinas, setzte sich für die Idee gleicher Rechte aller Untertanen des Grossfürsten von Litauen ein.

Im ersten Viertel des 16. Jh. begann in Litauen der **Buchdruck**, der sich relativ schnell entwickelte. Die ersten in Litauen gedruckten Bücher erschienen auf Slawisch, das bis zum Ende des 17. Jh. eine der offiziellen Schriftsprachen im Grossfürstentum Litauen war. In der 2. Hälfte des 16. Jh. verbreitete sich der Buchdruck in Litauen sehr stark. In den grösseren Städten des Grossfürstentums und auf den Besitzungen protestantischer Magnaten – in Vilnius, Brest, Njasviz und anderswo – wurden Druckereien eingerichtet.

In Litauen bestanden lange zwei Umgangssprachen – das Litauische und das Weissrussische, und zwei Schriftsprachen – das Slawische und das Lateinische, seit der Mitte des 16. Jh. aber zusätzlich noch das Polnische. Die litauische Schriftsprache entwickelte sich zu der Zeit in Ostpreussen bzw. in Kleinlitauen, wo erste litauischsprachige Bücher veröffentlicht und die Grammatik der litauischen Schriftsprache ausgearbeitet wurde.

In der **lettischen** Geschichte ist das 17. Jh. mit dem Erscheinen des ersten lettischsprachigen

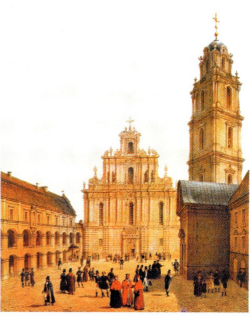

Die Universität von Vilnius

Das Schloss von Ruhental in Lettland

Originalwerks verbunden. In der Jahrhundertmitte veröffentlichte Georg Mancelius, der Hofgeistliche des Herzogs von Kurland, „Das Buch der Predigten". 1689 erschien die vom Pastor Glück ins Lettische übersetzte Bibel.

1686 wurde in **Estland** in der Übersetzung des Pastors Virginius das Neue Testament in der Dorpater Mundart herausgegeben. 1739 erschien die ganze Bibel in nordestnischer Sprache, übersetzt von Anton Thor Helle.

4.4. DER BAROCK UND DIE AUFKLÄRUNG

In der 1. Hälfte des 18. Jh. begann das Bildungs- und Wissenschaftswesen Litauens hinter den Ländern West- und Nordeuropas zurückzubleiben. Im Kulturleben vertieften sich konservative Tendenzen, die zu einem Stocken führten. Einen Aufschwung erlebte in dieser Periode nur die barocke Architektur und Kunst.

Der Barock fiel in Litauen in die Zeit von Kriegen, Hungersnot, Pest und einer Krise der Gesellschaft. Trug die litauische Barockarchitektur am Anfang die Merkmale des italienischen Barocks, so bildeten sich Anfang des 18. Jh. Traditionen eines eigenständigen Barocks heraus. Demzufolge entstand ein eigenartiger Stil – der **Vilnius-Barock**. Der erste Bau in diesem Stil war die Kasimir-Kathedrale. Zu den Prunkstücken des litauischen Barocks zählt die Peter-Pauls-Kathedrale. Der litauische Barock erstreckte sich bis nach Latgallien, aber auch in Livland, Kurland und Estland finden sich seine Einflüsse. Dank dem kurländischen Herzog E. Biron wurden in Mitau und Ruhental die vom

italienischen Architekten Rastrelli entworfenen Schlösser erbaut. In Estland liess Peter I. das Schloss Katharinental errichten.

Die Angliederung an das Zarenreich hat die Kontakte Estlands und Livlands mit Europa nicht beeinträchtigt. Im 18. Jh. sind sie sogar stärker geworden. Während das Baltikum zur Zeit der schwedischen Herrschaft in kultureller Hinsicht ein Randgebiet Europas gewesen war, wurden Livland und Estland im Laufe der Europäisierung Russlands im 18. Jh. zu wichtigen Kulturvermittlern.

Im geistigen Leben zeigten sich neue Tendenzen, die die allgemeine Entwicklung der Region beeinflusst haben. Eine besondere Rolle spielte dabei die Bewegung der **Brüdergemeine** oder der **Herrnhuter**[30], die in den Jahren seit 1730 überall in Livland und Estland eine breite Wirkung hatte. Vermutlich entwickelten sich Estland und Livland gerade dank dieser Bewegung zu den am meisten gebildeten Regionen des Zarenreiches. Auch der erste lettische Dichter Kikute Jakob ist aus der Brüdergemeinde hervorgegangen.

In der 2. Hälfte des 18. Jh. gelangten die Ideen der **Aufklärung** nach Livland und Estland, die dort einen besonderen Widerhall unter den Geistlichen der lutherischen Kirche gefunden haben. In der Entwicklung der weltlichen Kultur spielten gerade die Pastoren eine führende Rolle.

Die Kathedrale des Heiligen Kasimir in Vilnius

---

30 *Protestanitsche Bewegung, deren Teilnehmer ein arbeitsames, frommes Leben führen (Pietismus).*

Von den Aufklärern auf estnischem Gebiet ist in erster Linie **Johann Georg v. Schwarzenberg** hervorzuheben, der als Pastor in Torma (im nördlichen Teil des Landkreises Dorpat) tätig war. Er war einer der ersten, der den Übergang auf Geld als Pachtzinsen propagiert hat. Es ist bemerkenswert, dass **Johann Gottfried Herder**, der sich für lettische Volkskunst, insbesondere für Volkslieder interessierte, eine Zeitlang an der Domschule von Riga unterrichtet hat. In Riga sind die wichtigsten Werke des berühmten Philosophen Immanuel Kant veröffentlicht worden. In Riga, Mitau und Reval wirkten Freimaurerlogen[31]. Einer von diesen gehörte auch **Garlieb Merkel** an, dessen kritisches Buch „Die Letten, insbesondere in Livland, am Ende des philosophischen Jahrhunderts" eine lebhafte Resonanz gefunden hat. In seinem Werk bestand G. Merkel auf gleiche Rechte, Freiheiten und Möglichkeiten für die baltische Bevölkerung, wie die Baltendeutschen sie genossen haben.

Nach **Litauen** gelangte die Aufklärung in den letzten Jahrzehnten des 18. Jh. Zuerst zeigte sie sich auf dem Gebiet der Pädagogik und der Bildung. In den Schulen gewannen weltliche und naturwissenschaftliche Fächer immer mehr an Bedeutung. Der Unterricht in Physik, Geographie, Mathematik und den zeitgenössischen Sprachen wurde eingeführt. Die Unterrichtssprache in den Schulen war überwiegend das Polnische.

In der **Architektur** und der bildenden Kunst Litauens herrschte am Ende des 18. Jahrhunderts der klassizistische Stil vor. Seine Entwicklung führte zur Gründung des Lehrstuhls für Architektur an der Universität Vilnius. Leiter des Lehrstuhls wurde Laurinas Stuoka-Gucevichius, nach dessen Entwürfen das Rathaus und die Domkathedrale von Vilnius umgebaut wurden.

Die litauische **Literatur** der Aufklärung gewann einen mehr weltlichen Inhalt. 1706 wurde in Preussen das erste belletristische Werk, „Ezopo pasakecios" herausgegeben. Das Meisterstück der nationalen Kultur war das 1765–1775 verfasste Gedicht „Die Jahreszeiten" des kleinlitauischen Pastors **Kristionas Donelaitis** (1714–1780), in dem das Leben und die Lebensbedingungen der litauischen Bauern in Preussen geschildert werden. Das Gedicht, das 1818 veröffentlicht wurde, zählt zu den Gipfeln der Weltliteratur.

5. ZUSAMMENFASSUNG DER GESELLSCHAFTLICHEN ENTWICKLUNG

Die zweieinhalb Jahrhunderte zwischen dem Livländischen Krieg und dem Ende des 18. Jh. haben das Schicksal Litauens, Lettlands und Estlands in wesentlichem Masse verändert. Zwar hatten die Völker **Lettlands** und **Estlands** wenig Möglichkeit, bei den politischen Vorgängen, besonders was die internationalen Beziehungen in Europa anbetraf, mitzubestimmen, und blieben Betroffene der Geschichte. Die einheimische Bevölkerung des Baltikums verharrte in diesem Zustand schon seit dem 13. Jh.; nach dem Verfall Altlivlands büssten auch die hier ansässigen Deutschen ihre Macht ein und gerieten, trotz wirtschaftlicher Macht, die sie bewahren konnten, in die Abhängigkeit anderer Staaten. Eine Ausnahme bildeten nur die deutschstämmigen Adligen des Herzogtums Kurland[32].

Das Grossfürstentum **Litauen** war in dieser Zeit zunächst selber aktiv in den internationalen Beziehungen, wurde aber nach und nach zum Gegenstand polnischer, schwedischer, preussischer und russischer Interessen. Im 18. Jh. verlor das Grossfürstentum seine Eigenstaatlichkeit und kam, wie das übrige Baltikum, unter die Macht Russlands.

---

31 *Der Freimaurer – Mitglied einer weltbürgerlichen Bewegung mit ethischen und kosmopolitischen Zielen und einem mystischen Ritual. Vereinigungen der Freimaurer sind die Logen, die in Grosslogen zusammengefasst werden.*

32 *Dieser Abschnitt sowie der nächste geben die Standpunkte der litauischen Geschichtsforscher wieder.*

In **wirtschaftlicher Hinsich**t blieb das Baltikum vorwiegend ein Agargebiet mit dem daraus folgenden Konservatismus. Die Mehrheit der Städte bewahrte ihr mittelalterliches Aussehen und ihre gesellschaftliche Struktur. Auf dem Lande entstand im 15.–16. Jh. die Leibeigenschaft, die ihren Höhepunkt im 18. Jh. erreichte. Gegen Ende des Jahrhunderts wurde schon im ganzen Baltikum die Krise der hergebrachten Ordnung sichtbar.

Zu Beginn der Neuzeit wurde das Baltikum zum Schlachtfeld der protestantischen und der katholischen Kirche. Gemäss der politischen Teilung des Baltikums im 17. Jh. wurde die ganze Region zwischen unterschiedlichen **Konfessionen** aufgeteilt. Der grösste Teil Litauens und Latgallien im heutigen Lettland behielten den katholischen Glauben, die übrigen lettischen Gebiete sowie Estland und Kleinlitauen wurden lutherisch. Diese Teilung besteht bis heute. Zur gleichen Zeit gab es im Baltikum auch andere christliche Konfessionen; die orthodoxe Kirche, die Altgläubigen, unierte Kirchen[34]. Ihre eigene Religion hatten die Juden und die Karaimen.

Die kulturell-ethnischen Wandlungen waren in Litauen am deutlichsten, denn dort sind die litauischen Adligen allmählich polnisch geworden. Die soziale Trennwand, die schon seit dem Mittelalter zwischen den polnischen Bauern und Adligen bestand, prägte sich immer mehr aus. Mit der Zeit entstand in Litauen dieselbe Situation, die in Lettland und Estland schon lange geherrscht hatte.

FRAGEN

1. *Wodurch erklärt sich der Erfolg des Luthertums in den estnischen und lettischen Gebieten? Warum konnte sich die Reformation in Litauen nicht durchsetzen?*

2. *Wie schätzen Sie die Auswirkung der Reformation auf das geistige Leben Estlands und Lettlands ein? Bringen Sie Beispiele.*

3. *Bringen Sie Beispiele über die Tätigkeit der Jesuiten auf dem Gebiet der Bildung.*

4. *Welche Rolle spielte das Baltikum im europäischen Kulturraum während der schwedischen und russischen Zeit? Wie schätzen Sie diese Rolle ein?*

5. *Welche Möglichkeiten eröffnete die Bewegung der Brüdergemeinde für estnische und lettische Bauern?*

6. *Wie bewerten Sie die Tätigkeit folgender Aufklärer: J. G. E. von Schwarzenberg, G. Merkel, J. G. von Herder, K. Donelaitis?*

---

34 *Die mit der römisch-katholischen Kirche wiedervereinigten orthodoxen, griechisch-katholischen und morgenländischen Kirchen mit eigenem Ritus und eigener Kirchensprache.*

IV. DAS BALTIKUM IM
19. JH. UND ZU BEGINN DES 20. JH.

Blick auf den Domberg von Reval im 19. Jahrhundert (oben) und die Altstadt von Riga (unten)

Das Baltikum in der Mitte des 19. Jh.

1. POLITISCHE GESCHICHTE

1.1. ADMINISTRATIVE GLIEDERUNG UND VERWALTUNGSORDNUNG

Schon am Ende des 18. Jh. gehörte fast die ganze Ostküste der Ostsee zum Zarenreich. Anfang des 19. Jh. vollzogen sich hier Umwandlungen in der administrativen Gliederung und der Verwaltungsordnung.

Gemäss dem 1721 geschlossenen Frieden von Nystad kamen **Estland** und **Livland** zu Russland, behielten aber ihre bisherige Verwaltungsregelung. Am Ende des 18. Jh., im letzten Jahrzehnt der Regierungszeit von Katharina II. (1762–1796), wurde zwar eine Gouvernementsreform (1783–1796) durchgeführt, aber die folgenden Monarchen **Paul I.** (1796–1801) und **Alexander I.** (1801–1825) haben die frühere Verwaltungsordnung wieder eingeführt und dadurch den **Sonderstatus des Baltikums** noch mehr gesichert. **Nach** der Teilung Polens und Litauens 1795 wurden auch dem kurländischen Adel Sonderrechte zugesprochen. Obwohl das Gouvernement Kurland gleichfalls in die Gouvernementsreform miteinbezogen wurde, waren die Veränderungen nur geringfügig, und schon Ende 1796 erhielt Kurland die gleichen Rechte wie Estland und Livland. Es muss dennoch darauf hingewiesen werden, dass sich diese Sonderrechte und Privilegien nur auf die Minderheit der ländlichen und städtischen Bevölkerung bezogen: auf den Adel, Kaufleute und Handwerksmeister.

In **Litauen** begann die Regierung des Zaren am Anfang des 19. Jh. die Unterschiede in der Verwaltungsordnung zu beseitigen. In der Selbstverwaltung Polen-Litauens spielten die Adelsversammlungen, die **Sejmiks**, eine wichtige Rolle. Nach dem Zerfall des Staates und dem Anschluss an Russland wurde die Macht der Seimiks eingeschränkt und 1808 wurden die Rechte des litauischen Adels mit den Rechten des russischen Adels gleichgesetzt. Der litauische Adel behielt zwar seinen Grundbesitz und das Recht auf Leibeigene, aber seine Rolle im gesellschaftlichen und politischen Leben verringerte sich. Auf Seimiks, deren Einberufung von nun an einmal in drei Jahren erfolgen konnte, durften nur Wirtschaftsfragen besprochen werden. 1840 wurde das litauische Statut aufgehoben und im Gouvernement Vilnius die Gesetzgebung und Verwaltungsordnung der russischen Gouvernements eingeführt. Die frühere Amtssprache Polnisch wurde vom Russischen abgelöst.

Das Wappen des russischen Reiches

Die Adelsversammlungen Estlands und Livlands, die **Landtage**, bewahrten bis zum 19. Jh. das Recht, Gesetzentwürfe einzubringen. Dasselbe galt auch für die kurländischen Adligen. Im 19. Jh. behielt der Adel aller drei Gouvernements seine alte Bezeichnung – die Ritterschaft. Das Recht, an Landtagen bei allen wesentlichen das Baltikum betreffenden Fragen mitzureden, war eines der wichtigsten Privilegien. Die Städte und die Bauern waren auf den Landtagen nicht vertreten.

Die administrative Gliederung von Estland, Livland und Kurland veränderte sich im 19. Jh. nicht, wohl aber gab es in Litauen einige Umgestaltungen.

Nach der Teilung von Polen-Litauen 1795 wurden auf dem Territorium Litauens, das an Russland gekommen war, die **Gouvernements Vilnius** und **Kaunas** gebildet. Die litauischen Gebiete am Westufer des Njemen kamen an Preussen, während der napoleonischen Kriege wurden sie jedoch an das Herzogtum Warschau angeschlossen und Napoleon unterstellt. Nach dem Wiener Kongress 1815 kam das Herzogtum Warschau als Königreich Polen an Russland. Die obenerwähnten litauischen Gebiete wurden mit dem **Gouvernement Suwalki** verbunden.

Latgallien wurde nach der Aufhebung der Statthalterschaft ans Gouvernement Witebsk angeschlossen. Die politische, wirtschaftliche und soziale Eigenständigkeit dieses Teils von Lettland vertiefte sich im 19. Jh. weitgehend.

Die höchste Macht im Baltikum wurde von den **Generalgouverneuren** ausgeübt. Der Generalgouverneur von Estland, Livland und Kurland residierte in Riga,

Alexander I

der von Litauen in Vilnius. Das Gouvernement Suwalki war dem Generalgouverneur von Warschau unterstellt. Mit der Verwaltungsreform am Anfang des 19. Jh. wurde das Verwaltungssystem Russlands vervollständigt: es wurden Gouvernements mit einem Gouverneur an der Spitze eingeführt. In den Zuständigkeitsbereich eines Gouverneurs gehörten wirtschaftliche und soziale Fragen. Seine Verantwortung vergrösserte sich im Falle eines Belagerungszustandes und gestiegener sozialer und politischer Spannungen; er entschied über die Einführung des Belagerungszustandes bzw. den Einsatz der Armee bei Unruhen.

Am Anfang des 19. Jh. bewahrten im Baltikum die Städte Riga und Reval ihre Privilegien; deren Verwaltung wich von der Verwaltung der Städte russischer Inlandgouvernements ab. In Litauen behielten nur die Magistrate von Vilnius und Kaunas ihren Sonderstatus nach dem Anschluss an Russland. Alle anderen Verwaltungen der litauischen Städte wurden nach russischen Mustern organisiert.

1.2. REFORMEN IN ESTLAND UND LIVLAND AM ANFANG DES 19. JH

Schon in der 2. Hälfte des 18. Jh. hat der Adel Estlands und Livlands bei den Landtagen mehrmals auf die Krise in der Landwirtschaft sowie auf die materielle Lage der Bauern hingewiesen. Immer öfter wurde das System der **Leibeigenschaft** kritisiert. Ende des 18. Jh. und Anfang des 19. Jh. wurde die Situation durch die Grosse Französische Revolution und deren Widerhall im Baltikum wie auch durch die von Alexander I. aufgenommenen Reformen verschärft. Die sozialen Verhältnisse im Baltikum wurden von G. Merkel in seinem 1796 in Deutschland veröffentlichten Buch „Die Letten, insbesondere in Livland, am Ende des philosophischen Jahrhunderts" und von J. K. Petri in seinem 1802 erschienenen Buch „Estland und die Esten" unter die Lupe genommen. Beide Autoren haben betont, dass die Leibeigenschaft in einem krassen Missverhältnis zur humanistischen Lehre steht und somit als Grund für die Rückständigkeit und wirtschaftliche Instabilität der Völker des Baltikums angesehen werden kann. Dennoch äusserten die Landtage Estlands und Livlands ihre Einstellung gegenüber der Leibeigenschaft nur vorsichtig und ohne besonderen Eifer. Auch Alexander I. hat zur Verbesserung der Lage der Bauern aufgerufen. 1802 wurde das **estnische Bauerngesetz** herausgegeben, das den Bauern das Recht auf Erbleihe zusagte. Gemäss diesem Gesetz wurde das Recht der Gutsbesitzer eingeschränkt, die Bauern aus ihren Bauernhöfen fortzujagen. Nach dem Tod des Hofbesitzers ging der Hof auf seinen Sohn über.

Der Bezirksrichter (Gemälde von O. Hoffmann)

1802 brachen auf dem Gutshof Kauguri, in der Nähe von Wolmar (Valmiera), die Bauernunruhen aus. Um die Bauern zu beschwichtigen, bereitete der **Livländische** Landtag 1804 ein **Bauerngesetz** vor, das von Alexander I. erlassen wurde. In seinem Inhalt ähnelte es dem „Estländischen Bauerngesetz" und reglementierte den Umfang der bäuerlichen Abgaben entsprechend der Grösse des Bauernhofs sowie dem Einkommen des Bauern. Das Gesetz beschränkte die Eigenmächtigkeit des Adels – der Kauf und Verkauf von Bauern wurde verboten und eine entsprechende Strafordnung festgesetzt.

In Estland und Livland wurden **Bauerngerichte** eingerichtet. Obwohl sie der adligen Überwachung unterstellt waren, wurden die Richterposten von Bauern besetzt. Die Gründung dieser Bauerngerichte steigerte das Selbsbewusstsein der Bauern.

Die Bauerngesetze fanden lebhafte **Resonanz** beim Adel wie auch bei der Bauernschaft. Die Folgen der Gesetze wurden von Adligen unterschiedlich eingeschätzt: die einen waren der Meinung, dass gerade jetzt der richtige Zeitpunkt für die Aufhebung der Leibeigenschaft sei, die anderen dagegen waren empört, dass ihre Rechte angegriffen und beeinträchtigt wurden. Unter den Bauern verbreiteten sich wiederum Gerüchte, als würde das richtige Gesetz vor ihnen geheimgehalten. Diese Annahme war auf die Tatsache zurückzuführen, dass im estnischen und lettischen Text des Gesetzes gewisse Abweichungen vom deutschen Text vorkamen. Auf vielen Gutshöfen Estlands und Lettlands brachen Bauernunruhen aus.

Napoleon vor der Kirche der Heiligen Anna in Vilnius. Angeblich hatte er die Absicht, diese in Teile zu zerlegen und mit nach Paris zu nehmen

1.3. DIE NAPOLEONISCHEN KRIEGE UND DAS BALTIKUM

In den Jahren 1805–1807 führte Napoleon Kriege in Mitteleuropa. 1807 hat Russland in Tilsit mit Frankreich ein Friedensabkommen unterzeichnet. Trotzdem blieben die Verhältnisse zwischen den zwei Staaten gespannt. Im Bestreben, seinen Einfluss in Europa zu erweitern, begann Napoleon 1812 den Krieg gegen Russland. Am 24. Juni 1812 überschritten die Truppen Napoleons die Grenze. Schon am 28. Juni gelangte das Ulanenregiment[1] unter Anführung des Fürsten Radziwil nach **Vilnius**, gleich danach kamen auch französische Truppen. Der litauische Adel, der hoffte, durch den Krieg die Selbständigkeit des Staates wiederherzustellen, hat Napoleon mit Ehrerbietung begrüsst. Dennoch hat sich Na-

poleon nicht mit Fragen der litauischen Staatlichkeit befasst, sondern errichtete im Juli 1812 in Vilnius ein Besatzungsregime.

In der Zeit, in der sich ein Teil der französischen Armee in Richtung Moskau bewegte, drang das von MacDonald geführte Korps, das aus Regimentern Preussens, Frankreichs, Bayerns, Westfalens und Polens bestand, nach **Kurland** ein. Anfang Juli wurden Bauska und Libau besetzt. Ganz Kurland wurde besetzt und die bis zur Düna vorgedrungenen Truppen bedrohten **Riga**, obwohl sie nicht durch die Kekava-Olaine-Sloka-Linie durchbrechen konnten. Der Generalgouverneur Essen befahl, die Vorstädte von Riga niederzubrennen. Dadurch erlitten etwa 7 000 Einwohner von Riga Schaden.

Mittelbar wurde auch **Estland** vom Krieg von 1812 betroffen. Seit 1801 standen auf der Ostsee englische Kriegsschiffe, was Handel und Fischfang beeinträchtigte. Durch den Friedensvertrag von Tilsit 1807 wurde Russland verpflichtet, sich der gegen England gerichteten Kontinentalsperre[2] anzuschliessen. 1809 blockierten die Flotten Englands und Schwedens in Baltischport (Paldiski) die russische Flotte. Nach dem Einmarsch der napoleonischen Armee wuchsen wegen des Krieges die Abgaben der estnischen Bauern.

Zu Beginn des Krieges von 1812 verbreiteten sich unter den Bauern die Gerüchte, dass Napoleon die Aufhebung der Leibeigenschaft in den eroberten Ländern beabsichtigte, was allerdings nicht den Tatsachen entsprach. Obwohl der Aufenthalt der französischen Truppen in den Gebieten des Zarenreichs relativ kurz war, waren die Kriegsschäden für die Wirtschaft des Baltikums erheblich. In Litauen kamen mehrere Tausende Einwohner um. Häuser wurden niedergebrannt und Haushalte vernichtet. Die Viehzahl verminderte sich um die Hälfte. Besonders Vilnius und Kaunas litten im Krieg. Kurland war gezwungen, nach der Besetzung 2 Millionen Rubel Kontribution[3] zu zahlen. Mit dem Vormarsch der Armee stiegen die zu zahlenden Abgaben der kurländischen und livländischen Bauern. Durch die Verbrennung der Vorstädte wurden den Einwohnern Rigas erhebliche Verluste beigebracht. Die Zahl der Rekruten im Krieg von 1812 wuchs um das Mehrfache.

---

1   *Regiment der mit Lanzen bewaffneten Reiter; im 16. Jh. zuerst in Polen, seit 1807 in Preussen aufgestellt.*

2   *Durch Napoleon 1806 eingeleitete Wirtschaftsblockade des europäischen Kontinents gegen Grossbritannien. Russland schloss sich 1807 daran an. Sie dauerte bis 1814.*

3   *Die vom Feind bzw. Sieger nach seinem Ermessen auf das besetzte bzw. besiegte Land auferlegte Kriegssteuer (lat. contributio = einen Teil abgeben). Die Haager Konvention (1907) hat die Anwendung der Kontribution eingeschränkt. Später ist sie meistens durch Reparation und Restitution ersetzt worden.*

Die Wappen von Estland, Livland und Kurland

1.4. POLITISCHE ENTWICKLUNG UND AUFHEBUNG DER LEIBEIGENSCHAFT IN EST-LAND, LIVLAND UND KUR-LAND

Nach den napoleonischen Kriegen gab Alexander I. die Reformpolitik auf. Im letzten Jahrzehnt seiner Regierung verstärkte sich die politische Reaktion. Gegen politisch unzuverlässige Untertanen gab es Repressalien. Die Politik des Zarismus im Baltikum bildete dagegen eine Ausnahme. Für Estland, Livland und Kurland wurden **Gesetze für die Aufhebung der Leibeigenschaft** ausgearbeitet und vom Zaren erlassen. In Estland wurde die Leibeigenschaft 1816, in Kurland 1817 und in Livland 1819 aufgehoben.

Alle drei Gesetze waren in ihren Grundsätzen ähnlich. Die Bauern bekamen die persönliche Freiheit und grössere gesetzlich festgelegte Rechte als bisher. Daneben behielt der **Adel** die meisten seiner **Privilegien**. Grund und Boden gehörte laut Gesetz dem Adel, und die Bauern konnten es aufgrund eines Pachtvertrages benutzen. Die Bauern waren gezwungen, die vom Adel festgelegten Vertragsbedingungen zu billigen, denn sowohl die obenerwähnten Gesetze wie auch die Verwaltungsordnung der russischen Inlandgouvernements beschränkte die Bewegungsfreiheit der Bauern. Um die Bestellung der Felder zu gewährleisten, wurde in neuen Verträgen auf die Normierung der Abgaben verzichtet. Für die Sicherung ihrer wirtschaftlichen Interessen war der Adel bestrebt, möglichst kurzfristige Pachtverträge zu schliessen. Laut Gesetz durften die Bauern das Land erwerben, jedoch war das vom guten Willen des Gutsbesitzers abhängig. Vom Zaren und dem Adel war eine lange Übergangsperiode zwischen der alten und neuen Ordnung vorgesehen.

Die Befreiung der Bauern Estlands, Livlands und Kurlands aus der Leibeigenschaft erfolgte allmählich in den unterschiedlichen sozialen Gruppen und vollzog sich in den Jahren ab 1830. Zur gleichen Zeit begann die Einrichtung der **bäuerlichen Selbstverwaltung**, die wieder der Überwachung des Adels unterstellt war. Die gegründeten Gemeindeverwaltungen und -gerichte befassten sich mit fast allen Problemen auf Gemeindeebene – im Wirtschafts-, Sozial-sowie Bildungsbereich. Nach der Befreiung von der Leibeigenschaft veränderte sich der soziale und juristische Status der Bauern und sie bekamen Familiennamen. Auch über die Namensgebung entschieden die Gutsherren.

In Latgallien bestand die Leibeigenschaft bis 1861, wie im restlichen Zarenreich.

1.5. DER LITAUISCHE AUFSTAND VON 1830–1831

Die Revolution von 1830 hat in Frankreich das Herrscherhaus der Bourbonen gestürzt und die liberalen Bewegungen in ganz Europa gefördert. Unter dem Einfluss revolutionärer Ideen brach in Polen ein Aufstand aus, der sich 1831 auch nach Litauen ausdehnte. Sowohl in Polen als auch in Litauen bedeuteten die Unruhen eine Reaktion gegen die Repressalien des russischen Zarismus der Jahre nach 1820, die die Freiheitsbewegung zu dämpfen versuchten. Die Aufständischen riefen zur Abtrennung vom Zarenreich und zum Anschluss an das Königreich Polen auf. Im Hinblick auf die künftige Staats-

Teilnehmer des Aufstandes von 1831

ordnung waren sich die Aufständischen nicht einig. Manche haben auch die Idee der Gründung eines selbständigen litauischen Staates aufgeworfen.

Der Aufstand begann am 25. März 1831. Zwar fehlte ihm eine einheitliche Führung, aber da viele russische Truppen nach Polen verlegt waren, gelang es den Aufrührern, ausser Vilnius und Kaunas fast ganz Litauen unter ihre Kontrolle zu bekommen. Im Mai 1831 übernahm **A. Ilgaudas** die Führung und erhielt auch von den polnischen Aufständischen zunehmende Unterstützung. Im Stab von Ilgaudas wurde die provisorische Zentralregierung Polens in Litauen errichtet. In Kürze besetzten die Aufständischen Kaunas, wurden aber in der Schlacht bei Vilnius von stark überlegenen Regierungstruppen geschlagen. Die Aufständischen mussten sich zurückziehen. Ilgaudas wurde umgebracht, und die provisorische Regierung löste sich auf.

Nach der Niederwerfung des Aufstandes nahm der Druck des Zarismus in Litauen zu: die Einwohner wurden gezwungen, Kontributionen zu zahlen, die Zensur verstärkte sich, die Armee des Königreichs Polen aufgelöst. Das Königreich büsste seine Autonomie ein und wurde zu einem Gouvernement des Zarenreichs. Die aktivsten Aufrührer wurden angeklagt. 1832 wurde die Universität Vilnius geschlossen.

1.6. REFORMEN IN ESTLAND UND LIVLAND IN DEN JAHREN NACH 1840

Mit der Aufhebung der Leibeigenschaft wurden die Bauern zwar juristisch frei, die wirtschaftliche Entwicklung dagegen zeugte von Mängeln im Gesetz. Ende der 30er und Anfang der 40er Jahre wurden einige Gebiete Estlands und Livlands von Missernten betroffen, die die Lage der Bauern noch mehr verschlimmerten. Es brachen **Bauernunruhen** aus. Viele Bauern wollten aus dem Baltikum in südliche Gebiete Russlands umsiedeln, um dort Land zu bekommen und der adligen Vorherrschaft zu entkommen. In der Hoffnung, die Gunst des Zaren und der rechtgläubigen Kirche zu erlangen, wollte ein Teil von ihnen zum orthodoxen Glauben übertreten. Die massiven Bauernunruhen verbreiteten erhebliche Erregung in den Regierungskreisen Russlands sowie unter dem Adel, der eingesehen hatte, dass die Gesetze von 1816–1819 mangelhaft waren.

Anfang 1842 begann die Livländische Ritterschaft, einen neuen Gesetzentwurf auszuarbeiten. Die Meinungsverschiedenheiten unter dem Adel waren aber dermassen gross, dass sich ein langwieriger politischer Kampf entfaltete, in den sich auch der Generalgouverneur des Balti-

Landtag der Gutsherren Estlands (zeitgenössische Karikatur)

kums, von Pahlen, einmischte. Der konservativere Teil des Adels verteidigte das vorhandene, die Aufhebung der Leibeigenschaft verfügende Gesetz und war gegen die radikale Umgestaltung der sozialen und wirtschaftlichen Verhältnisse. Die liberalen Adligen dagegen legten Gesetzentwürfe vor, um die Mängel der vorhergehenden Gesetze zu beheben. Sie empfahlen den Übergang von kurzfristigen Pachtverträgen auf langfristige, die allmähliche Einführung von Erbpacht und das Ersetzen der Fronabgaben durch Geldpacht, um die Entstehung vom Erbeigentum an Bauernhöfen vorzubereiten. Der Generalgouverneur hörte sich beide Parteien an und wählte aus den vorbereiteten Entwürfen die Artikel aus, die seines Erachtens zur Stabilisierung der Situation beitragen konnten. Seine Vorschläge wurden vom Zaren gebilligt. Dem Handeln des Generalgouverneurs folgte eine heftige Reaktion des ganzen Adels, der dieses als Einmischung der Zarenregierung in die inneren Angelegenheiten des Baltikums auffasste. Bis 1845 wurden alle liberalen Entwürfe abgelehnt.

Im selben Jahr kam die Bauernbewegung wieder in Schwung. Unter den Bauern verbreiteten sich Gerüchte, dass man nur mit dem **Übertritt zum orthodoxen Glauben** Land bekommen und der Vormundschaft des Adels und der lutherischen Geistlichkeit entkommen konnte. Die Bewegung des Glaubenswechsels erstreckte sich über viele südestnische und nordlettische Gemeinden. Als Beweggründe der Unruhen wurden unterschiedliche Faktoren genannt.

Der Zar und der neue Generalgouverneur des Baltikums, Golowin, hielten es für zweckmässig, den Teil des livländischen Adels zu unterstützen, der bereit war, die Lage der Bauern in wesentlichem Masse zu verbessern. Im Unterschied zur Zeit nach 1840 wurden die Gesetzentwürfe in St. Petersburg ausgearbeitet. Dem livländischen Landtag wurden schon fertige Gesetze zum Verabschieden vorgelegt. Der Autor dieser

Gesetze war wahrscheinlich der livländische Landrat **Hamilkar von Fölkers ham**.

Das neue, 1849 verabschiedete, Gesetz enthielt alle wesentlichen geplanten Neuerungen: den allmählichen Übergang zur Geldpacht, das Schliessen langfristiger Nutzungsverträge über das Bauernland, die Einführung des Erbeigentums an Bauernhöfen. Der konservative Teil des Adels konnte zwar durchsetzen, dass das Gesetz als ein Provisorium erlassen wurde, aber in der Tat behielt es diese Prinzipien auch in seinen späteren Überarbeitungen bei und diente als Vorbild des 1856 erlassenen estnischen Bauerngesetzes. Die eingetretenen wirtschaftlichen Veränderungen blieben trotz der europäischen Revolutionen von 1848–1849 und der darauffolgenden politischen Reaktion in Russland bestehen.

Gegen 1840 wurde in Russland eine **Reform der Krongüter** (Domänen) durchgeführt, die auch das Baltikum betraf. Die Regierung des Zaren hoffte, durch die Reformen die staatlichen Einkommen zu vergrössern und die Entwicklung der Bauernwirtschaft zu fördern. In Estland, Livland und Kurland wurde das gleichzeitig eine Demonstration der Stärke. Der staatliche Grundbesitz in Litauen wurde unter immer strengere Kontrolle der Zarenregierung gezogen, indem die Verpachtungsmöglichkeiten des örtlichen Adels eingeschränkt wurden. Damit wuchsen die Unterschiede zwischen den Krongütern und den Privatgütern, wobei in den letzteren die Leibeigenschaft bis 1861 bestehen blieb.

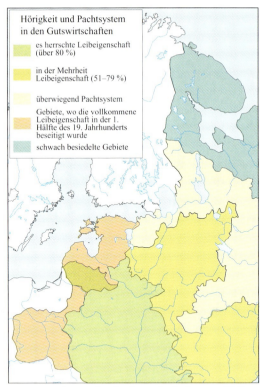

Hörigkeit und Pachtsystem in den Gutswirtschaften

es herrschte Leibeigenschaft (über 80 %)

in der Mehrheit Leibeigenschaft (51–79 %)

überwiegend Pachtsystem

Gebiete, wo die vollkommene Leibeigenschaft in der 1. Hälfte des 19. Jahrhunderts beseitigt wurde

schwach besiedelte Gebiete

Der Nordwesten Russlands vor der Reform von 1861

1.7 AUFHEBUNG DER LEIBEIGENSCHAFT IN LITAUEN UND LATGALLIEN 1861

Um 1850 hatten sich in Russland komplizierte politische und soziale Verhältnisse ausgebildet. Die Niederlage im Krimkrieg (1853–1856) zeugte von einer Krise in allen Lebensbereichen und zwang die herrschenden Klassen, an Reformen zu denken. Der neue Zar **Alexander II.** (1855–1881) versuchte, die Grundbesitzer davon zu überzeugen, dass es nützlicher wäre, die Leibeigenschaft selbst aufzuheben statt die herrschende gesellschaftliche Ordnung durch Bauernunruhen vernichten zu lassen. Im Frühjahr 1856 begannen in Litauen und Westweissrussland Verhandlungen zwischen Regierungskreisen und Grundbesitzern.

Ein Jahr danach wurde ein Beschluss über die Befreiung der Bauern gefasst, das Land aber blieb im Besitz der Gutsherren. Am 20. November 1857 wurde vom Zaren dem Generalgouverneur von Vilnius, V. Nazimow, der Auftrag erteilt, die Reform vorzubereiten. Eines der ersten die Reformen einleitenden Gesetze wurde ausgearbeitet. 1858 erstreckte sich die Arbeit an der Verfassung des Gesetzes schon über ganz Russland, und im Februar 1861 unterschrieb Alexander II. das **Manifest über die Aufhebung der Leibeigenschaft** sowie das entsprechende Gesetz. In den Territorien Litauens und Westweissrusslands traten örtliche, von den gesamtrussischen hinreichend unterschiedliche Gesetze in Kraft, die eine zweijährige Übergangsperiode hatten, nach deren Ablauf die Bauern Selbstverwaltungsbehörden zu gründen hatten. Den ehemaligen Leibeigenen wurde das Recht zugesprochen, die Gehöftgebäude für immer abzukaufen, und nach Vereinbarung mit den Grundbesitzern auch das dazugehörende Land.

1861 trat das Gesetz der Aufhebung der Leibeigenschaft auch in Latgallien, im Gouvernement Witebsk, in Kraft. Auch dort wurde eine zweijährige Periode vorgesehen, in der die Verhältnisse zwischen Bauern und Grundbesitzern sowie die Grösse des den Bauern zukommenden Landes und des Entgelts festgelegt werden mussten. Wie in Litauen, haben auch die lettischen Bauern ihre Selbstverwaltungsorgane, die Landräte und -gerichte, gegründet. Immerhin unterlagen sie der strengen Kontrolle der Zarenmacht, die nach dem Aufstand von 1863 in Polen und Litauen noch verschärft wurde.

1.8. DER AUFSTAND VON 1863–1864 IN LITAUEN

Der Aufstand entstand aus den **gesteigerten politischen und wirtschaftlichen Widersprüchen** in Russland, vorwiegend in seinen westlichen Gouvernements. Ausserdem spielte in dieser Periode die **nationale Freiheitsbewegung** eine wichtige Rolle. Es bestand eine breite zum Aufruhr geneigte Basis unter der Landbevölkerung und den Stadtbürgern bis hin zu den Geistlichen. In Litauen waren in erster Linie die Gutsbesitzer aktiv, die zu den Anführern der Aufständischen wurden, von denen sie selbst fast die Hälfte ausmachten. Jedoch gab es zwischen Gutsherren und Bauern kein gegenseitiges Vertrauen.

Schon 1861 spaltete sich die nationale Freiheitsbewegung in zwei Richtungen. Das Ziel der ersten, aus **liberalen Gutsherren** bestehenden Richtung, war die Wiederherstellung des polnisch-litauischen Staates unter Beteiligung anderer europäischer Staaten. Die Lösung der sozialen Probleme hielten die Vertreter dieser

Alexander II

Richtung für zweitrangig. Die **radikale Richtung** dagegen forderte die Vereinfachung und Beschleunigung der Landreform, um die Lage der Bauern zu verbessern. Sie war der Auffassung, dass über die Wiederherstellung des polnisch-litauischen Staates eigens die Einwohner von Litauen, Weissrussland und der Ukraine zu entscheiden hätten. Beiden Richtungen gemeinsam war, dass keine nationalen Trennlinien betont wurden. Nur **A. Mackevičius**, einer der Anführer der radikalen Richtung, bestand auf dem Recht der Litauer, ihren selbständigen Nationalstaat wiederherzustellen.

Wie 1830–1831, begann die Freiheitsbewegung auch jetzt in Polen. Im Januar 1863 gründete das in Warschau entstandene Nationale Zentralkomitee die Provisorische Regierung und erliess ein Manifest, in dem das Volk zum Kampfe aufgerufen wurde. Mitte 1862 kam in Vilnius das Komitee der radikalen Richtung zusammen, das mit Warschau in Verbindung stand, und dessen Anführer im Gouvernement Litauen **K. Kalinowski** wurde. Das Ziel des Komitees war, den Aufstand zur Erlangung der Selbständigkeit, Freiheit und Gleichberechtigung vorzubereiten. Die Initiatoren der Bewegung versuchten, die Bauern miteinzubeziehen, indem sie

ihnen die endgültige Befreiung und Landzuteilung versprachen.

In Kürze aber verbreiteten sich unter den Aufrührern Streitigkeiten auf Grund sozialer Probleme, und so wurde das Komitee des Gouvernements Litauen am 11. März 1863 aufgelöst. Statt seiner wurde die Abteilung für die Verwaltung des Gouvernements Litauen gegründet, die dem Kommissar der Warschauer nationalen Regierung unterstellt war. Zum Hauptziel wurde die Wiederherstellung des polnisch-litauischen Staates in den Grenzen von 1772; die sozialen Probleme sowie die Agrarreform traten in den Hintergrund. Trotzdem gelang es den Aufständischen, breite Massen der Gesellschaft zu mobilisieren, so dass sich der Aufstand über ganz Litauen ausdehnte.

Von April bis Juli 1863 fanden in den Gouvernements Vilnius und Kaunas 86 Gefechte zwischen der zaristischen Armee und den Aufrührern statt. Im Mai wurde **M. Murawjow** zum Generalgouverneur von Vilnius ernannt, der durch seine Unbarmherzigkeit den Aufständischen gegenüber berühmt wurde. Nach dem Niederwerfen des Aufstandes entliess er die meisten alten Beamten und statt katholischer Richter, Lehrer und Beamten wurden orthodoxe eingestellt. Die bedeutendsten Anführer des Aufstandes, K. Kalinowski und A. Mackevičius,

K. Kalinowski

Der Generalgoverneur von Vilnius, M. Muravjov

wurden Ende 1863 verhaftet und zum Tode verurteilt. Die Bewegung fand allmählich ein Ende, obwohl sie mancherorts auch noch 1864 kurz aufflackerte.

Parallel zur Niederwerfung des Aufstandes und der Beseitigung seiner Folgen versuchte M. Murawjow, die Landreform zu beschleunigen, um die Lage der Bauern zu verbessern, aber auch den Gegensatz zu den Gutsbesitzern zu verschärfen, die später aus dem politischen Spiel überhaupt verdrängt wurden.

Die nationale Bewegung von 1863 sowie ihre Folgen sind später unterschiedlich eingeschätzt worden. Neben der Aufhebung der Leibeigenschaft und der Verbesserung der Lage der Bauern verbreitete sich immer mehr die unverhohlene Russifizierung, die sich vorwiegend auf das Bildungswesen ausgewirkt hat und schliesslich zum Verbot des lateinischen Alphabets

Denkmal zum Gedenken an den Aufstand von 1863 in Litauen

führte. Neben der nationalen Bewegung wurde auch die katholische Kirche Repressalien unterworfen. Das alles untergrub zusehends die Autorität der Macht des Zaren und förderte die Entwicklung des litauischen nationalen Bewusstseins, was zur Konsolidierung antizaristischer Kräfte führte.

Die Folgen des Aufstandes von 1863 betrafen auch **Latgallien**. Die Repressalien bremsten in wesentlichem Masse die dortige Entwicklung. Schon 1830–1831 haben die zaristischen Beamten die Kontrolle über die katholische Kirche und die Schulen verschärft; die in den Jahren nach 1863 eingeleiteten Massnahmen beendeten aber die eigenständige kulturelle Entwicklung der Gegend. Die Russifizierung begann hier noch früher als im übrigen Lettland: die Kultur- und Bildungsarbeit wurde unterbrochen und lettischsprachige Druckerzeugnisse wurden verboten.

1.9. REFORMEN UND GEGENREFORMEN IN DER 2. HÄLFTE DES 19. JH.

Die Reformen von 1860–1870 betrafen Estland und Lettland wenig. Den örtlichen Gutsbesitzern gelang es, ihre Privilegien sowie eine relativ stabile politische Situation zu bewahren. Trotzdem begann der Zarismus zu dieser Zeit, ein zunehmendes Interesse am Baltikum zu zeigen, indem er die selbständige Entwicklung der Region zu hindern versuchte. Erste Veränderungen bezogen sich auf die Verhältnisse zwischen den Gutsherren und Bauern.

1865 wurde das **Hauszüchtigungsrecht**[4] aufgehoben und den Gutsherren sowie den Hofbesitzern die Anwendung der Prügelstrafe auf Landarbeiter und Knechte untersagt. 1866 wurde ein Gesetz eingeführt, das die Rechte der Gerichte und der Polizei im Baltikum die Züchtigungsstrafe anzuwenden, mit diesbezüglichen Rechten in Russland gleichgestellt hat. Am 19. Februar 1866 trat in den baltischen Gouvernements das Gesetz der **Selbstverwaltung von Kirchspielen** in Kraft, das – trotz fortdauernder Kontrolle seitens der Gutsherren – grundlegend für die weitere Entwicklung der bäuerlichen Selbstverwaltungsorgane wurde.

Die Reformen der Jahre nach 1860 erstreckten sich auch auf die **Stadtbürgerschaft**. Am Anfang des Jahrzehnts büssten die Handelsleute von Riga ihre bisherigen Privilegien ein, und am 4. Juli 1866 wurde das Gesetz der Gewerbefreiheit erlassen. Mit diesen politischen Massnahmen wurden die mittelalterlichen sozialen Traditionen aufgehoben und die baltischen Gebiete mehr ins Leben Russlands ein-

4   *Recht des Feudalherrn, die auf seinem Land lebenden Bauern für leichtere Missetaten mit Prügel oder einem kurzfristigen Arrest zu züchtigen.*

bezogen. 1867 wurde in allen baltischen Gouvernements die **russische Sprache** als einzige zugelassene Sprache für Amtsgeschäfte und Schriftdokumente eingeführt, was einer der ersten entscheidenden Schritte in der Russifizierung war.

Infolge der Reformen dieser Jahre war die politische Situation in Russland weitgehend gespannt. Die konservativen Kreise waren mit dem Verlauf der Reformen nicht zufrieden und hielten sie für eine Untergrabung der Stabilität und des monarchischen Prestiges. Die liberalen Kräfte dagegen warfen der Regierung Untätigkeit vor und verurteilten die Verzögerung der Reformen. Es entstanden zahlreiche extremistische Gruppierungen mit sehr unterschiedlichen politischen Grundsätzen, deren wesentliche Kampfmethode gegen die Autokratie und den Staatsapparat der Terror war.

Alexander III

1881 begingen Extremisten ein Attentat auf den Zaren Alexander II. Sein Nachfolger auf den russischen Thron veränderte die Aussenpolitik des Staates radikal und stellte alle Reformen ein. Die Regierungszeit **Alexanders III.** wird für konservativ und sogar reaktionär gehalten, zumal er **reaktionäre Reformen** durchführte, die alle wesentlichen Sphären der späteren politischen Entwicklung betroffen haben. Seine Reformen bewirkten die Erweiterung der Machtbefugnisse der Beamten und die Abschaffung der regionalen Autonomien.

Diese Veränderungen übten einen konkreten Einfluss auf die baltische Region aus. Alexander II. war der erste Zar, der die Privilegien des baltischen Adels nicht anerkannt hat, Alexander III. aber hob alle Sonderrechte des Baltikums auf, um den Einheitsstaat zu sichern. 1882–1883 wurde der Senator N. Manassein zur Inspektion nach Livland und Kurland gesandt. Dabei kamen die gespannten Verhältnisse zwischen den Baltendeutschen und den Esten und Letten deutlich zum Vorschein. Das Ziel der geplanten Reformen war eben die **Abschaffung des Sonderstatus der baltischen Gutsherren** im Baltikum. Immerhin wurden die Hoffnungen der national gesinnten Vertreter des öffentlichen Lebens in Lettland und Estland enttäuscht, denn die Interessen der Letten und Esten wurden übersehen, ein Teil der Reformen war gegen die

nationale Bewegung und kulturelle Entwicklung gerichtet. Auf die Forderung lettischer und estnischer Gesellschaftspolitiker wurden die Schulen des Baltikums direkt den Bildungsministerien unterstellt und als Unterrichtssprache das Russische eingeführt.

Die Generalgouverneure S. Schachowskoi und M. Zinowjew trieben eine entschiedene **Russifizierungspolitik** und führten die russische Sprache auch an der Universität Dorpat ein. In den Jahren 1888–1892 wurden das baltische Gerichtssystem und die städtischen Selbstverwaltungen reorganisiert. Um die neue Ordnung zu sichern, wurde fast die ganze Beamtenschaft ausgewechselt, die neuen Beamten wurden auf der Grundlage ihrer Russischkenntnisse und Loyalität dem Zarismus gegenüber eingestellt.

In **Litauen** setzte die Russifizierungspolitik früher ein als in Estland, Livland und Kurland und war im Wesentlichen auf das Bildungssystem und die katholische Kirche gerichtet. Nach dem Aufstand von 1863 liess der Generalgouverneur von Vilnius, M. Murawjow, viele Gymnasien und Progymnasien schliessen und

Auf Initiative des Generalgoverneurs S. Schachowskoi hin wurde auf dem Tallinner Domberg die Alexander-Nevski-Kathedrale als Symbol der russischen Vorherrschaft gebaut

ersetzte sie durch Schulen, die ein begrenztes Lehrprogramm mit Russisch als Unterrichtssprache hatten.

Im Hinblick auf die katholische Kirche hatte das autokratische Regime zwei Absichten: die Konversion aller Litauer zur orthodoxe Kirche und die Unterstellung der katholischen Kirche unter die orthodoxen Kirche. Dafür wurden die Klöster und Kirchen geschlossen, die Geistlichen verfolgt und den Priesterseminaren die zugelassenen Lehrmittel vorgeschrieben. Etwa zur gleichen Zeit begann auch die Kolonisation litauischer Gebiete, indem Kolonisten in den Ländereien der staatlichen und enteigneten Gutshöfe angesiedelt wurden. Die einzige Ausnahme bildete das Gouvernement Suwalki, wohin das bisher in Samogitien tätige Zentrum der nationalen Bewegung umsiedelte.

Litauische Fibel aus der Russifizierungsperiode. Auf Befehl der Regierung durfte dari nur das kyrillische Alphabet verwendet werden.

Am Anfang des 20. Jh. mässigte die zaristische Regierung unter dem Druck der politischen Bewegung in Litauen ihre Einstellung zum Verbot litauischsprachiger Druckerzeugnisse. Mit dem Ukas des Zaren vom 7. Mai 1904 wurde die Benutzung der litauischen Sprache im Druck wieder gestattet (dieser Tag wird in Litauen als Tag der Presse, Bücher und Sprache gefeiert).

1.10. DIE REVOLUTION VON 1905 IM BALTIKUM

Zu Beginn des 20. Jh. hatten sich in Russland die sozialen, politischen und nationalen Widersprüche verschärft. Schon Ende des 19. Jh.

begann in Estland und Lettland die Verbreitung extremer **sozialdemokratischen Ideen** und es wurden viele, auf diesen Ideen fussende Vereinigungen gegründet. Vor dem Hintergrund der immer schwächer werdenden nationalen Bewegung richteten die Kreise der Intellektuellen ihre Aufmerksamkeit auf **soziale Probleme**.

Die Universität Dorpat entwickelte sich in Kürze zu einem Forum für soziale Probleme. Die Arbeiterklasse Estlands und Lettlands wuchs schnell, jedoch war das Niveau ihrer sozialen Sicherheit sehr niedrig. Die **sozialistische Lehre** erläuterte diese Probleme und wies auch auf Auswege hin. Dabei wurde auch die nationale Frage nicht vergessen – in einer Situation, in der das örtliche Bildungswesen nach wie vor von der Russifizierungspolitik bestimmt wurde.

Nach der gewaltsamen Auflösung einer friedlichen Demonstration mit vielen Toten in St. Petersburg am 9. Januar 1905 durchlief das ganze Land eine Welle der Unzufriedenheit, die im Baltikum besonders deutlich ausgeprägt war. Am 12. Januar begannen in Reval und Riga **Generalstreiks**. Im Frühling und Sommer schlossen sich immer mehr Studenten und Vertreter der Landbevölkerung der revolutionären Bewegung an. Ihren Höhepunkt hatten die Unruhen im Oktober 1905, aber mit der Ausdehnung des Aufruhrs ergriff die zaristische Regierung auch strengere

Transport gefallener Revolutionäre

Gegenmassnahmen. Im Baltikum wurden zahlreiche Truppen zusammengezogen, auf Gutshöfen wurden Militäreinheiten einquartiert, besonders viele Soldaten wurden in Riga und Umgebung stationiert.

Eine bedeutende konterrevolutionäre Kraft stellten die baltischen Gutsherren dar, die den Kampf gegen die Revolution finanziell unterstützten. Vielerorts wurde der Kriegszustand bzw. Notstand verkündet, der es möglich machte, die Unzufriedenen ohne jeden Vorbehalt zu unterdrücken. Im Oktober breitete sich über das ganze Baltikum und ganz Russland eine Welle von Streiks aus. Am 12. Oktober schlossen sich lettische Bahnarbeiter dem Streik an, und am 15. Oktober wurde in Riga unter Anführung der lettischen sozialdemokratischen Arbeiterpartei zum Generalstreik aufgerufen. Zu dieser Zeit war die Situation auch in Reval unter der Kontrolle der Arbeiter.

Am 17. Oktober 1905 wurde vom Zaren ein **Manifest** erlassen, in dem demokratische Freiheiten und die Gründung von Volksvertretungen versprochen wurden, jedoch geriet die Situation nach der Bekanntgabe des Manifests ausser Kontrolle. In den Landbezirken Lettlands und Estlands brachen Unruhen unter den Bauern aus, die sich ein demokratischeres Selbstverwaltungssystem zum Ziel gesetzt hatten. Anstelle der örtlichen Selbstverwaltungen wurden neue Institutionen eingerichtet, deren Mitgliedschaft in direkten geheimen Wahlen gewählt wurde. Vielerorts wurden bewaffnete Selbstverteidigungseinheiten gegründet.

Im November 1905 fand in Riga ein Kongress der Landbevölkerung statt, woran sich Abgeordnete aus ganz Lettland beteiligten. Die Kongressbeschlüsse waren grundlegend für die koordinierte Gründung und Tätigkeit neuer Selbstverwaltungsorgane. Jedoch wurde auf diesem Kongress nicht über die Enteignung der zu den Gutshöfen gehörenden Ländereien gesprochen, sondern die Idee der Aufrechterhaltung des auf Gutswirtschaft fussendem Systems unterstützt.

Der revolutionären Bewegung schloss sich auch die Landbevölkerung an, der die sozialdemokratischen Ideale am Herzen lagen, und die sich um die Bewahrung und Entwicklung des nationalen Selbstbewusstseins Sorgen machte.

Nach dem Manifest vom 17. Oktober haben sich die meisten politischen Kräfte konsolidiert und neben den sozialdemokratischen Parteien wurden auch andere gegründet. So vertrat die Baltische Verfassungspartei die Interessen des baltischen Adels. Ende 1905 begann auch die Bewegung der Gewerkschaften.

Ein von den Aufständischen niedergebranntes Herrengut

Der Demokratisierungsprozess wurde mit der Ankunft von **Strafkompanien** im November-Dezember 1905 beendet. Die Unterdrückung der revolutionären Bewegung erregte auf dem Lande eine Welle der Unzufriedenheit. Die Bauern fingen an, Gutshöfe niederzubrennen, wodurch zahlreiche kulturelle Werte vernichtet wurden. Als Gegenaktion haben die Strafkompanien Bauernhöfe verbrannt und die an der Revolution Beteiligten ohne Gerichtsverfahren bestraft.

Unter den Repressalien von 1905–1906 litten die Intellektuellen sehr stark: in der Revolution aktive Schullehrer wurden hingerichtet oder in die Verbannung geschickt, viele Intellektuelle, Künstler, Musiker etc. emigrierten. Bis 1906 war die revolutionäre Bewegung niedergeschlagen. Im Frühling desselben Jahres erfolgten die Wahlen für die Duma. Bei den Wahlen versuchte auch der Adel die liberalen Kräfte Russlands auf sich aufmerksam zu machen, aber ohne Ergebnis.

Nach der Revolution von 1905 wurde die **Russifizierungspolitik** im Baltikum noch strenger. Der Vorsitzende des Ministerrates, P. Holisin, regte die tiefgreifende Kolonisierung der baltischen Region mit russischen Umsiedlern an, jedoch gelang es ihm nicht, diesen Plan zu Ende zu führen. Auch die nationale

Soldaten werden zu Strafaktionen eingeteilt

Briefmarken aus der Zeit Nikolaus II.

Bewegung lebte wieder auf, und die Idee der Eigenstaatlichkeit prägte sich aus.

In **Litauen** äusserte sich die revolutionäre Bewegung anders als in Estland und Lettland, weil hier die Arbeiterschaft nicht so zahlreich war und die sozialdemokratischen Ideen nur in Kreisen der Aktivisten und Nationalisten verbreitet waren, die nach der Legalisierung des litauischsprachigen Drucks besorgt die Ereignisse in Russland verfolgten. Die sozialistische Bewegung kam in Litauen erst nach dem Manifest vom 17. Oktober 1905 in Schwung. Am 4. und 5. Dezember 1905 tagte in Vilnius der Grosse Sejm von Vilnius, die Beratung der Volksvertreter Litauens, auf dem z. B. auch Exil-Litauer vertreten waren.

Zur gleichen Zeit fing auch ein weiterer Demokratisierungsprozess an: die Pressezensur wurde aufgehoben, die örtlichen Selbstverwaltungen reorganisiert, in den Schulen wurde die litauische Sprache wieder eingeführt. Die katholische Kirche bekam ihre frühere Stellung zurück, die Katholiken, die inzwischen orthodox geworden waren, wandten sich wieder dem Katholizismus zu. Der Prozess dauerte nur kurz, weil in Litauen – wie auch in Estland und Lettland – Ende 1905 die staatliche Verfolgung begann, worunter viele bekannte Intellektuelle Litauens gelitten haben.

Erst 1906 bekamen die Vertreter Litauens ein Stimmrecht in der Duma. Obwohl auch die Tätigkeit der Duma der autoritären Kontrolle unterstellt war, verbreiteten sich in Russland immer mehr Informationen über Litauen und die politischen Forderungen des litauischen Volkes.

FRAGEN

1. *Welche Veränderungen vollzogen sich in der Innenpolitik Litauens in den 1840er Jahren?*

2. *Wie war die administrative Gliederung Estlands, Lettlands und Litauens im 19. Jh.?*

3. *Wie beeinflussten die Kriegsereignisse von 1812 die baltischen Gebiete?*

4. *Warum wurde die Leibeigenschaft in Estland, Livland und Kurland aufgehoben? Wodurch unterschied sich die Abschaffung der Leibeigenschaft im Baltikum und den übrigen russischen Gouvernements voneinander?*

5. *Wie veränderte sich der juristische Status der Bauern im Laufe des 19. Jh.?*

6. *Was waren die Ziele, die wesentlichsten Formen und Ergebnisse der nationalen Freiheitsbewegung?*

7. *Beschreiben Sie die Situation im Baltikum vor und nach der Revolution von 1905.*

2. DIE GESELLSCHAFTLICHE ENTWICKLUNG

2.1. DIE DEMOGRAPHISCHE SITUATION UND DER ZUWACHS DER EINWOHNERZAHL IM BALTIKUM

Im 19. Jh. blieb das Baltikum von Kriegsereignissen beinahe unberührt. Der Lebensstandard stieg und die demographische Situation verbesserte sich. Im ganzen Baltikum wuchs die Bevölkerungszahl.

In der 1. Hälfte des 19. Jh. stieg die Einwohnerzahl **Litauens** von 440 900 auf 618 900, d. h. um 40,4%. Auf dem Territorium des heutigen Litauens wurde zu dieser Zeit überwiegend Ackerbau betrieben. Die Infrastruktur der Städte, ausser in Vilnius, war unterentwickelt. Die Mehrheit der Bevölkerung, ca. 75%, waren Bauern.

Am Ende des Jahrhunderts lebten in Litauen (den Landkreis Memel ausgenommen) etwa 2,7 Millionen Menschen. Auch zu dieser Zeit bildeten die Bauern den grössten Teil der Bevölkerung – 73,3%, Stadtbewohner gab es 19,9%, Adlige 5,3% und andere Bevölkerungsschichten 1,5%.

In **Lettland** gab es Anfang des 19. Jh. 720 000 Einwohner, gegen Ende des Jahrhunderts aber schon fast 2 Millionen. Die Stadtbewohner bildeten zum Jahrhundertbeginn 7,3% der Bevölkerung. Im 19. Jh. entwickelten sich die Städte schnell, und am Ende des Jahrhunderts lebten in den Städten schon 40,3% der gesamten Bevölkerung. Gegen Ende des Jahrhunderts begann sich die Zahl der Landbevölkerung zu vermindern, ausser in Latgallien.

Auch die Bevölkerungszahl **Estlands** stieg. Reval (59 000 Menschen), Narva (29 000) und Dorpat (41 000) entwickelten sich zu grossen Industriezentren.

Estnische Bauern (Zeichnung von E. v. Gebhardt)

2.2. DIE ENTWICKLUNG SOZIALER VERHÄLTNISSE. DAS DORF

Den grössten Teil der Einwohner des Baltikums bildeten die **Bauern**, die unterschiedlichen Status hatten. Die Mehrheit der Bauern gehörte zwar den Gutsherren, jedoch verminderte sich ihre Zahl fortlaufend. Mit den Gesetzen von 1816, 1817 und 1819 wurden die Bauern Estlands, Kurlands und Livlands frei. In Litauen wurden nach dem Aufstand von 1830–1831 die meisten Gutshöfe enteignet und die Bauern der konfiszierten Gutshöfe gingen an den Staat über. Auch die auf säkularisierten kirchlichen Ländereien lebenden Bauern wurden staatliches Eigentum.

Im 19. Jh. setzte sich die **soziale Abstufung der Landbevölkerung** fort. In Estland und Livland wurde das zudem noch durch Gesetz verfügt. Die Landbevölkerung teilte sich im 19. Jh. in **Guts-** und **Dorfleute**. Unter den Dorfleuten hatten die **Gehöftbesitzer** und ihre Familien eine Mittelstellung. Sie hatten ihren Haushalt und zahlten ausserdem die Abgaben an den Gutshof. Diese Bauern bebauten das Land, ihre Kinder und ihr Gesinde aber leisteten Fronarbeit. Auf den Randgebieten grosser Gehöfte lebten die **Häusler**, denen nur ein winziges Stück Land zur Verfügung stand. Zu den Gutsleuten gehörten die auf dem Gutshof lebenden **Gutsbediensteten**. Diese sozialen Gruppen blieben in Estland, Livland und Kurland auch nach der Aufhebung der Leibeigenschaft bestehen. In der Mitte des 19. Jh. bildeten die Gehöftbesitzer mit ihren Angehörigen etwa 40%, das Gesinde 30%, die Häusler 20% und die Gutsleute bis 10% der Gesamtzahl der Landbevölkerung.

Vor der Aufhebung der Leibeigenschaft waren die **Gutshöfe** des Baltikums vorwiegend im Privatbesitz. In Litauen gab es zwei Typen von Gutshöfen. Den Kleingutsbesitzern gehörte Land ohne Bauern und es wurde von ihnen selbst oder mit Hilfe von Lohnarbeitern bestellt. Die Grossgüter gehörten vorwiegend der örtlichen Herrenschicht oder russischen Gutsbesitzern. Im 19. Jh. bestanden in Estland, Livland und Kurland ausserdem noch die Rittergüter, deren Besitzer die im Baltischen Adelsmatrikel

„Nach dem Gottesdienst" (Gemälde von J. Rozentals)

(Adelskalender) eingetragenen Gutsherren waren, die das Recht auf Sonderprivilegien hatten.

Nach der Aufhebung der Leibeigenschaft setzten Veränderungen in den sozialen Verhältnissen ein. Der Adel behielt seine Sonderstellung im Staat und in der sozialen Hierarchie. Die Einschränkung der Privilegien des örtlichen Adels begann erst am Ende des 19. Jh. In der Mitte und 2. Hälfte des Jahrhunderts hat ein Teil der Bauern Frondienste abgelöst und wurde zu Eigentümern. Andere Bauern zogen in die Städte und zählten allmählich zum Proletariat. Am Ende des 19. Jh. und Anfang des 20. Jh. gab es im Baltikum eine bedeutende **Auswanderungsbewegung**. Estnische Siedlungen entstanden an der Wolga, auf der Krim, in Kaukasien und sogar an den Küstengebieten des Stillen Ozeans. Letten wanderten vorwiegend nach Sibirien und Fernost aus. Die meisten Umsiedler beschäftigten sich mit Ackerbau.

In Litauen gab es in der 2. Hälfte des 19. Jh. zahlreiche Auswanderer, vor allem nach der Missernte von 1867–1868. Auswanderung fand in grossem Umfang bis 1914 statt. In dieser Periode wanderte fast ein Viertel der Bevölkerung Litauens aus, in erster Linie in die Vereinigten Staaten. Die Migration der Litauer war damals eine der grössten in Europa.

2.3. ENTWICKLUNG DER LANDWIRTSCHAFT

Die Hauptveränderung in der Landwirtschaft des 19. Jh. war die Verbreitung des **Kartoffelanbaus**. In Kurland wurde die Kartoffel schon seit dem 17. Jh. angebaut. Die Versuche der Gutsherren, die Bauern zum Kartoffelanbau zu zwingen, waren bisher erfolglos geblieben –

die Landbevölkerung war der Kartoffel gegenüber misstrauisch. Der Kartoffelanbau wollte auch deswegen nicht fortschreiten, weil er wesentlich mehr Arbeitsaufwand erforderte als der Getreideanbau. Der Durchbruch erfolgte erst Anfang des 19. Jh. 1839–1859 war die Kartoffel schon zu einer weitverbreiteten Feldkultur geworden, sowohl in Guts- als auch in Bauernwirtschaften.

In Latgallien, Südestland und Litauen vergrösserte sich die Anbaufläche von **Flachs** ständig. Die Flachsernte war dermassen gut, dass ein Teil der Bauern sogar auf den Getreideanbau zugunsten des Flachsanbaus verzichtete. In diesem Falle wurde nur Flachs gezüchtet und das Getreide im Gutshof gekauft.

Aktuell wurde die **landwirtschaftliche Ausbildung**. 1834 wurde in der Nähe von Dorpat, in Alt-Kusthof (Vana-Kuuste) das landwirtschaftliche Institut gegründet, das die erste landwirtschaftliche Lehranstalt im Zarenreich war. Das Institut befasste sich mit der Verbesserung von Getreide wie mit Viehzucht. Die in den Jahren nach 1830 modern gewordene Züchtung von Merinoschafen war der Bestäubung des Klees förderlich. So begann der Übergang von der Dreifelderwirtschaft auf das Fruchtfolgesystem.

Die landwirtschaftlichen Neuerungen gelangten mit der Zeit auch zu den Bauern. Im Laufe der nationalen Bewegung wurden **landwirtschaftliche Vereine** und Gesellschaften gegründet und Landwirtschaftsausstellungen veranstaltet.

Die Landwirtschaft der baltischen Länder spezialisierte sich immer mehr auf Milchvieh und Schweinezucht. Die im Herzogtum Kurland begonnene Bodenverbesserung erstreckte sich auch auf andere naheliegende Gebiete und förderte ihrerseits das Wachstum der landwirtschaftlichen Produktivität.

Der Fischerhafen von Riga

Die Fabrik von Kreenholm in Narva

2.4. ENTWICKLUNG DER STÄDTE UND DER INDUSTRIE

Die Städte des Baltikums bewahrten bis 1830 die in früheren Jahrhunderten ausgeprägten sozialen Verhältnisse sowie ihr Äusseres. Obwohl die Landwirtschaft noch im 19. Jh. in der Wirtschaft des Baltikums die Spitzenposition innehatte, nahm die Industrie nach und nach an Bedeutung zu.

Am Anfang des Jahrhunderts dominierten die alten Wirtschaftsverhältnisse und Produktionsformen – handwerkliche Werkstätten und Manufakturen. In den Jahren ab 1830 begann in Lettland und Estland die **kapitalistische Umgestaltung der Industrie**. Anstossgebend war dabei die Abschaffung der Leibeigenschaft, wodurch viel freie Arbeitskraft entstand, welche von den in den Städten entstehenden Grossunternehmen gebraucht wurde. In Litauen wurden ähnliche Entwicklungstendenzen erst Ende des 19. Jh. sichtbar.

Am schnellsten vollzog sich die Entwicklung von mittelgrossen und Kleinunternehmen, die sich hauptsächlich auf die Bearbeitung örtlicher Rohstoffe ausgerichtet hatten. Das Fortschreiten der Industrie wurde auch durch den Bau von **Eisenbahnen** in der Mitte und der 2. Hälfte des Jahrhunderts gefördert. Dank der Eisenbahn stieg die Zahl der Metall-, Holz- und Lederverarbeitungsfabriken.

Die grössten Fabriken **Estlands** fingen an, einheimische Wolle zu verarbeiten. 1827 wurde in der Tuchfabrik Joala in der Nähe von Narva die erste Dampfmaschine Estlands in Gebrauch genommen; 1834 wurde in der Nähe von Zintenhof (Sindi) die Tuchfabrik eröffnet, deren Produktion im Zarenreich höchste Qualität hatte. 1858 wurde in Narva die Manufaktur Kreenholm gegründet, die die modernsten Maschinen dieser Zeit hatte. Das auf englischem Kapital angelegte Unternehmen arbeitete auf der Basis von Wasserenergie, die man vom Wasserfall Narva erhielt. Die Rohstoffe für die Manufaktur wurden aus Ägypten und Amerika eingeführt.

Auch die ersten Unternehmen **Lettlands** waren Textilfabriken. 1858 waren in Riga und Umgebung 47 Fabriken mit 4 500 Arbeitern tätig. Neben der Textilindustrie spielte auch die Tabak-, Metall- und Holzindustrie eine wichtige Rolle. Eines der grössten Unternehmen war die Porzellanfabrik von Kuznetsow in Riga, die über 200 Arbeiter beschäftigte.

Auf dem Lande gingen als erste die **Brennereien** auf die kapitalistische Produktionsweise über. In Kurland bildete der Alkohol 50% des Wertes aller im Gouvernement hergestellten Waren.

In Windau (Ventspils) wurde 1858 eine Schiffswerft gegründet. In der Schiffswerft Libau (Liepaja) waren 50 Menschen angestellt. In der Zeit von 1865 bis 1873 begannen viele neue Betriebe ihre Tätigkeit: die Maschinenfabrik Bolderai, die Russisch-Baltische Waggonfabrik etc. Auch Landwirtschaftsmaschinen wurden hergestellt.

Die Wirtschaftskrise von 1873–1875 hatte ihre Auswirkungen auch auf die Wirtschaft des Baltikums. Nach der Krise aber entwickelte sich die Wirtschaft noch schneller als zuvor. 1879 gab es in Riga 145 Fabriken und Werke mit 12 100 Arbeitern. Neben St. Petersburg, Moskau und Iwanowo-Woznessensk war Riga mit seiner Arbeiterzahl an dritter und nach dem Produktionsumfang an vierter Stelle im Zarenreich.

In **Litauen** beschäftigte die Lebensmittelindustrie die grösste Anzahl der Arbeiter. Im letzten Jahrzehnt des Jahrhunderts wuchs die Metallindustrie. Zu den wichtigsten Industriezentren entwickelten sich Vilnius, Kaunas, Šiauliai und Panevežys. Zugleich war Vilnius das Zentrum der handwerklichen Industrie der ganzen Region. Hoch im Kurs waren die dortigen Gerbereien und Pelzwerkstätten.

Um die Grossindustrie zu fördern, wurden in Litauen 1893 viele Handwerksbetriebe geschlossen. In Lettland und Estland war das schon früher geschehen. Das Vorhandensein von grossen Häfen und Grossstädten hat der Industrie einen Vorsprung gegeben.

2.5. DIE ENTWICKLUNG VON HANDEL UND TRANSPORT

Neben dem Inland- und Wassertransport entstand im Baltikum im 19. Jh. der **Eisenbahntransport**, der in erster Linie die Entwick-

lung von Industrie und Landwirtschaft förderte. Die erste Eisenbahnstrecke wurde 1868 zwischen Riga und Mitau eröffnet. Bis 1877 gab es in Lettland schon 700 km Eisenbahnstrecken.

Die erste Eisenbahn in Estland wurde 1870 gebaut und sie verband den eisfreien Hafen Baltischport über Reval und Narva mit St. Petersburg. Die Eisenbahn erweiterte die Bewegungsmöglichkeiten wesentlich. Hatte eine Postkutsche für die Strecke Reval-St. Petersburg 24 Stunden gebraucht, bewältigte der Zug diesen Weg in 12 Stunden. Dank der Eisenbahn konnten nordestnische Bauern ihr Molkereiprodukte auf die Märkte von St. Petersburg bringen, was wieder die Entwicklung der Milchviehzucht begünstigte. Ebenso förderlich war der Eisenbahnverkehr im Hinblick auf die Entwicklung der Metallindustrie von Reval.

In Litauen wurden Ende des 19. Jh. viele Eisenbahnen fertig: die Strecken St. Petersburg-Warschau mit einer Nebenstrecke nach Ostpreussen, Mitau-Radviliškis-Dünaburg etc. Die erste Eisenbahn in Litauen, die Kaunas und Wirbalis verband, wurde 1861 eröffnet. Aus vielen an Eisenbahnen entstandenen Siedlungen entwickelten sich im Laufe der Zeit Städte.

Die Entwicklung der Industrie und des Eisenbahnnetzes, aber auch der Landwirtschaft brachte das **Handelswesen** in Schwung. Den Schwerpunkt im Handel bildeten die Hafenstädte – Riga, Reval, Libau etc.

2.6. KULTURELLES LEBEN UND NATIONALE BEWEGUNG

Am Anfang des 19. Jh. dominierten im geistigen Leben des Baltikums die Ideen der **Aufklärungszeit**. In erster Linie wurden sie von örtlichen Literatur- und Wissenschaftskreisen getragen. 1825, nach dem Aufstand der Dekabristen, veränderte sich die Situation wesentlich, weil die russische Regierung alle Geheimorganisationen verbot. An die Stelle der Ideale der Aufklärung traten die Ideen der **Romantik**.

Im wissenschaftlichen Leben waren an führender Stelle die Universitäten von Vilnius und Dorpat. Die **Universität Vilnius** galt als eine der besten Hochschulen Osteuropas. 1832 studierten an ihren vier Fakultäten (die Fakultäten für Physik-Mathematik, Medizin, Moral und politische Wissenschaften, Literatur und freie Künste) fast 1300

Der Viru-Platz in Reval am Ende des 19. Jahrhunderts

Die Universität Dorpat

Tätigkeit der Volksschulen konnten bis ca. 1880 fast alle Erwachsenen in Estland und Lettland (Latgallien ausgenommen) lesen und mindestens 30% von ihnen auch schreiben. Im 19. Jh. erschienen in Estland und Lettland erste, für die Landbevölkerung gedachte, volkssprachige Zeitungen.

Die Volksbildung **Litauens** wurde im 19. Jh. von der Kirche geregelt, daher erfolgte der Unterricht überwiegend auf Polnisch oder Russisch. Nur in den Kirchenschulen des Erzbistums Samogitien wurden die Kinder in ihrer Muttersprache unterrichtet.

Die Durchsetzung der Ideen der Aufklärung, die Aufhebung der Leibeigenschaft sowie das zunehmende Mass an Information trugen zur **Entstehung der nationalen Bewegungen** in den baltischen Ländern bei. In Litauen wurde sie durch die Aufstände von 1830–1831 und 1863 und die darauf folgende politische Reaktion begünstigt.

Gegen Mitte des 19. Jh. begann die **Presse** in zunehmendem Masse das gesellschaftliche Leben zu beeinflussen. Erste Zeitungen und Zeitschriften erschienen 1820 in dem zum Königreich Preussen gehörenden Kleinlitauen. In Litauen erschien vor dem Aufstand von 1863 auf Litauisch nur ein Kalender (1863). 1856 begann die Herausgabe der lettischsprachigen Zeitung „Majas Viesis" und 1857 der ältesten Zeitung auf Estnisch, „Perno Postimees". In der ersten lettischen Zeitung vermittelten die Persönlichkeiten des öffentlichen Lebens, K. Valdemars, K. Barons und J. Alunans ihre Gedanken. Ihre Stellungnahmen stiessen auf den Widerspruch der baltendeutschen Intelligenz, und als Gegenpol wurde in St. Petersburg die Zeitung „Peterburgas Avizes" (1862–1865) gegründet. Um 1870 wurden viele lettische Zeitungen herausgegeben. In Dorpat wurde die Zeitung „Eesti

Studenten. Zugleich war die Universität Vilnius stark polonisiert, was eine entsprechende Auswirkung auf ganz Litauen hatte. Da die Studenten der Universität Vilnius aktiv am Aufstand von 1830–1831 teilgenommen hatten, wurde die Universität 1832 geschlossen. Statt der Polonisierung begann nun die Russifizierungspolitik.

Das zweite bedeutende wissenschaftliche Zentrum war die **Universität Dorpat**, die nach einer hundertjährigen Pause 1802 wiedereröffnet wurde. Im Unterschied zu anderen Hochschulen des Zarenreichs war die Sprache an der Universität Dorpat Deutsch. Die meisten Lehrkräfte waren Deutsche, von denen sich viele für die Ideen der Aufklärung begeisterten. In Dorpat wirkten auch zahlreiche Koruphäen der Wissenschaft, z. B. der Gründer der Embryologie, Karl Ernst v. Baer, der Astronom Friedrich Wilhelm Struwe, der Erbauer des Elektromotors Moritz Hermann Jacobi u. v. a.

Anfang des 19. Jh. war die Hochschulbildung nur für wenige Litauer, Letten und Esten zugänglich. Die Zahl der **akademisch gebildeten Intelligenz** stieg erst in der 2. Hälfte des 19. Jh. Die Intellektuellen aller baltischen Länder waren eng mit den nationalen Bewegungen verbunden.

Dank der Bestrebungen der einheimischen Gebildeten konnte im Laufe des 19. Jh. die ganze **Volksbildung** geordnet werden. In wesentlichem Masse beeinflussten die Lehrerseminare, wo einheimische junge Menschen zu Lehrern, vorwiegend zu Kirchschullehrern, ausgebildet wurden, die Entwicklung der Volksbildung. Die aus Lettland und Estland stammenden Lehrer wurden im 1839 gegründeten und von Janis Zimse geleiteten Seminar Walka vorbereitet. Ein Lehrerseminar gleichen Typs gab es auch in Irlau (Irlawe) in Kurland. Dank der

Schulklasse in Estland Ende des 19. Jahrhunderts

Postimees", die die Standpunkte der fortschrittlichen Intelligenz äusserte, auf Estnisch publiziert. Aus der Initiative von J. V. Jannsen entstand 1865 der Gesang- und Spielverein „Vanemuine", der bahnbrechend für das 1. Estnische Sängerfest 1869 wurde.

Gegen 1860 wurde die lettische nationale Bewegung in erster Linie von **Gesang- und Spielvereinen** fortgeführt. 1868 wurde in Riga die Lettische Gesellschaft gegründet, die sich bald zu der wichtigsten kulturellen Vereinigung für fast alle Letten entwickelte. Bis 1879 waren bereits 12 lettische Vereine registriert.

Nach 1870 spielten im Hinblick auf die **estnische nationale Bewegung** die Komitees der Alexanderschule eine grosse Rolle, die das Geld für die Gründung einer estnischsprachigen höheren Schule sammeln halfen. 1872 wurde der Verein estnischer Schriftsteller gegründet, der sich mit der Veröffentlichung von estnischsprachiger Literatur sowie mit der Entwicklung und Regelung der estnischen Schriftsprache befasste. Einer der angesehensten Anführer der estnischen nationalen Bewegung war Jakob Hurt, der Pastor aus Odenpäh (Otepää). Die von ihm geäusserte Idee des Nationalismus fusste auf der Achtung von Sittlichkeit, Moral und Bildung. Jakob Hurt war einer der ersten, der sich eingehend mit dem Sammeln und der Veröffentlichung von Volksgut beschäftigte. Die radikale Richtung der nationalen Bewegung vertrat Carl Robert Jakobson, der auf gleiche Rechte für die Esten wie für den baltischen Adel bestand.

Die **lettische nationale Bewegung** zwischen 1860 und 1870 wurde die junglettische Bewegung genannt. Das vorläufige Zentrum der Bewegung war in Dorpat, wo die erste Generation der lettischen Intelligenz studierte, danach auch in St. Petersburg und Riga. Die Interessen der Jungletten waren sehr vielseitig: K. Barons befasste sich vorwiegend mit der Erforschung des lettischen Volksgutes, K. Valdemars widmete sich der Bildung. Die Gründung von Seefahrtschulen in Estland und Lettland geht auf seine Initiative zurück. J. Alunans und A. Pumpurs waren aktive Erneuerer der lettischen Schriftsprache.

In den Anfangsjahren der nationalen Bewegung bildete sich auch die **nationale Symbolik** heraus. Auf dem Sängerfest in Riga 1873 wurde erstmalig das Lied von K. Baumanis „Gott, segne Lettland" vorgetragen, später wurde dieses Lied die Hymne Lettlands. 1884 wurde in der Kirche von Otepää die blau-schwarz-weisse Fahne des estnischen Studentenvereins eingeweiht. Die von den jungen Intellektuellen ausgewählten Farben wurden später die Nationalfarben Estlands.

Die Herausgabe der **nationalen Epen** steigerte das nationale Selbstbewusstsein der Esten und Letten. Nach dem Vorbild des finnischen Epos sammelten F. R. Faehlmann und F. R. Kreutzwald eine Menge Volkslieder und fassten sie im Epos „Kalevipoeg" („Sohn des Kalews") zusammen, dessen erste Auflage 1857–1861 veröffentlicht wurde. 1888 erschien

Eines der ältesten Fotos, auf dem das Studentenleben in Tartu abgebildet ist (Lithografie) Korporation Estonia, 1859.

„Lačplesis", das von A. Pumpurs verfasste und literarisch bearbeitete lettische Epos.

Die Russifizierung erlebte **Litauen** als erstes, deshalb entstand die nationale Bewegung dort früher und entwickelte sich anders als in Estland und Lettland. Die litauischen Gebiete hinter dem Njemen erhielten nach der Teilung Polens einen besonderen Status. Hier war die Russifizierung nur schwach ausgeprägt, so dass es möglich war, eine muttersprachliche Schulbildung zu bekommen. 1866 wurde in Marienburg (Marijampole) ein Gymnasium gegründet, in dem einer der Leiter der nationalen Bewegung, P. Kriautšiunas, als Lehrer tätig war. Er beschäftigte sich mit der Erforschung der litauischen Geschichte, aber auch mit aktuellen Problemen des gesellschaftlichen Lebens. In diesem Gymnasium lernten viele Persönlichkeiten der nationalen Bewegung – J. Basanavičius, V. Kudirka, J. Jablonskis etc. Somit zog das Zentrum der nationalen Freiheitsbewegung von Samogitien nach Suwaliki um.

Infolge der Russifizierung verschärften sich die Widersprüche zwischen der **polnisch-** und der **litauischsprachigen Bevölkerung**. Die polonisierten Litauer verbanden die Zukunft Litauens nur mit der Zugehörigkeit zum polnischen Staat. Besonders stark sympathisierte Ostlitauen mit Polen. In der 2. Hälfte des 19. Jh. verminderte sich die litauischsprachige Bevölkerung im Gouvernement Vilnius um das Zweifache. Die Situation wurde dermassen kompliziert, dass Ostlitauen nach dem 1. Weltkrieg und der Gründung des litauischen und des polnischen Staates zum Objekt territorialer Streitigkeiten wurde.

Im Freiheitskampf der Litauer war eine der wichtigsten Forderungen die Aufhebung des Verbots der **lateinischen Schrift** im litauischsprachigen Druck (1864–1904). Die verbotenen Ausgaben wurden heimlich nach Litauen gebracht und dort verbreitet. Solche Literatur wurde in Tilsit, Bitenai, Memel, Königsberg etc gedruckt.

1883 begann die Veröffentlichung der litauischsprachigen Zeitschrift „Aušra", die der Wegweiser der neuen Etappe in der Entwicklung der Nationalkultur war. 1889 wurde in Tilsit die erste Ausgabe der an Intellektuelle gerichteten Zeitschrift „Varpas" und 1890 die Zeitschrift für die Landbevölkerung, „Ukininkas" gedruckt.

Gegen Ende des 19. Jh. standen im Brennpunkt des öffentlichen Interesses zunehmend die **politischen Probleme**, wobei die Ideen des Nationalismus im Hintergrund blieben. Die Entwicklung der Industrie wirkte sich auch auf die soziale Struktur der Gesellschaft aus. **Sozialde-**

Posaunenchor von Väägvere

mokratische Ideen gewannen an Popularität, sozialdemokratische Gesellschaften und Kreise wurden gegründet. Anfang des 20. Jh. entstanden erste illegale Parteien. Während der Revolution von 1905 spielten zwar viele politische Parteien eine Rolle, aber die sozialen und politischen Probleme blieben nach wie vor aktuell. Am Vorabend des 1. Weltkrieges kam die nationale Bewegung wieder in Schwung. Die Regelung der Nationalfrage wurde jetzt auch in die Programme der politischen Parteien aufgenommen.

Litauische Buchschmuggler

A. Czartoryski   *W. Struwe*   *G. F. Parrot*   *K. E. von Baer*

K. R. Jakobson   *J. Hurt*   *F. R. Kreutzwald*   *L. Koidula*

K. Valdemars   *K. Barons*   *A. Pumpurs*   *B. Karlis*

J. Basanavičius   *V. Kudirka*   *M. Valančius*   *S. Daukantas*

V. DIE BALTISCHEN LÄNDER VON 1914–1939

Die Baltischen Länder zur Zeit der Unabhängigkeit 1920–1940

1. I. WELTKRIEG (1914–1918)

1.1. KRIEGSEREIGNISSE IN DEN JAHREN 1915–1917

Während in Russland bei Kriegsausbruch eine enthusiastische Gemütsstimmung herrschte, war es den Völkern des Baltikums nicht danach zumute, für den Glauben, den Zaren und das Vaterland zu sterben. Trotzdem wurden die baltischen Gebiete schon in den ersten Kriegsmonaten in ein Schlachtfeld verwandelt. Im Sommer 1915 fielen Litauen und der südliche Teil Lettlands (Semgallien und Kurland) an Deutschland. Die Front blieb an der Düna stehen und das Baltikum war so in zwei Teile gespalten.

Aus den an Deutschland gekommenen Gebieten von Weissrussland, Litauen und den lettischen Gebieten wurde die Verwaltungseinheit **Ober-Ost** gebildet, deren Administration dem Oberkommando der Ostfront unterstellt wurde. Der Verwaltungsapparat und das Gerichtssystem wurden umorganisiert, die Zivilbeamten durch Militärpersonen ersetzt. Es bestand der Plan einer Umsiedlung von 1,5 Millionen Deutschen nach Kurland. Die Baltendeutschen boten den Kolonisten 1/3 ihrer Gutsländer an und erwogen auch die Enteignung der Gehöftländereien. Über die Presse und das Bildungssystem erfolgte eine weitgehende Germanisierung, Deutsch wurde zur Behördensprache.

Der Krieg wirkte sich hart auf die **Wirtschaft** des Baltikums aus. Lähmend waren die Evakuierungen und Requisitionen, die von den Russen wie auch den Deutschen durchgeführt wurden. Alleine aus Lettland wurden innerhalb von einigen Wochen 500 Industrieunternehmen nach Russland ausgelagert. Die zaristische Regierung war bestrebt, vor dem Einmarsch der Deutschen die Menschen aus vielen Gegenden zu evakuieren – fast 2/3 der Bevölkerung verliessen Kurland, aus ganz Lettland flohen in den Kriegsjahren 800 000 Menschen. Viele arbeitsfähige Männer wurden zur russischen Armee einberufen, dabei bildeten die volljährigen Männer 1916 nur 51% der Gesamtzahl der Industriearbeiter.

Für Deutschland bedeuteten die baltischen Länder in erster Linie eine landwirtschaftliche Gegend, deren industrielle Entwicklung nur zweitrangig war. Aus dem Baltikum wurden landwirtschaftliche Produkte, Vieh, Holz, industrielle Rohstoffe wie auch Fertigprodukte, Betriebseinrichtungen etc. nach Deutschland transportiert. Der Mangel an Lebensmitteln und Konsumgütern trieb die Preise sprunghaft hoch, wodurch die Inflation äusserst schnell anstieg.

In Lettland kam die Idee auf, nationale Truppen zur Verteidigung der Heimat zu bilden. Die Abgeordneten der Staatsduma Janis Goldmanis und Janis Zalitis holten die Zustimmung der Behörden zur Bildung **lettischer Schützenbataillone** ein. Die Verwirklichung der Idee wurde von dem im Laufe der Geschichte eingebürgerten Hass den Deutschen gegenüber unterstützt. 1915 wurden 8 Bataillone aufgestellt, aus denen später die Regimenter hervorgingen. Mit der Zeit kämpften dort etwa 130 000 Männer. Die Schützen hatten ihre Flaggen und Erkennungszeichen, sie wurden von lettischen Offizieren in lettischer Sprache befehligt. In den Schlachten für ihre Heimat erreichten die Schützen oft das Unmögliche. Von ihrer Todesverachtung wurden nicht nur in Russland, sondern auch an der Westfront Legenden erzählt. Zugleich aber hat die Heeresleitung die Kampfkraft der Schützen dadurch ausgenutzt, dass sie sie in

Die Ostfront während des 1. Weltkriegs

Lettische Jäger an der Front

Schlachten gegen einen übermächtigen Feind schickte. Besonders markant äusserte sich dies in den Weihnachtskämpfen zur Jahreswende 1916/1917, als die Letten nach dem Durchbruch der deutschen Front ohne die versprochene Unterstützung gelassen wurden. Als Folge davon zählten die Letten 2 000 Gefallene und 7 000 Verwundete. Die Bildung lettischer Regimenter spornte auch die Esten an, Nationaltruppen in Erwägung zu ziehen, jedoch wurde dies angesichts der Riesenverluste unter den lettischen Schützen unterlassen.

In der **nationalen Bewegung** des Baltikums vollzog sich während des Krieges ein neuer Aufschwung, der von der Bildung mehrerer Kriegsorganisationen angeregt wurde. In **Litauen** wurde schon 1914 das Hilfskomitee der litauischen Flüchtlinge gegründet, das sich später teilte: in das Komitee in Petrograd, mit Martynas Yeas an der Spitze, das sich um nach Russland geflohene Litauer kümmerte, und das Komitee in der Heimat, das weiter unter Antanas Smetona arbeitete. Die **lettischen** Komitees der Kriegsflüchtlinge waren in 260 grösseren Zentren Lettlands, Estlands, aber auch Russlands tätig. Zur Koordination ihrer Tätigkeit wurde in Petrograd auf Initiative des Pastors Vilis Olavs hin das Zentralkomitee der Versorgungshilfe gegründet. In **Estland** wirkte das von Jaan Tõnisson ins Le-

ben gerufene Nordbaltische Komitee. Um diese Organisationen sammelten sich die nationalen Kräfte.

Zuerst wagte **Litauen** den entscheidenden Schritt. 1915 kamen die litauischen Politiker zur Überzeugung, dass die **Wiederherstellung der Selbständigkeit** erstrebt werden müsste. Öffentlich wurde diese Idee erstmalig im Frühling 1916 in der Schweiz ausgesprochen. Die Bestrebungen des litauischen Volkes, seine Eigenständigkeit zu erlangen, wurden auch in ihren an den Präsidenten der USA, Woodrow Wilson, gerichteten Schreiben unterstrichen. Die nationalen Kreise Litauens wurden insbesondere durch die Deklaration über die Gründung des polnischen Staates unter der Protektion Deutschlands und Österreich-Ungarns aktiviert. In Litauen fürchtete man, dass der zu gründende polnische Staat Anspruch auf ehemaliges Territorium des Königreichs Polen-Litauen erheben könnte. An die deutschen Behörden wurden eine Reihe von Appellen gerichtet, in denen man auf der Einrichtung der Selbstverwaltung Litauens bestand und Einspruch gegen Pläne eines polnisch-litauischen Doppelstaates erhob. Jedoch haben die Deutschen die Bestimmung des politischen Status Litauens auf die Nachkriegszeit verschoben.

1.2. AUSWIRKUNGEN DER RUSSISCHEN FEBRUARREVOLUTION AUF DAS BALTIKUM

Die Unabhängigkeitsbewegungen Lettlands und Estlands wurden von der russischen Februarrevolution und dem Sturz des Zaren 1917 angeregt. Die neugebildete Provisorische russische Regierung hat die bisherigen Gouverneure durch **Gouvernementskommissare** ersetzt. In Livland wurde der Bürgermeister von Riga, Andrejs Krastkalns, Gouvernementskommissar, in Estland der Bürgermeister von Tallinn (Reval), Jaan Poska. Die nationalen Kreise versuchten, die sich eröffnenden Möglichkeiten für die Einführung der **Autonomie** ihrer Staaten auszunutzen.

In **Estland** wurde Anfang März der Gesetzentwurf über die Autonomie ausgearbeitet, auf dessen Grundlage am 30. März der Erlass der Provisorischen Regierung über die vorläufige Verwaltungsordnung des Gouvernements Estland verkündet wurde. Laut Erlass wurden die estnischen Siedlungsgebiete (der nördliche Teil des Gouvernements Livland und das Gouvernement Estland) zu einer Verwaltungseinheit unter dem Gouvernementskommissar J. Poska zusammengeschlossen. Dazu wurde der **Provisorische Landrat** (Landtag) Estlands mit gewählten Abgeordneten gegründet. Der Anfang Juli zusammengetretene Landtag richtete als vollziehendes

Organ die **Landesverwaltung** ein. Danach wurden die russischen Beamten durch Esten abgelöst, als offizielle Amtssprache das Estnische eingeführt und die estnischsprachige Schulbildung beschlossen. Es begann die Bildung von **Nationaltruppen**, aus denen später die 1. estnische Division hervorging. Damit waren die Möglichkeiten der Autonomie erschöpft, und man setzte sich das Erlangen des Status eines gleichberechtigten Staates im föderativen Russland zum neuen Ziel.

In **Lettland** wurde am 21. März der **Rat der gesellschaftlichen Organisationen von Riga** einberufen, der als beratendes Organ für den Gouvernementskommissar zu wirken hatte. Im Frühling wurde in Valmiera (Wolmar) der provisorische Landrat Livlands, in Rezekne (Rositten) der provisorische Landrat Latgalliens und in Tartu (Dorpat) der provisorische Landrat Kurlands gegründet. Diese neugebildeten Organisationen bestanden auf der Vereinigung und der Autonomie der lettischen Gebiete. Die Provisorische Regierung Russlands erklärte am 5. Juli den **Landrat Livlands** zu einem Selbstverwaltungsorgan der Provinz, schränkte aber seine Tätigkeit ein. Entschieden lehnte die russische Zentralregierung den Anschluss Latgalliens an die anderen lettischen Gebiete ab. Daher forderte die am 12. August in Riga zusammengetretene Konferenz das vollständige Selbstbestimmungsrecht Lettlands. Im engeren politischen Kreis wurde beschlossen, dass man im Falle einer deutschen Besetzung Rigas auf dem Ausscheiden aus Russland und der staatlichen Selbständigkeit bestehen würde.

Im August 1917 leiteten **deutsche Truppen** die Offensive ein, Anfang Oktober fielen Riga und die westestnischen Inseln. Die russische Armee erwies sich als kampfunfähig (die lettischen Schützen ausgenommen) und nur die an die Westfront gebrachten deutschen Divisionen verhinderten die Einnahme des ganzen Baltikums.

Demonstration der Esten in Petrograd am 26. März 1917

Die Februarrevolution konnte die Situation in **Litauen** nur mittelbar verändern. Die Deutschen, die befürchteten, dass die Provisorische Regierung Russlands Litauen eine weitgehende Autonomie gewähren würde, haben ihre vorherige Politik revidiert. Sie versuchten, einen aus deutschgesinnten Personen bestehenden Vertrauensrat aufzustellen, dem nur beschränkte Befugnisse zugesprochen wurden.

Am 17. September 1917 fand in Vilnius eine **Allunionskonferenz** statt, zu deren Leiter Jonas Basanavicius gewählt wurde und die die Souveränität Litauens ausdrücklich unterstützte. In Resolutionen wurde der Wille geäussert, die Selbständigkeit auszurufen und die Konstituierende Versammlung für die Ausarbeitung einer Verfassung einzuberufen. Bei der Konferenz wurde die aus 20 Mitgliedern bestehende **Taryba** (Landrat) und der Vorsitzende A. Smetona gewählt. Die im Oktober 1917 in Stockholm durchgeführte Konferenz der Exil-Litauer billigte die in Vilnius gefassten Beschlüsse. In der Tat haben die Resolutionen von Vilnius und Stockholm aber nichts bewirkt. Die Besatzungsmächte versuchten, die Taryba in ein beratendes Organ zu verwandeln, und beabsichtigten einen künftigen Anschluss Litauens an Deutschland.

1.3. DIE BOLSCHEWISTISCHE OKTOBERREVOLUTION IN RUSSLAND UND DAS BALTIKUM

Die Situation im Baltikum veränderte sich nach der Machtergreifung der Bolschewisten in Russland wesentlich. Zumal die bolschewistische Regierung sich bereit erklärte, den Krieg zu beenden, hoffte Deutschland, die Ostfront auflösen zu können. Vorher musste aber die baltische Frage gelöst werden, damit die Besatzungstruppen nicht im Osten zurückblieben.

Da **Deutschland** die einzige reale Kraft war, die den Eigenständigkeitsprozess Litauens beeinflussen konnte, haben die litauischen Politi-

Der deutsche Kaiser Wilhelm II. in Riga

ker auf der Besprechung in Bern im November 1917 beschlossen, sich auf Deutschland einzustellen. Während des darauffolgenden Treffens mit dem deutschen Reichskanzler wurde das Abkommen über die Gründung des **selbständigen Staates Litauen** abgeschlossen. Laut diesem Abkommen wäre Litauen durch Finanz-, Zoll- und Transportkonventionen an Deutschland gekoppelt worden. Auch über Gründungsmöglichkeiten einer litauischen Armee wurde gesprochen. Am 11. Dezember 1917 wurde den Deutschen die von Taryba verfasste Urkunde übergeben, in der die Wiedererrichtung des selbständigen Staates Litauen bekanntgemacht wurde. Damit war faktisch die staatliche Verbindung zu Russland abgebrochen. Zugleich wurde die Vertiefung der politisch-wirtschaftlichen Beziehungen zwischen Litauen und Deutschland beschlossen.

Die Urkunde vom 11. Dezember konnte an der Wirklichkeit nichts ändern, ausser dass die Zuneigung der Litauer zur Taryba nachgelassen hat. Um ihre Autorität wiederherzustellen, beschloss die Taryba, entschieden vorzugehen. Der bisherige Vorsitzende der Taryba, A. Smetona, wurde durch J. Basanavicius ersetzt, und am 16. Februar 1918 wurde die **Selbständigkeitsurkunde** unterzeichnet. Somit wurde die Wiederherstellung der litauischen Eigenstaatlichkeit verkündet und deklariert, dass die Grundlagen der Staatlichkeit von der einzuberufenden Konstituierenden Versammlung festgesetzt würden. Deutschland hat die Selbständigkeit Litauens am 23. März anerkannt, jedoch gemäss den Grundsätzen der Urkunde vom 11. Dezember 1917.

Die politischen Umwandlungen erfolgten wegen des Widerstandes der Besatzungsmächte nur zögernd. Immerhin fand die Taryba nach und nach die Möglichkeit mitzusprechen. Es wurden Kommissionen zur Durchsicht von Klagen über die Willkür der Besatzungsmächte, zur Hilfeleistung für die in die Heimat zurückkehrenden Litauer sowie zur Regelung der Wirtschafts-, Bildungs- und Sanitätsangelegenheiten gebildet. Es begann die Ausarbeitung eigenstaatlicher Gesetze, die Miliz wurde eingerichtet und die Vorbereitungen zur Gründung der Armee eingeleitet, indem Freiwillige registriert wurden.

In **Nordlettland** und **Estland** hatten die **Bolschewisten** bis zum Sommer 1917 die grösste Fraktion gebildet. Mit ihrer Losung „Nieder mit dem Krieg!" sympathisierten die meisten Soldaten und Arbeiter. Die Bolschewisten übernahmen die Leitung des während der Februarrevo-

lution gebildeten Rates der Abgeordneten der Arbeiter und Soldaten. Sie wurden von russischen Truppeneinheiten sowie russischer Arbeiterschaft unterstützt. Die Mehrheit der lettischen Schützen hatte schon auf dem im Mai getagten Kongress beschlossen, zu den Bolschewisten überzutreten. In den Ende August durchgeführten Wahlen zum livländischen Landrat erhielten die Bolschewisten 60% der Stimmen. Indem sie die aktuellen Vorgänge für einen Teil der Weltrevolution hielten, fassten die Bolschewisten die nationalen Bestrebungen als Schwächung der Revolution auf und verneinten die Notwendigkeit der Eigenstaatlichkeit.

Die Bolschewisten vor Ort haben gleich nach der Staatsumwälzung in Petrograd die Macht ergriffen. Als höhere Machtorgane wurden das von Jaan Anvelt geleitete **Exekutivkomitee der Estnischen Sowjets** und das **Exekutivkomitee der Lettischen Sowjets** unter Fricis Rozin☐ gebildet. Die beiden besassen nur eine Pseudomacht, denn alle Anordnungen wurden von Petrograd aus getroffen. Die Wirtschaftsreformen begannen mit der Enteignung der zu den Gütern gehörenden Ländereien und der Nationalisierung[1] der Banken und Industriebetriebe. Die Bürgerrechte wurden eingeschränkt, die politische Tätigkeit verboten, viele Zeitungen verboten, Nationalisten verhaftet und die Glaubensfreiheit nicht anerkannt. Eine solche Politik versetzte die Bevölkerung in zunehmende Empörung. So wurde die Notwendigkeit immer deutlicher, mit Hilfe der Entente[2] die Selbständigkeit zu erlangen.

Der **estnische Landtag** konnte am 28. November, noch vor seiner Auflösung durch die Bolschewisten, erklären, dass nur die Konstituierende Versammlung Estlands die Befugnisse hatte, über die Zukunft des Landes zu entscheiden. Die darauffolgenden illegalen Besprechungen führten Mitte Januar 1918 zu dem Einvernehmen, dass alle politischen Kräfte, ausser den Bolschewisten, die Verkündung der Selbständigkeit Estlands für lebensnotwendig hielten. Ende des Monats wurde eine aussenpolitische Delegation mit 8 Personen nach Westeuropa gesandt, um die estnischen Umstände zu erläutern und Unterstützung für die Idee der Selbständigkeit zu finden.

Lettische Politiker haben am 16. November 1917 in Valga (Walk) den **Provisorischen Nationalrat Lettlands** ins Leben gerufen, der ebenso begann, die Einberufung der Konstituierenden Versammlung und die Entsendung einer aussenpolitischen Delegation vorzubereiten. In

---

1   *Ins Eigentum des Staats überführen, verstaatlichen.*

2   *Das in den Jahren 1891–1907 entstandene Bündnis zwischen Frankreich, Grossbritannien und Russland. Am Ende des I. Weltkrieges gehörten der Entente schon 27 Staaten an (frz. = Einverständnis).*

seiner zweiten Sitzung versicherte der National-rat entschieden, dass Lettland aus Russland aus-scheiden und zu einem selbständigen demokrati-schen Staat werden müsse. Jedoch wurde die Ausführung der Entscheidungen behindert, weil der grösste Teil Lettlands von Deutschen besetzt war und im übrigen Teil die von kriegerischen Kräften (den Roten Lettischen Schützen) unter-stützten Bolschewisten herrschten.

In Estland und Lettland strebte noch eine dritte Gruppe nach dem Ausscheiden aus Russland – die **Baltendeutschen**. Die Ritterschaften wandten sich mit einem Hilfeersuchen an Deutschland. Als Gegengewicht haben die Bol-schewisten in Estland den Belagerungszustand ausgerufen – die für vogelfrei[3] erklärten Gutsher-ren wurden verhaftet, 567 Menschen deportiert.

1.4. DIE OKKUPATION DES GANZEN BALTIKUMS

Da die Friedensverhandlungen zwischen Sowjetrussland und den Mittelmächten[4] eingestellt wurden, leitete **Deutschland** am 18. Februar an der Ostfront die Offensive ein. We-der die Reste der russischen Armee noch die Rote Garde waren in der Lage, Widerstand zu leisten, und so wurde bis zum 4. März das ganze Territorium Lettlands und Estlands besetzt. Laut dem **Frieden von Brest-Litowsk** verzich-teten die Bolschewisten auf die baltischen Län-der. Litauen, Kurland und die estnischen Inseln kamen unter die direkte Herrschaft Deutsch-lands; über Estland und Livland bewahrte Russland formal die Jurisdiktion, aber aus Si-cherheitsgründen wurden hier deutsche Trup-pen plaziert. So war das Schicksal dieser Ge-biete vorläufig ungewiss.

Die estnischen Politiker bildeten am 19. Fe-bruar das **Rettungskomitee Estlands** und verfassten das **Manifest der Unabhängigkeit**, das die Gründung der demokratischen Republik Estland ankündigte. Mit Hilfe der Nationaltrup-pen konnte die Macht von den Bolschewisten übernommen werden noch bevor die Deutschen ankamen. Am 24. Februar 1918 bildete das Ret-tungskomitee die **Provisorische Regierung** mit **Konstantin Päts** als Ministerpräsidenten. Am nächsten Tag marschierten die deutschen Trup-pen in Tallinn ein, was als gewaltsame Be-setzung eines selbständigen Staates aufzufas-sen war.

Die ganze Macht ging in Lettland und Est-land auf das **deutsche Militär** über, das von

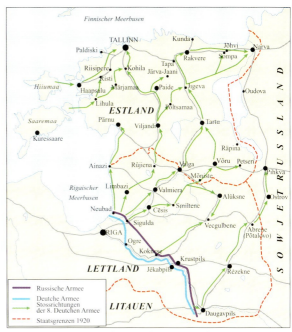

Bewegung der deutschen Streitkräfte 1918

den Selbständigkeitsbestrebungen beider Staa-ten nichts wissen wollte. Deutsche Offiziere und baltendeutsche Gutsherren kamen auf führende Posten. Fraktionen, Meetings und Demonstra-tionen wurden verboten, die Presse wurde der Zensur unterworfen. Viele Politiker wurden ver-haftet, darunter auch der Premierminister Est-lands, der in ein Konzentrationslager gebracht wurde.

Die deutsche Regierung beabsichtigte, den baltischen Ländern eine formale Eigenstän-digkeit zu gewähren, kümmerte sich zugleich aber darum, dass die neuen staatlichen Gebilde

Troß der Infanterie der Deutschen in Nordlettland

---

3   *Die im Zustand völliger Recht- und Schutzlosigkeit befindliche Person, rechtlos und geächtet, deren Töten nicht für strafbar gehalten wird.*

4   *Die im 1. Weltkrieg gegen die Entente kämpfenden Staaten: das Deutsche Reich und Österreich-Ungarn mit ihren später dazugetretenen Verbündeten, der Türkei und Bulgarien.*

fest an Deutschland gekoppelt blieben. Dies sollte über eine **Personalunion** erfolgen.

Litauen wollte Berlin an Preussen oder Sachsen anschliessen. Die oppositionellen Kreise Deutschlands schlugen den Litauern aber vor, jemand von den süddeutschen Herrschern zum König Litauens zu wählen. Auch die Litauer fanden die Personalunion mit einem katholischen Kleinstaat annehmbarer, und so wurde zugunsten des Königshauses Württemberg entschieden. Am 13. Juli 1918 hat die Taryba den Herzog Wilhelm von Urach als Mindaugas II. zum König Litauens gewählt.

Die Baltendeutschen versuchten, aus Estland und Lettland ein einheitliches **Baltisches Herzogtum** zu bilden, und wandten sich mit einem Hilfeersuchen an den deutschen Kaiser. Die Einsprüche der Esten und Letten wurden nicht berücksichtigt. Im September erkannte Wilhelm II. die Selbständigkeit des Baltischen Herzogtums an und am 5. November wurde es in Riga ausgerufen. Herzog Adolf Friedrich aus Mecklenburg sollte Herzog des Baltischen Herzogtums werden. Bis zu seiner Ankunft wurde er von einem 10köpfigen Regentschaftsrat unter der Führung des livländischen Landmarschalls, Baron Adolf Pilar v. Pilchau, vertreten.

1.5. DIE FOLGEN DER NIEDERLAGE DEUTSCHLANDS IM BALTIKUM

Die Niederlage Deutschlands an der Westfront im Herbst 1918 wurde ausschlaggebend für die Staatlichkeit der baltischen Länder. Die in einer zunehmend schlimmer werdenden Situation befindlichen Deutschen setzten auf die Verstärkung der wirtschaftlichen und politischen Beziehungen mit selbständigen Staaten. Schon am 5. Oktober erklärte der neue Kanzler Deutschlands, Prinz Maximilian von Baden, die deutsche Anerkennung des freien Selbstbestimmungsrechts aller Völker.

Am 20. Oktober gab die deutsche Regierung bekannt, dass Deutschland ohne Vorbehalt die Eigenständigkeit Litauens anerkennt und bereit ist, die Verwaltung des Landes den Litauern zu übergeben. Daraufhin verzichtete die Taryba sowohl auf die Personalunion als auch auf das Königreich. Das höchste gesetzgebende Organ der **Republik Litauen** sollte der **Staatsrat** werden, sein Präsidium die Funktionen des Staatsoberhauptes bekommen. Am 4. Oktober ernannte das Präsidium des Staatsrates **Augustinas Voldemaras** zum Ministerpräsidenten. Die deutschen Besatzungsstreitkräfte begannen, ihre Funktionen zu übergeben.

Begegnung des deutschen Obersten mit dem Bürgermeister von Tartu. Der deutsche Offizier teilt die Ankunft der deutschen Armee mit sowie die Vereinigung Estlands, Livlands und Kurlands mit Deutschland

Wärend der Okkupation hatten die nationalen Kreise in Estland und Lettland illegal, aber erfolgreich gehandelt. Im Sommer 1918 bildeten sich die Voraussetzungen zur Gründung der Nationalvertretung Lettlands aus: an den in Riga tätigen Demokratischen Block schlossen sich die Mitglieder des Provisorischen Nationalrates an. Die lettische aussenpolitische Delegation erlangte am 11. November von Grossbritannien die Anerkennung der Selbständigkeit; die estnischen Gesandten hatten dasselbe schon im Mai 1918 von den Regierungen Grossbritanniens, Frankreichs und Italiens erreicht. Der entscheidende Faktor im Zerfall der Okkupation war aber die **deutsche Revolution**, so dass am 11. November 1918 in Compiègne der Waffenstillstand abgeschlossen wurde.

In Estland nahm die Provisorische Regierung ihre Tätigkeit schon am 11. November wieder auf. In Lettland dauerte es länger: am 17. November versammelte sich zu seiner ersten Versammlung der vom Provisorischen Nationalrat und Demokratischen Block ins Leben gerufene **Volksrat Lettlands**, zu dessen Vorsitzenden **Janis Čakste** gewählt wurde. Der Volksrat setzte die Provisorische Regierung Lettlands unter **Karlis Ulmanis** ein, und am 18. November 1918 wurde im Theater von Riga die Deklaration des Volksrates über die Gründung der demokratischen **Republik Lettland** vorgelesen.

2. DIE HERAUSBILDUNG DER UNABHÄNGIGEN STAATEN (1918–1921)

Wappen der Republik Lettland

Wappen der Republik Litauen

Wappen der Republik Estland

2.1. VORSTOSS DER ROTEN ARMEE

Die internationale Lage der baltischen Länder war Ende 1918 äusserst unsicher. Im Waffenstillstand von Compiègne wurde zwar verlangt, dass Deutschland den okkupierten Völkern das Selbstbestimmungsrecht zusichern musste, zugleich wurde das Baltikum von der Entente aber für einen Teil Russlands gehalten, worüber alleine die Konstituierende Versammlung Russlands die Entscheidung haben sollte. Die Selbständigkeit der baltischen Staaten wurde auch von Sowjetrussland nicht anerkannt, indem es versicherte, dass die gesetzmässige Verwaltung von Sowjets der Abgeordneten ausgeübt wird.

Am 13. November 1918 hob die **russische** Regierung die mit Deutschland abgeschlossenen Verträge auf und begann die Vorbereitungen für eine **Offensive**. Der Angriff, dessen Ziel die Entfesselung der Weltrevolution war, bedrohte in erster Linie die baltischen Länder. Da die **Rote Armee** vom Bürgerkrieg in Anspruch genommen war, wurden gegen das Baltikum nur relativ kleine Kräfte eingesetzt. Der zum Oberbefehlshaber der Roten Armee ernannte ehemalige Heeresleiter des 5. Lettischen Schützenregiments, Jukums Vacietis, betonte, dass der Vormarsch nach Westen unter Übereinkunft mit den sich zurückziehenden deutschen Einheiten erfolgen muss.

Die weiteren Ereignisse haben die Zweckmässigkeit dieser Forderung voll bestätigt. Am 22. November 1918 versuchte die Rote Armee, in Narva einzudringen, stiess aber auf deutsche Truppen und musste ihre Einheiten mit grossen Verlusten zurücknehmen.

Mit dem neuen Angriff der Roten Armee auf Narva am 28. November 1918 begann in Estland der **Freiheitskrieg**. Diesmal standen den Bolschewisten neben den abziehenden Deutschen auch estnische Einheiten gegenüber. Nach einer viele Stunden dauernden Schlacht haben sich die Verteidiger zurückgezogen, und

am übernächsten Tag marschierten die Rotarmisten in die Stadt ein. Der Vormarsch der Roten Armee nach Nordestland dauerte den ganzen Dezember, zur Jahreswende stand sie 30 km von Tallinn entfernt.

In **Südestland** und **Lettland** wurde der Roten Armee vorläufig kein Widerstand geleistet, denn die deutsche Heeresleitung verhinderte die Gründung nationaler Truppen und übergab die Städte kampflos der Roten Armee. So fielen in Estland Võru, Valga und Tartu. Aus Valga zog die Rote Armee nach Süden, und bewegte sich über Valmiera (Wolmar) und Cesis (Wenden) in Richtung Riga. Zur gleichen Zeit näherten sich die Einheiten der Roten Armee auch vom Osten her, über Latgallien. Am 3. Januar 1919 fiel Riga, die Provisorische Regierung Lettlands zog nach Liepaja (Libau) um.

Die deutsche Heeresleitung war bereit, das Baltikum bis zur Linie Riga-Bauska-Panevežys-Ukmerge-Trakai abzugeben. Jedoch hielt die vom Erfolg beflügelte Rote Armee dort nicht an. Daher begannen die Deutschen, denen die Sicherheit Preussens Sorgen machte, eine Schutzlinie in Kurland und im westlichen Teil Lettlands zu errichten. Im Januar 1919 begannen die Kämpfe zwischen den in Lettland befindlichen deutschen Einheiten und der Roten Armee. Dank ihrem Übergewicht gelang es den Rotarmisten, Jelgava und Tukums (Tuckum) zu besetzen, am Venta-Fluss wurden sie aber aufgehalten.

In **Litauen** marschierte die Rote Armee gleich hinter den Deutschen an den letzten Tagen des Dezembers 1918 ein. Anfangs zog man von Osten nach Westen (am 6. Januar 1919 wurde Vilnius eingenommen), nach der Besetzung Lettlands aber begann die Offensive auch in der Nord-Süd-Richtung. Nacheinander fielen Šiauliai, Telšiai, Panevežys, Ukmerge. Anfang Februar hatte die Rote Armee ganz Ost- und Nordlitauen besetzt und näherte sich Kaunas.

2.2. DIE BOLSCHEWISTISCHE MACHTPERIODE IM BALTIKUM

In den eroberten Gebieten wurde die Sowjetmacht ausgerufen. In Narva wurde am 29. November 1918 die Regierung der **Arbeiterkommune Estlands** unter J. Anvelt gebildet. An der Spitze der am 17. Dezember in Valga verkündeten **Sowjetrepublik Lettland** stand Peteris Stucka. In Vilnius wurde schon am 8. Dezember 1918 illegal die Provisorische Revolutionäre Regierung Litauens unter dem aus Russland gekommenen Vincas Mickievičius-Kapsukas gegründet. Am 16. Januar 1919 beschloss Moskau, die Sowjetrepublik Weissrussland aufzuheben, indem es den grössten Teil seines Territoriums an Russland anschloss. Die Gouvernements Minsk und Grodno aber wurden mit Litauen zur **Sozialistischen Sowjetrepublik Litauen-Weissrussland** vereinigt.

Die Sowjetrepublik Litauen(-Weissrussland), die Sowjetrepublik Lettland und die Arbeiterkommune Estland wurden zu territorialen Verwaltungseinheiten im Bestand Sowjetrusslands, mit eingeschränkter Autonomie und ohne Anspruch auf Eigenstaatlichkeit. Ihre Verwaltungsorgane betrieben die **bolschewistische Politik**: Grossunternehmen und Finanzbehörden

wurden nationalisiert, auf konfiszierten Gutsländereien landwirtschaftliche Gesnossenschaften gebildet, politische Gegner unterdrückt (in Estland wurden über 500, in Lettland sogar mehrere Tausend Menschen hingerichtet), die Kirche geächtet. Der einzige Staat, der die „Selbständigkeit" der Sowjetrepubliken anerkannt hat, war Russland, welches der Welt zeigen wollte, dass im Baltikum ein Bürgerkrieg zwischen der Arbeiterklasse und dem Bürgertum im Gange sei.

Die **Einstellung des Volkes** gegenüber den Zielen der Bolschewisten war unterschiedlich. Am vorsichtigsten waren die Esten, die Anfang 1918 die sowjetische Wirklichkeit schon erlebt hatten. Dagegen hatten die Litauer, die meisten Letten und die estnischen Insulaner von den bolschewistischen Verwaltungsmethoden keine eigentliche Vorstellung. In Lettland spielten dabei die lettischen Schützen eine massgebliche Rolle, weil sie die wesentlichste Schlagkraft der Roten Armee darstellten. Die zurückkehrenden Schützenregimenter wurden vom Volk als Befreier von der deutschen Okkupation angesehen, die Schützen selbst schätzten ihren Kampf als eine Möglichkeit ein, gegen baltendeutsche Gutsherren zu kämpfen. Unter den ärmeren Bevölkerungsschichten aller drei Staaten fanden sich viele Anhänger der Bolschewisten.

Je länger die bolschewistische Herrschaft andauerte, desto kleiner wurde die Anzahl ihrer Anhänger. Verdruss bereiteten die Verwerfung der Idee der Selbständigkeit, die Repressalien, der Kampf gegen die Kirche, aber auch die Wirtschaftsreformen, die den Verfall noch vergrösserten. Die Landbevölkerung wandte sich von den Bolschewisten dann ab, als klar wurde, dass die enteigneten Gutsländer nicht als Einzelgehöfte ausgeteilt, sondern zu Kollektivwirtschaften (Kommunen[5]) gemacht wurden. Mit der Zeit sah man ein, dass der Einmarsch der Roten Armee nichts anderes als das Ersetzen der deutschen Okkupation durch die sowjetrussische bedeutete.

Lettische rote Jäger an den Fronten des russischen Bürgerkriegs (links in Mogiljow, rechts in Moskau)

---

5   *Hier: der landwirtschaftliche Kollektivbetrieb, in dem alle Produktionsmittel vergesellschaftlicht sind.*

2.3. DER UMBRUCH IM FREIHEITSKRIEG

Die **nationalen Regierungen** Litauens, Lettlands und Estlands setzten während der Offensive der Roten Armee die Sicherung der Staatlichkeit fort, indem sie besonders auf die **Verstärkung der Verteidigungsfähigkeit** achteten. Anfangs blieben die ergriffenen Massnahmen wegen der Kriegsmüdigkeit, der Angst vor Russland und häufiger linker Unruhen ohne besonderen Erfolg. In Kürze aber begann sich der Bestand der Nationaltruppen infolge der Zwangsmobilmachungen zu vergrössern. Es mangelte an Waffen, Munition, Kleidung, Schuhwerk und Lebensmitteln. Die Letten und Litauer mussten sich bei der Bildung ihrer Streitkräfte darüber hinaus ständig mit der sie bekämpfenden deutschen Besatzungsmacht auseinandersetzen.

In Estland wurde der Vorstoss der Roten Armee um die Jahreswende eingestellt und am 6. Januar 1919 die Gegenoffensive eingeleitet. Schon am 1. Februar war der Feind zur Räumung des estnischen Gebiets gezwungen. Den Erfolg förderten die Durchführung der Zwangsmobilisation, die Ernennung von Oberst **Johan Laidoner** zum Oberbefehlshaber der Armee wie auch die dank der Requisitionen[6] verbesserte Versorgung. Den Kampfgeist verstärkte die Gewissheit, dass Estland nicht allein war: im Dezember landete in Tallinn ein Geschwader der englischen Kriegsflotte, um die Jahreswende gelangten finnische Freiwillige an die Front.

Die Heeresleitung der **Roten Armee** setzte im Februar im Frontabschnitt Pskow überlegene Streitkräfte ein, die standhaft versuchten, innerhalb von drei Monaten den Widerstand der estnischen Truppen an der sich vom Livischen Meerbusen bis zum Peipussee erstreckenden Südfront zu durchbrechen. Infolge anstrengender Schlachten und mit einer Vielzahl von Opfern gelang es den Esten bis Mitte Mai alle Angriffe zurückzuschlagen, und selbst wieder die Initiative zu ergreifen.

Die Offensive der estnischen Volkseinheiten im Januar und die Abwehrkämpfe im Winter und Frühling erleichterten die Lage Lettlands und Litauens wesentlich, weil die Rote Armee zusätzliche Kampfeinheiten gegen Estland einsetzen musste. Zur gleichen Zeit wuchs das **deutsche Interesse** am Baltikum. Im Februar wurde der in Kurland operierenden, aus deutschen Freiwilligen bestehenden **Eisernen Division** und der aus örtlichen Baltendeutschen zusammengesetzten **Landeswehr** die Reservedivision der 1. Garde zu Hilfe geschickt.

Der estnische Ministerpräsident K. Päts (Mitte) und der Oberbefehlshaber der Armee J. Laidoner (vorne rechts) zusammen mit den höchsten Offizieren der britischen Marine

Alle Streitkräfte vor Ort, darunter auch litauische und lettische Einheiten, wurden dem deutschen General, dem Grafen **Rüdiger v. d. Goltz** unterstellt. Unter seiner Führung wurde der Vormarsch der Bolschewisten in Lettland und Litauen aufgehalten. Ende Februar befreiten die Deutschen unter Einsatz litauischer Untereinheiten Mazeikiai und Šiauliai, im März aber warfen die vereinigten deutsch-lettischen Einheiten die Rote Armee vom Venta-Fluss auf den Lielupe-Fluss zurück, und bereiteten so die Befreiung Rigas vor.

General v. d. Goltz träumte von der Wiederherstellung des zaristischen Russlands und der Bildung eines Bündnisses zwischen Russland und Deutschland für den Kampf gegen die Westmächte. Das selbständige Lettland wäre ein Hindernis bei der Verwirklichung dieser Idee gewesen; daher führten deutsche Stosstruppen in **Liepaja** (Libau) einen **Staatsstreich** durch, so dass die Mitglieder der Ulmanis-Regierung genötigt waren, bei den Vertretern der Entente Schutz zu suchen. Trotz der Proteste der Westmächte

Finnische Freiwillige in Tallinn

---

bildete General v. d. Goltz ein neues, deutschgesinntes Kabinett unter dem Pastor und Schriftsteller **Andrievs Niedra**. Doch war es der Provisorischen Regierung Lettlands noch vor dem Staatsstreich gelungen, den Grund zu einer südlettischen Brigade zu legen und die Verträge über ihre Bildung auf estnischem Boden abzuschliessen.

Der **entscheidende Umbruch** im Freiheitskrieg erfolgte im Mai 1919. Das Nordkorps der Russischen Weissen Garde zog schnell von Narva in Richtung Petrograd. Estnische Truppen warfen die Bolschewisten hinter den Welikaja-Fluss zurück, eroberten Pskow und durchbrachen zusammen mit der Nordlettischen Brigade die Front in der Aluksne-Gegend (Marienburg-), indem sie bei Jekabpils (Jakobstadt) an der Düna vorrückten. Die deutsch-lettischen Einheiten unter General v. d. Goltz befreiten am 22. Mai Riga (nach der Besetzung Rigas begannen die Deutschen ihre Strafaktionen unter der friedlichen Zivilbevölkerung).

In **Litauen** hatte der Umbruch schon im April angefangen, als die Polen Vilnius von der Ro-

Panzerzug der estnischen Armee „Onkel Tom"

ten Armee zurückerobert hatten. Dieser Operation folgte der gemeinsame deutsch-litauische Vorstoss, in dem Ukmerge und Panevežys befreit wurden und die deutsch-litauischen Truppen Anfang Juni ans Südufer der Düna vordrangen. So hatten die Esten das Nordufer und die Litauer das Südufer der Düna unter Kontrolle, die deutsch-lettischen Truppen aber befreiten Livland von den Rotarmisten.

Im folgenden hätte das ganze Territorium Lettlands und Litauens befreit werden müssen, statt dessen aber brach der **Landeswehr-Krieg[7]** aus. Als sich die deutschen und estnischen Truppen bei Cesis begegneten, waren beide bemüht, ihre erreichten Stellungen zu bewahren und bestanden auf dem Rückzug des anderen. Die Situation wurde dadurch erschwert, dass Estland einen Vertrag mit der Ulmanis-Regierung abgeschlossen hatte und das Kabinett von Niedra nicht anerkannte. Anfang Juni erfolgte eine Auseinandersetzung, die die Vertreter der Entente – ohne Ergebnis – auf friedlichem Weg zu lösen versuchten.

Am 19. Juni durchbrach die Landeswehr unter Cesis die lettische Verteidigung. Nur dank der Ankunft der estnischen Hilfstruppen gelang es nach viertägigen schweren Kämpfen, zum Gegenangriff überzugehen. Nach der Befreiung von Cesis verfolgten die Esten mit lettischen Untereinheiten die Deutschen unaufhaltsam bis zu den Vorstädten von Riga. In diesen Kämpfen war die Stimmung der estnischen Volkstruppen ausserordentlich hoch, denn ein langgehegter Wunsch, nämlich der deutschen Übermacht zu entgehen, war dabei, sich zu erfüllen. Erst bei Riga wurde auf Anforderung der Westmächte hin der **Waffenstillstand** geschlossen, laut dem die deutschen Truppen Lettland verlassen

	nicht von fremden Armeen besetztes estnisches Gebiet
	im Krieg fortwährend in den Händen der Bolschewisten verbliebenes Gebiet
	von Litauen 1923 besetztes Memel-Gebiet
	weiteste Grenze des Vordringens der Bolschewisten
	weiteste Grenze des Vordringens der estnischen Armee und deren Verbündeten
	Grenze der Republik Litauen 1919 - 1940
	die Grenzen der baltischen Staaten 1940
	Grenze zwischen Litauen und Sowjetrussland nach dem Friedensvertrag vom 20.07.1920

Gebiet des Freiheitskrieges

---

7   *Ein Teil des Estnischen Freiheitskrieges (vom 5. Juni bis zum 3. Juli 1919).*

mussten und die Regierung von Ulmanis wieder an die Macht kam.

Von Juli bis Oktober herrschte an den baltischen Fronten eine mehr oder weniger friedliche Stille. Estland war zu der Zeit völlig frei von fremder Besetzung und seine Truppen unterstützten nur die auf dem Territorium Russlands kämpfende **Nordwestarmee** der Weissen Garde. In Lettland war nur noch Latgallien besetzt, aber für neue Kämpfe brauchte die Armee Vorbereitungszeit.

Die gemeinsame Heeresleitung der Entente-Staaten aber hatte einen grosszügigen Plan für die Abschaffung des Bolschewismus in Russland ausgearbeitet. Dafür wurde eine Offensive geplant, an der sich die Armeen von Finnland, Estland, Lettland, Litauen und Polen wie auch die im Baltikum befindlichen Truppenverbände der Deutschen und die Weissgardisten beteiligen sollten. Die baltischen Staaten sahen sich gezwungen, die Pläne der Entente zu billigen, zumal von deren politischer, wirtschaftlicher und militärischer Unterstützung vieles abhing. Zugleich sprach aber eine Reihe von Sachverhalten gegen diese Pläne. Die russischen Weissen äusserten deutlich ihre Geringschätzung den jungen Grenzstaaten gegenüber und sprachen offen von der Notwendigkeit von deren erneutem Anschluss an Russland. Daher wäre die Abschaffung des Bolschewismus für die baltischen Staaten ein durchaus zwiespältiges Vorhaben gewesen, das ihre eigene Existenz hätte beenden können.

In einer besonders komplizierten Situation waren die Letten und Litauer. Unter Billigung der Westmächte wurde in Kurland und Nordwestlitauen die russische **Westarmee** aufgestellt. Formal war der Oberbefehlshaber der Armee der russische Oberst **Pavel Bermondt-Awalow**, der aber Hand in Hand mit v. d. Goltz arbeitete. In der 50 000 Mann starken Armee waren 40 000 Deutsche. Die Westarmisten plünderten die Bevölkerung und fügten sich nicht den Anordnungen der Zivilmacht. Immer häufiger kamen Auseinandersetzungen mit lettischen und litauischen Untereinheiten vor. Am 8. Oktober leitete Bermondt-Awalow Kriegsoperationen gegen die Republik Lettland ein. Ein Überraschungsangriff war erfolgreich: die sich in der Minderheit befindlichen Letten zogen sich auf das Düna-Nordufer zurück und mussten nach verzweifeltem Widerstand auch einen Teil von Riga aufgeben.

Die **Regierung von Ulmanis** wandte sich mit einem Hilfeersuchen an Estland und Litauen. Estland schickte zwei Panzerzüge nach Riga, aber die litauische Regierung, die Angst vor einer Verschlechterung des Verhältnisses zu

Soldaten der Bürgerkriegsarmee Bermondt-Awalow erschiessen lettische Nationalisten

Deutschland hatte, verweigerte jegliche Hilfeleistung. Trotzdem leitete die lettische Armee am 11. November einen Gegenangriff ein, säuberte das ganze Südufer der Düna von Deutschen und trug den Kampf auf das Territorium Litauens. Ende November schaltete sich auch Litauen in die Kämpfe ein und führte bei Radviliškis mehrere harte Schläge gegen die Westarmee aus. Die Kämpfe wurden durch die Einmischung der Militärmission der Entente eingestellt, und die Reste der Truppen von Bermondt-Awalow aus Litauen und Lettland fortgebracht.

Wegen der Aktionen Bermondt-Awalows misslang der Plan der Alliierten zur Abschaffung des Bolschewismus. Immerhin konnte ein Teil dieses Plans, die Offensive der Nordwestarmee der Weissen Garde auf Petrograd, im Oktober verwirklicht werden. Im Siegestaumel wurde die Vorsicht vergessen, und der Gegenangriff der Roten Armee warf die russischen Truppen nach Estland zurück. Die russischen Weissen verfolgend, erreichte die Rote Armee Mitte November Stellungen vor Narva. In den vor Narva ausgebrochenen Kämpfen zogen sich die estnischen Truppen schrittweise zurück; mit Hilfe von Reserven konnten die Angriffe jedoch

Einheiten der lettischen Nationalisten bei der Verteidigung von Riga im November 1919.

Verhandlungen zwischen der estnischen und der sowjet-russischen Delegation in Tartu

zurückgeschlagen werden. Am 31. Dezember 1919 stellten die entkräfteten roten Regimenter ihre Offensive ein.

2.4. FRIEDENSVERTRÄGE MIT SOWJETRUSSLAND

Schon im September 1919 hatte Russland in Bezug auf Friedensverhandlungen mit den baltischen Staaten das Terrain sondiert. Damals wurde daraus jedoch nichts, weil die Vertreter der Entente auf der Fortsetzung des Krieges bestanden. Das Scheitern der Operation zur Abschaffung des Bolschewismus änderte die Einstellung der Westmächte zu den baltischen Staaten, und im November eröffneten sich neue Möglichkeiten für Friedensverhandlungen. Am meisten interessierte sich **Estland** für einen Friedensabschluss, dessen Grenzen den sowjetischen Angriffen ausgesetzt waren. Weil Litauen und Lettland noch nicht bereit waren, sich an den Verhandlungen zu beteiligen, dachte Estland daran, einen **Separatfrieden**[8] zu schliessen. Der Waffenstillstand wurde am 3. Januar 1920 abgeschlossen.

Adolf Joffe war Leiter der sowjetischen Delegation bei den Verhandlungen mit Estland, danach auch mit Litauen und Lettland (1920) und mit Polen (1921)

Am gleichen Tag begannen die **lettischen** Truppen mit der Unterstützung eines 20 000 Mann starken polnischen Armee-

korps eine neue Offensive. Nacheinander wurden Daugavpils (Dünaburg), Põtalowo (Abrene) und Rezekne befreit, Ende Januar auch ganz Latgallien von Bolschewisten gesäubert. Am 1. Februar wurde ein **Waffenstillstand** mit Moskau unterzeichnet. Der Vertrag wurde lange geheimgehalten und an der Front dauerten Feuergefechte an.

An der Front zwischen **Litauen** und Sowjetrussland herrschte schon seit Ende August 1919 Stille, obwohl offiziell kein Waffenstillstand abgeschlossen worden war. So konnten alle baltischen Staaten mit Friedensverhandlungen beginnen. Leider kamen keine gemeinsamen Verhandlungen zustande, alle 1920 mit Moskau abgeschlossenen Abkommen waren immer nur zweiseitig. Zuerst unterzeichnete Estland (am 2. Februar) den Friedensvertrag, danach Litauen (12. Juli) und zuletzt Lettland (11. August).

Durch die Friedensverträge erlangten die baltischen Staaten *de jure* die Anerkennung ihrer Selbständigkeit. Sowjetrussland erklärte, für immer und ewig auf alle Rechte zu verzichten, die Russland in Bezug auf Estland, Lettland und Litauen je gehabt hatte. Vorteilhaft war der von den baltischen Staaten ausgehandelte Grenzvertrag: an Estland kamen der in strategischer Hinsicht wichtige Landstreifen am Ostufer des Narva-Flusses und Petseri (Petschur), an Lettland wurde das vor Jahrhunderten von ihm getrennte Latgallien angeschlossen, Litauen bekam Vilnius und das Grodnogebiet. Alle Litauer, Letten und Esten, die sich in Russland aufhielten, durften in ihre Heimat zurückkehren: die sowjetische Regierung löste die im russischen Bürgerkrieg

---

8 *Frieden, der nur mit einem von mehreren Gegnern, nur einseitig von einem der Bündnispartner mit dem Gegner abgeschlossen wird.*

kämpfenden lettischen und estnischen kommunistischen Truppen auf. Die baltischen Länder wurden von der Tilgung aller Schulden an die zaristische Regierung befreit und ihnen wurde ein Teil des russischen Goldbestandes ausgezahlt. Ausserdem versprachen die Bolschewisten, alle während der Kriege aus dem Baltikum ausgeführten materiellen Werte, in erster Linie die Kunstschätze, zurückzuerstatten.

Estnische Briefmarken aus den zwanziger Jahren

2.5 DER BEGINN DES LITAUISCH-POLNISCHEN KONFLIKTS

Für Litauen bedeutete die Unterzeichnung des Friedensabkommens mit Sowjetrussland noch keinen Waffenstillstand. Neue Gefahr drohte aus Polen, wo einflussreiche politische Kreise von der **Wiederherstellung des Königreichs Polen-Litauen** träumten.

Litauische Soldaten 1920

Im April 1919 eroberte Polen von der Roten Armee **Vilnius**, die historische Hauptstadt Litauens, zurück. Die unmittelbar danach ausgebrochenen bewaffneten Auseinandersetzungen zwischen Litauen und Polen konnten weder von der Pariser Friedenskonferenz noch mit Hilfe polnisch-litauischer Verhandlungen beendet werden. Auch die im Juli 1919 festgesetzte Demarkationslinie[9] wurde nicht eingehalten. Die Zusammenstösse hörten vorübergehend erst im Frühling 1920 auf, als der Krieg zwischen Polen und Sowjetrussland ausbrach.

Im Juli 1920 eroberte die nach Westen vordringende Rote Armee erneut Vilnius und übergab es Litauen. Litauische Regierungsbehörden begannen die Vorbereitungen für den Umzug von Kaunas nach Vilnius, aber nach dem Umbruch an der Weichsel wandte sich das Kriegsglück den Polen zu. Die hinter der zerschlagenen Roten Armee kommenden polnischen Legionäre stiessen wieder auf die litauische Armee. Die auf Forderung des Völkerbundes begonnenen Verhandlungen führten am 7. Oktober 1920 in Suwalki zur Unterzeichnung des Vertrages, auf Grund dessen Vilnius Litauen zugesprochen wurde. Trotzdem wurde Vilnius zwei Tage später von polnischen Truppen unter General **Lucjan Zeligowski** besetzt. Die polnische Regierung gab bekannt, dass sie keine Verantwortung für das Geschehene übernehmen kann, zumal sich Zeligowski aufgelehnt hätte und eine Armee von Einwohnern der Vilnius-Gegend führte. Schliesslich behielt Zeligowski die ganze Gegend, die später Polen angegliedert wurde. Litauen gab sich mit der Einbusse seiner Hauptstadt nicht zufrieden und brach die diplomatischen Beziehungen zu Polen (bis 1938) ab.

2.6. ENTWICKLUNG DER STAATLICHKEIT

In den Jahren 1918–1920 setzte sich in den baltischen Staaten die Sicherung ihrer Selbständigkeit fort. Die Regierungen hatten neben der Einrichtung der Verteidigung noch drei Aufgaben: die Versorgung der Zivilbevölkerung und der Armee, die Bildung von ständigen, vom Volk gewählten Institutionen und das Erlangen der Anerkennung durch andere Staaten.

Das **Versorgungsproblem** löste sich dank ausländischer Hilfe. Litauen bekam seinen ersten Auslandskredit von Deutschland, Lettland von Litauen und Estland von Finnland, später kamen auch andere Kreditgeber hinzu. Von besonderer Bedeutung war das von der Regierung Grossbritanniens eröffnete Akkreditiv, das die Einfuhr von lebenswichtigen Waren ermöglichte. Auch die Inlandsanleihen halfen, das Wirtschaftsleben zu stabilisieren.

Bei der **Gründung der gesetzlichen Institutionen** wurde in **Estland** im Herbst 1919 die **Konstituierende Versammlung** gewählt, die am 23. April 1919 zusammentrat. August Rei, der Anführer der Sozialdemokraten, wurde zum Vorsitzenden der Konstituierenden Versammlung gewählt. Die Konstituierende Versammlung setzte die neue Regierung unter Otto Strandmann ein, verabschiedete die Unabhängigkeitserklärung Estlands, setzte die provisori-

---

9   *Grenze bzw. Landstreifen zwischen den den Frieden geschlossenen Armeen oder zu den okkupierten Gebieten des besiegten Staates.*

Ausrufung der Republik Lettland   *Nationalversammlung der Republik Estland*

sche Verwaltungsordnung fest und begann, die Verfassung auszuarbeiten.

In **Litauen** bestand die **Staatstaryba** als höchstes Gremium fort, deren Präsidium die Funktion eines kollegialen Staatsoberhaupts hatte. Nach mehreren Regierungskrisen hat die Taryba am 4. April 1919 das kollegiale Staatsoberhaupt durch einen Präsidenten in der Person von A. Smetona ersetzt. Die erste Versammlung der im April 1920 gewählten Konstituierenden Versammlung fand am 15. Mai statt. Zum Vorsitzenden der Konstituierenden Versammlung wurde der Christdemokrat Aleksandras Stulginskis gewählt, zum neuen Regierungschef wurde K. Grinius ernannt.

In den Wahlen zur **Konstituierenden Versammlung Lettlands** im April 1920 waren – wie auch in Estland – die Christdemokraten am erfolgreichsten. Zum Vorsitzenden der am 1. Mai einberufenen Konstituierenden Versammlung wurde J. Čakste. Das von K. Ulmanis geleitete Kabinett blieb bis zum nächsten Sommer bestehen.

Auf der Pariser Friedenskonferenz versuchte man, die **internationale Anerkennung** der Selbständigkeit zu erlangen. Leider interessierten sich die Grossmächte nach dem gewonnenen Krieg nicht für das Schicksal der selbständig gewordenen Kleinstaaten. Die baltischen Staaten wurden im Interesse der Abschaffung des Bolschewismus zwar unterstützt, von der juristischen Anerkennung ihrer Eigenständigkeit wurde aber abgesehen. Die Einstellung der Welt änderte sich auch nicht durch die mit Sowjetrussland abgeschlossenen Friedensverträge, in denen die Selbständigkeit der baltischen Staaten *de jure* anerkannt wurde. Im September 1920, im ersten Plenum des Völkerbundes, wurde das Ersuchen der baltischen Staaten, in die Weltorganisation aufgenommen zu werden, abgelehnt. Am 26. Januar 1921 erkannte der Oberste Rat der Entente Estland und Lettland *de jure* an, im Falle Litauens wollten die Westmächte die Lösung des Konflikts zwischen Litauen und Polen abwarten. Am 22. September 1921 wurden Estland, Lettland und Litauen in den Völkerbund aufgenommen. Endgültig wurden die baltischen Staaten aber erst Ende 1922 anerkannt, als die Westmächte auch die Republik Litauen *de jure* akzeptiert hatten.

FRAGEN

1. *Welche Ereignisse in Deutschland und Russland hatten die meisten Auswirkungen auf die Selbständigkeitsprozesse Litauens, Lettlands und Estlands?*

2. *Wie verhielten sich die Westmächte zur Eigenständigkeit der baltischen Staaten? Wann und warum änderte sich ihre Einstellung?*

3. *Welche der baltischen Staaten erlangte ihre Selbständigkeit mit den grössten Schwierigkeiten? Warum?*

4. *Worin stimmten die Pläne Deutschlands überein, wodurch unterschieden sie sich?*

5. *Warum blieb die bolschewistische Herrschaft in Estland und Lettland nicht bestehen?*

6. *Wie waren die Beziehungen zwischen Litauen und Polen? Wo steckten die Wurzeln der Konflikte?*

3. INNENPOLITISCHE ENTWICKLUNG

3.1 DIE PARLAMENTARISCHE DEMOKRATIE

In Estland wurde die Verfassung von der Konstituierenden Versammlung am 15. Juni 1920, in Lettland am 15. Februar 1922 und in Litauen am 1. August 1922 verabschiedet. In den Verfassungen wurde ausgesagt, dass es sich um demokratische Republiken handelt, in denen die Macht vom Volk kommt. Die gesetzgebende Versammlung war das durch direkte und allgemeine Wahlen zusammengekommene **Einkammerparlament** – in Litauen *Seimas*, in Lettland *Saeima* und in Estland *Riigikogu*. Die vollziehende Macht wurde von der dem Parlament rechenschaftspflichtigen **Regierung** ausgeübt. In Lettland und Litauen wurde die Institution eines vom Parlament gewählten **Präsidenten** ins Leben gerufen. In der Periode der parlamentarischen Demokratie gab es in Litauen die Präsidenten A. Stulginskis (1922–1926) und K. Grinius (1926), in Lettland J. Čakste (1922–1927), Gustavs Zemgals (1927–1930) und Alberts Kviesis (1930–1936). In Estland wurde das Amt des Präsidenten nicht eingerichtet, sondern der Regierungschef – der Staatsälteste übte die repräsentativen Funktionen aus.

In der Verfassung wurden umfassende **Bürgerrechte** eingeführt: Gleichheit vor dem Gesetz; Unantastbarkeit der Person sowie der Wohnung; Versammlungsfreiheit, Gewissens-, Glaubens- und Redefreiheit; das Recht auf Privateigentum; die Aufhebung der Stände. Die Bürgerrechte waren wegen des Verteidigungszustands teilweise eingeschränkt, in erster Linie deshalb, um die **Kommunisten** in den Zügeln zu halten.

Die kleinen kommunistischen Parteien in den baltischen Ländern folgten in ihrer Tätigkeit der Sowjetunion und befolgten die Anweisungen der Komintern. Ihr Ziel war die Errichtung der Sowjetmacht und die Angliederung der baltischen Länder an die Sowjetunion. Am 1. Dezember 1924 besetzten die Kommunisten in Tallinn einige Regierungsbehörden, Postdienststellen und Kasernen. Nur dank der schnellen Niederschlagung der Meuterei konnte der geplante Einmarsch der Roten Armee nach Estland verhindert werden.

In der Periode der parlamentarischen Demokratie (1920–1926 in Litauen, 1920–1934 in Lettland und Estland) bestand in den baltischen Staaten ein **Mehrparteiensystem**. Die Rechtsparteien waren in Lettland durch den Verband der Ackerbauern Lettlands und in Estland durch die Versammlungen der Ackerbauern Estlands vertreten. Die im Laufe der Bodenreform hinzugekommenen Neusiedler schlossen sich in Lettland zur Partei der Neusiedler zusammen und in Estland zur Vereinigung der Ansiedler Estlands, die anfangs dem politischen Zentrum angehörten, sich mit der Zeit aber den Rechtsparteien näherten. In Lettland schlossen sich 1922 die Demokratische Partei, die Volkspartei und die Radikaldemokratische Partei zum Demokratischen Zentrum zusammen. Zu den Fraktionen der Mitte gehörten auch die Progressive Vereinigung und einige Kleinparteien. In Estland vereinigten sich die die nationalen Kreise verbindende Volkspartei, die daraus hervorgegangene klerikale Christliche Volkspartei und die kleinbürgerliche Arbeitspartei 1931–1932 zur Nationalen Zentralpartei. Die stärksten linken Kräfte in beiden Staaten waren die Sozialdemokraten.

Der erste Präsident Litauens A. Stulginskis

J. Tõnisson: der „Staatsälteste" von Estland 1927–28 und 1933

Wegen der Vielfalt der Parteien konnten in Lettland wie auch in Estland nur **Koalitionsregierungen** gebildet werden, an denen sich mindestens drei Parteien beteiligten. Die zur Bildung der Koalition geschlossenen Kompromisse führten zwangsläufig zu Streitigkeiten und Regierungskrisen. Weil die Regierungswechsel nur zu oft aus rein parteipolitischen Gründen unternommen wurden, gab es unter der Bevölkerung Unzufriedenheit über die Parteien.

Die einflussreichste Partei **Litauens** war die die klerikale Richtung vertretende Christlich-Demokratische Partei, die in den Parlamentswahlen in der Regel fast 50% der Stimmen einholte. Die linken Kräfte waren, wie auch in

Lettland und Estland, in erster Linie durch die Sozialdemokraten vertreten. Zwischen diesen beiden standen die linksliberalen Liaudininks[10]. Vor den Wahlen von 1926 bildete sich eine neue rechte Kraft – die Tautininks[11], die die intellektuellen Kreise Litauens vertrat und von A. Smetona, A. Voldemaras, M. Yeas etc., die im Kampf um die Selbständigkeit eine führende Rolle gespielt hatten, geleitet wurde.

In der ersten Zusammensetzung des im Herbst 1922 gewählten Seims bekam keine Partei die absolute Mehrheit und bei der Wahl der Regierung teilten sich die Stimmen in zwei Richtungen. Daher wollte der Ministerpräsident Ernestas Galvanauskas zurücktreten. Der Präsident A. Stulginskis nahm das Gesuch nicht an, löste das Parlament auf und rief vorzeitige Wahlen aus. In diesen im Mai 1923 durchgeführten Wahlen bekamen die Christdemokraten die absolute Stimmenmehrheit. A. Stulginskis wurde zum zweiten Mal zum Präsidenten gewählt und von der Regierung eingesetzt. Diese Situation hielt bis zu den Wahlen von 1926 an, in denen die Linken – die Liaudininks und die Sozialdemokraten – gewannen. Nach einer gemeinsamen Entscheidung wurde K. Grinius zum Präsidenten gewählt und eine Koalitionsregierung wurde gebildet, die mit der Demokratisierung der Gesellschaft begann. Der Kriegszustand wurde aufgehoben, die politischen Gefangenen begnadigt, die Tätigkeit der linken Gewerkschaften zugelassen.

3.2. STAATSSTREICHE

Das Fehlen von demokratischer Erfahrung, die scheinbare Instabilität der politischen Umstände, die verhältnismässig häufigen Regierungskrisen und der ständige Kampf zwischen den Parteien riefen in allen baltischen Staaten Unzufriedenheit hervor. Es wurde auf die Korruption der Parteien und die zu weit gehende Macht der Parlamente hingewiesen; man sprach von der Notwendigkeit, die Verfassung abzuändern. Mit der Zeit kamen viele Politiker zu dem Schluss, dass die Konzentration der Macht bei einer Person am zweckmässigsten sei. Eine Rolle spielten dabei die ausländischen Vorbilder – der italienische Faschismus, der

Parade der litauischen Streitkräfte

deutsche Nazionalsozialismus, das Pilsudski-Regime in Polen.

Zuerst wurde in **Litauen** ein gewaltsamer Staatsstreich durchgeführt, wo der 1926 begonnene Demokratisierungsprozess in rechten politischen Kreisen Unzufriedenheit erregt hatte. Der Missmut wurde von Plänen der Regierung, die Macht der Kirche einzuschränken, die Armee zu reduzieren und sich in der Aussenpolitik der Sowjetunion anzunähern, noch mehr vertieft. Den von dem Militär ausgegangenen Gedanken, die Linksregierung zu stürzen, billigten die Christdemokraten und die Tautininks. Die Truppen der Garnison von Kaunas besetzten in der Nacht zum 17. Dezember 1926 das Parlamentsgebäude, das Verteidigungsministerium, den Generalstab und andere die wichtigsten Gebäude. Die Sitzung des Seims wurde abgebrochen, der unter Hausarrest gestellte Präsident gezwungen, die Rücktrittserklärung der Regierung zu unterzeichnen, und danach wurde er auch selbst abgesetzt. Oberst Povilas Plechavicius ernannte sich zum provisorischen Diktator Litauens. Die am 19. Dezember zusammengetroffenen rechten Abgeordneten des Seims wählten **A. Smetona** zum neuen Präsidenten und **A. Voldemaras** zum Ministerpräsidenten. Somit war in Litauen die parlamentarische Demokratie von einem autoritären Regime abgelöst worden.

P. Plechavičius

---

[10] *Litauisch: Mann des Volkes, Mitglieder der Liberalen Partei Litauens (1922–1936).*

[11] *Mitglieder der rechtsnationalen Partei in Litauen, des Nationalen Bundes. Dieser Bund kam durch den Staatsstreich am 17. Dezember 1926 Macht und galt 1936–1940 als Alleinpartei.*

Estland und **Lettland** schlugen diesen Weg ein, als sich die Weltwirtschaftskrise bemerkbar machte. Die Schuld am gesunkenen Lebensstandard wurde den Parteien und den unangemessenen Verfassungen zugeschrieben. In den Krisenjahren traten neue politische Kräfte auf. In Lettland wurde die die national gesinnte Jugend vereinigende **Perkonkrusta-Organisation** (Blitzkreuz) gegründet, in Estland der **Zentralverband der Freiheitskämpfer**, der die Veteranen des Freiheitskrieges zusammenschloss. Die Blitzkreuzler wie auch die Freiheitskämpfer setzten sich für eine autoritäre Regierungsform und nationale Einigkeit ein und äusserten ihre Geringschätzung dem politischen Pluralismus gegenüber.

In **Estland** gipfelte die Krise 1933, als die Widersprüche unter den Parteien zunahmen und Auseinandersetzungen zwischen den Sozialisten und den Freiheitskämpfern ausbrachen. Die durch die Wahlen im Oktober verabschiedete neue Verfassung verwandelte Estland in einen Präsidialstaat. Das Staatsoberhaupt **K. Päts** und der General a. D. **J. Laidoner** beschlossen, die Macht zu ergreifen. Am 12. März 1934 nahm die Armee Tallinn unter ihre Kontrolle, etwa 400 Freiheitskämpfer wurden verhaftet, der Verteidigungszustand ausgerufen und politische Versammlungen verboten.

Auch in **Lettland** hielt die Demokratie nicht länger. Der im Frühjahr 1934 zum Ministerpräsidenten ernannte **K. Ulmanis** und der Kriegsminister **J. Balodis** fingen an, die Machtergreifung vorzubereiten. In der Nacht zum 15. Mai 1934 wurde die Armee auf die Strassen der Hauptstadt gebracht. Sie besetzten die wichtigsten Knotenpunkte der Stadt. In den nächsten Tagen wurde das Parlament aufgelöst, politische Aktivitäten verboten und mehr als 2000 politische und gesellschaftliche Aktivisten verhaftet.

3.3. DAS AUTORITÄRE REGIME

Während der ganzen Periode des autoritären Regimes war der Präsident der Republik Litauen A. Smetona. In Lettland und Estland übernahmen K. Ulmanis und K. Päts den Präsidentenposten etwas später. In Lettland wurde der Präsident vom Kriegsminister J. Balodis, in Estland vom Oberbefehlshaber der Armee J. Laidoner und vom Ministerpräsidenten Kaarel Eenpalu unterstützt.

Die Situation in den baltischen Staaten war relativ gleich – die Länder befanden sich im Verteidigungszustand, politische Tätigkeit war untersagt, die Parlamente tagten meistens nicht mehr, die Gesetzgebung wurde durch die Machtbefugnisse des Präsidenten ausgeübt, die Publikationen unterlagen der Zensur, die Tätigkeit der örtlichen Selbstverwaltungen, Gewerkschaften und Vereinigungen wurde überwacht. Um das Volk miteinzubeziehen, wurde nationale Einigkeit propagiert.

Es gab aber auch gewisse Unterschiede. So setzten die politischen Formationen Litauens ihre Tätigkeit formal bis 1936 fort, dann wurden alle Parteien ausser der Tautininks aufgelöst. In Lettland und Estland versuchte man, die Parteien durch berufsständische Vereinigungen zu ersetzen (die Vereinigungen von Lehrern, Handwerkern, Ingenieuren etc), um der Regierung den Rückhalt verschiedener Gewerbe zu geben. In Estland wurde darüber hinaus der Vaterlandsbund gegründet, eine Einzelpartei, die nach den Richtlinien der Regierung handelte.

In Lettland galt formal die Verfassung von 1922, da sie aber eine autoritäre Regierungsform nicht zuliess, wurden ihre Verfügungen schlichtweg nicht eingehalten und die Machtbefugnisse des Präsidenten wesentlich erweitert. 1938 wurde in Litauen eine neue Verfassung verabschiedet, die die Rechte des Präsidenten

A. Smetona

K. Ulmanis

K. Päts

Lettische Briefmarken aus den dreissiger Jahren

noch mehr ausdehnte. Im gleichen Jahr trat auch die neue Verfassung Estlands in Kraft, wodurch das Amt des Präsidenten eingeführt und das Parlament zu einem Zweikammerparlament wurde.

Im Unterschied zu Lettland, wo das Parlament gar nicht mehr einberufen wurde, wurden 1936 in Litauen und 1938 in Estland neue Parlamente gebildet. Unter der Diktatur erwiesen sich die Wahlergebnisse für die Regierung als günstig. Den Parlamenten wurde die Ausarbeitung zweitrangiger Gesetze zugesprochen, die wichtigsten Gesetze aber wurden auf Grund der Verordnungen des Präsidenten eingeführt.

Es bestand zwar eine **Opposition** gegen die autoritären Regime, die aber verhältnismässig schwach ausgeprägt war. An der Spitze der baltischen Staaten standen die Politiker, die einst bei der Erlangung der Eigenstaatlichkeit dabeigewesen und daher populär waren (insbesondere unter der Landbevölkerung), ausserdem fehlte ihnen ein ernsthafter Gegenpart. Die wichtigste Errungenschaft der estnischen Opposition war das 1936 veröffentlichte Memorandum der fünf ehemaligen Staatsältesten, in dem auf Rückwendung zur Demokratie bestanden wurde. Etwas anders war die Situation in Litauen: 1927 brachen in Taurage und Kaunas Aufstände aus, 1934 versuchte der abgesetzte Ministerpräsident A. Voldemaras, wieder die Macht zu ergreifen. Die Versuche scheiterten zwar, aber die Opposition blieb bestehen.

3.4. NATIONALE MINDERHEITEN

Der nationale Bestand der baltischen Staaten war relativ homogen, aber hier lebte auch eine Reihe von nationalen Minderheiten (Stand von Anfang 1930):

In **Litauen** waren die grössten nationalen Minderheiten die Juden, Polen und Russen, neben ihnen auch die Deutschen und Weissrussen. Eine besondere Loyalität der Republik Litauen gegenüber haben die Juden aufgebracht, unter denen viele Intellektuelle waren. Ein gegenseitiges Verständnis herrschte auch unter Weissrussen und Litauern, als etwas problematisch erwiesen sich die nationalextremistischen Kreise von Russen und Deutschen.

In **Lettland** und **Estland** bildeten die grösste Gruppe der nationalen Minderheiten die Russen, die aber in relativ geschlossenen Gemeinschaften überwiegend in den östlichen Teilen beider Staaten lebten und daher keinen besonderen Einfluss hatten. In ihrer wirtschaftlichen und politischen Bedeutung waren ihnen die Deutschen überlegen; deren Zahl verminderte sich aber ständig: lebten 1914 in Estland und Lettland insgesamt noch 162 000 Deutsche, so war ihre Anzahl bis 1935 auf 78 500 reduziert. Hauptgrund für diese Verminderung war die Selbständigkeit der baltischen Länder, wodurch die bisherige deutsche Oberschicht ihre politische Macht und somit auch ihre Bedeutung im Wirtschaftsleben in wesentlichem Masse eingebüsst hatte. Deshalb erfolgte in den ersten Jahren der Eigenstaatlichkeit eine umfangreiche Umsiedlung der Deutschen nach Deutschland.

Eine relativ grosse Rolle spielten in der Wirtschaft (besonders in Lettland) die Judengemeinschaften Lettlands und Estlands. Neben Russen, Baltendeutschen und Juden lebte in Lettland eine Vielzahl von Polen und in Estland – von Schweden. Die Wurzeln der Letzteren reichen bis in die Schwedenzeit zurück.

Die Einstellung der nationalen Minderheiten zu den neuen Kleinstaaten war ausserordentlich wichtig, und daher musste ihre Loyalität gesichert werden. Schon in den Verfassungen der baltischen Staaten wurde verfügt, dass alle Staatsbürger, unabhängig von ihrer Nationalität, vor dem Gesetz gleichgestellt sind und das Recht auf muttersprachige Schulbildung sowie auf die Möglichkeit haben, ihre Nationalsprache auch im amtlichen Verkehr anzuwenden. Die Verfassung Estlands gab den nationalen Minderheiten auch ihre **Kulturautonomie**[12].

Bevölkerung	einheimische	Russen	Deutsche	Juden	Polen	Schweden
Litauen	84%	2,5%	1,4%	8%	3,3%	–
Lettland	73%	12%	3,5%	5%	3%	–
Estland	88%	8,2%	1,5%	0,4%	–	0,7%

---

12 *Das Recht der nationalen Minderheiten auf selbstverwaltende kulturelle Tätigkeit ohne Eingreifen der staatlichen Behörden.*

Trotzdem liessen die Beziehungen zwischen den Nationalitäten in den Anfangsjahren der Selbständigkeit manches zu wünschen übrig. Für **Litauen** erwiesen sich die Beziehungen mit **Polen** am kompliziertesten. Zum einen verschärften sie sich wegen der Bodenreform, wodurch die meisten polnischen Grundbesitzer ihr Eigentum verloren, zum anderen aber wegen der Besetzung des Vilnius-Gebietes durch die polnische Armee. Mit anderen nationalen Minderheiten gab es in Litauen keine nennenswerten Probleme. Auch in **Lettland** und **Estland** hat das Agrargesetz, das die **baltendeutschen** Gutsbesitzer hart traf, Spannungen ausgelöst. Die Auseinandersetzungen erreichten den höchsten Stand, als Baltendeutsche eine Klageschrift an den Völkerbund sandten. Der Rat des Völkerbundes aber fand, dass keine Rechte der nationalen Minderheiten in den baltischen Staaten verletzt worden waren. Von da an begann die Normalisierung der Verhältnisse und gegenseitiges Verständnis sowie Zusammenarbeit traten allmählich an Stelle der bisherigen scharfen Beschuldigungen. In Estland trug in wesentlichem Masse der Beschluss, den ehemaligen Gutsbesitzern die im Laufe der Bodenreform enteigneten Ländereien zu vergüten, zur Verbesserung der Beziehungen bei.

Laut Verfassung besassen die nationalen Minderheiten in der Tat die gleichen Rechte und Freiheiten wie das Stammvolk. In ihrer Einstellung den nationalen Minderheiten gegenüber hätten die baltischen Staaten in der Zeit zwischen den zwei Weltkriegen vielen anderen Ländern als Vorbild dienen können. In besonderem Masse verbesserte sich die Lage der **Juden**, die vor der russischen Übermacht in die selbständigen baltischen Staaten gelangt waren. In Russland hatten sie unter ständiger Diskriminierung gelitten, sei es im Streben nach Bildung oder in der Wahl des Wohnsitzes oder Arbeitsplatzes. In Estland waren sie nicht den früher so häufigen Pogromhetzen ausgesetzt, denn in den baltischen Staaten gab es keinen Antisemitismus.

Um die nationalen Minderheiten in den Aufbau der Eigenstaatlichkeit einzubeziehen, wurde in Lettland schon 1919 ein Schulgesetz für nationale Minderheiten verabschiedet, das allen nichtlettischen Völkergruppen die Schulautonomie garantierte. Von dieser Möglichkeit haben Russen,

Schweden auf der Insel Ruhnu

Deutsche, Juden, Polen und Weissrussen Gebrauch gemacht. Durch dieses Gesetz bekamen die nationalen Minderheiten weitgehende Rechte, darunter auch das Recht auf Schulbildung in ihrer Muttersprache. Die lettischen, auf nationale Minderheiten bezogenen Gesetze wurden in vielen internationalen Foren als Vorbild hervorgehoben. In seinem Umfang war ihnen nur das 1925 verabschiedete estnische Gesetz über Kulturautonomie überlegen.

Das heisst nicht, dass vor 1925 die Rechte der nationalen Minderheiten in Estland ausser Acht gelassen worden wären. Die sich in bestimmten Gegenden konzentrierenden Schweden wie auch Russen hatten schon seit 1918 ihre örtlichen (regionalen) Selbstverwaltungsinstitutionen, die sich um ihre politischen, wirtschaftlichen und kulturellen Interessen kümmerten. Den übrigen nationalen Minderheiten, die zerstreut in ganz Estland lebten, war die muttersprachliche Schulbildung zugesprochen, die Regierung

Dankbrief der jüdischen Gemeinschaft an die Republik Estland für die Ermöglichung der Kulturautonomie

unterstützte ihre kulturellen Vorhaben, ausserdem konnten die Deutschen und Russen im amtlichen Verkehr ihre Muttersprache benutzen. Somit waren alle Grundrechte der nationalen Minderheiten gewährleistet, es fehlten nur autonome Institutionen zur Regelung der nationalen Angelegenheiten.

Das **Gesetz über die Kulturautonomie** hat auch diesen Mangel ausgeglichen. Laut Gesetz hatten alle nationalen Minderheiten, deren Mitgliedschaft über 3 000 Personen zählte, das Recht, kulturelle Selbstverwaltungen ins Leben zu rufen. Dabei war die Entscheidung über die Selbstverwaltung absolut frei, und lag nur am Willen der nationalen Minderheit. Auch war jeder estnische Staatsbürger mit dem Erreichen der Volljährigkeit, d. h. mit 18 Jahren berechtigt, seine Nationalität nach eigenem Ermessen zu bestimmen. Von der Kulturautonomie haben nur die Deutschen und Juden Gebrauch gemacht, zumal die übrigen Völkergruppen dabei blieben, ihre Interessen über die regionalen Selbstverwaltungen zu behaupten.

In allen baltischen Staaten richteten die nationalen Minderheiten **muttersprachliche Schulen** ein, die vollständig oder teilweise vom Staat unterhalten wurden. Allen war der muttersprachliche Unterricht von der ersten Klasse bis zum Abschluss der Mittelschule zugesagt, darüber hinaus waren auch viele Berufsschulen der nationalen Minderheiten tätig. In Riga aber gab es sogar russische und deutsche Privathochschulen – das Russische Institut und das Herder-Institut.

Es wurden **Kultur- und Bildungsvereine**, Sängerchöre und Theater gegründet. Alleine in Lettland gab es 2 deutsche, 2 russische und 2 jüdische Theater, daneben auch polnische und litauische Theater. Ein besonders hohes Niveau zeigte das Deutsche Theater von Riga; Amateurtheater gab es aber in vielen Städten Estlands und Litauens. Nationalsprachige Bücher und Zeitungen/Zeitschriften wurden herausgegeben. Unter den Zeitungen war eine der grössten und einflussreichsten die in Riga erschienene „Rigasche Rundschau" und „Sevodnja". Die Letztere war die grösste russischsprachige Zeitung ausserhalb der Sowjetunion.

Die grössten Volksgruppen besassen ihre **politischen Parteien**, die sich bei Wahlen zum Parlament und zu örtlichen Selbstverwaltungsorganen beteiligten. In den baltischen Parlamenten waren russische, deutsche, jüdische, polnische und schwedische Abgeordnete vertreten. In Lettland gehörten die Vertreter der nationalen Minderheiten auch der Regierung an. Viele Vertreter der nationalen Minderheiten hatten hohe Staatsämter inne.

Mit der Errichtung der autoritären Regime kamen in den baltischen Staaten **nationalistische Erscheinungen** zum Vorschein, wodurch die bisher vorbildlichen Beziehungen mit den nationalen Minderheiten einen gewissen Rückschlag erlitten. Besonders markant war das in Lettland, wo eine Reihe von Deutschen, Russen und Juden gehörender Unternehmen nationalisiert wurden und ein Gesetz angenommen wurde, laut dem die aus einer Mischehe hervorgehenden Kinder in lettischsprachigen Schulen lernen mussten. In Estland wurde die Regel eingeführt, dass die Nationalität des Kindes nach der Nationalität seines Vaters bestimmt wurde. Trotz einiger Einschränkungen waren die Rechte der nationalen Minderheiten in den baltischen Staaten bis zur sowjetischen Okkupation geschützt.

Deutschsprachige Zeitungen aus Tallinn und Riga

4. DIE WIRTSCHAFTLICHE ENTWICKLUNG

Das Selbständigwerden der baltischen Länder warf komplizierte wirtschaftliche Probleme auf. Das Baltikum war zwar eine der meistentwickelsten Regionen des Zarenreichs gewesen, blieb aber Westeuropa weit unterlegen. Bei der Industrialisierung Russlands ging man von Gross-macht-Interessen aus, daher blieben die marktwirtschaftlichen Erwägungen und lokalen Interessen im Hintergrund. Die Rohstoffe sowie Energieträger für die im Baltikum errichteten Industriebetrie-be mussten eingeführt werden, der grösste Teil der Produktion war für den Ostmarkt bestimmt. Auch die überlebte und ineffektive Gutswirtschaft bestand vorwiegend dank dem Vorhandensein des Ostmarktes.

Das Wirtschaftsleben litt stark un-ter den **Kriegen**. Die Einrichtun-gen der Unternehmen, Rohstoffvorrä-te und Fertigproduktion wurden nach Russland oder Deutschland gebracht. Ein grosser Teil des Ackerlandes blieb unbebaut, die Viehzahl sank, die land-wirtschaftliche Produktion ging zu-rück. Aus dem Freiheitskrieg waren Schulden an viele europäische Staaten fällig. Die wirtschaftlichen Aktivitä-ten in Westeuropa waren wegen man-gelnder Erfahrungen erschwert. Um bestehen zu bleiben, musste die Wirt-schaft gründlichen Reformen unterzo-gen werden.

Gold, das auf der Grundlage des Friedensvertrages von Russland geliefert werden musste, vor dem Gebäude der Estnischen Bank in Tallinn

Den Anfang der zwanziger Jahre kennzeichnete die schnelle Ent-wicklung und der wirtschaftliche **Li-beralismus**, indem der Staat die Initiative dem Privatkapital überlassen hatte. In Estland und Lettland stieg in diesen Jahren die Zahl der Indu-strieunternehmen und der Arbeiter. Besonders vorangetrieben wurde die Entwicklung in Est-land, wo der übermässigen Begeisterung und Hoffnung auf die Öffnung des russischen Mark-tes 1923–1924 eine ernsthafte Wirtschaftskrise folgte. Die Entwicklung Lettlands war ausgegli-chener, und Litauen blieb in erster Linie ein Agrarstaat.

Es wurden stabile **nationale Währungen** ein-geführt. In Litauen wie auch Lettland erfolg-te dies 1922. Die litauische Geldeinheit wurde der Lit (= 100 Cents), die mit 0,1 $ gleich-gestellt wurde (= 0,15 g reines Gold). In Lettland wurde der mit dem Gold-franken (= 0,29 g Gold) gleichge-stellte Lat (= 100 Centime) in Umlauf gesetzt. In Estland war 1919–1929 die relativ instabile Mark (= 100 Pfennige) im Um-lauf, die danach von der Krone (= 100 Cents), mit der schwedischen Krone (= 0,4 g Gold) gleich, abge-löst wurde.

In der 2. Hälfte der zwanziger Jahre wurden die **wirtschaftspolitischen Prioritäten** festge-legt. Die auf den westeuropäischen Markt orien-tierte Landwirtschaft nahm die führende Stel-lung in der Wirtschaft ein. Zum Ende des Jahrzehnts war das russische Erbe abgeschafft und eine den Erfordernissen der Kleinstaaten entsprechende Wirtschaftsstruktur aufgebaut. Die baltischen Staaten integrierten sich in den europäischen Wirtschaftsraum.

Diese erfolgreiche Entwicklung wurde von der **Weltwirtschaftskrise** unterbrochen. In den baltischen Ländern traf sie zuerst die Land-wirtschaft: die Lebensmittelpreise sanken, die Einkommen der Landbevölkerung gin-gen zurück, viele schwache Bau-ernhöfe wurden zahlungsunfä-hig. Estland und Lettland wurden darüber hinaus von Vermarktungsschwierigkeiten im Aussen- sowie Binnen-markt betroffen. Die Unterneh-men reduzierten ihre Produk-tion, verkürzten den Arbeitstag oder stellten ihre Tätigkeit ein. Durch das Schliessen der Unter-nehmen wuchs die Arbeitslosigkeit. Um eine soziale Explosion

Lettischer „Santim"

Modernes Gebäude in der Innenstadt von Tallinn

nicht dem Stammvolk angehörten (Deutsche, Russen, Polen). Aufgrund der 1919–1920 eingeführten Gesetze wurden die Ländereien, Gebäude, Inventar und das Vieh der Güter enteignet und aus dem so entstandenen staatlichen Bodenbestand wurde Land an Klein- und landlose Bauern verteilt, die Neusiedler genannt wurden.

Somit kamen in Estland zu den vorhandenen 74 000 Bauernhöfen 56 000 Neusiedlerhöfe, in Lettland zu den 150 000 alten Gehöften 70 000 neue hinzu. Dank dessen wurden die scharfen sozialen Widersprüche auf dem Lande ausgeglichen: es bildete sich eine breite Schicht der Kleinbauern heraus und die Anzahl der landwirtschaftlichen Lohnarbeiter verminderte sich in Estland und Lettland von 60 auf 20%.

In Lettland wurde das Land an die Neusiedler für ein symbolisches Entgelt verteilt, in Litauen musste das Land innerhalb von 36, in Estland sogar von 55 Jahren abgelöst werden. In Litauen wurden die Gutsbesitzer für das enteignete Land und Vermögen gleich entschädigt, in Estland wurden zuerst nur für Inventar und Vieh Entschädigungen ausgezahlt, ab der Mitte der zwanziger Jahre auch für das Land. Die Letten haben die enteigneten Ländereien aber nicht vergütet. In Litauen, Estland und im östlichen Teil Lettlands wurde infolge der Bodenreform die bisherige Landnutzung durch die Dorfgemeinschaft vom Privateigentum an Einzelhöfen abgelöst, das eine gewinnbringende Bewirtschaftung ermöglichte.

Die Neuverteilung des Landes war grundlegend im Hinblick auf die schnelle Entwicklung der Landwirtschaft: die Träume der Bauern, ihr eigenes Land zu besitzen, hatten sich erfüllt. In den nächsten Jahren erweiterte sich die Fläche des bebauten Ackerlandes, stieg die landwirtschaftliche Produktion, wuchs die Viehzahl. Moderne Ackerbaumethoden und Düngungsarten verbreiteten sich, ebenso die Melioration. Planmässige Zucht und Entwicklung neuer Getreidearten gewannen an Aktualität,

zu vermeiden, wurden in Lettland und Estland Nothilfearbeiten organisiert (Strassenbau, Bodenverbesserung, Waldarbeit). Und immerhin hat die Krise den baltischen Ländern weniger geschadet als den meisten anderen europäischen Staaten. 1934–1935 begann ein schneller Aufschwung der Wirtschaft, wobei das Niveau der Zeit vor der Krise überschritten wurde. Dies ermöglichte die günstige Konjunktur der Weltwirtschaft.

Zu den **autoritären Regimen** gehörte die aktive staatliche Einmischung in das Wirtschaftsleben. Die Privatwirtschaft wurde vom Staat durch Steuer-, Preis- und Kreditpolitik geregelt. Es wurden verschiedene Institutionen für die Erforschung von Wirtschaftsressourcen und Naturschätzen sowie zur Modernisierung der Produktion gegründet. Es gab einige für die Planwirtschaft typische Elemente. Die staatliche Beteiligung an der Wirtschaft nahm zu: in Estland betrug der Anteil von staatlichen Aktiengesellschaften in der Industrieproduktion bis 25%, in Lettland sogar bis 31%.

Gegen Ende der dreissiger Jahre stiegen die Einkommen und die Lebenshaltungskosten sanken. Der Lebensstandard der baltischen Staaten übertraf das Niveau vieler süd- und osteuropäischer Staaten, war aber in wesentlichem Masse dem der entwickelten Industrieländer unterlegen. Die baltischen Staaten hatten sich vollständig in den europäischen Wirtschaftsraum integriert und entwickelten sich gemäss ihren Möglichkeiten relativ schnell voran.

4.1. DIE LANDWIRTSCHAFT

Die wesentlichste im Wirtschaftsleben der baltischen Staaten vorgenommene Reorganisation war die ausserordentlich radikale **Bodenreform**. Vor der Reform gehörten in Estland 58%, in Lettland 48% und in Litauen 40% des Landes Gutsbesitzern, die in absoluter Mehrheit

Moderner Bauernhof in Estland um 1935

Landwirtschaftsausstellung in Kaunas 1928

immer mehr wurden in der Landwirtschaft Maschinen eingesetzt. Die Bedeutung des Genossenschaftswesens nahm zu: es waren Molkerei-, Viehkontrolle-, Kartoffel- und Maschinengenossenschaften etc tätig.

Zugleich änderte sich auch die Art der Produkte. In Lettland und Estland wurde die **Viehzucht** vorrangig, wobei wiederum die Haltung von Milchvieh sowie Baconschweinen dominierte. Der Butter- und Fleischexport wurde zur grössten Einnahmequelle beider Länder. Auch in Litauen stieg das Gewicht der Viehzucht und der Ausfuhr von Butter und Fleisch.

Die Produktion von **Brotgetreide** wuchs – Estland und Lettland, die früher Getreide importiert hatten, waren in den dreissiger Jahren schon in der Lage, ihren Bedarf an Brotgetreide selbst zu decken. Lettland begann sogar, Brotgetreide zu exportieren. Litauen hatte das schon in den Anfangsjahren der Eigenstaatlichkeit gemacht, und vergrösserte seine Getreideausfuhr auch weiterhin. Der Aufstieg der Viehzucht förderte die Erweiterung der Saatfläche der **Futterkulturen**. In Lettland und Litauen spielte der **Flachsanbau** eine wichtige Rolle – ein Teil der Flachsernte wurde in der örtlichen Textilindustrie verarbeitet, der grösste Teil aber ausgeführt.

Engpässe in der Landwirtschaft blieben die geringe Grösse der Bauernhöfe, der niedrige Stand der Mechanisierung sowie der Mangel an Zuchtvieh und Sortensamen. Auf dem Lande fehlte noch Elektrizität.

4.2. DIE INDUSTRIE

Vor der Selbständigkeit war Litauen ein Agrarland, wobei Lettland und Estland zu den meistentwickelsten Industriegebieten Russlands gehörten (obwohl auch in Lettland und Estland die Landwirtschaft vorherrschend war). In der Periode der Selbständigkeit blieb dieser Unterschied bestehen, und wurde sogar noch grösser – 1930 beschäftigte die Industrie in Estland 17,4%, in Lettland 13,5% und in Litauen nur 6% der Bevölkerung.

In Lettland und Estland wurden die aus der Zarenzeit stammenden Riesenbetriebe abgeschafft, die für den Ostmarkt produzierenden Unternehmen orientierten sich an der Nachfrage des Binnen- bzw. westeuropäischen Marktes, die Produktion wurde modernisiert, die Produktionsqualität und Konkurrenzfähigkeit gesteigert, das Sortiment der Produkte erweitert. Es entstanden eine Reihe neuer Unternehmen und Industriezweige, in erster Linie solche, die auf einheimischen Rohstoffen basierten.

Die wichtigsten Industriezweige **Estlands** waren die Textil- und die Maschinenbauindustrie. Auf dem einheimischen Rohmaterial fussten die Ölschieferbergwerke (Brennstoffindustrie) und die den Ölschiefer verarbeitenden Werke (Chemieindustrie). Die Reichtümer des Waldes wurden von der Holzindustrie – Sägewerken, Zündholz- und Möbelfabriken – sowie auch von Zellulose- und Papierfabriken ausgenutzt. Für die Verarbeitung der Landwirtschaftsprodukte wurden Molkereien und Schlachthöfe geschaffen. Besonders schwungvoll schritt die estnische Industrie Ende der dreissiger Jahre voran, als die Arbeiterzahl das Vorkriegsniveau erreichte.

In **Lettland** dominierten die Holz- und holz-verarbeitende Industrie, denen Metall- und Maschinenbau, Lebensmittel- und Textilfabriken folgten. Besonders wichtig wurde die holz-verarbeitende Industrie in den zwanziger Jahren, als die westeuropäische Marktsituation in Bezug auf das Holzmaterial äusserst günstig war. Die Lebensmittelindustrie erzeugte in erster Linie die für den Export bestimmte Butter; als neuer Bereich entwickelte sich die Produktion von Zucker. Zu den grössten neuen Unternehmen zählten die Zuckerraffinerie in Jelgava, das Wasserkraftwerk in Kegums (das mächtigste im Baltikum) und die Fabrik für Elektrotechnik VEF in Riga. Das Wachstumstempo der lettischen Industrieproduktion war eines der schnellsten in Europa. Davon zeugte auch die wachsende Zahl der Industriearbeiter: von 61 000 im Jahre 1920 auf 205 000 im Jahre 1937.

In **Litauen** entwickelte sich die Industrie verhältnismässig langsam und war vorwiegend auf die Verarbeitung der Landwirtschaftsprodukte orientiert. Neben der Lebensmittelindustrie wurden auch die Holz-, Zellulose- und Textilindustrie gefördert. Metallverarbeitungsbetriebe entstanden erst in den dreissiger Jahren.

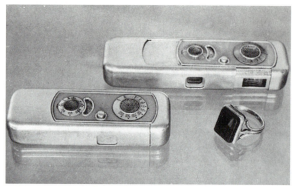

1936 erfand der Tallinner Walter Zapp die Taschenkamera Minox, mit deren Herstellung man bald darauf in Riga begann. Heute werden sie in Deutschland hergestellt.

Die wichtigsten **Aussenhandelspartner** der baltischen Staaten waren Grossbritannien und Deutschland; eine wesentlich bescheidenere Stelle nahmen andere europäische Staaten ein. Bei der Ausfuhr standen an erster Stelle Landwirtschaftsprodukte (Butter, Bacon, Eier); danach das Holzmaterial und die Industrieerzeugnisse (Textil, Papier, Brennschieferöle). Bei der Einfuhr waren Industrieanlagen und Chemieprodukte vorherrschend, aber auch Rohstoffe (Eisen, Steinkohle, Erdölerzeugnisse, Baumwolle) und einige Lebensmittelarten.

Ölraffinerie in Kohtla-Järve

5. DAS KULTURELLE LEBEN

In der Periode der Eigenstaatlichkeit bildeten sich in den baltischen Staaten **Nationalkulturen** heraus. Zum ersten Mal genossen sie staatliche Anerkennung und Unterstützung, und zum ersten Mal bestand für die nationale Identität keine Gefahr. Erstmalig wurde auch die einheimische Kultur durch Mittel des Staatshaushalts finanziert. Die für diesen Zweck gegründeten Kulturfonds Lettlands und die Stiftung Kulturkapital in Estland gaben an herausragende Künstler, Wissenschaftler und Ingenieure Subventionen, Stipendien und Prämien.

Eine wichtige Rolle bei der Professionalisierung der Kultur spielte auch die Vergegenwärtigung der litauischen, lettischen und estnischen Sprache sowie die Gründung von Verbänden in verschiedenen Tätigkeitsbereichen (Schriftsteller, bildende Künstler, Schauspieler, Ingenieure etc.). Die kulturellen Kontakte dehnten sich aus, vorherrschend wurde die Orientierung auf die nordischen Länder und den englisch-französischen Kulturraum. Neben der professionellen Kultur lebte auch die traditionelle Volkskultur. An der Kultur beteiligten sich alle Bevölkerungsschichten – in den Städten und auf dem Lande wirkten Kulturhäuser, Gesellschaften, Kreise und Chöre.

Die lettische Universität in Riga

5.1. BILDUNG UND WISSENSCHAFT

Zur Grundlage des **Bildungssystems** der baltischen Länder wurde das Prinzip der Einheitsschule, das allen Kindern das Vorankommen von einer niedrigen Bildungsstufe auf höhere sicherstellte. Es wurden muttersprachliche Grund- und Oberschulen eingerichtet.

In **Litauen** beschränkte sich die Grundschule zuerst auf 4 Schuljahre, die ab 1930 obligatorisch wurden. Als Oberschulen galten die 8jährigen Gymnasien (es gab auch 4jährige Progymnasien). Mit der Schulreform von 1936 wurde eine verbindliche 6jährige Grundschulbildung eingeführt und die Gymnasialzeit dauerte 7 Jahre. Besondere Aufmerksamkeit wurde auf die Berufsbildung gelegt, indem Landwirtschafts-, Industrie-, Kommerz-, Musik- und Kunstschulen gegründet wurden. Im Bildungsniveau war Litauen hinter seinen Nachbarn zwar zurückgeblieben – 1923 waren 32,6% der Bevölkerung Analphabeten –, aber schon 1932 war es in der Schülerzahl den anderen baltischen Staaten voraus. In Litauen gab es 116 Schüler auf 1000 Einwohner, in Lettland 111:1000 und in Estland 105:1000.

In **Lettland** und **Estland** wurde die obligatorische 6jährige Grundschule schon in den Anfangsjahren der Eigenstaatlichkeit eingeführt. Die Gymnasien waren in Lettland 4- und in Estland 5jährig. 1934 wurde in beiden Staaten eine Bildungsreform durchgeführt. In Lettland wurde

die Grundschule 7jährig und die Oberschule 5jährig. In Estland aber wurde das 3-Stufen-Schulsystem eingeführt: der Grundschule folgte die 3jährige Oberschule und der wiederum das 3jährige Gymnasium. Nach der Reform gewann die Berufsbildung an Bedeutung.

Es wurden **nationale Hochschulen** eingerichtet. In Litauen waren die Universität Kaunas und die Landwirtschaftsakademie, die Veterinärmedizinische Akademie, die Kunsthochschule und das Konservatorium sowie die Höhere Offiziersschule, das Lehrerinstitut und das Handelsinstitut tätig. In Lettland wurde die auf der Basis des Polytechnischen Instituts Riga gebildete lettische Universität gegründet, ausserdem gab es in Riga ein Konservatorium und eine Kunstakademie sowie die 1939 gegründete Landwirtschaftsakademie in Jelgava. In Estland verteilten sich die Hochschulen auf zwei Zentren: in Tartu waren die Universität Tartu, die Höhere Kunstschule „Pallas" und die Höhere Musikschule tätig, in Tallinn die Technische Universität, die Höhere Kunstschule, das Konservatorium und die Höhere Militärschule.

Die Hochschulen waren die wichtigsten **Wissenschaftszentren**. An ihnen wirkten viele wissenschaftliche Institutionen – landwirtschaftliche Versuchsstationen, Kliniken, der botanische Garten (in Tartu) – und Wissenschaftsgesellschaften. Von den Letzteren waren die wichtigsten die litauische Wissenschaftliche Gesellschaft (in Kaunas), die Philosophische

E. Öpik   *A.Švabe*   *H. Kruus*

Gesellschaft (in Riga) und die Gelehrte Estnische Gesellschaft (in Tartu), darüber hinaus noch viele Verbände von Naturwissenschaftlern, Ärzten, Philologen, Historikern etc. Die Universitäten und Gesellschaften veranstalteten Konferenzen und veröffentlichten Zeitschriften, Jahrbücher und andere wissenschaftliche Publikationen.

1938 wurde in Estland die Akademie der Wissenschaften gegründet, die sich mit der Förderung der Wissenschaft sowie mit der Koordinierung von Forschungen befasste. In Litauen wurde im gleichen Jahr für Forschungen zur litauischen Sprache, Literatur und Geschichte das Litauische Institut gegründet. In allen baltischen Staaten erschienen Enzyklopädien und eine Reihe von verschiedenen Sammelwerken, an deren Abfassung sich die meisten führenden Wissenschaftler dieser Zeit beteiligten.

Viele litauische, lettische und estnische **Wissenschaftler** wurden weltbekannt: von den Litauern der Mathematiker Z. Žemaitis, der Physiker V. Čepinskis, der Rechtsgelehrte M. Römer und der Rechtshistoriker A. Janulaitis; von den Letten der Wirtschaftsstatistiker K. Balodis, der Chemiker V. Fišers, der Mikrobiologe A. Kirhenšteins, der Anatom J. Primanis; von den Esten der Ölschieferchemiker P. Kogerman, der Astronom E. Öpik, der Wirtschaftsgeograph E. Kant, und der Neurochirurg L. Puusepp.

Von besonderer Bedeutung war die wissenschaftliche Arbeit auf dem Gebiet der **nationalen Wissenschaften**, in erster Linie in der Philologie und der Geschichte. Die Geschichtswissenschaft wurde von den Litauern J. Basanavicius und A. Šapoka, den Letten A. Švabe und

B. Vipers und den Esten H. Kruus und H. Sepp mit originellen, auf die Nation bezogenen Abhandlungen bereichert. Weit bekannt wurden die Gründer der estnischen und lettischen Archäologie, H. Moora und F. Balodis.

5.2. DIE LITERATUR

In der **litauischen Literatur** wurde die romantische Richtung vom Altmeister J. Maciulis-Maironis fortgesetzt. Neben ihm trat eine neue Generation von Dichtern hervor, die die unterschiedlichsten literarischen Stile pflegten: J. Baltrušaitis, K. Binkis, V. Mikolaitis-Putinas, B. Sruoga. Produktiv waren auch die Schriftsteller und Dramatiker V. Kreve-Mickevicius, I. Šeinius, J. Savickis und P. Vaiciunas.

Als Stützen der **lettischen Literatur** wirkten J. Rainis und Aspazija weiter. Der Anfang der zwanziger Jahre wurde zu einer Zeit der Versuche, die aus Westeuropa übernommenen Kunstrichtungen – Symbolismus, Impressionismus und Expressionismus – national zu prägen. Vielversprechend trat in diesen Jahren J. Ezerinš mit seinen Novellensammlungen auf. In der 2. Hälfte des Jahrzehnts wichen die Experimente dem Realismus, der sich in erster Linie mit Gesellschaftsproblemen befasste. A. Upits und viele andere Autoren beschrieben den Kampf der Weltanschauungen, kritisierten gesellschaftliche Laster und die geistige Nichtigkeit. Im neuen Jahrzehnt begannen populäre Alltagsromane, u. a. die von V. Lacis, vorzuherrschen. Eine neue Dichtergeneration, der Kreis, der sich um die Zeitschrift „Trauksme" versammelte (E. Adamsons, A. Caks, V. Strelerte), machte auf sich aufmerksam.

J. Mačiulis-Maironis

A. Čaks

A. H. Tammsaare

Die Gründung der junge Dichter (H. Visna-puu, M. Under) vereinigenden Gruppierung „Siuru" 1917 hatte auf die **estnische Literatur** eine wiederbelebende Wirkung. Anfang der zwanziger Jahre dominierte die Lyrik. In der Prosa waren kurze literarische Formen vorherr-schend. Mit seinen Novellen fiel F. Tuglas auf. In der Mitte des Jahrzehnts löste der Realismus die Neoromantik ab und an die erste Stelle trat der Roman. Der estnische Realismus gipfelte in der Epopöe „Wahrheit und Recht", einer künst-lerischen Überhöhung verschiedener Etappen der Geschichte des estnischen Volkes von A. Hansen Tammsaare. Produktiv waren auch A. Gailit, M. Metsanurk etc. H. Raudsepp gründete eine neue Richtung im Genre des Dramas. In der in den dreissiger Jahren hervorgetretenen Gene-ration dominierten unter den Schriftstellern A. Mälk und K. Ristikivi, unter den Dichtern der Freundeskreis „Arbujad". Es war die Blütezeit des Romans, in dem der Alltagsrealismus vom psychologischen Realismus abgelöst wurde.

5.3. THEATER UND MUSIK

Eines der bedeutendsten Er-eignisse im Kulturleben **Li-tauens** war die Eröffnung der Opern- und Schauspielhäuser in Kaunas, die später zum Staatlichen Theater zusam-mengeschlossen wurden. Am 31. Dezember 1920 sah das Publikum die erste professio-nelle Opernaufführung, „La Traviata" von G. Verdi. Der Spielleiter war der Opernsän-ger K. Petrauskas, der nationa-le Stolz Litauens. Die litauische Oper wies schon von den ersten Aufführungen an ein so ho-hes Niveau auf, dass sie andere Sphären des mu-sikalischen Lebens in ihren Schatten gestellt hat. 1925 wurde im Staatlichen Theater das erste Ballett aufgeführt. Neben dem Staatlichen Thea-ter von Kaunas wurde 1931 in Šiauliai das Schauspielhaus gegründet (von 1935–1939 war es in Memel tätig) und 1933 in Kaunas das Ju-gendtheater.

Die **lettische** Dramakunst wurde im 1919 in Riga gegründeten Nationaltheater gepflegt. Aus diesem Theater gingen viele bedeutende Schauspieler hervor, darunter B. Rumniece und L. Erika. Mit kühnen dramatischen Aufführun-gen suchte das 1920 von E. Smilgis gegründete lettische Künstlertheater mit seinen berühmten Schauspielerinnen L. Berzinia und A. Abele sei-nen Weg. In Riga wirkten auch das Arbeitertheat-er und polnische, deutsche und jüdische Thea-ter, hier begann die Wandertruppe ihre jährlichen Tournees. Ständige Theater gab es in fast allen grösseren Städten – in Liepaja, Jelga-va, Valmiera, Daugavpils und Rezekne (Rosi-ten). Internationale Anerken-nung wurde dem Opernhaus Riga unter dem Dirigenten T. Reiters zuteil. Im Opernhaus begannen die original lettische Oper wie auch das Ballett.

Die lettische Nationaloper

Zum Zentrum des **estni-schen** Theaterlebens wur-de Tallinn mit seinen gros-sen Theatern: „Estonia", das Schauspielhaus und das Arbei-tertheater. Von besonderer

Bedeutung war das Theater „Estonia", wo neben Schauspielen auch Opern und Ballette aufgeführt wurden. Die berühmtesten Schauspieler waren P. Pinna, E. Villmer, A. Lauter, L. Reiman. Ständige Theater gab es auch in Tartu, Narva, Pärnu und Viljandi, jedoch erreichte das Theaterleben der anderen Städte nicht das Niveau von Tallinn. In Kleinstädten, Ortschaften und Dörfern entstanden eine Reihe von Liebhabertheatern. Der Estnische Bildungsverein liess Dramenstücke für sie drucken, lieh ihnen Requisiten aus und schickte zur Unterstützung Spielleiter sowie Dekorateure.

Ein grosser Teil der in den baltischen Staaten gedrehten **Spielfilme** hatte nur einen bescheidenen künstlerischen Wert. Nennenswert wären der in Litauen gemachte Film „Onyte und Jonelis" und der lettische Film „Sohn des Fischers". Dagegen waren die Errungenschaften auf dem Gebiet der Dokumentarfilme durchaus gewichtig.

Das **musikalische Leben** schritt voran – die Anzahl der sich mit Musik befassenden Menschen stieg, es entstanden neue Sängerchöre und Orchester. Neben traditionellen örtlichen Musiktagen und Sängerfesten in Lettland und Estland wurden solche jetzt auch in Litauen veranstaltet. Berühmte Komponisten setzten ihr Schaffen fort: in Litauen J. Talat-Kelpša, M. Petrauskas, S. Šimkus; in Lettland J. Vitols, A. Kalninš, P. Barisons; in Estland J. Aavik, H. Eller, C. Kreek, P. Süda. Die Musiker wurden in der Heimat ausgebildet – in den Konservatorien von Kaunas, Riga und Tallinn. Die Schaffung origineller musikalischer Werke wurde mannigfaltiger, in den Konzertsälen wurden Opern, Oratorien und Requiems einheimischer Komponisten vorgetragen, es entstand eine Reihe neuer Chor- und Sologesänge. Auch die leichte Unterhaltungsmusik verbreitete sich weit – anfangs auf Schallplatten, bald aber schon von Schlagerorchestern gespielt.

5.4. DIE BILDENDE KUNST

Das Kunstleben Estlands und Lettlands war in den zwanziger Jahren sehr bunt. Neben dem traditionellen Impressionismus und Expressionismus waren auch etwas extreme Stilrichtungen wie der Kubismus und Konstruktivismus vertreten. In Litauen waren zu der Zeit noch der Realismus und Akademismus vorherrschend. Gegen die Jahrzehntwende beruhigte sich das Kunstleben Estlands und Litauens mehr oder weniger, als Vorbild galt der Französische

J. Mikenas „Frauenporträt"

Neorealismus, die Zahl der Stilrichtungen reduzierte sich, das Gesamtbild wurde einheitlicher. In Litauen dagegen trat in diesen Jahren diejenige Generation auf, die ihre künstlerische Ausbildung in Westeuropa erhalten hatte und sich gegen veraltete Formen und Ausdrucksmittel auflehnte, indem sie einen kühnen Modernismus propagierte.

Von den berühmteren Künstlern wirkten in Litauen P. Kalpokas, K. Sklerius, A. Galdikas, S. Ušinskas; in Lettland neben dem Altmeister V. Purvitis auch R. Suta, V. Tone, J. Liepinš, K. Miesnieks; in Estland K. Raud, K. Mägi, N. Triik, A. Vabbe. Der estnische Grafiker E. Wiiralt, der lange in Paris gearbeitet hatte, wurde in ganz Europa bekannt. Unter den Bildhauern sind die Litauer P. Rimša und J. Mikenas, die Letten E. Melderis und T. Zalkalns und die Esten J. Koort und A. Starkopf hervorzuheben. Da der Erwerb von grossen Bildhauerwerken die Möglichkeiten des örtlichen Kunstpublikums überstieg, wurden vorwiegend kleinere Formen gepflegt – Porträts, Dekorativ- und Kleinplastik. Eine Ausnahme bildeten nur die dem Freiheitskampf gewidmeten Monumente, unter denen die Freiheitssäule

E. Wiiralt „Prediger"

V. Purvitis „Frühling"

von K. Zale sowie der Soldatenfriedhof in Riga hervorzuheben sind.

Den anfangs in der **Architektur** herrschenden Spätjugendstil löste bald der aus Europa übernommene Funktionalismus ab. Von diesem Stil sind die meisten herausragenden Bauten dieser Periode geprägt. Mit besonderer Sorgfalt wurden die Stadtzentren von Kaunas, Riga und Tallinn ausgestaltet. Die sich vertiefende repräsentativ-traditionelle Stilrichtung hatte eine den Wohlstand der Staaten unterstreichende Funktion.

5.5. SPORTLICHE LEISTUNGEN

Die Tätigkeit der Sportvereine und -klubs wurde von vielen zentralen Organisationen koordiniert. Die Staaten unterstützten die Körperkultur-Bewegung finanziell und kümmerten sich um die Vorbereitung der Sportler und Trainer. Es wurden Meisterschaften in den verschiedensten Sportarten und Freundschaftstreffen mit vielen europäischen Staaten veranstaltet. Die baltischen Staaten nahmen auch an Europa- und Weltmeisterschaften, und ab 1924 (Estland schon ab 1920) an Olympischen Spielen teil. Lettische Sportler erlangten dabei 2 Silber- und 1 Bronzemedaille, die Esten 6 Gold-, 6 Silber- und 8 Bronzemedaillen. Die olympische Bewegung wurde von den nationalen olympischen Komitees angeführt.

S. Darius und S. Girenas auf einer litauischen Briefmarke

Die Sportler **Litauens** waren im Tischtennis und Schach erfolgreich und erzielten besonders gute Resultate im Basketball. 1937 und 1939 wurde die litauische Basketballmannschaft Europameister, die Frauenmannschaft aber erreichte bei den europäischen Meisterschaften eine Silbermedaille. Beispiellos war der tragisch ausgegangene 6400 km lange Flug von S. Darius und S. Girenas von New York nach Kaunas 1932.

In **Lettland** war das Radfahren eine Massensportart, aber gut waren die Letten auch im Gehen, Ringkampf, Eisschnellauf, Basketball und Schach. Der bedeutendste Sportler Lettlands war J. Dališs, der in den Olympischen Spielen von 1932 im Gehen den 2. Platz und bei den Europameisterschaften 1934 den 1. Platz errungen hat. Von den Europameisterschaften brachten auch der Ringer E. Bietags (1934) und der Eisschnellläufer A. Berzinš (1939) eine Goldmedaille nach Hause. Bei der Schacholympiade 1924 in Paris errangen die Letten sogar einen Doppelsieg. 1935 wurde die lettische Auswahlmannschaft Europameister im Basketball.

P. Keres

Von den **estnischen** Sportlern errangen in erster Linie die Ringer und Gewichtheber Weltformat. Bei den Berliner Olympischen Spielen 1936 gewann K. Palusalu im Schwergewicht sowohl im klassischen als auch im Freistilringen die Goldmedaille. Weltberühmt wurden auch der Schachspieler P. Keres sowie die estnischen Sportschützen. Die Letzteren belegten im Mannschaftswettbewerb bei den Weltmeisterschaften 1937 und 1939 den ersten Platz.

6. DIE AUSSENPOLITIK

6.1. ANFANG DER ZWANZIGER JAHRE: DIE BALTISCHE UNION

Die Hauptaufgabe der Aussenpolitik der baltischen Staaten bestand in der **Sicherung** ihrer **Selbständigkeit und Sicherheit**. Die grösste Gefahr drohte den baltischen Staaten von Russland und Deutschland, vom letzteren nach der Machtergreifung der Nationalsozialisten.

Das estnische Staatsoberhaupt bei seinem Besuch in Riga

Am Anfang der zwanziger Jahre zählte die geplante baltische Union in den baltischen Staaten zu den wichtigsten Sicherheitsgarantien. Das Ziel der Union war die Gewährleistung der wirtschaftlichen, kulturellen, in erster Linie aber militärpolitischen Zusammenarbeit der an der Ostsee gelegenen Staaten (Finnland, Estland, Lettland, Litauen, Polen). Die Inkraftsetzung des im Sommer 1920 ausgearbeiteten Entwurfs der Verteidigungskonvention wurde vereitelt, als im Oktober desselben Jahres eine bewaffnete Auseinandersetzung zwischen Litauen und Polen wegen der polnischen Besetzung von Vilnius, der historischen Hauptstadt Litauens, ausbrach. Dank dem Eingreifen des Völkerbundes[13] konnte der Krieg angehalten werden, aber der Konflikt blieb bestehen und es drohten neue Zusammenstösse. Die Versuche, das Problem im Völkerbund, vor einem internationalen Gericht oder über multilaterale Verhandlungen zu lösen, scheiterten.

In dieser Situation wurde die Gründung einer **Union zwischen Finnland, Estland, Lettland und Polen** aktuell. Im Frühling 1922 wurde in Warschau das militärpolitische Unionsabkommen unterzeichnet. Das finnische Parlament aber verweigerte die Ratifizierung des Abkommens in der Hoffnung, durch Abstandnahme von den baltischen Staaten den skandinavischen Ländern näherzukommen. Das einzige reale Resultat der Gründung der baltischen Union blieb der Ende 1923 unterschriebene Vertrag der estnisch-lettischen Verteidigungsunion. Natürlich konnte die Verteidigungskonvention von zwei Kleinstaaten ihre Sicherheit nicht sonderlich vergrössern.

Erneut wurde die Idee einer weitgreifenden Union nach der kommunistischen Meuterei von 1924 aktuell, als viele einflussreiche Kreise in Estland und Lettland, ebenso aber in Polen und Finnland, versuchten, die Staaten einander näherzubringen. Doch blieb die im September 1925 abgehaltene Konferenz der Aussenminister für lange Zeit der einzige auf Zusammenarbeit bezogene Versuch.

Als Alternative zur Union mit Polen hätte die Union mit Litauen entstehen können, was aber wegen der Sonderlage Litauens – seines Konflikts mit Polen – nicht in Frage kam. Ausserdem gab es noch weitere Probleme, wie die **Frage des Memelgebiets**.

Mit dem Beschluss der Pariser Friedenskonferenz wurde das von Ostpreussen abgesonderte Memelgebiet, wo viele Litauer lebten, französischer Besatzung unterstellt. Da die Ansprüche Litauens auf diese Gegend nicht beachtet wurden, leitete es Massnahmen ein: das in Memel gebildete illegale Rettungskomitee von Kleinlitauen verkündete die Einberufung von Freiwilligen. Von Kaunas wurden ihm freiwillige Einheiten des stehenden Heeres zur Verfügung gestellt. Am 10. Januar 1923 haben diese Truppen bewaffnet die Macht ergriffen. Die so entstandene Situation wurde in dem 1924 unterzeichneten Memel-Statut gesetzlich verankert. Durch die Machtergreifung der Nationalsozialisten in Deutschland wurde die Memelfrage wieder aufgeworfen. Berlin hetzte die Memel-Deutschen zur Aktivität auf, darunter auch zur Gründung von nationalsozialistischen Organisationen.

In Lettland und Estland hegte man den Verdacht, dass Litauen besondere Beziehungen

---

13 *Die 1919 auf der Friedenskonferenz von Paris gegründete erste Organisation der Staatengemeinschaft. Löste sich nach Gründung der Vereinigten Nationen 1946 auf.*

zur **Sowjetunion** habe. Für Riga und Tallinn stellte die Sowjetunion die Hauptgefahr dar, Kaunas aber sah in Moskau seine einzige Chance, die hegemonistischen Ambitionen Polens zu bekämpfen. Die Sowjetunion versuchte, die Situation in ihrem Interesse auszunutzen und einen Keil in die Zusammenarbeit der baltischen Länder zu treiben. Dafür wurde die Unterzeichnung des 1922 aktuell gewordenen Nichtangriffspaktes erzwungen. Früher hatten die baltischen Staaten erklärt, dass sie nur bereit sind, ein mehrseitiges Abkommen zu unterschreiben, jetzt aber nahm Litauen

Karikatur von Gori: „Und wenn jemand uns angreifen will, hängen wir sofort dieses Schild auf!" Für Fremde Eintritt verboten!! Zusammenarbeit der baltischen Staaten.Gori

unter dem Druck Moskaus separate Gespräche auf und schloss mit der Sowjetunion einen zweiseitigen Nichtangriffspakt ab. Riga und Tallinn distanzierten sich noch mehr von Kaunas.

6.2. DAS ENDE DER ZWANZIGER JAHRE: INTERNATIONALE ZUSAMMENARBEIT

In der Mitte der zwanziger Jahre stabilisierten sich die politischen Verhältnisse in Europa. Die Verträge von Locarno, der Eintritt Deutschlands in den Völkerbund, der Kelloggpakt[14] sowie die Vorbereitungen für die Weltabrüstungskonferenz verstärkten die Sicherheit. Daher setzten die baltischen Staaten verstärkt auf internationale Zusammenarbeit.

In erster Linie stützte man sich auf den **Völkerbund**, der dabei war, sich zu einer einflussreichen internationalen Institution zu entwickeln. Die Diplomaten der baltischen Staaten beteiligten sich aktiv an der Arbeit des Völkerbundes, indem sie ihre Länder in der Welt bekannt machten und Beziehungen mit den Politikern anderer Staaten knüpften. Die baltischen Staaten unterzeichneten alle Deklarationen und Abkommen, die ihnen Sicherheitsgarantien hätten gewährleisten können. Unter den Verträgen waren auch solche, die für die baltischen Staaten unbedeutend waren, deren Unterzeichnung aber von ihrem Willen zur Loyalität zeugte.

Zugleich vertieften Estland und Lettland ihre Kontakte mit den Nachbarn, in erster Linie mit **Schweden**, wobei das Interesse gegenseitig war. Schweden eröffnete an der Universität Tartu einen Lehrstuhl für schwedische Sprache;

schwedische Geschäftsleute investierten in die Wirtschaft Lettlands und Estlands, Kunstausstellungen fanden wechselseitig statt sowie Staatsbesuche auf höchster Ebene. 1928 besuchte der Staatsälteste Estlands, J. Tõnisson, Schweden, 1929 war König Gustav V. zu Besuch in Estland und Lettland und der lettische Präsident G. Zemgals in Schweden. Die Idee einer „Baltoskandie" wurde entwickelt, die eine enge Zusammenarbeit zwischen den skandinavischen und baltischen Staaten bedeutet hätte. Gute Beziehungen bestanden nur bis 1934, weil die demokratische Schweden mit Lettland und Estland, die eine autoritäre Regierungsform angenommen hatten, nicht mehr sympathisieren konnte.

Manche politischen Kreise Estlands sahen in **Polen** eine grössere Macht, die in der Lage wäre, für die Sicherheit der baltischen Länder einzustehen. In Riga war man in Bezug auf eventuelle politische Ambitionen Warschaus durchaus vorsichtiger, besonders aber in Litauen, für das die Zusammenarbeit mit Polen gar nicht in Frage kommen konnte. Vom gegenseitigen Interesse Estlands und Polens zeugte der Besuch des estnischen Staatsältesten O. Strandmann in Warschau sowie der Gegenbesuch des polnischen Präsidenten 1930 in Estland. In Kaunas wurde die Annäherung Estlands an Warschau als ein anti-litauischer Schritt aufgefasst, der vorübergehend die estnisch-litauischen Beziehungen verschlechterte.

Alle baltischen Staaten pflegten gute Kontakte mit **Grossbritannien**, dem Verbündeten im Freiheitskrieg. Als in Tallinn die bolschewistische Meuterei ausbrach, wurde zwar deutlich, dass London im Falle einer Kriegsgefahr keine Waffenhilfe leisten würde; das behinderte aber die Zusammenarbeit in anderen Bereichen nicht. Die immer mehr zunehmende Ausfuhr baltischer Landwirtschaftsprodukte nach England liess das Vertrauen wachsen.

Die Kontakte mit **Deutschland** verbesserten sich, nachdem Deutschland den Vertrag von Locarno abgeschlossen hatte und in den Völkerbund eingetreten war und anscheinend einen demokratischen Weg eingeschlagen hatte. Auch die Baltendeutschen, die eine Zeitlang gegen die baltischen Staaten gehetzt hatten, zogen

---

14 *Kriegsächtungspakt, der 1928 abgeschlossene Vertrag, durch den nahezu alle Staaten den Krieg verurteilten und auf ihn als Werkzeug der nationalen Politik verzichteten. Von Frankreich und Grossbritannien u. a. mit Vorbehalt unterzeichnet.*

sich zurück, als sie die Unterstützung Berlins eingebüsst hatten.

Vorübergehend schien es sogar möglich zu sein, mit der **Sowjetunion** friedliche Beziehungen zu entwickeln. Nach dem Scheitern der Meuterei von 1924 in Tallinn verzichtete die Sowjetunion darauf, Verschwörungen in den baltischen Staaten anzuzetteln. Am Ende des Jahrzehnts gelang es Lettland und Estland, mit dem östlichen Nachbarn einen relativ günstigen Handelsvertrag und 1932, nach 10jährigen Verhandlungen, auch Nichtangriffspakte abzuschliessen.

6.3. WACHSENDE SPANNUNGEN IN DEN DREISSIGER JAHRE

Der Ausbruch der Weltwirtschaftskrise wirkte sich auch auf die internationalen Beziehungen aus. Die Versuche, ihren eigenen Markt zu schützen, riefen unter vielen Staaten Missverständnisse hervor. Die Spannungen nahmen zu, als die **Nationalsozialisten** in **Deutschland** zur Macht kamen und die Verträge von Versailles und Locarno nicht mehr eingehalten wurden. Deutschland führte die allgemeine Wehrpflicht ein, entwickelte schnell seine Rüstungsindustrie, liess seine Truppen in die entmilitarisierte Zone des Rheinlands einmarschieren, verliess die Abrüstungskonferenz und den Völkerbund. Zur gleichen Zeit zeigte sich das Unvermögen des Völkerbundes, die Konflikte zu lösen. An Stelle der europäischen Zusammenarbeit wurden **regionale Bündnisse** geschlossen, was die Widersprüche noch mehr vertiefte. Die westlichen Grossmächte wagten nicht, entscheidende Massnahmen zur Zügelung der Aggressoren einzuleiten. Die Nachgiebigkeit aber hat deren Ambitionen noch mehr vergrössert.

Lettisches Unterseeboot

Litauische Panzer

In den baltischen Staaten bewirkte die wachsende Aggressivität Deutschlands Unruhe. Eine ernstzunehmende Gefahr sahen die Regierungen Estlands und Lettlands auch in den **Aktivitäten der Sowjetunion**. In den Jahren 1933–1935 legte Moskau mehrere Entwürfe vor, die den Anschluss der baltischen Staaten an die Sowjetunion zur Folge gehabt hätten. Die Notwendigkeit der Vereinigung aller Kräfte gegen die Gefahr aus Deutschland wurde besonders unterstrichen.

1933 trat die Sowjetunion mit der Idee eines Ostpaktes (Ostlocarno) unter der Beteiligung Deutschlands, Polens, der Tschechoslowakei und der baltischen Staaten auf. Im Falle einer ausländischen Aggression hätte der Pakt den Verbündeten Hilfe garantieren müssen. Wegen des deutschen Widerstandes ist die Idee zwar gescheitert, aber gleich danach fing Moskau an, Estland und Lettland Verträge gegenseitiger Hilfe anzubieten, laut denen in diesen Staaten Militärbasen der Roten Armee errichtet worden wären. Trotz der scheinbaren Friedlichkeit der Sowjetunion haben die Politiker der baltischen Staaten den Angeboten Moskaus nicht getraut und sie abgelehnt.

Parade der estnischen Armee

Anschliessend begann die Sowjetunion, die Gründung einer **dreiseitigen baltischen Union** voranzutreiben, wobei sie hoffte, über die Vermittlung Litauens auch Estland und Lettland beeinflussen zu können. Im September 1934 wurde auch der Vertrag der estnisch-lettisch-litauischen Zusammenarbeit unterzeichnet, der über engere Kooperation in Wirtschafts- und Kulturbereichen, aber auch regelmässige Treffen der Aussenminister zur Lösung politischer Fragen vorsah. Im Hinblick auf Sicherheitsgarantien hatten die Verträge keine besondere Bedeutung.

Ende der dreissiger Jahre waren die baltischen Staaten in eine **politische Isolation** geraten: der Völkerbund hatte seinen ganzen Einfluss eingebüsst, kein anderer Staat hatte am Baltikum ein solches Interesse, dass er wegen deren Unabhängigkeit bereit gewesen wäre, in einen Konflikt zu geraten. Die Gründung der militärischen Baltischen Union war gescheitert. In dieser Situation hatten die baltischen Länder nur eine Möglichkeit – zwischen der Sowjetunion und Deutschland zu lavieren, um das Schlimmste abzuwenden. Die logische Folge dieser Taktik war, dass Litauen, Lettland und Estland nach dem Vorbild der skandinavischen Staaten 1938 ihre Neutralität erklärten. Dieser Schritt war in erster Linie deklamatorisch, weil die baltischen Staaten keine realen Kräfte besassen, um ihre Neutralität zu verteidigen.

Am 17. März 1938, nach einem Grenzzwischenfall, stellte die **polnische** Regierung Litauen ein Ultimatum, innerhalb von 48 Stunden die diplomatischen Beziehungen wiederherzustellen. Litauen beschloss, dem Ultimatum zu folgen, und so wurden Botschafter ausgetauscht und Abkommen über die Einrichtung einer Bahn- und Postverbindung abgeschlossen. Der Njemen wurde den Polen zum Flössen freigegeben. Jedoch blieben die Spannungen in den litauisch-polnischen Beziehungen bestehen, Kaunas und Warschau vertrauten einander nicht, und eine umfassendere Zusammenarbeit erwog man überhaupt nicht.

5. Konferenz der Außenminister der baltischen Staaten in Riga (09.–11.12.36). Die Leiter der Delegationen bei Empfang durch den lettischen Presidenten K. Ulmanis (von links F. Akel, K. Ulmanis, S. Lozoraitis, V. Munters)

Zugleich aber wuchs das Interesse **Deutschlands an Litauen**. Berlin bestand auf dem Anschluss aller deutschen Siedlungsgebiete an das Mutterland und hetzte die Memel-Deutschen zum Separatismus. Am 20. März 1939 verlangte der deutsche Aussenminister vom litauischen Aussenminister Juozas Urbšys, der sich auf der Durchreise in Berlin aufhielt, unter Androhung von Gewalt die Abgabe des **Memelgebietes** an Deutschland. In dieser Situation konnte Litauen auf keine Unterstützung durch andere Staaten hoffen und sah sich gezwungen, die deutschen Forderungen zu erfüllen. Am 22. März wurde in Berlin der Vertrag über die Übergabe des Memelgebietes an Deutschland unterschrieben.

Hitler in Tilsit

Lettland und Estland galten Ende der dreissiger Jahre als Staaten, die zum Einflussbereich Deutschlands gehörten. Während in einigen Kreisen Estlands, vorwiegend vom höheren Militär, in Deutschland eine kleinere Gefahr gesehen wurde als in der Sowjetunion, bevorzugte Lettland Moskau. Trotzdem hielten es estnische und lettische Politiker für angebracht, auf Vor-

Der estnische Außenminister K. Selter bei seinem Besuch in Berlin

Die Vertreter der Armeen der baltischen Staaten auf dem Roten Platz in Moskau

schläge der deutschen Regierung über den Abschluss von Nichtangriffspakten einzugehen. Damit versuchten Lettland und Estland Moskau zu beweisen, dass dessen propagandistische Aussagen über die eventuelle Verletzung der Neutralität der baltischen Staaten seitens Deutschland unbegründet seien. Am 7. Juni 1939 unterzeichneten die Aussenminister Estlands und Lettlands in Berlin **zweiseitige Nichtangriffspakte mit Deutschland**. Eine reale Unterstützung der Selbständigkeit der baltischen Länder konnten diese Pakte jedoch nicht leisten.

Fragen

1. *Was war ähnlich und was unterschiedlich bei den autoritären Staatsstreichen in Litauen, Lettland und Estland? In welchen europäischen Staaten erfolgten in der Periode zwischen den Weltkriegen noch autoritäre Staatsstreiche? Warum?*

2. *Welcher der baltischen Staaten hatte die besten/schlechtesten Beziehungen zu Deutschland und der Sowjetunion? Warum?*

3. *Analysieren Sie die Beziehungen zwischen Estland und Lettland: a) während des Freiheitskrieges; b) in den zwanziger Jahren; c) in den dreissiger Jahren. Wovon wurden diese Beziehungen beeinflusst?*

4. *Woran scheiterte der Plan der Bildung einer Baltischen Union?*

5. *Vergleichen Sie die wirtschaftliche Entwicklung der baltischen Staaten mit der eines europäischen Kleinstaates. Zu welchen Schlüssen kommen Sie?*

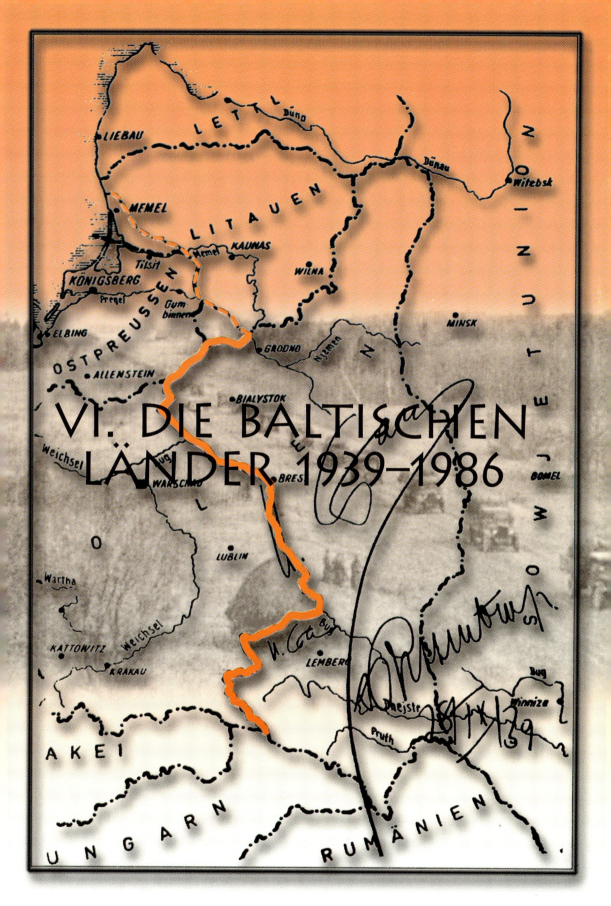

VI. DIE BALTISCHEN LÄNDER 1939–1986

TALLINN
Kohtla-Järve
Rakvere
Narva

ESTNISCHE SSR

Kärdla
Rapla
Paide
Haapsalu

Hiiumaa

Jõgeva

Saaremaa
Pärnu
Viljandi
Tartu

Kingissepa
Põlva

Valga
Võru
Valka

Valmiera

*Rigaischer
Meerbusen*
Cēsis
Gulbene

Ventspils
Balvi
Talsi

LETTISCHE SSR

Kuldiga
Jurmala
Tukums
RIGA
Madona

Ogre

Aizpute
Jelgava
Rēzekne
Ludza
Saldus
Dobele
Bauska
Jēkabpils
Preiļi
Liepāja

Mažeikiai
Krāslava
Naujoji Akmenė
Joniškis
Biržai

Skuodas
Pakruojis
Pasvalys
Rokiškis
Daugavpils
Palanga
Telšiai
Šiauliai
Kupiškis
Zarasai
Kretinga
Plungė
Radviliškis
Panevėžys
Utena

Klaipėda
LITAUISCHE SSR
Anyksciai
Ignalina
Šilalė
Kelmė
Silutė
Raseiniai
Kėdainiai
Ukmergė
Molétai
Švenčionys
Tauragė
Jonava

Jurbarkas
Širvintos
Kaunas
Sakiai
Kaišiadorys
VILNIUS
Prienai
Trakai

**Kaliningrad
Oblast**
Vilkaviškis
Birštonas
Kapsukas
Alytus
Salčininkai

Varéna

Lazdijai
Druskininkai
Belorussische SSR

POLNISCHE VR

----- Staatsgrenze

---- Grenzen zwischen den
Sowjetrepubliken

········ Bezirksgrenzen

● Hauptstädte der Sowjetrepubliken

● Der Sowjetrepublik
unterstehende Städte

• Bezirkszentren

Die baltischen Länden im Gefüge der Sowjetunion

1. DIE SOWJETISCHE OKKUPATION

1.1. DER BASENVERTRAG

Nach der Besetzung der Tschechoslowakei durch Deutschland im März 1939 liessen England und Frankreich von ihrer bisherigen Duldsamkeit ab und versuchten, mit der Sowjetunion einen Vertrag gegen Deutschland zu schliessen. In den dreiseitigen Verhandlungen warf die Sowjetunion die Frage der Sicherheitsgarantien bezüglich der baltischen Staaten auf, mit der Absicht, sie auf diese Weise in ihren Einflussbereich miteinzubeziehen. Obwohl die Westmächte die Wünsche Moskaus akzeptierten, wandte sich die Sowjetunion an Deutschland, in der Hoffnung, noch mehr Profit zu schlagen, und fand die Vorschläge Berlins in dieser Hinsicht auch angemessen.

Am 23. August wurde zwischen der Sowjetunion und Deutschland der **Nichtangriffspakt** abgeschlossen. Das geheime Zusatzprotokoll dazu verfügte den Übergang von Finnland, Estland, Lettland und Bessarabien in den sowjetischen und von Litauen in den deutschen Einflussbereich (mit dem Ergänzungsvertrag vom 28. September geriet auch Litauen in den Einflussbereich der Sowjetunion); Polen wurde geteilt. Dieser Vertrag ermöglichte es Deutschland, den Krieg gegen Polen zu beginnen.

Im 2. Weltkrieg versuchten die baltischen Staaten, ihre strenge **Neutralität** zu bewahren. Anfangs bedeutete der Krieg für das Baltikum nur wirtschaftliche Einschränkungen und Probleme mit polnischen Flüchtlingen: in Litauen wurden 13 500 polnische Militär- und eine Vielzahl Zivilpersonen interniert[1], nach Lettland kamen fast 2 000 Flüchtlinge, in Tallinn suchte das polnische U-Boot „**Orzel**" Schutz.

Dies wurde auch zum Anlass der folgenden Ereignisse. Nachdem die Sowjetunion Polen angegriffen hatte, floh die „Orzel" am 17. September aus Tallinn. Sofort beschuldigte die Sowjetunion Estland der Nichteinhaltung seiner Neutralität und verlangte den Abschluss eines Paktes über gegenseitige Hilfe sowie die Zulassung von Militärbasen der Roten Armee auf dem Territorium Estlands. Im Falle einer Weigerung drohte Moskau mit Gewaltanwendung und schickte zur Warnung Truppen der Roten Armee an die Grenze. Da Estland nicht in der Lage war, sich alleine zu verteidigen, die vielbesprochene baltische Zusammenarbeit aber nur aus Worten bestand, war die estnische Regierung gezwungen, die Forderungen der Sowjetunion zu erfüllen, und am 28. September wurde der **Pakt über gegenseitige Hilfeleistung** unterschrieben. Lettland schloss den Pakt über gegenseitige Hilfeleistung mit der Sowjetunion am 5. Oktober und Litauen am 10. Oktober ab.

Die Vertragsparteien waren verpflichtet, keinen Koalitionen, die gegen andere gerichtet

Der deutsche Aussenminister J. Ribbentrop beim Unterschreiben des deutsch-sowjetischen Nicht-Angriffspakts. Dahinter stehen (von links) der Volkskommissar für äussere Angelegenheiten der Sowjetunion V. Molotov und J. Stalin

waren, beizutreten, und im Falle eines Angriffs oder von Gefahr gegenseitige Hilfe zu leisten. Darüber hinaus musste die Sowjetunion den baltischen Staaten Ausrüstung verkaufen, die baltischen Staaten wiederum der Sowjetunion **Militärbasen** verpachten. Angeblich zum Schutz dieser Basen wurden nach Estland 25 000, nach Lettland 30 000 und nach Litauen 20 000 Rotarmisten gebracht. In den Verträgen wurde versichert, dass sich die Sowjetunion nicht in die inneren Angelegenheiten der baltischen Staaten

---

1   *Angehörige eines gegnerischen Staates während des Krieges in staatlichen Gewahrsam nehmen, in Lagern unterbringen.*

Aufteilung Europas nach dem Hitler-Stalin-Pakt

Grenze zwischen dem Einflussgebiet der UdSSR und Deutschlands gemäß dem am 28.09.1939 geschlossenen geheimen Zusatzprotokoll

bis 1940 tatsächlich entstandene Grenze zwischen dem Einflussgebiet der UdSSR und Deutschlands

Umsiedlung der Baltendeutschen nach Deutschland

einmischen würde, und die bestehende staatliche sowie wirtschaftliche Ordnung unberührt bliebe. Litauen wurde das von der Sowjetunion im Krieg mit Polen besetzte Gebiet von Vilnius (6656 km²) übergeben.

Beim **Einmarsch der Roten Armee** gab es keine ernsthaften Vorkommnisse, die Rotarmisten wurden in geschlossenen Gebieten untergebracht, ihr Umgang mit den Einheimischen wurde eingeschränkt. Die baltischen Staaten ihrerseits hüteten sich vor Zwischenfällen. Problematisch war nur die Forderung der Sowjetunion, die Zivilbevölkerung aus den Gegenden, in denen die Basen lagen, fortzubringen.

Der Krieg schränkte die Kontakte mit den Westmächten ein, zugleich aber nahm der Umgang mit Moskau zu und die Zusammenarbeit unter den baltischen Ländern verstärkte sich. Die Situation wurde komplizierter, als der

Winterkrieg ausbrach. Die baltischen Völker ympathisierten völlig mit den Finnen, jedoch bewahrten ihre Regierungen strengste Neutralität und verweigerten sogar ihre Teilnahme an der Abstimmung in der ausserordentlichen Vollversammlung des Völkerbundes, in der die Sowjetunion als Aggressor aus der Weltorganisation ausgeschlossen wurde. Dabei konnten die zaghaften Proteste der estnischen Regierung nicht verhindern, dass die sowjetischen Bomber, die die Städte Finnlands angriffen, gerade von den in Estland befindlichen Flugplätzen aufstiegen.

Direkt haben die Verträge über die Militärbasen in den baltischen Staaten keine innenpolitischen Veränderungen hervorgerufen, mittelbare Folgen waren Regierungswechsel in Litauen und Estland. Eine ernsthafte Erschütterung für Estland und Lettland war der am 7. Oktober bekanntgegebene Beschluss der Regierung Deutschlands, alle Volksgenossen ins Vaterland zurückzurufen. In sieben Monaten verliessen Lettland 52 000 und Estland ca 14 000 Menschen, neben **Baltendeutschen** auch Letten und Esten. Diese Aktion vertiefte die Gerüchte über das Vorhandensein eines Geheimabkommens zwischen der Swojetunion und Deutschland, zugleich verminderte sie aber auch das intellektuelle Potential der baltischen Staaten, in erster Linie das von Lettland.

1.2. DIE OKKUPATION

Im Sommer 1940 richtete die ganze Welt ihre Aufmerksamkeit auf den Westen, wo die entschlossene deutsche Offensive ihren Lauf nahm.

Zugleich intensivierte Moskau seine Beziehungen zu den baltischen Staaten – die Sowjetunion vergrösserte die Anzahl der Truppen in den baltischen Militärbasen über das im Protokoll vereinbarte Mass hinaus und bestand auf der Erweiterung der Territorien der Militärbasen. In der sowjetischen Presse wurden alle baltischen Länder der Verletzung der Verträge und Litauen darüber hinaus noch der Entführung von Rotarmisten aus den Militärbasen beschuldigt.

Am 14. Juni forderte die Sowjetunion ultimativ die Ablösung der **litauischen** Regierung, eine Anklage gegen den Innenminister und den Leiter des Sicherheitsdepartementes sowie den Einmarsch der Roten Armee nach Litauen. Am gleichen Tag begann die Aggression gegen die baltischen Staaten: an den Staatsgrenzen wurden bewaffnete Provokationen verübt, die Truppen in den Basen zum Einsatz bereitgestellt. Die sowjetische Flotte blockierte die Häfen, ihre Luftstreitkräfte haben ein aus Tallinn gestartetes finnisches Passagierflugzeug abgeschossen. Zumal bewaffneter Widerstand sinnlos gewesen wäre, billigte die Regierung Litauens mit Stimmenmehrheit das Ultimatum. Am 15. Juni überschritten 300 000 Rotarmisten die litauische Staatsgrenze und besetzten den ganzen Staat.

Am 16. Juni wurde auch **Estland** und **Lettland** das gleiche Ultimatum gestellt, und auch hier spielte sich das Ganze nach demselben Szenarium ab. Am Abend des 17. Juni waren die baltischen Staaten okkupiert. Der einzige Unterschied lag in der Flucht des litauischen Präsidenten A. Smetona, der sich für einen bewaffneten Widerstand eingesetzt hatte und nun einsah, wie hoffnungslos die Lage war. In Lettland und Estland blieben die Präsidenten im Lande und waren gezwungen, die politischen Spiele Moskaus mitzumachen.

Nach dem Einmarsch der Okkupationsarmee kamen in die baltischen Staaten **sowjeti-**

Rotarmisten

sche Sonderrepräsentanten, um die Ereignisse vor Ort zu koordinieren: in Kaunas Wladimir Dekanozow, der stellvertretende Volkskommissar für auswärtige Angelegenheiten der Sowjetunion, in Riga Andrei Vyschinski, der Generalstaatsanwalt der Sowjetunion, und in Tallinn **Andrei Zhdanow**, der Parteichef von Leningrad und Kurator der übrigen Emissäre.

Für Moskau stand jetzt an erster Stelle die Einsetzung von gehorsamen **Marionettenregierungen** in den baltischen Staaten. Man ging davon aus, dass die Regierungsmitglieder bekannte, aber nicht mit der früheren Politik verbundene Personen sein sollten – die Kommunisten wurden von der Regierung vorläufig ferngehalten. Zum Premierminister Litauens wurde der Journalist Justas Paleckis ernannt, der kurz darauf von Vincas Krecve-Mickevičius abgelöst wurde. An die Spitze der lettischen Regierung trat der Professor für Biologie, Augusts Kirchenšteins, an die der estnischen – der Arzt und Dichter Johannes Vares-Barbarus. Die „Volksregierungen" versprachen, die Rechte des Volkes zu sichern, den materiellen Wohlstand zu vergrössern, die nationale Kultur zu fördern und normale Beziehungen zu anderen Staaten zu

„Juniwende" in Riga

„Juniwende" in Tallinn

pflegen. Versichert wurde auch, dass die bisherige staatliche Ordnung bestehen, das Land im Besitz der Bauern bleiben und das Privateigentum nicht verstaatlicht würde. Viele Regierungsmitglieder glaubten tatsächlich, dass die Errungenschaften der Jahre der Eigenstaatlichkeit bewahrt werden können.

Anfang Juli wurden **Parlamentswahlen** verkündet, wodurch viele Verfügungen der noch geltenden Verfassungen verletzt wurden. In den 14. und 15. Juli durchgeführten Wahlen wurden nur von der Regierung gebilligte Kandidaten aufgestellt. Die Wahlplattformen der nationalen Kreise Estlands und Lettlands wurden aufgehoben, die Wähler beeinflusst und die Wahlergebnisse gefälscht. Laut der sowjetischen Propaganda haben in Litauen 99,2%, in Lettland 97,6% und in Estland 92,9% der Wahlberechtigten ihre Stimmen für die aufgestellten Kandidaten abgegeben. Am 17. Juli wurden die Wahlergebnisse auch offiziell bekanntgegeben und in den noch am selben Abend durchgeführten Meetings bestanden die kommunistischen Redner zum ersten Mal auf dem Anschluss Litauens, Lettlands und Estlands an die Sowjetunion.

Die am 21. Juli zusammengegekommenen „Volksvertretungen" erklärten Litauen, Lettland und Estland zu **Sozialistischen Sowjetrepubliken** und baten, sie in die Sowjetunion aufzunehmen. Zugleich wurde beschlossen, die Grossunternehmen zu nationalisieren und die Bodenreform durchzuführen. Anfang August wurden Litauen, Lettland und Estland vom Obersten Sowjet der Sowjetunion **in die Sowjetunion inkorporiert**.

1.3. DIE SOWJETISIERUNG

Unmittelbar nach der Einführung des Okkupationszustandes wurden die bewaffneten Schutzorganisationen und viele Vereine aufgelöst; die einzige zugelassene politische Fraktion war die örtliche kommunistische Partei. Es begann die Entlassung von Staatsbeamten und das Einsetzen von Kommunisten in Schlüsselstellungen.

Im August wurden die nach sowjetischem Vorbild zusammengestellten neuen Verfassungen erlassen. Die Parlamente wurden in **Oberste Sowjets** umbenannt, die zu den gesetzgebenden Machtorganen der neuen Unionsrepubliken wurden. Ihre Abgeordneten besassen jedoch keine reale Macht, sondern hatten nur die Verordnungen Moskaus gutzuheissen. Die vollziehende Macht übten die **Sowjets der Volkskommissare** aus. Im Selbstverwaltungssystem wurden Stadt- und Gemeindeverwaltungen durch lokale **Exekutivkomitees** ersetzt, deren Mitgliedschaft von den Parteiführern festgesetzt wurde.

Kriegsflotte der UdSSR auf der Tallinner Reede

An die Stelle der bisherigen Gesetze traten die Gesetze der Russischen Föderation. Es wurden dem sowjetischen Gerichtssystem unterstellte **Volksgerichte** gebildet, die Polizei durch die **Miliz** der Arbeiter und Bauern ersetzt, die nationalen Armeen ins territoriale **Schützenkorps** der Roten Armee eingegliedert.

Die Umgestaltung des **Wirtschaftsleben** begann mit der Verstaatlichung von Industrie-, Handels- und Transportunternehmen, der Finanzinstitute und der grösseren Wohngebäude. Die Wirtschaft wurde der zentralen Leitung untergeordnet, die Wirtschaftspläne wurden vom Staatlichen Planungskomitee zusammengestellt.

Im Laufe der **Agrarreform** wurde die maximale Grösse der Bauernwirtschaften auf 30 ha festgelegt; Teile von grösseren Gehöften gingen in den staatlichen Bodenfonds über, von wo das Land an landlose Bauern oder Kleinbauern verteilt wurde. Wegen der den Neusiedlern gegebenen Anteile entstanden eine Reihe ineffizienter Kleinwirtschaften und so vertieften sich die sozialen Gegensätze im Dorf.

Es wurden erste Sowchosen[2] gebildet und **Maschinen-Traktoren-Stationen** sowie Pferdeausleihstellen eingerichtet. Man fing auch an, die Gründung von Kolchosen[3] vorzubereiten, aber dafür war die Sowjetmacht doch noch nicht stark genug. Trotzdem sahen die Machthaber in der Verarmung der Landbevölkerung eine Vorbedingung zur Kolchosierung.

Infolge der Währungsreform und der steigenden Preise sank der Lebensstandard des Volkes, das Kauffieber der sowjetischen Einwanderer führte zu einem Defizit an Lebensmitteln und Konsumgütern.

Im Rahmen der **sowjetischen Kulturrevolution** wurden die Lehrprogramme der Schulen um viele Unterrichtsfächer „bereichert" (Marxismus-Leninismus, Geschichte und Konstitution der Sowjetunion, russische Sprache); in Massenauflagen erschienen gesellschaftspolitische Publikationen und Werke sowjetischer Schriftsteller. Die bildende Kunst erhielt die Aufgabe, propagandistische Plakate und Paradeporträts der sowjetischen Staatsoberhäupter anzufertigen, in Theatern, Kinos und Konzerthallen wurde das bisherige Repertoire durch Werke der sowjetischen Meister ersetzt. Das ganze kulturelle Leben wurde einer strengen Zensur unterstellt. Es begann auch die Vernichtung früherer Kulturschätze: bisherige Zeitungen und Zeitschriften wurden geschlossen, Denkmäler abgerissen, Bücher verbrannt, die aus der Bürgerinitiative heraus wirkenden Vereine aufgelöst, in Missgunst geratene Künstler und Intellektuelle unterdrückt.

1.4. REPRESSALIEN UND DIE WIDERSTANDSBEWEGUNG

Die Repressionspolitik begann mit dem Einmarsch der Okkupationstruppen und wurde vom Volkskommissariat für Innere Angelegenheiten, später auch vom Staatlichen Volkskommissariat für Sicherheit ausgeübt. Bis Ende 1940 wurde fast die ganze ehemalige politische Spitze – das höhere Militär und Polizisten, die Wirtschaftselite, die Intelligenz – entweder verhaftet, deportiert oder hingerichtet. Unter den ersten Verbannten waren die Präsidenten Lettlands und Estlands. 1941 dehnte sich die Verhaftungswelle über alle Bevölkerungsschichten aus, sogar sowjetische Aktivisten wurden festgenommen. Die so entstandene Angstatmosphäre versetzte alle Menschen in Schrecken.

Die Repressalien erreichten ihren Höhepunkt mit den **Massendeportationen** vom 14. Juni 1941. Aus Litauen wurden mehr als 18 000, aus Lettland etwa 20 000 und aus Estland über 10 000 Menschen verschleppt. Die volljährigen Männer, die unter den Deportierten in der Minderheit waren, wurden verhaftet und in Inhaftierungslager gebracht, wo die meisten

von ihnen umgekommen sind; die Frauen, Kinder und Alten aber wurden nach Sibirien in die Verbannung geschickt. Keiner von den Deportierten wurde angeklagt oder verurteilt. Geplante neue Deportationen scheiterten nur, weil zwischen der Sowjetunion und Deutschland der Krieg ausbrach.

In einer solchen Situation wuchs die Unzufriedenheit des Volkes, jedoch kam ein bewaffneter **Widerstand** wegen der Repressalien nicht in Frage. Trotzdem wurden in Litauen einige illegale Organisationen gegründet, die mit der in Berlin im Herbst 1940 gebildeten Front Litauischer Aktivisten Beziehungen aufgenommen haben. Die letztere setzte ihre ganze Hoffnung auf den baldigen Krieg zwischen der Sowjetunion und Deutschland und machte Vorbereitungen für einen bewaffneten Aufstand und die Wiederherstellung der Selbständigkeit Litauens. In Lettland und Estland fehlten zentrale Organisationen der Widerstandsbewegung, aber auch hier versteckten sich Männer in den Wäldern, um den Repressalien zu entkommen und sich für die Gewalttaten zu rächen. Nach den Massendeportationen am 14. Juni begannen sich bewaffnete Gruppen zu formieren.

Die Botschafter der baltischen Staaten im Ausland schickten an die Regierungen der Westmächte abermals Noten, in denen sie Einspruch gegen die sowjetische Okkupation erhoben und darum baten, die Inkorporierung der selbständigen Staaten in die Sowjetunion nicht anzuerkennen. Die meisten westlichen Regierungen haben das in der Tat auch nicht gemacht, und die Botschaften der baltischen Staaten konnten ihre Tätigkeit im Ausland fortsetzen.

Identifizierung der Opfer des Roten Terrors in Tartu

---

2   *Staatlicher landwirtschaftlicher Grossbetrieb in der Sowjetunion.*

3   *In der Sowjetunion die zu Kollektivbetrieben zusammengefassten Bauernwirtschaften.*

2. DIE OKKUPATION DURCH DAS NATIONAL-SOZIALISTISCHE DEUTSCHLAND

2.1. DIE KÄMPFE IN DEN BALTISCHEN LÄNDERN 1941

In der Anfangsperiode des am 22. Juni 1941 ausgebrochenen **Krieges** zwischen der **Sowjetunion** und **Deutschland** zog sich die Rote Armee unorganisiert und schnell zurück. In sechs Tagen fiel Litauen an die Deutschen, in Riga kam die Wehrmacht am 1. Juli an und jagte die Lettische Rote Armee nach einer Woche aus dem Land. Nur um Liepaja (Libau), wo die Basis der sowjetischen Flotte war, gab es vom 23. bis 29. Juni schwere Kämpfe (daran beteiligten sich auch die Einheimischen als Freiwillige). Am 7. Juli überschritten deutsche Truppen die Grenze Estlands. Die Rote Armee, die auch Südestland ohne Widerstand aufgegeben hatte, zog sich auf eine durch Mittelestland gehende Verteidigungslinie zurück, wo sie den Vorstoss der kleinen deutschen Vortruppen für zwei Wochen aufhielt.

Vordringen der Deutschen in Tallinn

Diesen Stillstand der Front nutzte die Sowjetmacht zur Plünderung Estlands aus. Werkbänke, Rohstoffe, Transportmittel und Vieh wurden nach Osten transportiert und 25 000 Menschen evakuiert. Darüber hinaus wurden 33 000 Einbezogene in die **Baubataillone** in der Sowjetunion gebracht, wo ein Drittel von ihnen an der ihre Kräfte übersteigenden Arbeit und Entkräftung starb. Um „die Taktik der verbrannten Erde" durchzuführen, wurden Vernichtungsbataillone[4] gebildet, die Betriebe, Eisenbahnen und Bauernhöfe vernichteten und fast 2 000 Zivilpersonen töteten.

Vordringen der deutschen Wehrmacht im Baltikum im Sommer 1941

In der 2. Julihälfte machte die Wehrmacht eine neue Offensive in Mittelestland. In Kürze rückte sie bis zum Finnischen Meerbusen vor und schnitt so die Gruppe der Roten Armee, die Tallinn verteidigte, ab. Die Kämpfe um Tallinn dauerten bis zum 28. August. Auf den westest-

---

4   *Truppeneinheiten der Roten Armee, die sich durch besonders grausame Methoden ausgezeichnet haben.*

nischen Inseln wurde das letzte Widerstandsnest der Roten Armee im Oktober aufgehoben.

Neben der deutschen Armee kämpften von den Einheimischen eigenständig gebildete bewaffnete Formationen. Die mit der **Front litauischer Aktivisten** verbundenen illegalen Gruppen machten einen Aufstand, um die Vertreibung der Roten Armee und die Wiederherstellung der Eigenstaatlichkeit zu beschleunigen. Am Abend des 23. Juni war Kaunas unter die Kontrolle der Aufständischen geraten. Es wurde die Provisorische Regierung unter Juozas Ambrazevičius gegründet (den Anführer der Front der Aktivisten, Kazys Škirpa, liessen die Deutschen nicht in seine Heimat kommen) und über Rundfunk wurde die Wiederherstellung der Selbständigkeit Litauens ausgerufen. Die Nachrichten aus Kaunas haben den Aufstand noch mehr angespornt, sodass er sich über das ganze Land erstreckte.

In **Lettland** und **Estland** war die Widerstandsbewegung nicht so umfassend, aber auch hier entstanden überall kleinere bewaffnete Gruppen, die sich am Kampf gegen die Sowjetmacht beteiligten. In Lettland wie auch Estland wurden die Eisenbahn- und Verbindungslinien zerstört, sowjetische Behörden sowie kommunistische Ativisten und kleinere Einheiten der Roten Armee angegriffen. In mehreren Kämpfen wurden viele Städte und eine Reihe von Gemeindehäusern zurückerobert und die einstigen Selbstverwaltungsinstitutionen wiedererrichtet. In der Widerstandsbewegung Estlands spielte die Befreiung von Tartu eine wichtige Rolle.

Brand der Domkirche in Riga

2.2. DAS OKKUPATIONSREGIME

In den Plänen, die in Deutschland für die Nachkriegsperiode ausgearbeitet wurden, stand nichts über die Selbständigkeit der baltischen Staaten. Das Baltikum sollte dem Deutschen Reich angegliedert und somit die bisherigen Staatsgrenzen weit nach Osten gerückt werden. Der grösste Teil der Bevölkerung der baltischen

Deutsche Briefmarken mit der Abbildung Hitlers und der Sonderbezeichnung „Ostland"

Länder sollte umgesiedelt und die baltischen Gebiete mit deutschen Kolonisten besiedelt werden. Allerdings war die Verwirklichung dieser Pläne auf die weitere Zukunft verschoben.

Dafür aber wurde gleich Sorge getragen, dass die Völker des Baltikums keine Möglichkeit bekämen, ihre Eigenstaatlichkeit wiederherzustellen. So wurden alle bewaffneten Gruppierungen, die im Laufe der Kämpfe entstanden waren, aufgelöst und die Provisorische Regierung Litauens wieder abgeschafft. Politische Tätigkeit aller Art wurde untersagt; Memoranden[5] über die Selbständigkeit, die nach Berlin geschickt waren, erhielten eine ablehnende Antwort.

Mit der Unterstellung unter das Deutsche Ostministerium wurde das die baltischen Länder und Weissrussland umfassende **Reichskommissariat Ostland** gebildet, das von dem in Riga residierenden Reichskommissar Hinrich Lohse geleitet wurde. „Ostland" wurde in vier, **Generalkommissaren** unterstellte, Generalbezirke eingeteilt: in Litauen unter Adrian von Renteln, in Lettland unter Otto Drechsler und in Estland unter Karl Litzmann. Das Territorium der Generalbezirke wurde in Bezirke eingeteilt, an deren Spitze deutsche Etappenbeamte gestellt wurden. Diese sogenannten Zivilregierungen waren zunächst zur Aufsicht über die örtlichen Selbstverwaltungen gegründet worden, verwandelten sich aber in Kürze in alleinherrschende Besatzungsbehörden.

Trotzdem sahen die Deutschen ein, dass die Verwaltung ohne einheimische Mitarbeiter nicht möglich war. Deshalb wurde beim Generalkommissar von Litauen eine **Beraterinstitution** eingerichtet, deren Aufgabe die Ausführung der Politik der Besatzungsmacht war. In Lettland wurde das dem General Oskar Dankers unterstellte **Generaldirektorium**, in Estland aber die **Selbstverwaltung** unter Hjalmar Mäe gebildet. Es handelte sich um Scheinregierungen, die nur über ein beschränktes Entscheidungsrecht

---

5 *Die diplomatische Denkschrift ohne Stempel und Unterschrift, in der die näheren Umstände einer Note (einer förmlichen schriftlichen Mitteilung im diplomatischen Verkehr zwischen Regierungen) erläutert werden.*

Der Staatsminister für die Ostgebiete Alfred Rosenberg in der Aula der Universität Tartu im Mai 1942. Links von ihm der Reichskommissar Ostland Hinrich Lohse.

verfügten und unter dem Volk keine Autorität hatten. Die örtlichen Selbstverwaltungen aller baltischen Länder behielten die gleiche Struktur wie während der Eigenstaatlichkeit, jedoch wurden ihre Leiter von den Besatzungsbehörden eingesetzt.

Die Hauptaufgabe der **Wirtschaft** der baltischen Länder wurde die Versorgung der deutschen Armee sowie der Zivilbevölkerung. Doch es wurde keine Raubpolitik betrieben, sondern auch an die Förderung des lokalen Wirtschaftspotentials gedacht. Es begann der Wiederaufbau der Industrie, wobei besonders auf diejenigen Industriezweige geachtet wurde, die im Hinblick auf den Krieg wichtig waren. Die den Gehöften aufgelegten Verkaufsnormen waren zwar gross, förderten aber das Interesse an der Erweiterung der landwirtschaftlichen Produktion. Mit der Kolonisation wurde nur in Litauen begonnen, wohin 6 000 deutsche Familien umgesiedelt wurden.

Das während der Sowjetzeit verstaatlichte **Privateigentum** wurde zur Kriegsbeute Deutschlands erklärt und staatsmonopolistischen Firmen übergeben. Die Bodenreform wurde zwar aufgehoben, aber die Bauern wurden nicht Grundbesitzer, sondern nur Landbenutzer. Erst 1943–1944 begann die Zurückerstattung

Die administrative Aufteilung der Westgebiete der UdSSR während der deutschen Okkupation

des Landes und des übrigen nationalisierten Vermögens an die ehemaligen Besitzer.

Die **allgemeine Arbeitspflicht** wurde eingeführt und es begann die Anwerbung von Ostarbeitern für körperlich schwere Arbeiten in Deutschland. Die erzwungene Anwerbung war besonders umfangreich in Litauen (75 000 Menschen) und Lettland (25 000), in Estland blieb ihr Ausmass geringer.

In den Städten erfolgte die Versorgung über ein **Markensystem**. Da das für die Marken Erhältliche den Bedarf der Menschen nicht decken konnte und der freie Verkauf von Produkten verboten war, blühte der Schwarzmarkt auf, das Geld – die speziell für die Ostbezirke gedruckte Ostmark – verlor schnell an Wert. Noch schlimmer war die Versorgung mit Konsumgütern.

Zur Grundlage der **Kulturpolitik** wurde die Propagierung des Nationalsozialismus und die Germanisierung. Letzteres wurde immerhin mit Vorsicht betrieben – neben dem zur offiziellen Sprache erklärten Deutsch wurden auch die örtlichen Sprachen benutzt. Wesentlich schwungvoller bewegte sich die Propagandamaschine: eine strenge politische Zensur wurde ausgeübt, die Werke vieler englischer, französischer, russischer und jüdischer, aber auch deutscher Autoren verboten, die Anwendung der nationalen Symbole sowie die Begehung der nationalen Feiertage untersagt. Es wurde die

Tartu 1944

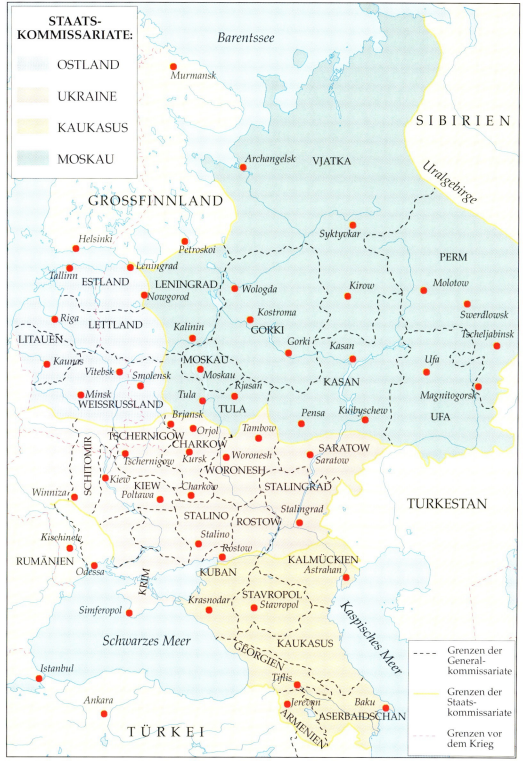

STAATS-KOMMISSARIATE:

- OSTLAND
- UKRAINE
- KAUKASUS
- MOSKAU

Barentssee

SIBIRIEN

Murmansk

Archangelsk VJATKA

Uralgebirge

GROSSFINNLAND

Syktyvkar

PERM

Helsinki

Petroskoi

Molotow

Tallinn ESTLAND Leningrad

LENINGRAD Wologda Kirow Swerdlowsk

Nowgorod Kostroma

Riga LETTLAND Kalinin GORKI Tscheljabinsk

LITAUEN Gorki Kasan Ufa

Kaunas MOSKAU KASAN

Vitebsk Smolensk Moskau Magnitogorsk

Minsk Rjasan UFA

WEISSRUSSLAND Tula

Brjansk TULA Pensa Kuibyschew

TSCHERNIGOW Orjol Tambow

CHARKOW SARATOW

Tschernigow Kursk Woronesh Saratow

Kiew WORONESCH TURKESTAN

SCHITOMIR KIEW Charkow STALINGRAD

Winniza Poltawa STALINO Stalingrad

Kischinew STALINO ROSTOW

RUMÄNIEN Stalino KALMÜCKIEN

Odessa Rostow Astrahan

KRIM KUBAN

Simferopol Krasnodar STAVROPOL

Stavropol

Schwarzes Meer KAUKASUS

Kaspisches Meer

Istanbul GEORGIEN

Ankara Tiflis Baku

Jerevan ASERBAIDSCHAN

TÜRKEI ARMENIEN

- - - - Grenzen der General-kommissariate

——— Grenzen der Staats-kommissariate

- - - - Grenzen vor dem Krieg

Plan der Deutschen für die administrative Aufteilung des Territoriums der Sowjetunion im Falle eines Sieges

Das Bild, das sich nach dem Rückzug der deutschen Truppen im Todeslager von Klooga zeigte

historische Mission Grossdeutschlands gepriesen und versucht, die Rassentheorie in die baltischen Länder einzuführen.

2.3. REPRESSALIEN UND WIDERSTANDSBEWEGUNG

Schon während der Kämpfe gab es Racheaktionen nationaler bewaffneter Einheiten, richtig in Schwung kamen sie aber, als der Deutsche Sicherheitsdienst (SD) seine Tätigkeit aufnahm. Alle vorhandenen Gefängnisse sowie die neu errichteten Konzentrationslager wurden mit **politischen Gefangenen** gefüllt. Anfangs wurden in erster Linie ehemalige kommunistische Aktivisten eingeliefert, kurz darauf begannen die Verhaftungen von Anführern der Widerstandsbewegung, Nationalisten sowie Bauern, die ihre Normen nicht erfüllt hatten. Während der deutschen Okkupation wurden ca. 5 000 Esten, 18 000 Letten und 50 000 Litauer hingerichtet. In Litauen und Lettland kam es vor, dass auf die Aktivitäten der Partisanen der Roten Armee mit Erschiessen von Geiseln und dem Abbrennen von Dörfern geantwortet wurde.

Besonders grausame Massnahmen wurden gegen **Juden** angewandt. Im Sommer 1941 wurden in den baltischen Ländern Judenpogrome versucht, die aber wegen der Gesinnung der einheimischen Völker nicht den erhofften Erfolg hatten. Die Verhaftung und Tötung der Juden begann gleich nach der Errichtung des Besatzungsregimes. In Litauen und Lettland wurden vielerorts jüdische Ghettos eingerichtet, deren Einwohnerzahl sich wegen der fortlaufenden Vernichtung der Juden ständig verminderte. Zuerst wurden fast alle Juden und Zigeuner in Estland vernichtet. In Lettland wurden 70 000 (71%) und in Litauen 200 000 (90%) der einheimischen Juden getötet. Danach wurden in die Vernichtungslager schon die Juden aus anderen europäischen Ländern gebracht und dort ermordet.

Schon Ende 1941 wurde sichtbar, dass die neue Besatzungsmacht den baltischen Völkern keine Möglichkeit der **politischen Selbstbestimmung** geben würde. Die Repressalien, die Germanisierung, das Aufdrängen des Nationalsozialismus und die den deutschen Interessen angepasste Wirtschaftspolitik vertieften die Unzufriedenheit. Trotz dieser Enttäuschung bildete sich in den baltischen Ländern keine bewaffnete Widerstandsbewegung heraus. Die national gesinnten Kräfte konnten nicht aktiv gegen Deutschland kämpfen, weil das zur Verminderung des deutschen kriegerischen Potentials und der Wiederherstellung der sowjetischen Okkupation geführt hätte.

Passiver Widerstand war die Opposition den Nazis gegenüber. Die gebildeten Untergrundkämpfer hörten sich ausländische Rundfunksendungen an und verbreiteten in der Bevölkerung die wahren Informationen, indem sie Flugblätter oder illegale Pressepublikationen verteilten. Es wurde zum Verzicht auf die Zusammenarbeit mit den Besatzern, der Vermeidung des deutschen Militärdienstes sowie zu Vorbereitungen für die Wiederherstellung der Selbständigkeit aufgerufen. Die politische Orientierung war auf Grund der Atlantik-Charta auf die Westmächte gerichtet.

In Litauen wurde 1943 zur Koordinierung der Tätigkeit von Widerstandsgruppen das „Oberkomitee zur Befreiung Litauens" gegründet. In Lettland begann der im August 1943 aus der Initiative von Konstantinas Čakste ins Leben gerufene „Lettische Zentralrat", die Opposition zu vereinigen. Die zentrale Organisation Estlands, das „Nationalkomitee der Republik Estland", wurde im Frühjahr 1944 gebildet. Um die Aktivitäten der Zentralorganisation einzudämmen, verhafteten deutsche Sicherheitskräfte 1944 eine Reihe ihrer Spitzenleute (K. Čakste kam im KZ Stutthof um), aber die erwünschten Resultate konnten damit nicht erzielt werden.

Den **bewaffneten Kampf** gegen die Deutschen führten nur einige wenige prokommunistische Partisanen. Einzelnen, in Estland tätigen sowjetischen Erkundungs-Sabotagegruppen fehlte die Unterstützung der Bevölkerung, und sie wurden schnell vernichtet. Auch in Litauen gewann die Partisanenbewegung ihre Kraft aus Sabotagegruppen und weissrussischen Partisanenabteilungen, die von aus den Ghettos geflohenen Juden ergänzt wurden. In Lettland begann die Anzahl der im Interesse Moskaus handelnden bewaffneten Gruppierungen ab 1943 zuzunehmen, und ein Jahr später agierten schon mehrere tausend Partisanen der Roten Armee und Illegale.

2.4. DIE BALTISCHEN VÖLKER IN DEN STREITKRÄFTEN DER KRIEGFÜHRENDEN STAATEN

Im Herbst 1941 begann auf Initiative der Deutschen die Formierung von aus Freiwilligen bestehenden **Polizeibataillonen**, die in den Grenzen des eigenen Landes eingesetzt werden durften. In Wirklichkeit aber wurden sie auch an der Ostfront in Kämpfen mit Partisanen, zur Durchführung von Repressalien sowie im Wachdienst eingesetzt, einzelne Einheiten auch in Polen, der Ukraine und Weissrussland. Überwiegend gingen die Freiwilligen von dem Wunsch aus, sich für die Missetaten der sowjetischen Okkupation zu rächen. Anfang 1942 kämpften auf deutscher Seite 20 000 Litauer, 14 000 Letten und 12 000 Esten. Wegen der Politik der Besatzungsmächte schmolz die Zahl der Freiwilligen schnell zusammen.

„Esten, der Bolschewismus droht! Mit Arbeit und Waffen verteidigen wir unsere Heimat!"

aber noch Ende des Jahres nach Newel geschickt.

Die Mobilmachungen erregten Unzufriedenheit in den baltischen Völkern und viele versuchten, ihnen zu entkommen. Dafür besorgte man fiktive Bescheinigungen oder man versteckte sich sogar. Für die Esten eröffnete sich noch ein Ausweg – die Flucht nach **Finnland**, wo ein 2000 köpfiges estnisches Infanterieregiment gebildet wurde. Das Regiment nahm im Sommer 1944 an den Verteidigungskämpfen in Karelien teil und kehrte nach der Kapitulation Finnlands in die Heimat zurück.

Anfang 1944 riefen die Besatzungsbehörden die **Generalmobilisation** aus. Von den Einberufenen wurden in Lettland und Estland 6 **Grenzschutzregimenter** zusammengestellt, die neben den Legionen an den Kämpfen für ihre Heimat teilnahm. Insgesamt kämpften 1944 in den Reihen der deutschen Armee ca. 60 000 Esten und mehr als 100 000 Letten. 1945 kämpften die 15. Lettische und die 20. Estnische Division in Deutschland, die 19. Lettische Division aber in Kurland. Die meisten der überlebenden Kämpfer wurden von der Roten Armee gefangengenommen, nur einem Teil gelang es, in den Westen zu fliehen.

Noch 1941 liessen die Deutschen die Gründung von nationalen Einheiten, die grösser als ein Bataillon waren, nicht zu; als sich die Situation aber verschlimmerte, mussten die Deutschen ihre Grundsätze revidieren. 1942–1943 begann in den baltischen Ländern die Anwerbung von **Freiwilligen für die SS-Legionen**. Diese aus freiwilligen Ausländern formierten SS-Einheiten wurden in bewaffneten Kämpfen, nicht aber für die Durchführung der Repressalien, eingesetzt. Trotzdem war die Zugehörigkeit zu der verrufenen Organisation den meisten Legionären zuwider, obwohl es nur im Rahmen der SS möglich war, die beste Ausrüstung und Ausbildung zu bekommen, die für die nationalen Interessen ausgenutzt werden konnte.

Wegen der illegalen Gegenpropaganda wurde eine derartige Legion in Litauen nicht gebildet. Die Deutschen antworteten mit dem Schliessen der Universität Kaunas und schickten darüber hinaus einige Dutzend Intellektuelle ins KZ Stutthof. In Lettland und Estland wurden aus Mangel an Freiwilligen unter Zwang mehrere Mobilmachungen durchgeführt. Als Folge wurden die **15.** und **19. Lettische** und die **20. Estnische Division** zusammengestellt. In den Divisionsstäben waren überwiegend Deutsche, vom Regiment an aber lettische und estnische Offiziere. Die Lettische Legion wurde 1943 in den Wolchow-Sümpfen und an den Ufern des Welikaja-Flusses eingesetzt, die Estnische Legion

In **Litauen** wurde dem General P. Plechavičius Anfang 1944 gestattet, eine „örtliche" Armee für die Bekämpfung der Roten Partisanen zu gründen. Dafür sammelten sich unter der Anführung litauischer Offiziere 30 000 Mann. In Kürze aber brach die Auseinandersetzung mit den Deutschen aus, und der Verband wurde aufgelöst. Dabei wurden fast 100 litauische Soldaten und Offiziere erschossen und die Armeeführung mit General Plechavičius an der Spitze verhaftet. Die im Sommer 1944 in Litauen gebildeten freiwilligen Einheiten beteiligten sich an den Kämpfen gegen die Rote Armee in Samogitien.

Aus den baltischen Ländern stammende Männer kämpften auch auf der anderen Seite der Frontlinie. Im Sommer 1941 nahmen an den Kämpfen bei Staraja Russa und in der Gegend von Porchow die von den ehemaligen lettischen und estnischen Armeen formierten **territorialen Schützenkorps** teil. Schon im September

Lettische bewaffnete SS-Einheit

1941 aber wurden alle Litauer, Letten und Esten zurückberufen, weil sie sich für die Sowjetmacht als unzuverlässig erwiesen hatten, indem sie bei jeder Gelegenheit massenhaft zu den Deutschen desertierten.

Bald aber wurde die Bildung nationaler Truppen auch in der Sowjetunion aktuell. In den Jahren 1941–1944 wurden das **130. Lettische** und das **8. Estnische Schützenkorps** sowie die **16. Litauische Schützendivision** formiert. Neben Bürgern der baltischen Staaten gehörten diesen auch Vertreter anderer Nationen der Sowjetunion an. Schon um die Jahreswende 1941/42 beteiligte sich eine der lettischen Divisionen an den Kämpfen um Moskau. Das estnische Korps und die litauische Division kamen Ende 1942 an die Front, die Esten in die Gegend von Velikije Luki und die Litauer in die von Orjol. Im Sommer 1944 wurden alle nationalen Einheiten an der Grenze des Baltikums stationiert, und gegen Ende des Krieges kämpften die durch Zwangsmobilmachungen ergänzten Verbände in Kurland. In der Roten Armee waren insgesamt ca. 30 000 Esten, 50 000 Letten und 82 000 Litauer.

2.5 DIE BESETZUNG DES BALTIKUMS DURCH DIE ROTE ARMEE

Im Januar 1944 zogen sich die von der Roten Armee geschlagenen deutschen Truppen zurück nach **Estland**. Die den Deutschen folgenden Rotarmisten errichteten am 2. Februar ihre ersten Stützpunkte am Westufer des Narvaflusses. Die Kämpfe um Narva dauerten bis Ende Juli, wobei die estnischen Einheiten beim Zurückschlagen der wiederholten Angriffe der Roten Armee eine entscheidende Rolle gespielt haben.

Im Sommer verschlimmerte sich die Situation Deutschlands an allen Fronten. Die erzielten Erfolge benutzte die sowjetische Heeresleitung dazu, um die baltischen Länder zu erobern. Anfang Juli gelangte die Rote Armee an die Grenze

Litauens und besetzte am 13. Juli Vilnius. Am 16. Juli betrat die Rote Armee **Lettland** und nahm Ende August ganz Latgallien. In Estland fiel am 25. Juli Narva an die Rote Armee und einen Monat später ganz Südostestland mit Tartu. Zur gleichen Zeit hielten in Litauen die Kämpfe um Šiauliai an.

Die Situation stabilisierte sich erst Ende August, jedoch hatte die Sowjetunion zu der Zeit schon den grössten Teil des Territoriums der baltischen Staaten okkupiert. Die Frontlinie verlief etwas westlich des Narwa-Flusses, den Emajõgi (Embach) entlang zum Peipussee, von dort zum Võrtsjärv und weiter nach Süden: über Valga-Gulbene-Ergli-Skaistkalne-Bauska-Jelgava-Dobele-Šiauliai-Raseniai-Suwalki.

Mitte September begann die Rote Armee ihre **zweite Grossoffensive im Baltikum** mit der Zielrichtung Riga. Gleich darauf bildete sich südlich von Riga eine kritische Situation: der Durchbruch der Roten Armee zum Meer hätte die Einkesselung der in Estland und Nordlettland kämpfenden deutschen Einheiten bedeutet. Unter diesen Bedingungen beschloss die deutsche Heeresleitung, eine neue Verteidigungslinie an der Daugava und in den Positionen vor Riga zu errichten. Estland und Nordlettland wurden aufgegeben, und am 22. September marschierte die Rote Armee in Tallinn ein. Nacheinander fielen die Städte des estnischen Festlands und die meisten der westestnischen Inseln (auf der Sõrve-Halbinsel, auf Saaremaa (Ösel), dauerten die Kämpfe bis zum 24. November).

Trotzdem konnte die Rote Armee auch diesmal Riga nicht besetzen und wandte sich Memel zu, um von dort aus ans Meer vorzudringen. Im Laufe der am 5. Oktober begonnenen Grossoffensive gelang es der Roten Armee, in einer breiten Front an die Küste vorzudringen und fast das ganze Territorium Litauens einzunehmen (um Memel wurde bis Ende Januar 1945 gekämpft). Der Erfolg der Roten Armee veranlasste die Deutschen, Riga am 13. Oktober aufzugeben.

Estnische Offiziere des Schützenkorps

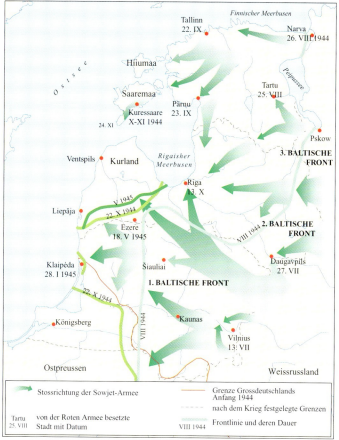

Vordringen der Roten Armee ins Baltikum 1944

Als Resultat dieser Operationen bildete sich der sog. **Kurland-Kessel** (Kurland-Festung), in dem 500 000 in der deutschen Armee kämpfende Soldaten, 230 000 Einheimische und 150 000 Zivilflüchtlinge aus den besetzten lettischen Gebieten eingeschlossen wurden. Alle Versuche der Roten Armee, Kurland einzunehmen, scheiterten, und die Truppen, die Kurland verteidigten, ergaben sich erst nach der Kapitulation Deutschlands.

2.6. VERSUCHE DER WIEDEREINFÜHRUNG DER SELBSTÄNDIGKEIT

Unmittelbar vor der zweiten sowjetischen Okkupation versuchten die Esten und Letten, ihre Selbständigkeit wiederherzustellen. Im Sommer 1944 stellte das Nationalkomitee der Republik **Estland** Kontakte mit den Westmächten her und beschloss, die Selbständigkeit Estlands zu verkünden. Am 18. September ernannte Jüri Uluots, der letzte Ministerpräsident der Republik Estland, als Vetreter des Präsidenten, den Vorsitzenden des Nationalkomitees, Otto Tief, zum Regierungschef und setzte die Minister so-

wie den Oberbefehlshaber der Armee ein. Danach wurde der „Staatliche Anzeiger" mit Erlassen von J. Uluots gedruckt, im Rundfunk die Neutralität Estlands im jetzigen Krieg erklärt und in Tallinn die Staatsflagge gehisst. Auch die Verteidigung der Stadt wurde organisiert, aber wegen Mangels an Kräften und der Anwesenheit der Deutschen scheiterte der Versuch.

Den in Deutschland befindlichen Offizieren der **Lettischen** Legion wurde am 20. Februar 1945 genehmigt, in Potsdam das Nationalkomitee Lettlands zu gründen. Zum Präsidenten des Komitees wurde der Generalinspektor der lettischen SS-Truppen, Rudolfs Bangerskis, ernannt. Anstatt dieses Komitee als die Provisorische Regierung Lettlands anzuerkennen, versuchten die Deutschen erneut, seine Tätigkeit zu behindern. Der zweite Versuch, eine Regierung Lettlands zu bilden, wurde in Kurland unternommen. Viele bekannte Personen des öffentlichen Lebens und die Offiziere der Lettischen Legion haben zum 8. Mai in Libau den Volksrat einberufen, der eine lettische Regierung unter Oberst Roberts Osis einsetzen sollte. Dieser Plan scheiterte, weil der 2. Weltkrieg beendet wurde.

Im 2. Weltkrieg haben die baltischen Länder schwere Schäden erlitten. Mehrere Städte wurden gänzlich zerstört, viele Städte zum grössten Teil. Das Industriepotential wurde fast um die Hälfte reduziert. Häfen, Eisenbahnen, Landstrassen und Brücken waren zerstört. In der Landwirtschaft verminderte sich die Saatfläche und die Viehzahl, die Produktivität sank. Die Menschenverluste waren beträchtlich: zehntausende Menschen fielen dem Terror zum Opfer, zehntausende kamen an der Front um, viele hunderttausende (64 000 Litauer, 120 000 Letten und 80 000 Esten) zogen der erneuten sojwetischen Okkupation die Flucht in den Westen vor.

FRAGEN

1. *Wäre es möglich gewesen, die Besatzung der baltischen Staaten von der Sowjetunion abzuwenden? Wenn ja, wie, wenn nein, warum?*

2. *Was versprach Moskau beim Abschluss des Nichtangriffspaktes, und wie hat es das Versprochene eingehalten? Welche Schlüsse lassen sich daraus ziehen?*

3. *Warum hat Moskau so viele Menschen aus den baltischen Staaten deportiert? Wann und wo sind die Besatzungsmächte ähnlich vorgegangen? Wie wird dies auf Grund des internationalen Rechts eingeschätzt?*

4. *In welchem baltischen Staat war der Widerstand gegen die Besatzung am stärksten? Wodurch lässt sich das begründen?*

5. *Wovon hing der Beitritt einer Person entweder zur deutschen Armee oder Roten Armee ab? Welche Wahlmöglichkeiten bestanden überhaupt?*

6. *Vergleichen Sie die Versuche Litauens, Lettlands und Estlands, die Eigenstaatlichkeit wiederherzustellen. Woran sind sie gescheitert?*

7. *Vergleichen Sie das Schicksal der unter der deutschen Besatzung lebenden Völker mit dem Schicksal der nach dem 2. Weltkrieg unter die sowjetische Okkupation geratenen Völker. Was lässt sich daraus schliessen?*

8. *Was wissen Sie vom späteren Schicksal der baltischen Spitzenpolitiker? Wer von ihnen gefällt Ihnen am meisten? Warum?*

Die Grenzen der baltischen Staaten nach dem 2. Weltkrieg

3. DIE ZWEITE SOWJETISCHE OKKUPATION

3.1. DER INTERNATIONALE STATUS DER BALTISCHEN LÄNDER

Nach dem 2. Weltkrieg blieben die baltischen Staaten besetzt, indem sie wieder gewaltsam der Sowjetunion einverleibt wurden. Die Inkorporierung wurde 1940 von Deutschland und Schweden anerkannt, die meisten Westmächte aber fassten das Handeln Moskaus als eine Besatzung auf.

Am 14. August 1941 unterschrieben die USA und Grossbritannien die **Atlantik-Charta**, in der von dem freien Selbstbestimmungsrecht aller ihrer Selbständigkeit beraubten Völker nach dem Ende des Krieges die Rede war. Mit diesen Völkern waren auch die baltischen Staaten gemeint. Jedoch hat die Sowjetunion, die sich dieser Charta anschloss, darauf bestanden, dass die sowjetische Staatsgrenze von den Westmächten so anerkannt würde, wie sie in der 2. Hälfte des Jahres 1940 gewesen war.

Im Interesse des gemeinsamen Ziels gaben die Westmächte in diesem Punkt nach. Im Frühjahr 1942 hat die britische Regierung das Baltikum *de facto* als einen Teil der Sowjetunion anerkannt, auf der **Konferenz von Teheran** Ende 1943 erklärte Präsident Franklin Delano Roosevelt, dass die USA auf eine politische Initiative in den baltischen Ländern verzichten werde. Als der Krieg zu Ende war, haben die siegestrunkenen Alliierten so getan, als ob die selbständigen Grenzstaaten nie existiert hätten. Auf der **Potsdamer Konferenz** wurde die Westgrenze der Sowjetunion anerkannt, die auch die baltischen Staaten einbezog. Ende 1945 haben die Westmächte dem Wunsch der Sowjetunion nachgegeben, auf internationalen Foren die Interessen Estlands, Lettlands und Litauens vertreten zu können. Bei dem 1946 begonnenen Nürnberger Prozess wurden sowohl das Geheimprotokoll des Hitler-Stalin-Abkommens sowie die Besetzung der baltischen Staaten von seiten der Sowjetunion totgeschwiegen.

Das Schicksal der baltischen Staaten wurde erst nach der Abkühlung der Verhältnisse zwischen den Alliierten wieder zur Kenntnis genommen. 1953 hat das Repräsentantenhaus des Kongresses der USA die Kersten-Kommission[6] zur Untersuchung der baltischen Ereignisse von 1940 gebildet. Forthin erhoben die Westmächte ab und zu Einspruch in den baltischen Fragen, aber die von ihnen vorgelegten Memoranden haben die Situation nicht verändert, und dafür einen Krieg zu riskieren, war der Westen nicht bereit. Die baltischen Länder selbst hatten keine Möglichkeit, bei der Gestaltung ihres Schicksals mitzureden, denn zwischen ihnen und der übrigen Welt war ein so gut wie undurchdringlicher „eiserner Vorhang".

Die Führer der Großmächte bei der Potsdamer Konferenz: (von links) W. Churchill, H. Truman und J. Stalin

3.2. DIE SOWJETISIERUNG

Die baltischen Länder waren zu einem Bestandteil des totalitären[7] Sowjetreiches geworden und waren gänzlich von den Verordnungen Moskaus abhängig. Die Machtstrukturen, bei denen die **kommunistische Partei** eine führende Rolle spielte, waren denen in der Sowjetunion gleich. Dabei besassen die Parteien vor Ort noch nicht einmal formal Eigenständigkeit, sondern mussten sich mit dem Status einer territorialen Abteilung der Parteiorganisation der Sowjetunion zufriedengeben. Die wichtigsten Beschlüsse fasste das Zentralkomitee der Kommunistischen (bolschewistischen) Partei der Sowjetunion (KPdSU), bei dem die speziellen Büros für Litauen, Lettland und Estland gegründet wurden.

---

6 *Diese wurde 1940 in den USA zur Ermittlung der Ereignisse im Baltikum gegründet; war in den Jahren 1953–54 tätig und sammelte zahlreiche Beweise über Grausamkeiten Moskaus in den baltischen Staaten.*

7 *Der Totalitarismus – ein stark zentralisiertes, autokrates, politisches Verwaltungssystem, in dem die gesamte Staatsgewalt in der Hand einer Person oder einer Machtgruppe zusammengefasst ist und die Herrschaft in allen Lebensbereichen beansprucht wird.*

Die **lokalen Parteiorganisationen** waren anfangs sehr klein (1945 gab es in Litauen nur 3500 und in Estland 2400 Kommunisten), aber die Mitgliedschaft begann schnell zuzunehmen. Den grössten Teil der Parteimitglieder stellten die aus der Sowjetunion gekommenen Parteifunktionäre. Die Mehrheit der baltischen Völker versuchte zu der Zeit noch, sich vor dem Beitritt in die Partei zu drücken. In die Partei trat man nur aus ideologischen oder beruflichen Gründen ein.

Laut Verfassung waren die gesetzgebenden Organe der baltischen Länder die **Obersten Sowjets**, die Exekutivmacht wurde von den Verwaltungen (bis 1946 die **Sowjets der Volkskommissare**, danach die **Ministerräte**) ausgeübt. In der Funktion von örtlichen Selbstverwaltungen wirkten die **Sowjets der Arbeiterdeputierten** sowie ihre **Exekutivkomitees**. Die Wahlen zum Obersten wie auch zu den lokalen Sowjets waren eine einzige Farce. Von der Partei wurden die Indexzahlen vorgegeben (das Verhältnis zwischen Arbeitern-Bauern-Intellektuellen, Frauen-Männern, Parteimitgliedern-Parteilosen, verschiedenen Nationalitäten in den Wahllisten) und jeder Kandidat persönlich auf die Liste gesetzt. In jedem Wahlkreis kandidierte nur eine Person, die Wähler wurden im Falle der Wahlunterlassung bzw. der Abgabe einer Gegenstimme mit einer Strafe bedroht, die Wahlergebnisse wurden gefälscht. Auf diesem Wege wurde bei den Wahlen ständig eine Beteiligung von 99% und mindestens 95% Ja-Stimmen erzielt.

Auch die **Verwaltungsordnung** der baltischen Länder wurde mit der der Sowjetunion gleichgesetzt. Die Umgestaltungen begannen Ende 1944, als auf die Forderung Moskaus hin von den Territorien Estlands und Lettlands grosse Gebiete abgeschnitten wurden. Estland verlor insgesamt 2330 km^2 mit etwa 70 000 Menschen: 3 Gemeinden am Ostufer des Narwaflusses mit Jaanilinn (Iwangorod) und 7 Gemeinden im Südosten, im Kreis Petseri mit Petschur. Lettland wurden 6 Gemeinden im Osten und Abrene (Põtalowo), insgesamt 1294 km^2, weggenommen. 1950 wurden als neue Verwal-

tungseinheiten **Landbezirke** (Rayons) und **Dorfsowjets** gebildet. Freilich scheiterte die Bildung von „Oblasten" in den baltischen Ländern.

Im Totalitarismus gingen auch die letzten demokratischen Erscheinungen zugrunde. Die freie Selbstverwirklichung und Beteiligung an der Politik war den Völkern untersagt. Alle politischen Fraktionen ausser der kommunistischen Partei waren verboten. Alle Informationsquellen waren der Parteikontrolle unterstellt, alle Druckerzeugnisse unterlagen einer strengen politischen Zensur, früher erschienene Bücher wurden massenhaft vernichtet. Besonders hart wurde die Kirche verfolgt, die dem Volk die einzige Form der „Seelenfreiheit" bieten konnte.

3.3. REPRESSALIEN

Obwohl die offizielle Propaganda von der Befreiung der baltischen Länder durch die Rote Armee sprach, verhielten sich sowohl die Armee als auch der sowjetische Machtapparat hier als Okkupanten – ohne Rücksicht auf internationale Vorschriften oder Menschenrechte. Die Gleichschaltung der Gesellschaft erfolgte über eine gewaltsame Politik mit Anwendung von Terror. Diese von der Partei gestaltete und geleitete Ideologie wurde von den Sicherheits- sowie Innenministerien ausgeübt, denen Militäreinheiten, aus Einheimischen gebildete Vernichtungsbataillone und die Miliz unterstellt waren.

Verhaftungen begannen schon im Herbst 1944 und betrafen Beamte, die mit der deutschen Besatzungsmacht zusammengearbeitet hatten sowie solche, die in der deutschen Armee gekämpft hatten, aber auch Menschen, die sich während der deutschen Okkupation an der Widerstandsbewegung beteiligt hatten. Für deren Ermittlung wurden spezielle „Filtrationslager" eingerichtet. Die meisten, die dorthin kamen, wurden wegen antisowjetischer Tätigkeit verurteilt. Alleine im Laufe des ersten Okkupationsjahres wurden in Litauen 12 000 Menschen hingerichtet und 36 000 verhaftet. Nach und nach erweiterte sich das Kontingent der Verhafteten, und bald gab es kaum eine Bevölkerungsschicht, die sich in Sicherheit hätte fühlen können. Darin lag auch ein Ziel der sowjetischen Sicherheitsbehörden, nämlich totale Angst und ein Milieu des Argwohns zu erzeugen.

Wieder begannen **Deportationen**. Vor Ort wurden aus Leitern der Partei-, Sowjet- und Sicherheitsbehörden sogenannte Troikas[8] gebildet, die die Liste der zu deportierenden Personen billigten. Nach den offiziellen Unterlagen waren zur Deportation bestimmt: die Kulaken (Grossbauern) und das „banditenhaft-nationalistische" Element, d. h. die Familien, die den be-

---

8 *Russisch: Dreigespann.*

waffneten Kampf gegen die sowjetische Okkupation unterstützt hatten. Das grösste Ausmass hatten die Deportationen in Litauen: in den Jahren 1945–1953 wurden insgesamt ca. 130 000 Menschen zwangsweise nach Sibirien gebracht. In der Nacht zum 26. März 1949 begannen in allen baltischen Staaten Massendeportationen. Aus Estland wurden 20 722, aus Lettland 43 230 und aus Litauen 33 500 Menschen in die östlichen Bezirke der Sowjetunion verschickt. 2/3 der Deportierten waren Frauen und Kinder, die in sibirische Kolchosen bzw. Sowchosen zur Zwangsarbeit geschickt wurden.

Als neue Erscheinung trat in Estland und Lettland der **Kampf gegen den „bürgerlichen Nationalismus"** hervor. Vorläufig wurden darin viele Künstler und Wissenschaftler beschuldigt, in Kürze erstreckte sich der Schwerpunkt des Kampfes auch auf die Parteispitze. Im März 1950 fand in Estland das Plenum des Partei-Zentralkomitees statt, auf dem die aus der Sowjetunion gekommenen überzeugten Stalinisten die Zügel ergriffen. Viele bisherige Spitzenleute wurden verhaftet, die stalinistische Ideologie wurde alleinherrschend, der Angriff auf die nationale Kultur noch massiver. Die nach dem Plenum entfesselte Hexenjagd traf besonders hart die Bildungs- und Kulturstätten sowie die Verbände

von Künstlern und Wissenschaftlern. Hunderte von Intellektuellen wurden verhaftet, noch mehr waren gezwungen, ihre bisherige Tätigkeit aufzugeben, die Namen vieler der Kulturelite angehörenden Personen verschwanden aus der Öffentlichkeit.

3.4. DIE WIDERSTANDSBEWEGUNG

Die Völker der baltischen Länder hatten gegen die sowjetische Okkupation eine ablehnende Einstellung und beteiligten sich am bewaffneten Widerstandskampf. Der Widerstand wurde von der Politik der Besatzungsmacht sowie der lange währenden Hoffnung auf einen Krieg zwischen den Westmächten und der Sowjetunion angefacht. Es gab **passiven Widerstand** (Ungehorsam den Verordnungen gegenüber, Sichverbergen, Feiern der nationalen Feiertage, Hören ausländischer Rundfunksender) wie auch aktiven, bewaffneten Kampf. Die **aktiven Widerstandskämpfer** waren Freischärler (die sogenannten „Waldbrüder").

Die ersten Freischaren entstanden schon 1944. In der Hauptsache waren es Männer, die auf deutscher Seite gekämpft hatten, an die sich bald diejenigen anschlossen, die den Mobilisationen entgangen waren, sowie aus Angst vor Repressalien illegal Lebende. Die grösste Verbreitung hatten die Freischärler in Litauen. Während sich in Lettland und Estland am bewaffneten Kampf ca.

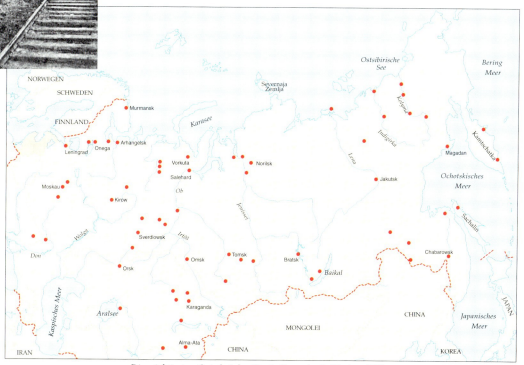

Die wichtigsten Orte bei der Umsiedlung der baltischen Völker

Litauische „Waldbrüder"

10 000 Menschen beteiligten, betrug alleine die Zahl der umgekommenen Partisanen in Litauen fast 20 000. In Lettland und Estland konnte die Widerstandsbewegung nur teilweise und über eine kurze Zeit koordiniert werden, in Litauen aber wirkte ein zentrales Führungsorgan der Freischärler während vieler Jahre. Das Territorium Litauens war in Kreise eingeteilt, die verschiedenenen Stäben unterstellt waren, und 1949 gab es in Litauen eine Beratung der Partisananführer.

Die Freischaren, die zum Teil gross waren und oft mehr als 100 Mitglieder hatten, errichteten sich Basislager, von wo aus sie Angriffe unternahmen und die ganze Gegend unter ihrer Kontrolle hielten. Dank der von den Deutschen hinterlassenen Ausrüstung waren sie verhältnismässig gut bewaffnet. In Kürze entstand aber die Notwendigkeit, die Taktik zu ändern. Daher wurden die Gruppen bis auf 5–15 (in seltenen Fällen mehr) Männer reduziert. Der soziale Hintergrund der Waldbrüder war sehr unterschiedlich und umfasste alle Schichten der Bevölkerung. Deshalb wurden sie vom Volk auch so stark unterstützt. Die Freischärler wurden in erster Linie aus freiwilligen Spenden der Bauern unterhalten, hielten es aber für angebracht, ab und zu auch staatliche Geschäfte und Ämter auszuplündern.

Die Freischärler begingen Überfälle auf Landstrassen, Eisenbahn- und Verbindungslinien, verübten Aktionen gegen sowjetische Behörden, griffen kleinere Einheiten der Roten Armee, Sicherheitsarbeiter und Milizionäre sowie örtliche Partei- und sowjetische Aktivisten an. Unter der Bevölkerung wurden Informationen über die tatsächliche Lage verbreitet, das Volk wurde aufgerufen, die Verordnungen der Okkupanten zu boykottieren. Viele Freischärler gaben Flugblätter und Presseerzeugnisse heraus.

Im Kampf mit den Freischärlern setzten die Besatzungsmächte die reguläre Armee, Sicherheitseinheiten und Vernichtungsbataillone ein. Der Kampf forderte unzählige Opfer auf beiden Seiten, aber wegen des mehrfachen Übergewichts des Gegners und des Fehlens an auswärtiger Hilfe waren die Freischaren unvermeidlich dem Untergang preisgegeben. Einen harten Schlag versetzte den Waldbrüdern die Deportation von 1949 sowie die Kollektivierung, infolge derer die Schicht der Einzelbauern, die den Freischärlern bisher geholfen hatte, abgeschafft wurde. Trotzdem dauerte der Kampf noch Jahre an, wurde aber immer grausamer. Endgültig stockte der bewaffnete Kampf erst nach dem Tod von Josef Stalin 1953.

3.5. WIRTSCHAFTSREFORMEN

Nach dem Krieg wurde die Abschaffung der örtlichen Wirtschaftsstruktur fortgesetzt mit dem Ziel, die baltischen Länder ins einheitliche Wirtschaftssystem der Sowjetunion einzufügen. Dafür musste die Industrie forciert entwickelt, die Landwirtschaft kollektiviert und die Planwirtschaft eingeführt werden.

Das ganze Wirtschaftsleben wurde auf die **Planwirtschaft** ausgerichtet. Die Tätigkeit eines jeden Unternehmens und sogar des einzelnen Bauernhofs wurde durch von oben festgesetzte Pläne geregelt. Die Planwirtschaft schloss jegliche persönliche Initiative aus und verwandelte die Arbeiter zwangsläufig in Sklaven des Staates. Auch konnte die Produktion nicht flexibel, den örtlichen Interessen entsprechend, entwickelt werden.

Auf Kosten anderer Wirtschaftszweige wurde die **Industrie** gefördert. An erster Stelle kamen die Forderungen der Union, die lokalen Bedürfnisse wurden ausser Acht gelassen. Viele in den Jahren der Selbständigkeit existierende Industriezweige wurden vernachlässigt, es wurde auf **Schwerindustrie**, in erster Linie Maschinenbau, gesetzt, wobei die dafür notwendigen Rohstoffe aus dem Osten eingeführt wurden. In Bezug auf eine Reihe von Grossunternehmen, die direkt den entsprechenden Ministerien der Sowjetunion untergeordnet waren, hatten die Regierungen der Unionsrepubliken kein Mitbestimmungsrecht, oft auch keine objektiven Informationen. Ein eigenständiges System bildeten die Unternehmen des **militärisch-industriellen Komplexes**.

Die Industrialisierung bedeutete die **Abschaffung des Privateigentums**. Ab der 2. Hälfte der fünfziger Jahre gab es in der Industrie nur den staatlichen Sektor. Analoge Prozesse vollzogen sich auch in anderen Wirtschaftszweigen.

Die für die Industrialisierung notwendige **Arbeitskraft** stellten die Kriegsgefangenen und die im Laufe der Kollektivierung aus den Dörfern in die Städte umgesiedelten Bauern, überwiegend aber Arbeiter aus Russland hergebracht. Infolge der ausserordentlich umfangreichen **Migration** veränderte sich schnell die nationale Zusammensetzung der baltischen Staaten. Alleine nach Estland kamen in den ersten fünf Nachkriegsjahren 170 000 Menschen. Ohne Zweifel war eine so weitgehende Migration nicht nur das Resultat der stürmischen Entwicklung in der Industrie, sondern vielmehr die Absicht der sowjetischen Nationalpolitik, die keine einheitlichen Nationalrepubliken zulassen konnte.

Der **Lebensstandard** sank. Es mangelte stark an Konsumgütern wie auch an Lebensmitteln. Das während des Krieges eingeführte Markensystem blieb bis 1947 bestehen. Da sich das Urbanisierungstempo beschleunigte, fast alle Baumaterialien aber in den Bau der Industriebetriebe geleitet wurden, herrschte in den Städten ein schwerer Wohnungsmangel. Auch von den Löhnen hat der Staat den meisten Teil einbehalten, indem er den, formal freiwilligen, Erwerb von Staatsanleihen[9] obligatorisch machte.

In der **Landwirtschaft** wurde abermals eine **Bodenreform** durchgeführt. Die Höfe der ins Ausland Geflohenen wurden verstaatlicht, wie auch die Besitztümer derjenigen, die mit den Deutschen zusammengearbeitet hatten. Die maximale Grösse der erhalten gebliebenen Bauernwirtschaften betrug 20–30 ha oder noch weniger. Die nationalisierten Ländereien wurden an **Neuansiedler** verteilt oder den Sowchosen und Maschinen-Traktoren-Stationen[10] zur Verfügung gestellt. Etwa 1/3 des Landes lag brach. Infolge der Bodenreform entstanden viele kleine Höfe.

Um die Bauern in die **Kolchosen** zu zwingen, wurden sie absichtlich wirtschaftlich ausgebeutet. Dafür wurden verbindliche Verkaufsnormen, landwirtschaftliche Steuern und verschiedene Pflichtarbeiten (Holzaufbereitung) eingeführt. Die „Abgaben" wurden von Jahr zu Jahr erhöht, und schon 1948 erreichte die Umsiedlung der Landbevölkerung in die Städte ein beträchtliches Ausmass.

Am 21. Mai 1947 wurde der Beschluss des Zentralkomitees der KPdSU „Über die Gründung von Kolchosen in der Litauischen, Lettischen und Estnischen SSR" veröffentlicht, in dem auf die Beschleunigung der Kollektivierung bestanden wurde. Trotz dieser Anstrengungen konnten in den baltischen Ländern im Laufe des Jahres 1947 nur einige Kleinkolchosen gebildet werden. Auch das nächste Jahr war nicht erfolgreicher. Um einen Durchbruch in der Kollektivierung zu erlangen, wurde beschlossen, das sog. „Kulaken-Element"[11] gewaltsam zu verschleppen. Mit der **Märzdeportation** 1949 wurde das Grossbauerntum in den baltischen Ländern abgeschafft. Die Deportation hatte ihr Ziel erreicht: um das Schlimmste abzuwenden, begannen die durch die unbegründeten Repressalien eingeschüchterten Bauern sich massenhaft zu Kolchosen zusammenzuschliessen. Bis 1950 war die Landwirtschaft der baltischen Länder kollektiviert.

Die Vorstände der Kolchosen wurden aus zuverlässigen Beamten zusammengesetzt. Der eigentliche Ackerbauer wurde in den Stand eines „Instmannes" versetzt. Jede örtliche Initiative wurde durch unkundige Verordnungen und penible Planerfüllung lahmgelegt. Die denkbar niedrigen Aufkaufpreise der Landwirtschaftsprodukte vertieften die Finanzschwierigkeiten. Auch den staatlichen Landwirtschaftsunternehmen, den Sowchosen, ging es nicht besser. In der Landwirtschaft entstand eine ernsthafte Krise, aus der kein Ausweg zu sehen war.

Es wurde noch ein Versuch der sowjetischen Umgestaltung unternommen, wonach die Landbevölkerung aus den Einzelhöfen in **Kolchossiedlungen** hätte umziehen müssen. In Lettland beabsichtigte man, 120 000 Bauernhöfe in Siedlungen zusammen zu fassen. Diese Pläne konnten aber nicht verwirklicht werden.

Ablieferung von Milch

---

9   *Eine vom Staat aufgenommene Anleihe zum Decken der Ausgaben bzw. des vorübergehenden Bedarfs. Man unterscheidet zwischen innerstaatlicher und ausländischer öffentlicher Anleihe.*

10   *Die in der Sowjetunion 1928–1958 tätigen staatlichen Unternehmen, bei der landwirtschaftliche Genossenschaften Maschinen ausleihen konnten.*

11   *Der Kulak – Grossbauer im zaristischen Russland.*

4. UMGESTALTUNGEN IM SOWJETISCHEN SYSTEM

Wappen der Sowjetrepublik Litauen   *Wappen der Sowjetrepublik Lettland*   *Wappen der Sowjetrepublik Estland*

4.1. DIE TAUPERIODE

Der Umbruch erfolgte nach dem Tod Stalins im Frühling 1953, als die Säuberung der Sicherheitsorgane vorgenommen wurde. Die bisherige Gewaltpolitik begann nachzulassen, Verhaftungen wurden immer seltener und die Deportationen wurden eingestellt. An die Stelle der früheren totalen Angstatmosphäre traten allmählich elementare persönliche Freiheiten. Die Gefangenen und Deportierten fingen an, in die Heimat zurückzukehren, einige ohne Anlass Verurteilte wurden rehabilitiert[12].

Der zeitliche Rahmen sowie die Ausdehnung der Liberalisierung der Umstände war in den baltischen Staaten jeweils unterschiedlich. In Litauen und Lettland begannen diese Wandlungen schon 1953, als Lavrentii Berija die neue politische Richtung in Bezug auf die nationalen Unionsrepubliken eingeschlagen hatte. Das bedeutete die Übergabe von Entscheidungsrechten an die nationalen Verwaltungen. In Litauen und Lettland trat in diesen Jahren eine **Generation der nationalen Kommunisten** auf, die versuchten, die anderssprachigen Parteifunktionäre zu verdrängen und mehr als bisher die örtlichen Bedürfnisse und Möglichkeiten zu berücksichtigen. Der neue Kurs konnte auch dann eingehalten werden, als L. Berija zum Volksfeind erklärt und hingerichtet wurde.

Jedoch dauerte die Zeit der nationalen Kommunisten in **Lettland** nicht lange. Im Machtkampf innerhalb der Partei gewannen die Stalinisten die Oberhand, und nach dem Juliplenum der lettischen Kommunistischen Partei von 1959 wurden ca. 2 000 national gesinnte Spitzenpolitiker von der Macht entfernt. Fast alle Schlüsselpositionen gingen an Personen über, denen das lettische Volk und die Kultur fremd waren und die am Schicksal Lettlands nicht das geringste Interesse hatten, sondern nur die strikte Einhaltung der Anordnungen Moskaus verfolgten.

In **Estland** entfaltete sich die Tauwetterperiode langsamer als anderswo, denn die 1950 an die Macht gekommenen Machthaber behielten ihre Posten. Die junge Generation der nationalen Kommunisten bildete sich hier erst in den sech-

N. Chruschtschow beim Besuch in der Sowjetrepublik Lettland. Der Besuch des Generalsekretärs des sowjetischen Zentralkomitees wurde zum Symbol des Beginns der Russifizierung in Lettland.

---

12   *Ansehen von jemandem wiederherstellen, ihn wieder in frühere Rechte zurückversetzen, seine Verurteilung aufheben.*

ziger Jahren heraus. Ihr Ziel war, Erfahrungen zu sammeln, um sie dann zur Reform der Bedingungen in Estland und der Parteipolitik anzuwenden. Der naive Idealismus, der nicht durchschaut hat, dass die örtliche politische Spitze nur eine Marionette Moskaus war, liess sich von Versuchen der Tschechoslowakei, einen „humanen Sozialismus" zu gründen, inspirieren – und brach zusammen, als der sogenannte „Prager Frühling" 1968 erstickt wurde. Etwa um diese Zeit ging auch die Tauwetterperiode Litauens zu Ende.

Selbstverständlich konnten die nationalen Kommunisten eine Abänderung des Status der baltischen Länder nicht bewirken. Die Okkupation dauerte an, die Pseudoparlamente und Marionettenregierungen befolgten nach wie vor die aus Moskau erteilten Befehle. Zum einen wurden die Aktivitäten der nationalen Kommunisten von innerparteilichen Intrigen hervorgerufen, zum anderen aber von den Bestrebungen Moskaus, eine Lockerung seiner Kontrolle über die nationalen Unionsrepubliken vorzutäuschen und somit seine örtliche Anhängerschaft zu erweitern. Dafür wurde auch das Mitbestimmungsrecht vor Ort vergrössert; unter anderem begann man mit der Ausarbeitung lokaler Gesetze.

Allmählich entstanden **Kontakte mit der westlichen Welt** (unter der Aufsicht der Sicherheitsorgane) – anfangs in der Form von wissenschaftlichen Beziehungen, später als Kulturaustausch. Bald wurden Briefwechsel mit im Ausland lebenden Verwandten sowie Besuche ausländischer Touristen zugelassen. Vilnius wurde für Touristen 1959, Tallinn 1965 zugänglich gemacht. Mit den Touristen gelangten westliche Verbraucherkultur und ausländische Konsumgüter sowie Kleidung in die baltischen Länder. Die ausländischen Rundfunksender – „Die Stimme Amerikas", „Freies Europa" und „Rundfunksender Freiheit" sowie in Estland auch das finnische Fernsehen wurden zu Quellen von wahrheitsgetreuen Informationen.

Wegen der Untätigkeit der Westmächte gegenüber der Sowjetunion, als deren Truppen 1956 den Aufstand in Ungarn niedergeworfen hatten, schwand die Hoffnung der baltischen Völker auf einen Krieg zwischen den USA und der Sowjetunion. Es wurde klar, dass mit auswärtiger Hilfe nicht zu rechnen war, die sich liberalisierenden Umstände das Überleben aber möglich machten. Daher begannen sich die Menschen allmählich dem sowjetischen Regime anzupassen, gaben den direkten Widerstand auf und versuchten, mit der Staatsmacht zusammenzuarbeiten.

Der offene bewaffnete Kampf sowie die ganze **Widerstandsbewegung** erloschen in der 2. Hälfte der fünfziger Jahre. Eine Rolle spielte dabei der von den nationalen Kommunisten propagierte Weg der inneren Wandlung, der es ermöglichte, die Aktivität anders zu kanalisieren. Natürlich gab es auch weiterhin Menschen, die an nationalen Feiertagen die Nationalfahne hissten oder Flugblätter verteilten, aber ihr Einfluss war nur gering.

4.2. WIRTSCHAFTLICHE UMGESTALTUNGEN

Mit der politischen Tauperiode begann die Umgestaltung des Wirtschaftslebens. Stichworte der neuen Wirtschaft waren Steuerung und Planung, **Dezentralisierung**, Förderung der örtlichen Initiative und Berücksichtigung der Eigenarten, Bedürfnisse und Möglichkeiten der unterschiedlichen Gebiete.

Die Vorzugsbehandlung der **Industrie** wurde fortgesetzt, aber die Rolle Moskaus beim Steuern der Unternehmen verminderte sich. Zur Lenkung der Industrie wurden in Litauen, Lettland und Estland **Volkswirtschaftssowjets** gebildet. Sie berücksichtigten mehr die zweckmässige Ausnutzung der örtlichen Möglichkeiten sowie die lokalen Anforderungen. Der Gerätebau, der wenig Materialaufwand benötigte, dafür aber eine über dem Durchschnitt liegende Arbeitskultur und Professionalität voraussetzte, wurde besonders gefördert. Rasch entwickelten sich auch die Leicht- und Lebensmittelindustrie. Der Produktionsprozess wurde modernisiert, die manuelle Arbeit von automatischen Werkbänken und Fliessbändern abgelöst.

Trotzdem wurden die allgemeinen Vorschriften der Wirtschaftsentwicklung von Moskau aus erteilt, das Bestimmungsrecht vor Ort bezog sich nur auf zweitrangige Probleme. Die zentralen Organe der Sowjetunion haben nach wie vor die Planziffern vorgeschrieben und auf der Förderung der Industriezweige bestanden, die den

Abbau von Ölschiefer

In der Waggonfabrik von Riga hergestellte Lokomotive

reduziert. Die ineffizienten Maschinen-Traktoren-Stationen wurden abgeschafft, die Landwirtschaft elektrifiziert, der Maschinenpark vervollständigt. Es fand Melioration sowie eine breitere Anwendung von Mineraldünger statt; die Ausbildung von hochqualifiziertem leitendem Personal setzte ein. Dank dieser Massnahmen begann sich die Landwirtschaft von den verheerenden Folgen der Zwangskollektivierung zu erholen und erreichte Ende der sechziger Jahre in manchen Bereichen den Stand der Vorkriegszeit. Eine gegenteilige, die Entwicklung hindernde Wirkung hatten aber verschiedene Kampagnen über die ganze Sowjetunion, wie der Anbau von Hybridrüben und Kukuruz sowie der Kartoffelanbau im Quadratnetzverfahren. Die Mehrheit des für die Landwirtschaft bereigestellten Geldes wurde von der Urbarmachung des Neulandes in Kasachstan verschlungen. In Lettland wurden die in der Tauwetterperiode begonnenen Reformen schon Anfang der sechziger Jahre eingestellt.

allgemeinen Interessen der Sowjetunion dienten (Elektroenergie, Schwermaschinenbau, Chemieindustrie).

Ende der fünfziger Jahre vollzogen sich wesentliche Reformen in der **Landwirtschaft**. Um die mit der Kollektivierung begonnene Krise zu überwinden, wurde stark in die Landwirtschaft investiert, die Aufkaufpreise für Landwirtschaftsprodukte wurden erhöht, die Verkaufsnormen

In den Jahren der Tauperiode stieg der **Lebensstandard** im Baltikum zusehends und erreichte ein höheres Niveau als im Durchschnitt der Sowjetunion. Mit der zunehmenden Produktion wuchsen auch die Einkommen der Arbeiter und stieg ihre Kaufkraft. Zur Prestigesache wurden Einfamilienhäuser, Privatautos und die relativ moderne Ausstattung der Häuser. In wesentlichem Masse stiegen die Bankeinlagen (Sparkasseneinlagen). Die Versorgung dieser Jahre war besser als je zuvor bzw. später, denn gemäss der damaligen Versorgungspolitik wurden in erster Linie die Bedürfnisse der eigenen Unionsrepublik gedeckt, den Rest bekamen die Allunions-Fonds.

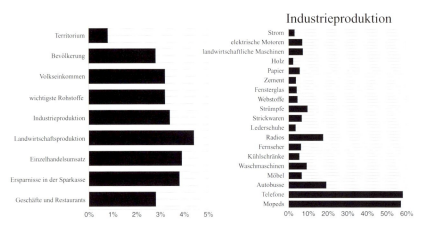

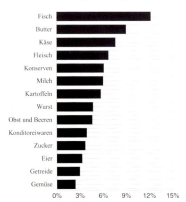

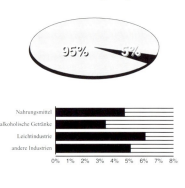

Anteil der baltischen Republiken an der Wirtschaft der UdSSR

4.3. GESELLSCHAFTLICHE VERÄNDERUNGEN

Der politischen Liberalisierung der Sowjetunion wurde durch den Machtwechsel im Kreml 1964 ein Ende gesetzt, als an Stelle des abgesetzten Nikita Chruschtschow **Leonid Breschnjew** zum Generalsekretär der KPdSU ernannt wurde. Die ersten Veränderungen verliefen noch zögerlich, aber nach den Ereignissen in der Tschechoslowakei begann die **Zentralisierung** zuzunehmen, die Selbstentscheidungsbefugnisse der untergeordneten Behörden wurden eingeschränkt, die Einhaltung der von oben kommenden Direktiven vorrangig gemacht. Damit begann das Wuchern der **Bürokratie**. Es wurde eine totale Kontrolle über die meisten Lebensbereiche eingeführt und alle auf Eigeninitiative fussenden Unternehmungen wurden verboten.

In der 2. Hälfte der siebziger Jahre wurde wieder vom Nationalismus in den baltischen Ländern gesprochen, und festgestellt, dass das Baltikum sich in der Gefechtszone des immer mehr zunehmenden **ideologischen Kampfes** befinde. Mit dem dagegen eingesetzten ideologischen Kampf und der Wachsamkeit der Partei wurden alle Massnahmen der gesellschaftlichen Gleichschaltung begründet.

Die **Nationalitätenpolitik** der Partei, die alle Nationalitäten der Sowjetunion in ein sowjetisches Volk zusammenzuschmelzen beabsichtigte, erregte Unruhe. In der Tat bedeutete das die **Russifizierung** der Unionsrepubliken. Es wurde geplant, schon im Kindergarten Russisch zu unterrichten, gemischte Schulen zu gründen, die Stundenzahl von Russisch in den Schulen zu vergrössern, in vielen Ämtern sowie in der Wissenschaft die russische Sprache einzuführen etc. Mit dieser Kampagne wurde zwar die Zweisprachigkeit propagiert, dabei aber vergessen, den in den baltischen Ländern lebenden anderen Völkern auch die einheimische Sprache beizubringen. Eine solche Politik rief nur Spannungen und Unzufriedenheit hervor.

Die Vertreter der Sowjetmacht in Lettland und Estland unternahmen nichts, um die sich häufenden sozialen Spannungen auszugleichen, sondern bestanden stumpfsinnig auf der Einhaltung der Direktiven Moskaus. Andererseits hatte das Volk keine Möglichkeit, seinen Missmut auf legalem Wege zu zeigen. Die sich vertiefende Unzufriedenheit kam besonders deutlich unter den Jugendlichen zum Vorschein.

Durch die immer stärker werdende **Dissidentenbewegung** gelangten die Russifizierungspläne auch zu den Westmächten und wurden in den dortigen Massenmedien bekanntgemacht. Dies zwang die Sowjets, auf eine

L. Breschnjew

forcierte Russifizierung zu verzichten. Jedoch blieb die allgemein stickige Atmosphäre bestehen, und wurde mit der Zeit noch drückender. Die Förderung des moskaugesinnten Personals setzte sich fort. Mit politischen Prozessen wurde versucht, die Dissidentenbewegung lahmzulegen. Weder das Auswechseln der Generalsekretäre der KPdSU in der 1. Hälfte der achziger Jahre noch der von Michail Gorbatschow ausgerufene Beschleunigungskurs und die Perestroika konnten grössere Veränderungen herbeiführen. Bis 1987 erfolgten in den baltischen Ländern keine bedeutenden Reformen.

Infolge der Wirtschaftsreform von 1965 wurde die territoriale **Leitung der Produktion** durch eine branchenmässige ersetzt. Dafür wurden die Volkswirtschaftssowjets aufgelöst und man kehrte zur zentralisierten Steuerung zurück. Wieder wurden die meisten Industriebetriebe Moskau direkt unterstellt: von den estnischen Unternehmen waren 28% der Union, 63% der Union und der Unionsrepublik und nur 9% der Unionsrepublik zugeordnet. In Litauen waren die entsprechenden Zahlen 28%, 60% und 12%. Das Überwiegen von durch unkundige Beamten ausgeteilten Befehlen und Verboten nahm zu und das gesamte Wirtschaftsleben wurde bürokratisiert.

Montage von Kleinbussen in der Fabrik von Jelgava

In den siebziger Jahren geriet die Wirtschaft der Sowjetunion in eine **Krise**. Die bisherigen Möglichkeiten des extensiven Fortschritts hatten sich erschöpft, die Versuche, auf eine intensive Entwicklung überzugehen aber scheiterten. Die zentralisierte und bürokratisierte Befehlswirtschaft hat die örtliche Initiative unterdrückt und die Inkompetenz der Entscheider vertieft. Die auf die gesamte Sowjetunion ausgerichteten Massstäbe machten die Lenkung des ganzen Wirtschaftskomplexes so gut wie unmöglich – die Behörden kümmerten sich nur um ihre eigenen Interessen.

Es wurde versucht, die Krise durch blindes Kopieren ausländischer Vorbilder zu durchbrechen, jedoch funktionierten diese Modelle in einem totalitären Staat nicht. Die Bildung von **riesigen Produktionsvereinigungen** wurde das Ziel *per se*, die objektive Analyse, die deren Ineffizienz bewiesen hatte, wurde nicht akzeptiert. Die Konzentration der Industrie scheiterte.

Die **technische Rückständigkeit** gegenüber den westlichen Ländern nahm zu, der **Arbeitseifer** liess nach: die Arbeit wurde immer unwichtiger, das Faulenzen und die Aneignung von Staatsvermögen wurden alltägliche Erscheinungen, die Arbeitsproduktivität und -qualität sanken. Der Raubbau der natürlichen Ressourcen sowie die Umweltverschmutzung stiegen über die Massen.

Die Entwicklung der **Landwirtschaft** verlangsamte sich. Der Zusammenschluss von Kleinkolchosen zu **Grossbetrieben** nahm Züge der Gigantomanie[13] an. Die Leitung der Grossbetriebe wurde unflexibel, es verschwanden Besitzerverhalten und persönliche Verantwortung. Die Riesenbetriebe stiessen auf das Problem der rückständigen Randgebiete. Die Versuche, die Landarbeit in eine industrielle Grossproduktion zu verwandeln, scheiterten daran, dass man den Planziffern nachjagte. Die neugegründeten riesengrossen Geflügelfabriken, Grossfarmen und Schweinekombinate haben sich nicht als effizient erwiesen, der Produktionszuwachs war wesentlich kleiner als erwartet.

Um die entstandene Situation zu verbessern, wurden in der 2. Hälfte der siebziger Jahre die **Agrar-Industrie-Genossenschaften** gebildet, die sich mit der Produktion, Verarbeitung, Vermarktung, Versorgung und darüber hinaus auch mit Sozialproblemen befassten. Da solche Gemeinschaften experimentell nur in einigen Bezirken gegründet wurden, haben sie sich relativ gut bezahlt gemacht; die Genossenschaften auf der Ebene der Einzelrepubliken dagegen konnten wegen der hohen Zentralisierung und der Bürokratie die in sie gesetzten Hoffnungen nicht erfüllen.

Zugleich wurden immer grössere Abgaben für die Fonds der Union gefordert. Besonders hart traf die Unionsrepubliken das 1982 verabschiedete **Verpflegungsprogramm der Union**, in dem ein rapider Aufstieg der Lebensmittelproduktion vorgesehen wurde. Die zur Durchführung des Programms gegebenen Garantien wurden nicht eingehalten, auf die Planerfüllung dagegen wurde aber streng bestanden. Die baltischen Staaten wurden zum landwirtschaftlichen Hinterland des nordwestlichen Teils der Sowjetunion. 50% der hier erzeugten Lebensmittel wurden in die Sowjetunion abgeliefert, dabei stand an erster Stelle das Füllen der Fonds der Union, den Rest durften die Republiken für ihre Bedürfnisse behalten.

In den siebziger und achtziger Jahren sank der **Lebensstandard** des Volkes zunehmend. Die bisherige Überlegenheit der baltischen Länder über andere Gebiete der Sowjetunion begann zurückzugehen – die wirtschaftliche Situation hatte sich ausgeglichen. Zum grossen Problem wurde das Defizit an Konsumgütern und Lebensmitteln, was seinerseits die Herausbildung von Schattenwirtschaft und wechselseitiger Bürgschaft begünstigte. Die Preise fingen an, allmählich inflationär zu steigen. Mit dem zurückge-

Nach J. Gagarin benannter Schweinezuchtbetrieb 1977

---

13   *die Gigantomanie – Sucht, alles ins Masslose, Riesenhafte zu übersteigern, mit gewaltigen Ausmassen zu gestalten.*

henden Lebensstandard verschärften sich die sozialen Probleme.

Für die einheimische Bevölkerung wurde der schnelle **Zufluss der Einwanderer** immer bedrohlicher, der sich zwar während der Tauperiode reduziert hatte, in den siebziger Jahren aber einen neuen Zuwachs erlebte und sich als Folge der Russifizierungskampagne ausdehnte. In Lettland bildete die einheimische Bevölkerung 1989 nur noch 52%, in Estland kaum 62% und nur in Litauen 80% der Gesamtbevölkerung. In den lettischen und estnischen Industriestädten war die einheimische Bevölkerung schon in der Minderheit.

Auf den Banknoten war der Geldwert in allen offiziellen Sprachen der Sowjetrepubliken vermerkt, darunter auch auf Litauisch, Lettisch und Estnisch

4.4. WIDERSTAND GEGEN DAS SOWJETREGIME

Der Widerstand gewann in den siebziger Jahren in **Litauen** ein neues Gesicht, wo die **katholische Kirche** eine gewichtige Rolle spielte. 1968 begann man hier auf Anregung der Kirche mit dem Verfassen von Petitionen, in denen man auf Gewissensfreiheit bestand. 1971 wurde eine mit 17 000 Unterschriften versehene Petition an die UNO und nach Moskau gesandt. Ein Jahr danach begann die illegale oppositionelle Zeitschrift „Die Chronik der Katholischen Kirche Litauens" zu erscheinen, der in Kürze eine Reihe illegaler Publikationen, darunter auch Bücher, folgten. Berühmte Künstler wie der Regisseur Jonas Jurašas, der Dichter Tomas Venclova u. a. traten mit Einsprüchen gegen die negativen Erscheinungen der sowjetischen Lebensart auf.

In den siebziger Jahren erstreckte sich die **Dissidentenbewegung** über alle baltischen Länder. Die Andersdenkenden veröffentlichten illegale Periodika, verbreiteten wahrheitsgetreue Informationen und traten für die Verteidigung der Menschenrechte ein. Die erste grosse Aktion der Dissidenten erfolgte in Estland 1972, als in einem an die UNO geschickten Memorandum die Wiederherstellung der Selbständigkeit Estlands gefordert wurde. Trotz der Repressalien hat sich die Bewegung ausgebreitet. Es wurden Kontakte mit ehemaligen politischen Gefangenen, freidenkenden Intellektuellen und Exil-Esten aufgenommen und eine illegale Chronik „Beiträge zur freien Verbreitung der Gedanken und Nachrichten in Estland" ins Leben gerufen. Besonders aktiv wurden zum Ende des Jahrzehnts Appelle[14] und Memoranden verfasst.

Die Zusammenarbeit zwischen den Dissidenten der baltischen Staaten begann 1975 vor der **Europäischen Konferenz für Sicherheit und Zusammenarbeit** (KSZE) in **Helsinki**, als die Andersdenkenden Lettlands und Estlands einen gemeinsamen Aufruf nach Helsinki gesandt haben. In Litauen wurde 1976 eine Gruppe zur Aufsicht über die Einhaltung der Helsinki-Beschlüsse gegründet. Der Vorsitzende der Gruppe, Viktoras Petkus, leitete die Massnahmen zur Gründung der Organisation der baltischen Länder ein, und im August 1977 wurde auch das Generalkomitee der Nationalen Bewegungen von Estland-Lettland-Litauen gegründet. Wegen einiger Verhaftungen blieb seine

Neuer Stadtteil von Riga

---

14 *Der Appell – auffordernde, aufrüttelnde Mahnung; Aufruf.*

Freiheitssäule in der Innenstadt von Riga

estnischen, lettischen und litauischen Dissidenten an die Regierungen der Sowjetunion, der Bundesrepublik Deutschland, der Deutschen Demokratischen Republik und die Staaten, die die Atlantik-Charta unterzeichnet haben sowie an den Generalsekretär der UNO, in dem die Veröffentlichung des Geheimprotokolls des Hitler-Stalin-Pakts und die Erklärung seiner Völkerrechtswidrigkeit wie auch die Abschaffung seiner Folgen gefordert wurde.

Doch schon Anfang der achziger Jahre verstärkte der **KGB** seine Aktivitäten gegen die Dissidenten. Nacheinander folgten politische Prozesse, in denen die führenden Dissidenten zu langjährigen Haftstrafen verurteilt wurden. **Jüri Kukk**, der 1981 im Gefangenenlager umgekommene Dozent der Universität Tartu, wurde zum Symbol des Freiheitskampfs. Bis 1985 hatte der Sicherheitsdienst sein Ziel erreicht: die Dissidenten zogen sich vorübergehend zurück.

Neben den beherrschenden Aktivitäten der Dissidenten, der den oppositionellen Intellektuellen und den kirchlichen Vertretern gab es in diesen Jahren auch mehrere spontane Kundgebungen. Am 14. Mai 1972 hat sich der 19jährige Romas Kalanta in **Kaunas** aus politischen Gründen mit Benzin übergossen und angezündet. Am Tage seiner Beerdigung versammelten sich auf den Strassen viele tausende Jugendliche, die die Losung „Freiheit für Litauen!" skandierten. Darauf folgten Auseinandersetzungen mit der Miliz, über 500 Menschen wurden verhaftet. Ein anderer grosser Ausbruch von Unzufriedenheit ereignete sich am 10. Oktober 1977 in **Vilnius**, wo gegen die neue Verfassung der Sowjetunion Einspruch erhoben wurde.

Existenz leider nur marginal, aber die Zusammenarbeit wurde trotzdem fortgesetzt.

Im Folgenden haben die Vertreter der baltischen Staaten der UNO und der Weltöffentlichkeit einen Appell vorgelegt, der sie an die Existenz der okkupierten baltischen Staaten erinnerte und auf die Verletzung der Menschenrechte aufmerksam machte. Zum berühmtesten unter den Mahnrufen wurde der anlässlich des 40. Jahrestages des Hitler-Stalin-Pakts verfasste **Baltische Appell**, der öffentliche Brief von 45

Im September 1980 rief das Auftrittsverbot einer populären Punkband in **Tallinn** einen Protestmarsch von hunderten von Jugendlichen durch die Stadt hervor. Die Demonstranten wurden auseinandergetrieben, es folgten Verhaftungen und Ausschlüsse aus der Schule. In der Woche danach versammelten sich die Jugendlichen schon organisiert, es wurden politische Losungen gerufen. Infolge der Demonstration schrieben 40 estnische Künstler und Wissenschaftler einen offenen Brief an führende Zeitungen in Moskau und Tallinn. In dem Brief wurden die Gründe der Vorgänge analysiert, ebenso auf die Sorge der Esten um das Schwinden ihres Volkes hingewiesen. Das Ziel der Autoren war eine öffentliche Diskussion mit den Machthabern, der Appell wurde aber totgeschwiegen und die Menschen, die den Brief unterzeichnet hatten, wurden verfolgt. Dadurch wurde endgültig klar, dass eine Reform des Systems von innen heraus nicht machbar war.

Demonstration in Kaunas am 14. Mai 1972

5. ENTWICKLUNG DER KULTUR

Die Besatzungsmacht begann schon 1944 die zielstrebige Vernichtung der Kultur mit dem Ziel, die junge Generation von ihrer Vergangenheit abzuschneiden. Die Vereinsbewegung, die in den vorangehenden Jahren eine wichtige gesellschaftliche Rolle gespielt hatte, wurde abgeschafft. Massenhaft wurden Bücher vernichtet, Zeitschriften eingestellt, die Selbständigkeit symbolisierende Denkmäler zerstört. Es wurde auf der Loslösung der „degenerierten westlichen Kultur" von der sowjetischen Kultur bestanden. Die Künstler, deren Werke nicht den sowjetischen Massstäben entsprachen, wurden geächtet. Wenn sie Glück hatten, wurden sie nur totgeschwiegen, im schlimmsten Falle aber verhaftet. Viele sind der Deportation zum Opfer gefallen und kamen in Gefangenenlagern um.

Laut der stalinistischen Ideologie musste die sowjetische Kultur in ihrem Inhalt sozialistisch und in ihrer Form national sein. Der einzige zugelassene Stil war der **sozialistische Realismus**; in ihrer Thematik mussten die Werke die Widersprüche zur früheren Gesellschaft brandmarken, den revolutionären Kampf oder die sozialistische Aufbauarbeit darstellen. Die Autoren hatten den Optimismus zur sonnigen, kommunistischen Zukunft zu pflegen. Die Werke der Nachkriegsjahre waren von naiver Pathetik getragen und in künstlerischer Hinsicht nicht bedeutend.

Lettisches Sängerfest

Schnell nahm die **Popularität des Volkslieds und -tanzes** zu. Schon 1947 wurde in Estland ein Sängerfest durchgeführt. Sänger- und Tanzfeste wurden auch in Lettland und Litauen veranstaltet. Solche nationalen Massenveranstaltungen waren die ganze Okkupationszeit hindurch Äusserungsmöglichkeiten der nationalen Gefühle.

In eine besonders bedrängte Situation gerieten die **religiösen Organisationen**. Die Einstellung der Sowjetmacht zur Religion als der konkurrierenden Ideologie war höchst negativ. Die Tätigkeit der Kirchen wurde nicht direkt verboten, wohl aber die Durchführung der religiösen Aktivitäten behindert. Der grösste Teil des Vermögens der Gemeinden wurde nationalisiert, trotzdem wurden aber alle möglichen Steuern eingefordert. Der Sicherheitsdienst interessierte sich besonders für Pastoren, von denen viele verhaftet wurden. Die Vorbereitung von jungen Geistlichen wurde erschwert. Die systematische **antireligiöse Propaganda**, die den Menschen schon von Kindheit an begleitete, hat auch Früchte getragen. Ab den sechziger Jahren begann die Rolle der Kirche in der Gesellschaft zurückzugehen, mit dem Ableben der älteren Generation schmolz die Zahl der Gemeindeangehörigen zusammen, religiöse Zeremonien wurden immer mehr durch weltliche ersetzt.

Während der **Tauperiode** wuchs die Generation heran, die ihre Bildung in einer sowjetischen Schule bekommen hatte. Die Liberalisierung der Umstände ermöglichte der neuen Generation, unter schwächerem ideologischen Druck zu handeln, sich freier auszudrücken und das darzustellen, was sie – nicht die Partei und Regierung – für wichtig hielten. Die bisherige überstrenge Zensur milderte sich und verzichtete auf das mit Zwang verbundene Aufdrängen von starren Kunstkanons. Zwar blieb der sozialistische Realismus die einzige offiziell anerkannte Kunstmethode, aber sein Inhalt wurde erweitert und man verzichtete auf die meisten stalinistischen Einschränkungen. Wieder eröffneten sich Möglichkeiten, internationale Kontakte aufzunehmen und die westliche Kultur kennenzulernen. Zum Teil erfolgte eine Rückkehr zur anerkannten Klassik. Viele frühere Autoren kamen wieder zu Ansehen und vorsichtig konnte sogar die Kultur im Exil erwähnt werden. Die in der Sowjetunion geächteten westlichen Kulturrichtungen fanden einen festen Platz im Kulturleben der baltischen Länder. Es wurden Jazzfestivals und Ausstellungen avantgardistischer Kunst veranstaltet, etwas später verbreitete sich die Rockmusik.

Zur **litauischen** Literatur zählten zwischen 1950 und 1970 die Dichter J. Marcinkevičius, J. Vaičiunaite und M. Martinaitis, die Schriftsteller J. Avyžius, M. Sluckis, R. Lankauskas u. a., die Dramatiker J. Grušas und K. Saja. Die grösste Berühmtheit erlangten in dieser Periode die Graphiker S. Krasauskas, A. Makunaite, V. Kalinauskas u. a. Unter den Komponisten der jüngeren Generation traten B. Dvarionas, E. Balsys, F. Bajoras und der Dirigent J. Švedas hervor. Einen beachtlichen Stand erreichte der litauische Film; das Schaffen von V. Žalakevičius, A. Žebriunas und A. Grikevičius erregte grosses Aufsehen.

In **Lettland** traten in den Jahren 1950–1980 die Dichter O. Vacietis und I. Ziedonis und die Schriftsteller M. Birze, R. Ezera und A. Bels an die Öffentlichkeit. Die Künstler E. Iltners und I. Zariņš waren tonangebend nicht nur im lettischen Kunstleben, sondern beeinflussten wesentlich die Malerei der ganzen Sowjetunion. In der Musik spielten die Komponisten I. Kalniņš, R. Pauls und P. Dambis eine massgebliche Rolle. Auf der Theaterbühne und der Leinwand wurden H. Liepiņš, V. Artmane, E. Pavuls, E. Valters u. a. bekannt.

In der **estnischen** Literatur traten die jungen Autoren P.-E. Rummo, J. Kaplinski, M. Unt, V. Luik sowie als Autor von historischen Roma-

Fragment eines Gemäldes von E. Iltners

nen J. Kross auf. In avantgardistischen Künstlergruppen begannen J. Arrak, A. Keskküla und L. Lapin ihren künstlerischen Weg. Aus der Theaterschule von V. Panso gingen viele junge Schauspieler und künftige Regisseure hervor. In der estnischen Musik traten die späteren Weltnamen A. Pärt, V. Tormis und N. Järvi hervor.

Nach der Tauperiode wurden viele frühere Kunstverlage verboten. Ein Teil der künstlerisch tätigen Intelligenz war gezwungen, über längere oder kürzere Zeit auf die Veröffentlichung ihrer Werke zu verzichten. Wieder wurde versucht, die westlichen kulturellen Einflüsse zu reduzieren und die Wichtigkeit der russisch-sowjetischen Autoren zu unterstreichen. Die inzwischen lockerer gewordene **Zensur** wurde wieder schärfer. Neben der offiziellen Zensur wurde immer wirksamer die Eigenzensur, indem die Autoren selbst aus ihren Werken alle erdenklichen unerwünschten Elemente beseitigten. Die Gängelung des kulturellen Lebens wuchs. Freilich wurden die der stalinistischen Zeit eigenen Repressalien nicht angewandt und verfolgt wurden nur einzelne, die ihre Standpunkte zu offen äusserten. Zumal die Strenge der Strafen nicht mit der der Stalin-Zeit zu vergleichen war, gab es eine Reihe von Künstlern, die die sowjetische Wirklichkeit wahrheitsgetreu wiederzugeben wussten, ohne sich zu gefährden. In diesen Jahren wuchs die Professionalität der Künstler, die neue Wege der Formgestaltung suchten und dem staatlichen Patriotismus so wenig wie möglich folgten.

So wie die ganze Gesellschaft, wurde auch das **Bildungsleben** strenger Kontrolle unterstellt. In neuen Unterrichtsprogrammen und

S. Krasauskas (Illustration zur Gedichtesammlung „Sie leben ewig")

Lehrbüchern wurde der russischen Sprache, Geschichte und Geographie eine überproportional grosse Bedeutung beigemessen, in den Schulen wurde atheistische Propaganda betrieben, den Jugendlichen kommunistische Ideale eingeredet. Tausende bisherige Pädagogen wurden entlassen oder verhaftet. In den Schulen wurden kommunistische Vereinigungen, die Pionier- oder Komsomolorganisationen gegründet.

J. Arrak „Zirkus"

Anscheinend wandte der Staat den Schulen viel Aufmerksamkeit zu: die Schulen wurden kostenlos, die allgemeine 7jährige (später 8jährige) Schulpflicht wurde eingeführt und in den siebziger Jahren die allgemeine obligatorische Oberschulbildung als Ziel gesetzt. Das bewirkte aber Zugeständnisse an die Kenntnisse der Schulabgänger sowie das Bemessen der Lernfortschritte in Prozenten. Das gesetzte Ziel musste um jeden Preis erfüllt werden – wenigstens in der Berichterstattung. Zugleich wurden aber **riesige Schulzentren** eingerichtet, die eine Menge unlösbarer pädagogischer Probleme aufgeworfen haben. Trotz allem konnte das Bildungswesen der baltischen Länder ein gewisses Niveau bewahren.

Die **Hochschulen** wurden reorganisiert: die Lehrstühle wurden durch Katheder, das auf freier Wahl der Fächer basierte Studium durch ein System von Kursen ersetzt. Die Selbstverwaltung der Studentenschaft wurde aufgehoben, die Studienpläne an die Studienpläne der Sowjetunion angeglichen. Die Anzahl der Hochschulen stieg zwar, aber die neugegründeten sowjetischen Institute bereiteten Fachleute mit beschränktem Blickwinkel und enger Spezialisierung vor. Die an den Universitäten tätigen **wissenschaftlichen Institutionen** wurden dem System der Wissenschaftlichen Akademie untergeordnet. Eine lähmende Auswirkung auf die Entwicklung der nationalen Wissenschaften hatten die ideologischen Einschränkungen, in erster Linie die Konzeptionen der Geschichtswissenschaft, die mit dem Geschichtsbild der KPdSU übereinstimmen mussten. Und trotzdem gelang es nicht, die Wissenschaft abzuschnüren: neben den den Repressalien entkommenen ehemaligen Spitzennamen der Wissenschaft traten Wissenschaftler der neuen Generation auf.

6. ESTNISCHE, LETTISCHE UND LITAUISCHE EMIGRATION

Die Auswanderung aus den baltischen Ländern begann schon in der 2. Hälfte des 19. Jh. Der grösste Teil der ersten Umsiedler zog wegen des Landmangels nach Russland, aber schon um die Jahrhundertwende begann die Auswanderung nach Westen, in erster Linie nach Nordamerika. Besonders massenhaft war die Emigration aus Litauen: Anfang des 20. Jh. wanderten von dort alleine in die USA 250 000 Menschen aus.

Die Baltische Universität in Hamburg

Politische Emigration gab es während des 2. Weltkrieges. Die meisten Bürger der baltischen Staaten, die sich während des Staatsstreichs im Ausland aufhielten, kehrten nicht mehr in die Heimat zurück. Dem Aufruf Hitlers folgten die Baltendeutschen, die über viele Jahrhunderte in Lettland und Estland gelebt hatten, vor dem Krieg flohen die Juden und die estnischen Schweden. Eine umfassende Flucht von Einheimischen begann 1944/1945, als viele Tausend Menschen ihre Heimat verliessen, um nicht in den Griff der sowjetischen Okkupationsmacht zu gelangen. Nach Westen kamen 64 000 Litauer, 120 000 Letten und 80 000 Esten, die meisten davon als Zivilflüchtlinge, aber auch einige Tausend Männer, die in der deutschen Armee gedient hatten.

Die Mehrheit der Emigranten gelangte bei Kriegsende nach **Deutschland** (obwohl die Esten Schweden als ihre neue Heimat, die Litauer aber die USA und Kanada bevorzugt hätten), wo sie in DP-Lagern (Umsiedlerlager, engl. *displaced persons*) untergebracht wurden. Weil die Sowjetunion die baltischen Flüchtlinge für ihre Staatsbürger hielt, haben die Emissäre Moskaus alle erdenklichen Massnahmen zu deren **Repatriierung** ergriffen. Neben der Agitation, die unmittelbar unter den Flüchtlingen betrieben wurde, wurde auch auf die Regierungen der Staaten, die sie aufgenommen hatten, Druck ausgeübt. Das veranlasste Schweden, 167 aus dem Baltikum stammende deutsche Soldaten an die Sowjetunion auszuliefern.

Wegen der wirtschaftlichen Schwierigkeiten versuchten die nach Deutschland gelangten Flüchtlinge in andere Staaten weiterzuziehen. In den Jahren 1947–1952 fand unter der Ägide der Internationalen Flüchtlingsorganisation (IRO, *International Refugee Organization*) eine **zweite Übersiedlung** statt, während der mehr als 27 000 Esten und über 100 000 Letten aus ihren bisherigen Aufenthaltsstaaten in andere kamen. 45% von ihnen gingen in die Vereinigten Staaten. Die grössten Kolonien der Esten bildeten sich in Schweden (20 000), Kanada (19 000), den USA (16 000) und Australien (6500). Die Mehrheit der Letten zog in die USA (45 000), nach Australien (21 000), England (18 000) und Kanada (13 000).

Der wichtigste Tätigkeitsbereich der Emigranten wurde die **Politik**. Schon 1943 wurde in den USA das „Hauptkomitee zur Befreiung Litauens" gegründet, dem 1955 die Weltorganisation der Litauer folgte. Im gleichen Jahr begann die „Weltvereinigung der Freien Letten" ihre Tätigkeit. Als kooperatives Organ verschiedener politischer Kräfte wurde von den USA-Esten der „Estnische Weltzentralrat", in Schweden aber der „Estnische Nationalrat" ins Leben gerufen. Aus der Initiative des Nationalrats heraus wurde am 12. Januar 1953 in Oslo die Exilregierung der Republik Estland als Träger der estnischen Selbständigkeitsidee aufgrund

Umzug der Teilnehmer des Welttreffens der Exilesten in der Stockholmer Innenstadt 1980

der juristischen Kontinuität gebildet. Die Emigrantenorganisationen haben tüchtige Arbeit geleistet, indem sie an die Regierungen vieler Staaten, internationale Organisationen und die wichtigsten internationalen Foren Appelle gesandt haben, die an die Okkupation der baltischen Staaten erinnerten.

Neben der Politik spielte die **kulturelle Tätigkeit** in der Emigration eine wesentliche Rolle. Diese begann schon unmittelbar nach dem Krieg in den DP-Lagern, wo sich die Flüchtlinge mit Literatur, Musik und Kunst, aber auch Theater befassten. Nationale Schulen wurden eingerichtet, in Hamburg die **Baltische Universität** und in Bonn das **Baltische Institut** gegründet. Die kulturelle Tätigkeit wurde durch die räumliche Streuung der Emigranten zwar erschwert, aber die meisten von ihnen haben doch Zeit gefunden, bei gemeinsamen Vorhaben – in Studentenvereinen, Pfadfinderorganisationen, Gesangschören, Liebhaberzirkeln oder Kirchengemeinden mitzumachen. Einen nicht zu überschätzenden Einsatz in die Kultur der baltischen Länder leisteten die in den Westen emigrierten Schriftsteller.

Dank enger Kontakte untereinander haben die Emigranten ihre Denkweise und **kulturelle Identität** bewahrt. Erst in den letzten Jahrzehn-

Das lettische Haus in Toronto

ten sind durch das fremde Milieu bedingte Veränderungen erfolgt. Viele Emigranten der dritten Generation haben sich ans Umfeld ihrer Wahlheimaten assimiliert, wodurch sie zum wesentlichen Teil ihre nationale Identität und ihre Muttersprache eingebüsst haben. Heute leben ausserhalb der baltischen Länder mehr als 500 000 Litauer, über 175 000 Letten und etwa 150 000 Esten.

Fragen

1. *Warum konnte 1944 das sowjetische Besatzungsregime in den baltischen Staaten wiedererrichtet werden? Was ereignete sich zu dieser Zeit im übrigen Teil Europas?*

2. *Wie hätte die abermalige Okkupation der baltischen Länder verhindert werden können? Welche Lösungen wären Ihrer Auffassung nach juristisch und politisch richtig gewesen?*

3. *Worin bestand die sogenannte „Baltische Frage" nach dem 2. Weltkrieg? Wie schätzen Sie die Verhaltensweise der Grossmächte in Bezug auf diese Frage ein?*

4. *Was war ähnlich und was unterschiedlich in der sowjetischen Unterdrückungspolitik in den baltischen Staaten? Was war ähnlich und was unterschiedlich bei den Widerstandsbewegungen dieser Länder?*

5. *Vergleichen Sie die territorialen Veränderungen in Litauen, Lettland und Estland in der Nachkriegsperiode. Ob und auf welche Weise haben sie das spätere Verhältnis mit der SU/Russland beeinflusst?*

6. *Warum begannen einige Menschen, mit der Besatzungsmacht zusammenzuarbeiten?*

7. *Wie könnte der „humane Sozialismus" Ihrer Meinung nach aussehen?*

8. *Wie äusserte sich die Sowjetisierung in der Politik, im Wirtschaftsleben, in der Kultur und im Alltag der baltischen Staaten?*

9. *Wie veränderten sich die politische Regelung, das Wirtschaftsleben, die Kultur und der Alltag der baltischen Staaten während der sogenannten Tauperiode?*

10. *Wie schätzen Sie die Tätigkeit der Dissidenten ein?*

VII. BALTISCHE
GESCHICHTE VON
1986–1996

1. BEGINN DER SELBSTÄNDIGKEITSBEWEGUNG IN DEN BALTISCHEN STAATEN

Zu Beginn der achtziger Jahre war das kommunistische Weltsystem in eine tiefe **Krise** geraten. Das Wirtschaftswachstum hatte fast aufgehört, die Kaufkraft des Rubels hatte sich 1985 im Vergleich zu 1960 um 50% vermindert, der Lebensstandard der Bevölkerung war gesunken. Die immer mehr spürbar gewordenen wirtschaftlichen Probleme sowie die Rückständigkeit unter den entwickelten Staaten ließen die Unzufriedenheit des Volkes zunehmen.

M. Gorbatschow

Die internationale Stellung der Sowjetunion hatte sich verschlechtert. Das Scheitern im Krieg mit Afghanistan wies auf die Verwundbarkeit ihrer Kriegsmaschine hin, die Ereignisse von 1980 in Polen sowie die Entstehung der unabhängigen Gewerkschaftsbewegung „Solidarität" zeugten von einer Abschwächung der Kontrolle auch über die mittel- und osteuropäischen Satellitenstaaten. Die weiteren Ereignisse sowie der Beginn der Umwandlungen in der Sowjetunion wurden in wesentlichem Masse durch die zielstrebige Politik der Westmächte beeinflusst. Die neuen westlichen Spitzenpolitiker wie z. B. Ronald Reagan und Margaret Thatcher, die die neuartige Denkweise vertraten, setzten sich die Vernichtung der Sowjetunion zum Ziel, anstatt sie zu neutralisieren. Im Januar 1983 visierte Ronald Reagan sein Hauptziel an, nämlich das sowjetische System zugrunde zu richten.

Die **Westmächte** beschleunigten das Wettrüsten, unterstützten die antikommunistischen Bewegungen in Afghanistan sowie Polen, reduzierten die Einkommen der Sowjetunion durch ein Herabsetzen der Erdölpreise und eine Wirtschaftssperre – und die Sowjetunion ging sozusagen pleite. Um das Sowjetreich und den Sozialismus zu retten, waren die sowjetischen Führer gezwungen, zumindest einige Reformen einzuleiten.

Erste Anzeichen von beginnenden Veränderungen wurden schon in der Regierungszeit des nach dem Tod Breschnjews an die Macht **gekommenen Juri Andropow** sichtbar. Weder ihm noch seinem Nachfolger Konstantin Tschernenko gelang es, lange an der Macht zu bleiben. Auf dem Plenum des Büros des Zentralkomitees der KPdSU am 11. März 1985 wurde **Michail Gorbatschow** als Vertreter der jüngeren Parteigeneration an die Spitze der Partei gewählt. Sein Ziel war die Verteidigung des bestehenden Systems. Um die Sowjetunion vor dem Konkurs zu retten und zugleich den Druck des Westens zu vermindern, musste die Gesellschaft teilweise demokratisiert werden.

Bald wuchsen die demokratischen Prozesse ihren Urhebern über den Kopf. Der Kampf um die Erhaltung der Macht nötigte Gorbatschow, Unterstützung ausserhalb der Partei zu suchen. Die **„Perestroika"** und **„Glasnost"** wurden eingeleitet. Vorläufig erstreckten sie sich hauptsächlich auf das Zentrum der Sowjetunion, wo die Äusserung kritischer Ansichten über zwei Themen – **Umweltprobleme** und **stalinistische Verbrechen** – zugelassen wurde. Die weiteren Ereignisse wurden in wesentlichem Masse von dem Kongress des Schriftstellerverbandes der SU, der am 28. April 1986 in Moskau stattfand, beeinflusst. Die auf dem Kongress herrschende ausserordentlich offene Atmosphäre spornte die Intellektuellen der Unionsrepubliken zu analogen Auftritten an.

In den baltischen Staaten wurde die Perestroika als eine der üblichen Kampagnen aufgenommen, der man zu folgen hatte, die wohl aber in Kürze wieder vorbeigehen würde. Die Leiter der baltischen Unionsrepubliken hatten nicht die Absicht, darauf mit gösseren Veränderungen zu reagieren. Diese Einstellung veränderte sich auch nicht, nachdem Gorbatschow Anfang 1987 Estland und Lettland besucht hatte.

Protestlauf der Grünen in Tartu

schen teilnahmen. Nach dem Abschluss der Kundgebung verabredeten die ehemaligen politischen Gefangenen aus allen baltischen Staaten, die daran teilgenommen hatten, am 23. August, am Jahrestag des Hitler-Stalin-Paktes in Vilnius, Riga und Tallinn analoge Demonstrationen zu veranstalten.

In **Litauen** und Estland hatten sich die Ereignisse zu der Zeit fast nach demselben Szenarium abgespielt wie in Lettland. Erfolgten die Vorgänge in Litauen unter relativ starker Kontrolle der kommunistischen Partei, so verlor die Partei in Estland schnell ihre aufsichtsführende Rolle. In **Estland** brach eine Protestbewegung mit Forderungen aus, über die Vergangenheit wahrheitsgetreu zu berichten. Zum ersten Mal bestand man darauf auf der Versammlung des **Denkmalschutzvereins** im Herbst 1986. Obwohl die Behörden versuchten, diese Bewegung einzudämmen, entwickelte sich der Denkmalschutzverein zu einer starken Kraft, deren Unterorganisationen sich über das ganze Land erstreckten.

Der Anfang der Umwandlungen in der Sowjetunion regte die Westmächte zur aktiveren Unterstützung der Freiheitsbestrebungen der baltischen Völker an. Schon Anfang der achtziger Jahre wurde die baltische Frage von den USA immer öfter auf internationalen Foren aufgeworfen. Relativ stark wirkten sich die Informationen der Rundfunksender „Stimme Amerikas" und „Radio Freies Europa" auf die Weltöffentlichkeit aus.

So wie überall in der Sowjetunion, wurde auch in den baltischen Staaten die Aufmerksamkeit auf Umweltprobleme und weisse Flecken in der Geschichte gerichtet. In **Lettland** haben die jungen Journalisten Dainis Ivans und Arturs Snips am 14. Oktober 1986 einen Artikel veröffentlicht, in dem sie gegen den Bau des Staudamms des Wasserkraftwerks auf dem Düna-Fluss und der U-Bahn in Riga protestierten und das Volk zu einer Kundgebung aufriefen. Die Menschen reagierten auf diesen Aufruf energisch mit weitgehenden Protestaktionen. Die Umweltschutzvereine erreichten im Herbst 1987 die Einstellung der Bauarbeiten. Die Volksbewegung hatte ihren ersten Sieg errungen.

Im Frühling 1987 organisierte diese Bewegung in Estland Aktionen gegen den hier geplanten **Phosphorit-Tagebau**. Der Widerstand gegen den Tagebau fing schon 1986 unter der Führung estnischer Schriftsteller an, setzte sich 1987 in der Presse fort und ging bis zum Sommer in öffentliche Protestaktionen über. In der am 2. April 1987 in der Universität Tartu veranstalteten Phosphorit-Versammlung wurde gegen die Leitung der Estnischen SSR ein Misstrauensvotum vorgebracht. Im Herbst 1987 haben die Behörden die Einstellung des Phosphorit-Tagebaus bekanntgegeben. Dies schuf gute Voraussetzungen für die Verbreitung der Protestbewegung.

Unter Führung der lettischen Helsinki-86-Gruppe fing im Herbst 1986 die Offenlegung der stalinistischen Verbrechen an. Auch die Feiertage der lettischen Geschichte beging man mit Demonstrationen. Am 14. Juni 1986, am Jahrestag der Junideportation von 1941, wurde an der Freiheitssäule in Riga die erste grosse **politische Demonstration** durchgeführt, an der tausende von Menschen

Gemäss einer Vereinbarung wurden am 23. August 1987 in den Hauptstädten der baltischen Staaten anlässlich des **Jahrestages des Hitler-Stalin-Paktes** Demonstrationen veranstaltet, in denen die Abschaffung der Folgen dieses Paktes gefordert wurde. In Tallinn nahmen daran 2000–5000, in Riga bis zu 10 000 und in Vilnius etwa 1000 Menschen teil. In Tallinn verlief die Kundgebung friedlich, in Riga und Vilnius aber kam es zu Auseinandersetzungen zwischen den Demonstranten und der Miliz.

Die Begründer der Idee eines selbstständig wirtschaftenden Estlands (IME): (oben von links) M. Titma und T. Made, (unten von links) E. Savisaar und S. Kallas

Das Ausmass und die Auswirkungen der Kundgebungen vom 23. August waren für die örtlichen Verwaltungen eine unangenehme Überraschung. Es wurde eine Verleumdungskampagne gegen die nationalen Kräfte eingeleitet, viele Anführer der Bewegung wurden ausgewiesen. Freilich konnte der Schwung der nationalen Bewegung nicht mehr angehalten werden. Am 18. November 1987, am Tag der Selbständigkeit Lettlands, fand in Riga eine Auseinandersetzung zwischen dem Volk und Milizeinheiten statt; am 2. Februar 1988 haben Sondereinheiten der Miliz in Tartu eine friedliche, anläßlich des Jahrestages des Friedens von Tartu veranstaltete, Kundgebung auseinandergetrieben.

V. Väljas

All dies brachte ein schnelles Absinken der Autorität der sowjetischen Machtträger in die baltischen Staaten mit sich. Die Unzufriedenheit stieg auch in den Reihen der kommunistischen Partei. Am 26. September 1987 erschien in Estland der von vier Politikern – E. Savisaar, M. Titma, T. Made und S. Kallas ausgearbeitete Vorschlag zur Überführung Estlands in einen **selbständig wirtschaftenden Staat**. Dies führte zu lebhaften Diskussionen und der Vorschlag wurde zur grundlage für die **Wirtschaftsreformen** in den baltischen Staaten.

Im Frühjahr 1988 schloss sich die **Intelligenz** an die Freiheitsbewegung an. Auf dem am 1. und 2. April in Tallinn abgehaltenen Plenum der Verbände der Künstler und Wissenschaftler beschuldigten estnische Intellektuelle die sowjetischen Machtorgane der Vernichtung Estlands und bestanden auf dem Rücktritt der Verwaltung der Estnischen SSR. In Lettland fand ein analoges Plenum am 1. und 2. Juni 1988, in Litauen eine Versammlung der Intelligenz am 3. Juni 1988 statt.

Die Wiederaufnahme der während der sowjetischen Okkupation strengstens verbotenen **nationalen Symbole** im Frühling 1988 hat das Selbstbewusstsein des Volkes gestärkt und der Freiheitsbewegung neuen Schwung gegeben. An den Tagen des Denkmalschutzes in Tartu vom 14.–17. April wurden die blau-schwarz-weissen Nationalflaggen wieder herausgeholt. Den Geist davon nahmen die Menschen mit nach Hause.

Das Gefühl der nationalen Zusammengehörigkeit wurde durch die **vaterländischen Lieder** des estnischen Rockkomponisten Alo Mattiisen gestärkt, welche viele Tausend Jugendliche in Begeisterung versetzt haben. Anfang Juli 1988 versammelten sich über hunderttausend junge Menschen auf der Sängerwiese zu den sogenannten **Nachtsängerfesten**. Die nationalen Lieder steigerten die Stimmung, so dass die Blau-Schwarz-Weissen in Kürze ganz Tallinn erobert hatten. Der in Panik geratene Parteisekretär Karl Vaino forderte aus Moskau die Genehmigung, gegen die singende Jugend Militär einzusetzen, jedoch wurde das in Moskau nicht mehr für möglich gehalten. Karl Vaino selbst war gezwungen, zu gehen.

Die „singende Revolution" war eine starke Kraft, die bei der Entstehung der politischen Volksbewegung stark mitwirkte. Am 13. April 1988 wandte sich **Edgar Savisaar** an das Volk mit dem Aufruf, eine **Volksfront** zur Unterstützung der Perestroika zu gründen, und in einem Monat war fast das ganze Land mit den Unterorganisationen der Volksfront bedeckt. Hatte die Volksfront am Anfang versprochen, den Kurs der KPdSU zu halten, rückte sie jedoch in Kürze von der kommunistischen Partei ab und übernahm einen beachtlichen Teil der Forderungen der nationalen Bewegung. Am 16. Juni 1988 wurde der konservative Parteichef Karl Vaino auf Anforderung Moskaus durch den Perestroika-Anhänger **Vaino Väljas** ersetzt. Vaino Väljas

Die erste Grosskundgebung der „Volksfront" (für ein unabhängiges Estland) auf dem Sängerfestplatz im Juli 1988

Kundgebung in Vilnius

bekannte sich zu den meisten Forderungen der Volksfront und legte sie als Programm der Kommunistischen Partei Estlands vor. Am 17. Juni 1988 fand auf der Sängerwiese in Tallinn die erste **Massenkundgebung der Volksfront** statt, an der über 100 000 Menschen teilnahmen.

Die Volksfront Estlands diente als Vorbild für die anderen baltischen Staaten. In **Lettland** wurde die Volksfront am 21. Juni 1988 aus der Initiative von Intelligenz, Umweltschützern und ehemaligen Dissidenten gegründet. Die Gründungsversammlung der Volksfront **Litauens** wurde am 3. Juni 1988 in Vilnius abgehalten. Zum Anführer der litauischen Volksfront wurde Professor **Vytautas Landsbergis**.

Wie in Estland, wurden auch in Lettland und Litauen die Nationalfahnen herausgeholt und mächtige nationale Kundgebungen veranstaltet. Als Eröffnungsveranstaltung der litauischen Volksfront erwies sich die grosse Demonstration im Juni 1988, als die Abgeordneten nach Moskau auf die Parteikonferenz gesandt wurden. Am 23. August 1988 fanden in den baltischen Staaten Massenkundgebungen anlässlich des Jahrestages des Hitler-Stalin-Paktes statt.

Die Ereignisse in den baltischen Staaten erweckten in Kürze die Aufmerksamkeit Moskaus. Im Sommer 1988 schickte M. Gorbatschow seinen Berater A. Jakowlew ins Baltikum, um über die Situation zu berichten. Nach seinem Besuch in Litauen und Lettland kehrte A. Jakowlew mit dem Vorschlag zurück, die konservativen Parteichefs Lettlands und Litauens schnellstens abzusetzen.

Dies konnte jedoch die öffentliche Auseinandersetzung nicht abwenden. Am 28. September 1988 veranstaltete die Freiheitsliga Litauens auf dem Gediminasplatz in Vilnius eine Demonstration. Die litauische Parteispitze setzte gegen die Demonstranten Sondereinheiten der Miliz ein, was dazu führte, dass Menschen verprügelt wurden. Die Hoffnung der Parteispitze Litauens, dadurch ihre Macht zu sichern, erfüllte sich nicht. Die Leitung der Kommunistischen Partei Litauens wurde abgesetzt, zum 1. Sekretär der KPL wurde **Algirdas Brazauskas**, der die Erneuerungen unterstützte. Doch waren die Möglichkeiten der neuen baltischen Parteiführer in Bezug auf Reformen eingeschränkt. Die einzige Existenzmöglichkeit für die baltischen Staaten wurde auf Sowjetischer Seite in dem Fortbestehen in der Sowjetunion gesehen und daher trat man allen Selbständigkeitsforderungen entschieden entgegen.

Gemeinsamer Sticker für die Volksbewegungen in den baltischen Ländern

2. DIE WIEDERHERSTELLUNG DER SELBSTÄNDIGKEIT DER BALTISCHEN STAATEN

„Estlands Lied", 11. September 1988: Auf dem Sängerfestplatz wurde ein Rekord unter den Massenveranstaltungen der singenden Revolution aufgestellt

Im Herbst 1988 stellte sich im Baltikum die Frage nach dem Ziel der nationalen Freiheitsbewegung immer schärfer. Am Anfang ihrer Tätigkeit hatte keine der baltischen Volksfronten gewagt, die **völlige Selbständigkeit** ihres Staates zu fordern. Zur gleichen Zeit entstanden neben den Volkfronten politische Bewegungen und Fraktionen, die sich die uneingeschränkte Selbständigkeit ganz offen zum Ziel setzten. In Litauen vertrat diese Richtung die 1987 gegründete Freiheitsliga, in Lettland das am 26. Juni 1988 gebildete LNNK[1] und in Estland die am 21. Juni entstandene Partei der Nationalen Unabhängigkeit Estlands (ERSP).

Während die lettischen und litauischen auf der Unabhängigkeit bestehenden Bewegungen eng mit der Volksfront zusammenarbeiteten oder gar innerhalb von ihr funktionierten, herrschte in **Estland** unter den verschiedenen Bewegungen eine deutliche Konkurrenz. Auf der am 11. September 1988 auf der Sängerwiese in Tallinn stattgefundenen Massenversammlung rief Trivimi Velliste, der Vorsitzende des Denkmalschutzvereins, die 300 000 anwesenden Menschen auf, die Selbständigkeit Estlands wiederherzustellen. Sein Appell wurde vom Volk mit Begeisterung aufgenommen. Die Anführer der Volksfront aber missbilligten den Auftritt von Velliste und zwischen den Flügeln der nationalen Bewegung brach ein offener Streit aus.

Der Konflikt wurde aber wegen der aufkommenden Gefahr, die alle baltischen Völker bedrohte, nicht schlimmer. Im Oktober 1988 wurde der **Verbesserungsentwurf der sowjetischen Verfassung** der Öffentlichkeit zur Erörterung vorgelegt. Die Änderungen der Verfassung hätten eine Einschränkung der Rechte der Unionsrepubliken bedeutet; unter anderem wurde in der veränderten Verfassung die Bestimmung über das Austrittsrecht der Unionsrepubliken aus der Sowjetunion ausgelassen.

---

1   *Lettisch: Latvijas Nacionalas Neatkaribas Kustiba.*

In den baltischen Staaten brach eine Protestwelle gegen solche Änderungen in der Verfassung aus. Die Volksfronten sowie die anderen politischen Bewegungen sammelten viele Millionen Unterschriften in Petitionen, in denen auf die Einstellung der Erörterungen der Verfassung bestanden wurde. Trotzdem wurde das Verfahren in Moskau fortgesetzt, was die Forderungen der baltischen Staaten, aus der Sowjetunion auszutreten, immer entschiedener machte.

Die Verstärkung der radikalen Bewegungen in Estland zwang die einheimische Parteispitze zur Zusammenarbeit mit der Volksfront, um eine weitere Verschlimmerung der Situation abzuwenden. Als Resultat dieser Kooperation entstand ein Paket von radikalen Forderungen, das von der Kommunistischen Partei Estlands am 16. November 1988 im Obersten Sowjet der Estnischen SSR auch durchgesetzt wurde. Die Estnische SSR verkündete ihre **Souveränität**, indem sie erklärte, dass die Gesetze der Sowjetunion nur nach deren Billigung durch den Obersten Sowjet der ESSR Gültigkeit haben werden. Die Estnische SSR schlug der Sowjetunion vor, einen Unionsvertrag zu unterschreiben.

Die Aktivitäten Estlands riefen in Moskau eine wütende Reaktion hervor. Wahrscheinlich bewirkte sie, dass es in Lettland und Litauen nicht zu analogen Beschlüssen gekommen ist. Freilich wäre das in **Lettland** auch wesentlich schwieriger gewesen, denn die dortige kommunistische Partei bestand überwiegend aus Nicht-Letten. In Lettland wurde die Souveränitätsdeklaration am 28. Juli 1989 verabschiedet.

Komplizierter war die Situation in **Litauen**. Die „Sajudis" war in ihrer Tätigkeit nicht einheitlich. Auf der Sitzung des Obersten Sowjets von Litauen am 18. November konnte die Souveränitätserklärung nicht verabschiedet werden. Die „Sajudis" hat gegen den Leiter der Sitzung, A. Brazauskas Einspruch erhoben. Die Abgeordneten des Obersten Sowjets, die die Sitzung verlassen haben, wären vom erzürnten Volk fast verprügelt geworden. Die Souveränitätserklärung Litauens wurde erst am 18. Mai 1989 verabschiedet.

So war Estland zu dem Zeitpunkt allein geblieben und wurde unter Druck gesetzt. Obwohl sich die Leitung der Estnischen SSR weigerte, die Souveränitätserklärung zurückzunehmen, wurde ihr Verhalten gegenüber den Forderungen Moskaus doch nachgiebiger, was die Gegensätze zur Volksfront vertiefte.

Um den Einfluss der Volksfront und der radikaleren Bewegungen einzuschränken, begannen die **kommunistischen Parteien Litauens** und **Estlands**, deren Losungen zu übernehmen. Im Interesse ihrer eigenen Geltung haben sie bezüglich der nationalen Forderungen wesentliche Zugeständnisse gemacht. Unter Führung der Parteileitungen wurden am Gediminas-Turm und am Langen Hermann die **Nationalfahnen** gehisst. Im Januar 1989 wurden in Estland und Lettland und im Mai in Litauen die für diese Zeit relativ radikalen **Staatssprachengesetze** verabschiedet. Die Kommunisten Estlands wollten innerhalb der Sowjetunion weiterbestehen, die litauischen Kommunisten dagegen setzten sich die Gründung einer eigenständigen kommunistischen Partei ausserhalb der KPdSU zum Ziel. Der Komsomol Litauens hat den entsprechenden Beschluss im Juni 1989, die kommunistische Partei einige Monate später gefasst.

Im Herbst 1988 entstanden in den baltischen Staaten die Bewegungen, die Teile der Bevölkerung vereinigten, die **für den Erhalt der Sowjetunion** waren: in Litauen **Jedinstwo**, in Lettland und Estland die **Interfronten**. Die sogenannten Interbewegungen bestanden auf der Einstellung der Zerstörung der Sowjetunion und dem Einsatz von radikalen Massnahmen gegen den Nationalismus im Baltikum. In Lettland stützte sich die Interbewegung auf die sowjethörige Mehrheit der örtlichen kommunistischen Partei, in Litauen und Estland auf die aus der Partei ausgetretenen Kommunisten, die in der Sowjetunion verbleiben wollten. Eine Rolle bei der Entstehung der Interbewegung spielten wahrscheinlich auch die Sicherheitsstrukturen der Sowjetunion. Hatte sich die Interbewegung vorläufig nur mit der Veranstaltung von Kundgebungen und Meetings begnügt, fing sie 1989 an, zur Sicherung ihrer Forderungen Streiks zu organisieren.

Teilnehmer an den Kundgebungen der „Interfront" im Herbst 198

Trotzdem gewann die Idee der Wiedereinführung der Selbständigkeit in den baltischen Staaten immer mehr an Boden. Am 16. Februar 1989 verabschiedete der Sejm von Sajudis in Litauen eine Erklärung, in der die vollkommene Selbständigkeit zum Ziel von Sajudis gesetzt wurde. Auch die am 31. Mai 1989 verabschiedete Selbständigkeitserklärung der Lettischen Volksfront bewies, dass sich diese Idee durchgesetzt hatte.

Die Einstellung der Estnischen Volksfront zu den Selbständigkeitsbestrebungen war zurückhaltender. Das bewirkte eine Verschärfung des Konflikts zwischen der kommunistischen Partei und der Volksfront sowie den radikalen Bewegungen Estlands. Am 24. Februar 1989 riefen die ERSP, die Christliche Union Estlands und der estnische Denkmalschutzverein zur Gründung von **Bürgerkomitees der Republik Estland** auf. Das Ziel dieser Bewegung war die Registrierung der estnischen Bürger als Rechtsnachfolger von Bürgern, die vor der Okkupation Bürger gewesen waren, und die Einberufung eines **Estnischen Kongresses** als Vertreter der Bürgerinteressen.

Vorläufig blieb die Estnische Volksfront standhaft bei ihren Grundsätzen. Auf der im Mai 1989 in Tallinn einberufenen Baltischen Versammlung (der Volksfronten) traten die Gegensätze deutlich hervor. Deshalb wurde in der am 15. Mai 1989 erlassenen Erklärung die Selbständigkeitsforderung zwar erwähnt, aber in einer Formulierung, die mehrere Deutungsmöglichkeiten zuliess.

Im Frühjahr 1989 wurden **Wahlen zum Kongress der Abgeordneten der Sowjetunion** durchgeführt. In **Litauen** war das grundlegende

Wahlmotto die Wiederherstellung der Selbständigkeit. Sajudis bestand auf einer möglichst schnellen Wiedereinführung der Selbständigkeit, die KP Litauens war aber dagegen und beschuldigte Sajudis der Hochstapelei. Die Wahlbeteiligung war hoch – 82,5%. In den Wahlen siegte Sajudis, die 36 von 42 Mandaten bekam.

Auch in **Lettland** war der Wahlkampf zugespitzt, jedoch lautete das Wahlmotto hier anders als in Litauen. Um die Kandidaten der Interfront auszuscheiden, versammelten sich hier hinter der Volksfront sowohl die Reformkommunisten als auch die Nationalisten. Daher war die Überlegenheit der Volksfront in den lettischen Wahlen auch unerwartet gross. Von 41 Mandaten gewann sie 30.

Am vielschichtigsten war die Wahlkampagne in **Estland**. Hier konkurrierten untereinander die Interfront mit den nationalen Kandidaten, die Estnische KP mit der Volksfront sowie die Volksfront mit den radikalen Nationalisten. An den Wahlen beteiligten sich 95% der Esten und 75% der anderen Nationalitäten. Auch hier war die Volksfront am erfolgreichsten, deren Kandidaten von 36 Mandaten 27 erhielten.

Auf Grund dieser Wahlen bildeten die baltischen Abgeordneten im Kongress der Volksdeputierten sowie im Obersten Sowjet der Sowjetunion eine schlagkräftige 92köpfige Abgeordnetengruppe, die sich darauf orientierte, die Gesetze für den Übergang zur Eigenbewirtschaftung durchzusetzen und die Erklärung der Rechtsungültigkeit des Hitler-Stalin-Paktes zu erlangen. Obwohl in beiden Punkten gewisse Erfolge erzielt wurden, hat Gorbatschow die Entscheidung doch hinausgeschoben.

Dieser Umstand spornte die auf Selbständigkeit orientierten Bewegungen noch mehr an. Zur Beeinflussung Moskaus und als Beweis ihres Freiheitssinnes organisierten sie am 23. August 1989 die sogenannte **Baltische Kette** –

Die baltische Kette

eine lückenlose, schätzungsweise aus 2 Millionen Menschen gebildete Kette durch alle baltischen Länder. Die Baltische Kette erregte überall in der Welt grosses Aufsehen und hat zum Bekanntwerden der Selbständigkeitsbestrebungen der baltischen Staaten wesentlich beigetragen.

In **Moskau** rief die Baltische Kette eine **Wutreaktion** hervor. In einer Sitzung des Politbüros des Zentralkomitees der KPdSU, die am 26. April 1989 stattfand, wurden die nationalistischen Erscheinungen in den baltischen Staaten angegriffen und es wurde versichert, dass die baltischen Staaten für immer ein Bestandteil der Sowjetunion blieben.

Jedoch scheiterten die Hoffnungen Moskaus, die baltischen Staaten dadurch einzuschüchtern. Die Drohungen hatten einen entgegengesetzten Effekt und haben die Selbständigkeitsbewegungen nur bestärkt. In der 2. Hälfte des Jahres 1989 gab Moskau in Bezug auf die Eigenbewirtschaftung nach und erklärte den Hitler-Stalin-Pakt für rechtsungültig. Diese Schritte wurden aber entschieden zu spät unternommen. An Stelle des Hitler-Stalin-Paktes befassten sich die baltischen Staaten schon mit den sozialistischen Revolutionen von 1940 und dem „freiwilligen" Beitritt zur Sowjetunion. In Litauen wurde der Anschluss an die Sowjetunion im September 1989, in Estland im November für rechtsungültig erklärt. Die Anzahl der estnischen Bürger, die sich registriert hatten, stieg um die Jahreswende auf über eine halbe Million. Die Volksfront sah sich gezwungen, die Forderung der Wiedererrichtung der Selbständigkeit öffentlich zu unterstützen.

Trotzdem beharrte **Gorbatschow** auf der Hoffnung, das Sowjetreich bewahren zu

können. Während seines Besuchs in Litauen Anfang 1990 versuchte er, die Litauer von der Erhaltung des einheitlichen Sowjetstaates zu überzeugen, sah sich aber enttäuscht. Hunderttausende von Litauern haben Gorbatschow empfangen, indem sie das Wort „Freiheit" skandierten.

Am 24. Februar 1990 wurden in Estland die Abgeordneten für den Estnischen Kongress gewählt, in Litauen für den **Obersten Sowjet der Litauischen SSR**. In beiden erhielten die Anhänger der Selbständigkeit die Oberhand. Weil die Gegner der Selbständigkeit in Estland die Wahlen boykottierten, war ein solcher Wahlausgang vorauszusehen. In Litauen aber war das Übergewicht von Sajudis über die litauischen Kommunisten unerwartet gross. Waren die Anführer von Sajudis noch vor den Wahlen für eine schrittweise Erlangung der Selbständigkeit gewesen, sahen sie sich nach dem Wahlerfolg gezwungen, entscheidend einzugreifen. Sie waren sicher, dass die Republik Litauen im Falle der **Verkündung der Selbständigkeit** auch im Westen anerkannt wird.

Am 11. März 1990 erklärte der Oberste Sowjet der Litauischen SSR die Wiedereinführung der Selbständigkeit. Die begeisterten Menschen rissen die sowjetischen Symbole von den offiziellen Gebäuden ab und ersetzten sie durch litauische. Zum Vorsitzenden des Obersten Sowjets (dem Inhalt nach zum Präsidenten) wurde Vytautas Landsbergis gewählt.

Die in Litauen gefassten Beschlüsse setzten auch den **Estnischen Kongress**, der am 11. März zu seiner ersten Tagung zusammenkam, unter Druck. Nach einer Beratung mit Vertretern der Vereinigten Staaten wurde immerhin beschlossen, bei den anfänglichen Plänen zu verbleiben. So wurde auch auf der Tagung die Wiederherstellung der Selbständigkeit noch nicht ausgerufen, wohl aber der Weg zur Selbständigkeit eingeschlagen.

Am 16. März 1990 wurde der **Oberste Sowjet der Estnischen SSR** gewählt. Im Unterschied zu den Wahlen zum Estnischen Kongress beteiligten sich an diesen Wahlen ausser den estnischen Bürgern alle Einwohner Estlands, darunter auch die hier lebenden sowjetischen Militärpersonen. Bei den Wahlen siegte die Volksfront, erreichte im Parlament aber doch weniger als die Hälfte der Plätze. Viele Anführer des Estnischen Kongresses nahmen an den Wahlen nicht teil und überliessen somit ihren Wahlsieg der Volksfront.

Am 18. März 1990 wurde der **Oberste Sowjet der Lettischen SSR** gewählt. Auch hier war die Volksfront erfolgreich, die mehr als die Hälfte der Mandate im Parlament bekam. Die

Angriff der „Interfront" auf das Gebäude des Obersten Sowjets in Tallinn am 15. Mai 1990

lettische Volksfront war dabei heterogen und bestand aus sehr unterschiedlichen Gruppierungen: von Reformkommunisten bis zu radikalen Nationalisten.

Der Oberste Sowjet Estlands schlug den Kurs zur Wiederherstellung der Selbständigkeit am 8. Mai 1990 und der Oberste Sowjet Lettlands am 4. Mai ein, jedoch wurde weder in Estland noch in Lettland die Selbständigkeit ausgerufen. Obwohl die Selbständigkeitspolitik der baltischen Staaten unterschiedlich war, waren die Reaktionen der Welt darauf relativ ähnlich. Die **Sowjetunion** war gegen die Beschlüsse der Obersten Sowjets von Litauen, Lettland und Estland. Trotz der Versuche der Sowjetunion, die Einigkeit der baltischen Staaten zu spalten, indem sie mit Lettland und Litauen Verhandlungen über deren Selbständigkeit eingeleitet hatte, handelte es sich nur um einen taktischen Schritt, der ohne Erfolg blieb.

Am 17. März 1990 verhängte die Sowjetunion über Litauen eine **Wirtschaftssperre**, die Litauen in eine relativ schwierige Lage brachte. Am 15. Mai veranstalteten die sowjetischen **Interbewegungen**, vermutlich auf Anregung der sowjetischen Spitze, in Riga und Tallinn **Massenkundgebungen** und versuchten, die Macht zu ergreifen. Demonstranten der Unabhängigkeitsbewegung vertrieben die Anhänger der Interbewegung. So wurde es deutlich, dass

derartige Versuche von sowjetischer Seite aus ohne Erfolg blieben.

Im Mai 1990 war das unter Wirtschaftsschwierigkeiten leidende **Litauen** gezwungen, auf **Zugeständnisse** einzugehen. Am 16. Mai entschied der Oberste Sowjet Litauens, den Erlass des Selbständigkeitsbeschlusses hinauszuschieben. Am 29. Juni wurde über Litauen ein 100-Tage-Memorandum verhängt. Jetzt erklärte sich auch Moskau bereit, mit Litauen zu verhandeln, jedoch führte das zu keinen besonderen Resultaten.

Auch **im Westen** hatten die baltischen Staaten keinen Erfolg. Obwohl hier Appelle zur Unterstützung der baltischen Staaten vorgelegt wurden, wagte man keine konkreten Schritte. Der Westen versicherte, die Selbständigkeit der baltischen Staaten juristisch schon immer anerkannt zu haben, jedoch käme die Anerkennung der baltischen Regierungen nur dann in Frage, wenn sie ihr Territorium unter Kontrolle bekämen.

Das wurde auch zur Aufgabe der 1990 gebildeten **Regierungen** der baltischen Staaten, an deren Spitze in Litauen **Kazimiera Prunskiene**, in Lettland **Ivars Godmanis** und in Estland **Edgar Savisaar** standen. Zuerst wurde eine Reihe von Basisgesetzen verabschiedet und **Wirtschaftsreformen** wurden eingeleitet: ein eigenständiger Etat wurde aufgestellt, eine

Der blutige Januar 1991 in Vilnius

Steuerreform durchgeführt und das Eigentum betreffende Gesetze verabschiedet. In Erweiterung der Machtbefugnisse stiess man auf den **Widerstand der** auf den Erhalt der Sowjetunion ausgerichteten **Interbewegungen**. Alfreds Rubiks, der Chef der Kommunistischen Partei Lettlands, wurde zum Koordinator der baltischen Interbewegungen. Auf der Unionsebene war in dieser Funktion V. Alksnis, der eine führende Rolle in der Gruppierung Sojuz, die für den Erhalt der Sowjetunion eintrat, innerhalb des Obersten Sowjets der Sowjetunion spielte. Tatkräftige Unterstützung leisteten den Interbewegungen die in Lettland und Litauen gebildeten **OMON-Einheiten**, die Sondereinheiten der Miliz. Sie fingen an, die offiziellen Behörden zu übernehmen und die Tätigkeit der neu entstehenden Organe zu behindern.

Im Herbst 1990 begann die Leitung der KPdSU, die **gewaltsame Abschaffung der Regierungen** der baltischen Staaten vorzubereiten. Beachtlichen Druck übte V. Alksnis aus, der von Gorbatschow den Einsatz entschiedener Massnahmen forderte. V. Alksnis war überzeugt, dass Gorbatschow die Machtübernahme durch die sowjethörigen Kommunisten in den baltischen Staaten bewilligen würde. In der Situation, wo der Golfkrieg auszubrechen drohte und die Blicke der Weltöffentlichkeit dorthin

gerichtet waren, musste die Macht zuerst in Lettland übernommen werden.

Die Anfang 1991 in den baltischen Staaten entstandene Situation zwang diese Kräfte aber, ihre Pläne abzuändern. Dem raschen Preisanstieg in der Sowjetunion in den ersten Tagen des Jahres folgten Preiserhöhungen auch in den baltischen Staaten. Die Freigabe der Preise in **Litauen** aber veranlasste Demonstrationen von seiten der sowjethörigen Kräfte. Unter dem Druck des Parlaments musste K. Prunskiene ihr Amt niederlegen. In Litauen brach eine Regierungskrise aus.

Wahrscheinlich wäre nur ein leichter Anstoss vonnöten gewesen, um die nationale Regierung Litauens zum Sturz zu bringen. Die **sowjetischen Truppen** begannen, in Litauen Verwaltungsbehörden und die Massenmedien zu übernehmen. Mit der Unterstützung der sowjetischen Truppen riefen die sowjethörigen litauischen Kommunisten das Nationale Rettungskomitee aus und gaben bekannt, dass sie die Macht in Litauen übernommen haben. Viele Menschen versammelten sich zur Verteidigung ihrer Verwaltungsbehörden, und auf den Strassen von Vilnius wurden Barrikaden errichtet.

Am 13. Januar 1991 unternahmen sowjetische Militäreinheiten und das Sonderkommando „Alfa" einen Angriff auf den **Fernsehturm von Vilnius**. 14 Menschen kamen um, viele von ihnen starben unter den Raupenketten der Panzer, die gegen die Menschen eingesetzt wurden. Nach der Eroberung des Funkturms sollte

Am 16. Januar 1991 fand die grösste Kundgebung in der Geschichte Lettlands statt

Am 13. Januar 1991 unterschrieb Jeltsin in Tallinn zusammen mit den Vertretern der baltischen Staaten die Verträge zwischen Russland und den baltischen Ländern

als Nächstes das Parlamentgebäude besetzt werden, um das sich riesige Menschenmassen zur Verteidigung versammelt hatten.

Jedoch erfolgte eine rapide Veränderung der Situation. Die übrige Welt reagierte auf den Angriff in Litauen unerwartet scharf. Die Vereinigten Staaten und die Europäische Union drohten der Sowjetunion mit der totalen Einstellung der Wirtschaftshilfe, wenn die sowjetischen Angriffe auf baltische Staaten fortgesetzt würden. **Boris Jeltzin**, der frischgewählte Präsident Russlands, sah hier die Möglichkeit zur Sicherung seiner eigenen Position, und bestand auf der Beendigung des Blutvergiessens und der Aufnahme von Verhandlungen. Am 13. Januar flog Jeltzin nach Tallinn, wo Verträge zwischen Russland und den baltischen Staaten unterzeichnet wurden. Jeltzin wandte sich auch an die im Baltikum dienenden russischen Soldaten und rief sie zur Verweigerung von verbrecherischen Befehlen auf.

Der zunehmende Druck versetzte Gorbatschow ins Hintertreffen. Den sowjetischen Kräften wurde befohlen, keine neuen Angriffe vorzunehmen. Am 16. Januar fand in **Riga** die grösste Kundgebung der lettischen Geschichte statt, an der hunderttausende von Menschen teilnahmen. Bei der Kundgebung wurde die Errichtung von Barrikaden im Zentrum von Riga beschlossen, was im Folgenden auch geschah. Viele Demonstranten blieben auf den Barrikaden in der Altstadt von Riga als Wachen. Auch in **Tal-** **linn** wurde das Gebäude des Obersten Sowjets mit Barrikaden umschlossen. Am 20. Januar griff die OMON in Riga das Innenministerium an. 5 Menschen kamen ums Leben, aber weiter konnte die OMON nichts mehr unternehmen. Die Siatuation begann sich allmählich zu stabilisieren.

Um das Sowjetreich zusammenzuhalten, beschloss Gorbatschow, ein Referendum über die Erhaltung der Sowjetunion durchzuführen. Die baltischen Staaten antworteten mit eigenen **Volksabstimmungen** und boykottierten zugleich das **Allunionsreferendum**. Auf dem am 10. Februar 1991 in Litauen durchgeführten Referendum stimmten 90% der Beteiligten für die Selbständigkeit Litauens. Die entsprechenden

Angehörige eines russischen Landungstrupps auf dem Weg nach Tallinn

Volksabstimmungen in Lettland und Estland erfolgten am 3. März und erbrachten je 73,6% und 77,8% Ja-Stimmen.

Obwohl die Volksabstimmungen keinen direkten Einfluss auf die Ereignisse ausübten, dienten sie doch der Sicherung der Selbständigkeitsbestrebungen der baltischen Staaten. Die sowjetische Spitze bedrängte die baltischen Staaten mit dem **Unionsvertrag**, der aber von diesen entschieden abgelehnt wurde. Am 20. August beabsichtigte Gorbatschow, den Unionsvertrag doch zu unterschreiben. Es war ungewiss, was mit den Unionsrepubliken passieren würde, die die Unterzeichnung verweigerten.

Jedoch kam es nicht zum Unterschreiben des Unionsvertrages. Am 19. August 1991 wurde aus Moskau bekanntgegeben, dass Gorbatschow unerwartet erkrankt und die Macht auf ein „Komitee der Ausserordentlichen Lage" übergegangen sei. In der **Sowjetunion** hatte ein Militärputsch[2] begonnen. In den baltischen Staaten wurde der Kriegszustand ausgerufen und die gewählten Parlamente für aufgelöst erklärt.

Die **baltischen Staaten** verweigerten die Anerkennung der Junta. Um das Baltikum zum Gehorsam zu zwingen, wurden zusätzliche Truppeneinheiten dorthin geschickt. Die baltischen Staaten bereiteten sich auf die Verteidigung vor. Am 20. August 1991 erklärte der Oberste Sowjet Estlands die **Wiederherrichtung der Selbständigkeit Estlands**, am nächsten Tag folgte ihm der Oberste Sowjet Lettlands. Der Militärputsch aber endete, bevor er eigentlich begonnen hatte. Nach einem gescheiterten

Versuch, das sogenannte Weisse Haus in Moskau einzunehmen, war der Staatsstreich zusammengebrochen. Gorbatschow kehrte nach Moskau zurück, die Putschisten wurden verhaftet. Die eigentliche Macht aber ging auf B. Jeltzin über, der schon zu Beginn des Putsches die Selbständigkeit der baltischen Staaten **anerkannt** hatte.

Die zusätzlich ins Baltikum verlegten Truppeneinheiten verliessen die baltischen Staaten, auch alle in den Jahren 1990–1991 besetzten Objekte wurden freigegeben. Die baltischen Staaten erhielten die Kontrolle über ihre Staatsgrenzen, die Anführer der sowjethörigen Interbewegung wurden in Haft genommen. Am 23. August 1991, am Jahrestag des Hitler-Stalin-Paktes wurden in den Hauptstädten der baltischen Republiken die Lenin-Denkmäler entfernt.

Bevor man das alles begreifen konnte, waren die baltischen Staaten wieder selbständig. Als erster westlicher Staat hat Island ihre Selbständigkeit anerkannt, einige Wochen später stellten alle führenden Westmächte die **diplomatischen Beziehungen** mit den baltischen Staaten wieder her. Mit einiger Verspätung erkannte auch die Sowjetunion die Selbständigkeit der baltischen Staaten an. Am 17. September 1991 gingen in New York vor dem Gebäude der UNO auch die Staatsflaggen von Estland, Lettland und Litauen den Mast hoch – die baltischen Staaten waren wieder unter die anderen freien Völker zurückgekehrt.

Entfernung der Leninstatue in Tallinn

---

2 ***Der Putsch*** – *von einer kleineren Gruppe durchgeführter Umsturz(versuch) zur Übernahme der Staatsgewalt.*

3. DIE BALTISCHEN STAATEN NACH DER WIEDERHERSTELLUNG DER UNABHÄNGIGKEIT

Bereits einige Monate nach der Wiederherstellung ihrer Selbständigkeit war die Begeisterung über die erlangte Freiheit vorbei. Zwar waren die baltischen Staaten frei, aber die 50jährige Okkupation hatte schwere Spuren hinterlassen. Mehr als 90% der **Wirtschaft** der baltischen Staaten hing an der Wirtschaft der Sowjetunion, und es schien unmöglich, sich dieser Subordination zu entziehen. Das machte die Umgestaltung der Wirtschaft schwierig. In der 2. Hälfte des Jahres 1991

Die Präsidenten der baltischen Staaten: (von links) G. Ulmanis, L. Meri, A. Brazauskas

stellte sich in der ehemaligen Sowjetunion eine **Hyperinflation** ein, die zu jährlichen Preissteigerungen um einige hundert Prozent führte. Infolge des Zusammenbruchs des Handels büssten die früher auf den sowjetischen Markt orientierten Unternehmen ihre Märkte ein und gingen in Konkurs. Dies bedeutete einen katastrophalen **Produktionsrückgang**.

Obwohl man zu Anfang annahm, dass sich die Streitigkeiten mit Russland schnell lösen liessen, erwies sich diese Annahme als fehlerhaft. Russland war daran interessiert, seine **Militärbasen** in den baltischen Staaten aufrechtzuerhalten, und beeilte sich nicht mit dem Abzug seiner Truppen. Neben der Okkupationsarmee gab es im Baltikum auch die infolge der Kolonialpolitik entstandenen **Zivilgarnisonen**. Bildete in Litauen die einheimische Bevölkerung mehr als 80% der Gesamtbevölkerung, waren die entsprechenden Prozentsätze in Estland 64 und in Lettland nur 51. Die baltischen Staaten mussten Wege **zur Integration anderer Nationalitäten** in die einheimische Gesellschaft finden. Selbstverständlich war das nicht einfach. 1993 versuchte man, im hauptsächlich von Russen besiedelten Nordostestland ein autonomes Gebiet einzurichten, was allerdings scheiterte. Im Vergleich zu Russland hatten sich die baltischen Staaten schneller entwickelt, und daher neigte die Bevölkerung Nordostestlands zur Unterstützung der estnischen Selbständigkeit.

Estnische Bürger bei der Betrachtung der neuen Geldscheine am Tag der Währungsreform

Anfang 1992 gab Russland die Preise für Energie frei. Es folgte ein 100prozentiger Anstieg der Energiepreise und in den baltischen Staaten brach eine **Energiekrise** aus: es mangelte an Benzin, ganze Wohnbezirke blieben ungeheizt. In Estland versuchte die Savisaar-Regierung, das Problem durch Einführung des Notstands zu lösen, musste statt dessen aber zurücktreten. Durch die darauffolgende **Liberalisierung der Wirtschaft** konnte die Krise gemildert werden. Ein Regierungswechsel erfolgte auch in Litauen.

Um eine demokratische Gesellschaft aufzubauen, musste schnellstens eine neue **Verfassung** verabschiedet oder die alte wiedereingeführt werden. Den letzteren Weg schlug Lettland ein, indem es die Verfassung von 1922 (die Satversme) wiedereinführte. Allerdings war diese in ihrem Inhalt parlamentarisch und schränkte die Befugnisse des Präsidenten wesentlich ein. In Estland wurde zur Ausarbeitung einer neuen Verfassung (Grundgesetz) eine aus Mitgliedern des Estnischen Kongresses und des Obersten Sowjets bestehende Konstituierende Versammlung gebildet.

Die ersten **verfassungsmässigen Wahlen** nach dem 2. Weltkrieg wurden in Estland und Litauen im Herbst 1992, in Lettland im Frühjahr 1993 durchgeführt. Die Wahlergebnisse waren recht unterschiedlich und wurden grundlegend für die unterschiedliche Entwicklung der baltischen Staaten in den folgenden Jahren – trotz gleichartiger Startpositionen 1992.

In **Estland** waren die **radikale Veränderungen verheissenden Parteien** rechts von der Mitte mit der Wahlfraktion „Isamaa" („Vaterland") an der Spitze erfolgreich. Die unter **Mart Laar** gebildete Regierung fing an, schmerzhafte und radikale Reformen durchzuführen, säuberte den Staatsapparat von sowjetischen Beamten und ersetzte sie durch Vertreter der jüngeren Generation. Zum Präsidenten wurde der Kandidat der Isamaa-Partei, **Lennart Meri**, gewählt.

In den fast zur gleichen Zeit abgehaltenen Wahlen in **Litauen** erlitten die Parteien rechts von der Mitte eine bittere Niederlage. Die **Demokratische Arbeiterpartei** Litauens (die ehemalige kommunistische Partei) unter **A. Brazauskas** gewann im Parlament eine sichere Mehrheit. Diese Mehrheit im Parlament gestattete der Arbeiterpartei, die Regierung bis zu den nächsten Parlamentswahlen zu kontrollieren, obwohl die Regierung inzwischen mehrmals gewechselt hatte. 1993 wurde A. Brazauskas auch zum Präsidenten der Republik Litauen gewählt.

Die Wahlen von 1993 in **Lettland** gewann die **liberale Wahlfraktion** „Der Lettische Weg", die die Reformkommunisten, einen Teil der Volksfront-Aktivisten sowie Exil-Letten vereinigte. Zum Leiter der in Koalition mit dem Bauernverband gebildeten Regierung wurde **Valdis Birkavs** gewählt, zum Präsidenten **Guntis Ulmanis** aus dem Bauernverband.

Wie überall in Mittel- und Osteuropa, bestand auch die erste Aufgabe der baltischen Staaten in der Durchführung einer **Währungsreform** und der Stabilisierung des Finanzsystems. Die für die Währungsreform notwendigen Reserven entstanden durch das den baltischen Staaten aus dem Westen zurückerstattete Gold sowie durch Auslandsanleihen. Als erstes unter den baltischen Staaten wie auch in der ehemaligen Sowjetunion hat **Estland** die Währungsreform durchgeführt. Am 20. Juni 1992 wurde in Estland die Estnische Krone als nationale Währung eingeführt. Auf Forderung des Internationalen Währungsfonds wurde die Estnische Krone auf Grund einer festen Notierung an die Deutsche Mark gekoppelt. Der schwarze Markt löste sich auf, die Geschäfte füllten sich mit Waren und die Inflation begann zu sinken. Eine wesentliche Rolle spielte dabei die äusserst konservative Fiskalpolitik, die auf der Reduzierung der Staatseinnahmen und dem Ausgleich des Etats bestand.

Einen Monat später begann **Lettland** seine Währungsreform. Sie wurde am 18. Oktober 1993 abgeschlossen, als der Lat in Lettland zum einzigen legalen Zahlungsmittel erklärt wurde. Am längsten dauerte die Währungsreform in **Litauen**, wo sie im März 1994 beendet wurde.

Die Verzögerung der Währungsreform hat sich auf Litauen nachträglich ausgewirkt. Hatte sich in Estland und Lettland die Inflation 1993 von fast 1000% auf 30–40% verringert, so betrug sie in Litauen über 400%. Das wiederum beeinflusste das Wachstum des Bruttosozialproduktes (BSP) negativ. In Estland sank das BSP nur um einige Prozent und in Lettland etwas mehr, in Litauen aber betrug der Rückgang 16%.

Nach der Wiederherstellung der Selbständigkeit ging **Estland** unter den baltischen Staaten am schnellsten voran. Die wirtschaftliche Wachstumsrate Estlands war eine der grössten in Mittel- und Osteuropa. Die estnische Wirtschaft orientierte sich vom Osten auf den Westen um. Fast 70% der estnischen Wirtschaftspartner sind die EU-Staaten. Estland löste sich auch von der Energiewirtschaft Russlands. In der Wirtschaft ging der Anteil der Landwirtschaft zurück, rapide stieg aber die Bedeutung der Dienstleistungen.

Die schnelle wirtschaftliche Entwicklung Estlands beruhte auf einer **offenen Handelspolitik** und **ausländischen Investitionen**. 1994 wurde in Estland pro Kopf mehr investiert als in Lettland, Litauen, Russland, der Ukraine, Weissrussland, Bulgarien und Rumänien zusammen. Die ausländischen Investitionen verhalfen zu dem schnellen Exportzuwachs sowie zu Umgestaltungen der ganzen Wirtschaft. Erfolgreich wurde in Estland auch die **Privatisierung** durchgeführt, die nach dem Prinzip des Verkaufs der Aktienmehrheit an einen Kerninvestor erfolgte. In Estland wurden alte Unternehmen nicht künstlich aufrechterhalten, die unproduktiven Betriebe gingen in Konkurs. 1995 wurde im Privatsektor Estlands mehr als 65%, in Lettland 60% des BSP erzeugt.

Die Transformationsperiode ist für die baltischen Völker nicht leicht gewesen. In mancher Hinsicht haben die Menschen selbst die Reformen bezahlen müssen. Zu Beginn der Reformen sank der **Lebensstandard**. Obwohl er seit 1993 in allen baltischen Staaten fortlaufend gestiegen ist, hat er bisher das Niveau vor den Reformen noch nicht erreicht. Dem am nächsten steht Estland, am weitesten entfernt ist Litauen. In allen baltischen Staaten hat sich eine **materielle Ungleichheit** herausgebildet, am deutlichsten ist sie in Estland ausgeprägt. In der schwierigsten Lage sind die Rentner und junge Familien mit Kindern. Problematisch ist auch die **Arbeitslosigkeit**, die höchste in Lettland (6% – 1994) und die niedrigste in Estland (1,9% – 1994). Besorgniserregend sind auch die hohe Kriminalität und die Korruption.

Der lettische Lat, der litauische Lit und die estnische Krone

Viele Menschen wurden hart getroffen, als die in der sowjetischen Zeit gesparten Einlagen im Laufe der Hyperinflation und der Währungsreform abhanden gekommen sind. Der Übergang zur strengen Fiskalpolitik bewirkte **eine Krise im Bankensystem**. 1992 wurde in Estland über drei grössere Geschäftsbanken ein Moratorium errichtet, die Bankenkrise in Lettland versetzte 1995 die ganze lettische Wirtschaft in eine Krise; in Lettland bewirkte die Bankenkrise den Regierungswechsel von 1996.

Eine zwangsläufige Erscheinung der Übergangsperiode ist die Unpopularität der Machthaber. Wie vor dem 2. Weltkrieg, haben auch jetzt die Regierungen der baltischen Staaten relativ schnell gewechselt. Trotzdem ist die auf Neuerungen orientierte Politik relativ konsequent und stabil, ohne grössere Schwankungen und Rückschläge, durchgeführt worden.

Die baltischen Staaten haben sich ernsthaft mit ihren **Sicherheitsgarantien** beschäftigt. Der Grenzschutz der baltischen Staaten hat schnelle Fortschritte gemacht. Wegen fehlender einheitlicher Grenzpolitik besteht aber bis heute eine Grenzkontrolle zwischen den baltischen Ländern selbst. Die Verteidigungstruppen der baltischen Staaten haben sich gut entwickelt, vor allem dank auswärtiger Hilfe. Von grosser Bedeutung war die Bildung des Baltischen Friedensbataillons 1993, das sich

am NATO-Programm „Partnerschaft für Frieden" beteiligt.

Im Endeffekt sind die Reformen in den baltischen Staaten besser verlaufen als in den anderen frei gewordenen Republiken der ehemaligen Sowjetunion. Estland zählt zu den erfolgreichsten Staaten in ganz Mittel- und Osteuropa, nicht weit davon steht auch Lettland. Die Fortschritte der baltischen Staaten haben ihnen schneller als erwartet ermöglicht, **sich in die europäischen Strukturen zu integrieren**. Im Frühjahr 1993 wurden Litauen und Estland, einige Jahre danach auch Lettland Vollmitglieder des Europarates. 1994 haben die baltischen Staaten mit der Europäischen Union Freihandelsabkommen abgeschlossen, 1995 auch Assoziationsabkommen. Estland wurde zugesprochen, das Abkommen ohne Transformationsperiode zu schliessen, die Übergangszeit Lettlands beträgt 4 und Litauens 6 Jahre.

Die Entwicklung des Verhältnisses der baltischen Staaten zu **Russland** war komplizierter. Russland hat die baltischen Staaten mehrmals wegen deren Einstellung zu nationalen Minderheiten beschuldigt, und intensive Propagandakampagnen gegen Estland und Lettland eingeleitet. Russland hat die Wirtschaftsbeziehungen für seine politischen Ziele ausgenutzt, indem es z. B. von Litauen für den Abschluss des Freihandelsabkommens die Genehmigung erpresst hat, seinen Militärtransit nach Kaliningrad (Königsberg) durch das Territorium Litauens zu leiten. Russland hat die Einlagen der baltischen Staaten in seinen Banken eingefroren und den Transithandel durch die baltischen Staaten besteuert. Für Estland gelten bis heute noch diskriminierende Doppelzölle.

Mit diesen Massnahmen will Russland seine militärische Anwesenheit im Baltikum bewahren und die baltischen Staaten in seinem Einflussbereich halten. 1992 hat Russland als Grundlage seiner Aussenpolitik in Bezug auf die baltischen Staaten die **Doktrin vom „Nahen Ausland"** aufgestellt, wonach es Sonderrechte in den erwähnten Gebieten haben soll. Russland hat mehrmals gedroht, zur Durchsetzung seines Willens in den baltischen Staaten Gewalt anzuwenden.

Nach der Wiederherstellung der Selbständigkeit war die am schärfsten diskutierte Frage in den Beziehungen zwischen den baltischen Staaten und Russland der **Abzug der russischen Truppen** aus den baltischen Staaten. Russland hat hier eine Verzögerungstaktik angewandt, indem es behauptete, dass der Truppenabzug nicht vor der Jahrhundertwende erfolgen könnte. Später erklärte sich Russland zwar bereit, seine Truppen aus dem Baltikum abzuziehen, verlangte dafür aber eine Riesenkompensation und die Erhaltung der Militärbasen von Skrunda und Paldiski. 1992 gelang es der Regierung **Litauens**, mit den russischen Armeeführern zu der Übereinkunft zu kommen, dass die russischen Truppen bis zum 31. August 1993 aus Litauen abgezogen werden. Später verweigerte Russland aber die Anerkennung des vereinbarten Datums; unter starkem internationalen Druck erfolgte der Truppenabzug aber doch rechtzeitig.

Noch schwieriger verlief der Abzug der Truppen aus **Lettland** und **Estland**. Präsident B. Jeltzin hat den Truppenabzug wiederholt eingestellt mit der Begründung, dass in den baltischen Staaten die Menschenrechte verletzt würden. Unter dem kräftigen Druck der Westmächte wurden die Verträge schliesslich abgeschlossen und die Truppen am 31. August 1994 aus Lettland und Estland abgezogen. Jedoch behielt Russland innerhalb einiger Jahre die Kontrolle über die Radarstation in Skrunda.

Leider hat der Truppenabzug die Verhältnisse zwischen den baltischen Ländern und Russland nicht wesentlich verändert. Unter den baltischen Staaten hat Russland verhältnismässig gute Beziehungen nur zu Litauen.

Andererseits haben möglicherweise eben die unsicheren Verhältnisse in den Beziehungen zu Russland die **Zusammenarbeit der bal-**

tischen Staaten gefördert. Nach dem Vorbild des Rates der Nordischen Länder wurde der **Baltische Rat** gegründet, in dem die regelmässigen Treffen der Regierungen und der Präsidenten mit Sitzungen der aus Parlamentariern bestehenden Baltischen Versammlung abwechseln. 1996 trat zwischen den baltischen Staaten ein vollständiges Freihandelsabkommen in Kraft; im Gange sind Verhandlungen über die Gründung einer baltischen Zollunion.

Leider ist die Zusammenarbeit der baltischen Staaten nicht in allen Bereichen reibungslos verlaufen. Öfters bestand die Zusammenarbeit nur in Erklärungen, ohne Auswirkung auf die realen Prozesse. In der letzten Zeit werden schwierige Diskussionen über Grenzfragen zwischen den baltischen Staaten geführt. Wenn Estland und Lettland für ihre Probleme eine Lösung gefunden haben, droht der Streit zwischen Litauen und Lettland um die Meeresgenze der baltischen Zusammenarbeit ernsthaft zu schaden.

Trotzdem können die Völker des Baltikums mit ihrer Entwicklung nach der Wiederherstellung ihrer Selbständigkeit zufrieden sein. Alle Pläne konnten freilich noch nicht verwirklicht werden, aber auf vielen Gebieten ist der Fortschritt schneller gekommen als erhofft oder geglaubt. Die baltischen Staaten sind wieder ein natürlicher Teil von Europa und streben nach der Mitgliedschaft in der NATO und der EU. Es gibt noch viele ungelöste Probleme, aber die bisherige Entwicklung lässt die Hoffnung auf eine bessere Zukunft zu.

Die Völker des Baltikums haben im Laufe der Geschichte vieles durchgemacht. Die besten Zeiten sind für sie immer diejenigen gewesen, in denen sie selbst über ihr Schicksal entscheiden konnten. Sie wissen, dass ein Fortschreiten nur dann möglich ist, wenn man zusammen arbeitet und lebt – im Baltikum, im Ostseeraum und in ganz Europa. Offen der Welt gegenüber, mit den Wurzeln in ihrer Geschichte und ihrem eigenen Charakter – so bringen die baltischen Völker ihre Farben ins wunderbare Mosaik des vereinigten Europas.

FRAGEN

1. *Worin spiegelte sich die Krise des kommunistischen Weltsystems in den achtziger Jahren wider? In welchen Staaten und wann waren die Merkmale der Krise noch früher zu erkennen?*

2. *Welche Rolle spielten die Westmächte beim Zerfall des kommunistischen Systems?*

3. *Vergleichen Sie die Prozesse der Wiederherstellung der Selbständigkeit in Litauen, Lettland und Estland. Was war gemeinsam, was unterschiedlich?*

4. *Warum konnte die Leitung der Sowjetunion den Zerfall der SU nicht abwenden?*

5. *Wie war die Einstellung der Weltöffentlichkeit zu den Vorgängen in der Sowjetunion, zur Tätigkeit von M. Gorbatschow, zu den Prozessen in den baltischen Staaten? Wie schätzen Sie diese Einstellung ein?*

6. *Welche Veränderungen haben sich in den baltischen Staaten nach der Wiederherstellung der Selbständigkeit vollzogen? Was halten Sie dabei für das Wichtigste?*

DIE CHRONOLOGIE

11.–10. JT. V. CHR.	ANKUNFT ERSTER ANSIEDLER IN DAS GEBIET LITAUENS
ENDE 9.–ANF. 8. JT. V. CHR.	ANKUNFT ERSTER ANSIEDLER IN DAS GEBIET LETTLANDS
MITTE 8. JT. V. CHR.	ANKUNFT ERSTER ANSIEDLER IN DAS GEBIET ESTLANDS
ENDE 4. JT. V. CHR.	ANKUNFT DER KAMMKERAMIKKULTUR-TRÄGER (DER VORFAHREN VON OSTSEEFINNISCHEN VÖLKERN) IN DAS BALTISCHE GEBIET
MITTE 3. JT. V. CHR.	WANDERUNGEN DER INDOEUROPÄER IN DAS BALTISCHE GEBIET, ANBEGINN DER PRIMITIVEN VIEHZUCHT UND DES ACKERBAUS
2.–1. JI. V. CHR.	HERAUSBILDUNG DER BALTISCHEN STÄMME (VORFAHREN VON LETTEN, LITAUERN UND PREUSSEN)
MITTE 2. JT. V. CHR.	BEGINN DER METALLZEIT (IN LITAUEN CA. 1800 V. CHR., IN LETTLAND UND ESTLAND CA. 1500 V. CHR.)
1. JT. V. CHR.	HERAUSBILDUNG DER VÖLKER DES BALTIKUMS
98 N. CHR.	ERSTMALIGES ERWÄHNEN DER ESTNISCHEN UND BALTISCHEN STÄMME IN DER „GERMANIA" DES RÖMISCHEN GESCHICHTSSCHREIBERS TACITUS
800–1050	VIKINGERZEIT IN NORDEUROPA. DIE VÖLKER AN DER OSTSEE SCHLIESSEN SICH AKTIV AN DEN OST-WESTHANDEL AN
1154	VERMUTLICHE ERSTMALIGE ERWÄHNUNG DER STADT TALLINN AUF DER WELTKARTE VOM ARABISCHEN GEOGRAPHEN AL IDRISI
2. HÄLFTE DES 11. JH.–12. JH.	ERSTE VERSUCHE, DAS BALTISCHE GEBIET ZU CHRISTIANISIEREN
1198	BEGINN DER EXPANSION DES CHRISTENTUMS
1201	GRÜNDUNG DER STADT RIGA AN DER STELLE DER SIEDLUNGSSTÄTTE DER LIVEN
1202	GRÜNDUNG DES SCHWERTBRÜDERORDENS
1208–1227	FREIHEITSKAMPF DER ESTEN
1236	SCHLACHT BEI SAULE; VERNICHTUNG DES SCHWERTBRÜDERORDENS

1237	ANSCHLUSS DER RESTE DES SCHWERTBRÜDER-ORDENS AN DEN DEUTSCHEN ORDEN; ENTSTE-HUNG DES LIVLÄNDISCHEN ORDENS, EINES LIV-LÄNDISCHEN ABLEGERS DES DEUTSCHEN ORDENS
1240–50	GRÜNDUNG DES LITAUISCHEN REICHES UNTER MINDAUGAS
1260	SCHLACHT BEI DURBE
1286–1290	ENDGÜLTIGE EROBERUNG DES LETTISCHEN TER-RITORIUMS; HERAUSBILDUNG DER POLITISCHEN GLIEDERUNG ALTLIVLANDS: DAS ORDENSREICH, DAS ERZBISTUM RIGA, DIE BISTÜMER KURLAND, DORPAT UND ÖSEL-WIEK
14. JH.	AUSDEHNUNG DES LITAUISCHEN REICHES BIS ZUM SCHWARZEN MEER; HERAUSBILDUNG DES GROSSFÜRSTENTUMS
1323	ERSTMALIGE ERWÄHNUNG DER LITAUISCHEN HAUPTSTADT VILNIUS (WILNA)
1343–1345	AUFSTAND ZUR GEORGSNACHT – FORTSETZUNG DES FREIHEITSKAMPFES DER ESTEN
1346	VERKAUF NORDESTLANDS VOM DÄNISCHEN KÖNIG AN DEN DEUTSCHEN ORDEN (KAM 1437 UNTER VERWALTUNG DES LIVLÄNDISCHEN ORDENS)
1385	SCHLIESSEN DER LITAUISCH-POLNISCHEN UNION
1387	SIEG DES CHRISTENTUMS IN LITAUEN
1410	SCHLACHT BEI TANNENBERG; ZERSCHLAGEN DES HEERES DES DEUTSCHEN ORDENS DURCH DIE VEREINIGTEN STREITKRÄFTE LITAUENS-POLENS
1494–1535	REGIERUNGSZEIT DES LIVLÄNDISCHEN ORDENS-MEISTERS WOLTER VON PLETTENBERG
1502	SCHLACHT BEI SMOLINO
1521	BEGINN DER REFORMATION IN LIVLAND
1522–1524	TÄTIGKEIT DER DRUCKEREI VON FRANCISCUS SKORINA IN VILNIUS
1525	ERWÄHNUNG ERSTER BÜCHER IN ESTNISCHER, LETTISCHER BZW. LIVISCHER SPRACHE
1525	SÄKULARISIERUNG DES DEUTSCHEN ORDENS IN PREUSSEN UND GRÜNDUNG DES PREUSSISCHEN HERZOGTUMS
1529	I. STATUT LITAUENS
1547	VERÖFFENTLICHUNG DES ERSTEN BUCHES IN LITAUISCHER SPRACHE

1558–1583	DER LIVLÄNDISCHE KRIEG
1560	VERNICHTUNG DES HEERES DES LIVLÄNDISCHEN ORDENS IN DER SCHLACHT BEI ERGEMES MIT RUSSEN
1561	AUFLÖSUNG DES LIVLÄNDISCHEN ORDENS; ENDE DER ALTLIVLÄNDISCHEN POLITISCHEN REGELUNG; BILDUNG DES KURLÄNDISCHEN HERZOGTUMS
1566	II. STATUT LITAUENS; STAATSREFORMEN IN LITAUEN
1569	LUBLIN-UNION UND BILDUNG DER RZECZ-POSPOLITA
1579	GRÜNDUNG DER UNIVERSITÄT VILNIUS
1582	FRIEDENSVERTRAG VON JAM ZAPOLSK ZWI-SCHEN RUSSLAND UND POLEN-LITAUEN; ÜBER-GANG LIVLANDS IN DEN BESITZ POLEN-LITAUENS
1583	FRIEDENSVERTRAG VON PLJUSSA ZWISCHEN RUSSLAND UND SCHWEDEN; ENDE DES LIVLÄN-DISCHEN KRIEGES; TEILUNG ALTLIVLANDS ZWISCHEN SCHWEDEN, POLEN-LITAUEN UND DÄNEMARK
1588	III. STATUT LITAUENS
1600–1629	KRIEG DER RZECZPOSPOLITA MIT SCHWEDEN
1605	SCHLACHT BEI KIRCHHOLM
1629	FRIEDENSVERTRAG VON ALTMARK; BEGINN DER SCHWEDISCHEN ZEIT IN LETTLAND UND IN GANZ KONTINENTALESTLAND
1632	GRÜNDUNG DER UNIVERSITÄT DORPAT (ACADE-MIA GUSTAVIANA)
1643–1645	KRIEG ZWISCHEN SCHWEDEN UND DÄNEMARK
1645	FRIEDEN ZU BRÖMSEBRO; ÜBERGANG DER INSEL ÖSEL VON DÄNEMARK AN SCHWEDEN; ERRICH-TUNG SCHWEDISCHER HERRSCHAFT ÜBER GANZ ESTLAND
1654–1667	ERSTER NORDISCHER KRIEG (KRIEG DER RZECZPOSPOLITA MIT RUSSLAND UM DIE UKRAINE)
1655–1660	KRIEG DER RZECZPOSPOLITA MIT SCHWEDEN
1680	DIE VOM LANDTAG SCHWEDENS AUSGERUFENE GROSSE REDUKTION DER GÜTER
1685–1691	VERÖFFENTLICHUNG DER BIBEL IN LETTISCHER SPRACHE

17. JH.	BEFESTIGUNG DES LUTHERTUMS IN ESTLAND, LIVLAND UND KURLAND; GRÜNDUNG ERSTER BAUERNSCHULEN
1700–1721	GROSSER NORDISCHER KRIEG; ANSCHLUSS ESTLANDS UND LIVLANDS AN RUSSLAND
1739	VOLLSTÄNDIGE BIBELÜBERSETZUNG INS ESTNISCHE
1739	ROSEN-DEKLARATION IN LIVLAND; VERHÄNGUNG DES LEIBEIGENENSTATUS ÜBER DIE BAUERN
1772	I. TEILUNG DER RZECZPOSPOLITA; ANSCHLUSS LATGALLIENS AN RUSSLAND
1788–1792	GROSSER, 4JÄHRIGER SEIM DER RZECZPOSPOLITA
1791	VERFASSUNG VOM 3. MAI DER RZECZPOSPOLITA
1793	II. TEILUNG DER RZECZPOSPOLITA
1794	AUFSTAND IN POLEN UND LITAUEN UNTER TADEUSZ KOSCIUSZKO
1795	III. TEILUNG DER RZECZPOSPOLITA; ANSCHLUSS DES KURLÄNDISCHEN HERZOGTUMS AN RUSSLAND
1797	AUFLÖSUNG DER RZECZPOSPOLITA ALS EIN SELBSTÄNDIGES REICH; VERSCHWINDEN POLENS UND LITAUENS VON DER KARTE EUROPAS
1806	PUBLIKATION DER ERSTEN ESTNISCHSPRACHIGEN ZEITUNG IN TARTU
1812	EINMARSCH DER ARMEE NAPOLEONS NACH RUSSLAND; FRANZÖSISCHES HEER IN LITAUEN UND KURLAND
1816, 1817, 1819	AUFHEBUNG DER LEIBEIGENSCHAFT IN ESTLAND, KURLAND UND LIVLAND
1830–1831	AUFSTAND IN LITAUEN UND POLEN
1860–1865	AUFSTIEG DER NATIONALEN BEWEGUNGEN UNTER DEN VÖLKERN AN DER OSTSEE
1861	AUFHEBUNG DER LEIBEIGENSCHAFT IN LITAUEN
1862	ERÖFFNUNG DER ERSTEN HOCHSCHULE IN LETTLAND
1863–1864	AUFSTAND NATIONALER KRÄFTE IN LITAUEN UND POLEN
1864–1904	VERBOT DER ANWENDUNG DER LATEINISCHEN SCHRIFT IN LITAUISCHEN TEXTEN
1869	ERSTES SÄNGERFEST IN ESTLAND

1870	ERÖFFNUNG DER BALTISCHEN EISENBAHN
1873	ERSTES SÄNGERFEST IN LETTLAND
1882	REVISION VON MANASSEIN IN LIVLAND UND KURLAND; BEGINN DER RUSSIFIZIERUNG
1905	REVOLUTION GEGEN DIE AUTOKRATIE IN RUSSLAND
1914	AUSBRUCH DES 1. WELTKRIEGES; AUSBREITUNG DER KRIEGSEREIGNISSE IN DEN BALTISCHEN LÄNDERN
1914–1918	NEUER AUFSTIEG DER NATIONALEN BEWEGUNG IN DEN BALTISCHEN LÄNDERN
1915	BESATZUNG LITAUENS UND SÜDLETTLANDS (SEMGALLIENS UND KURLANDS) VON DER DEUTSCHEN ARMEE
1915	FORDERUNG LITAUISCHER POLITIKER NACH DER WIEDERHERSTELLUNG DER SELBSTÄNDIGKEIT LITAUENS
30. MÄRZ 1917	ERLANGEN DER AUTONOMIE ESTLANDS IN RUSSLAND
OKTOBER 1917	MACHTERGREIFUNG DER BOLSCHEWISTEN IN ESTLAND UND NORDLETTLAND
16. FEBRUAR 1918	AUSRUFEN DER SELBSTÄNDIGEN REPUBLIK LITAUEN
24. FEBRUAR 1918	AUSRUFEN DER SELBSTÄNDIGEN REPUBLIK ESTLAND
MÄRZ–NOVEMBER 1918	DEUTSCHE OKKUPATION IM GANZEN BALTIKUM
18. NOVEMBER 1918	AUSRUFEN DER SELBSTÄNDIGEN REPUBLIK LETTLAND
1918–1920	NATIONALE BEFREIUNGSKRIEGE DER BALTISCHEN STAATEN
1919	SCHULGESETZ DER NATIONALEN MINDERHEITEN LETTLANDS
1919-1920	BODENREFORMEN IN DEN BALTISCHEN STAATEN; ENTEIGNUNG DER GUTSLÄNDEREIEN
2. FEBRUAR 1920	FRIEDENSVERTRAG DER REPUBLIK ESTLAND MIT SOWJETRUSSLAND (FRIEDEN ZU TARTU)
12. JULI 1920	FRIEDENSVERTRAG DER REPUBLIK LITAUEN MIT SOWJETRUSSLAND (FRIEDEN VON MOSKAU)
11. AUGUST 1920	FRIEDENSVERTRAG DER REPUBLIK LETTLAND MIT SOWJETRUSSLAND (FRIEDEN VON RIGA)

1920	AUSEINANDERSETZUNG ZWISCHEN LITAUEN UND POLEN
1920	ANBEGINN DER ZEIT DER PARLAMENTARISCHEN DEMOKRATIE IN DEN BALTISCHEN STAATEN
1920	VERABSCHIEDEN DER I. VERFASSUNG DER REPUBLIK ESTLAND
1921	AUFNAHME ESTLANDS, LETTLANDS UND LITAUENS IN DEN VÖLKERBUND
1922	VERABSCHIEDEN DER I. VERFASSUNGEN IN DEN REPUBLIKEN LITAUEN UND LETTLAND
1920–1925	INTENSIVE ZUSAMMENARBEIT DER BALTISCHEN STAATEN ZUM SCHLIESSEN DER BALTISCHEN UNION
1923	SCHLIESSEN DES VERTRAGS DER VERTEIDIGUNGS-UNION ZWISCHEN ESTLAND UND LETTLAND
1925	GESETZ DER KULTURAUTONOMIE DER NATIONALEN MINDERHEITEN IN ESTLAND
1925	ERSTE RUNDFUNKSENDUNGEN IN LETTLAND
1926	ERSTE RUNDFUNKSENDUNGEN IN LITAUEN UND ESTLAND
17. DEZEMBER 1926	ERRICHTUNG DES AUTORITÄREN REGIMES (DURCH A. SMETONA, A. VOLDEMARAS) IN LITAUEN
1926	NICHTANGRIFFSPAKT ZWISCHEN LITAUEN UND DER SOWJETUNION
1932	NICHTANGRIFFSPAKTE ZWISCHEN LETTLAND UND DER SOWJETUNION UND ESTLAND UND DER SOWJETUNION
1934	VERTRAG ESTLANDS, LETTLANDS UND LITAUENS ÜBER EINTRACHT UND ZUSAMMENARBEIT
12. MÄRZ 1934	ERRICHTUNG DES AUTORITÄREN REGIMES (DURCH K. PÄTS, J. LAIDONER) IN ESTLAND
15. MAI 1934	ERRICHTUNG DES AUTORITÄREN REGIMES (DURCH K. ULMANIS) IN LETTLAND
1938	ULTIMATUM POLENS AN LITAUEN ÜBER DIE AUFNHAME DER DIPLOMATISCHEN BEZIEHUNGEN
1938	NEUTRALITÄTSERKLÄRUNG ESTLANDS, LETTLANDS UND LITAUENS
22. MÄRZ 1939	ÜBERGABE DES MEMEL-GEBIETS AN DEUTSCHLAND

JUNI 1939	NICHTANGRIFFSPAKT ESTLANDS UND LETTLANDS MIT DEUTSCHLAND
23. AUGUST 1939	SCHLIESSEN DES NICHTANGRIFFSPAKTS SOWIE DES DAZUGEHÖRENDEN GEHEIMPROTOKOLLS ZWISCHEN DEUTSCHLAND UND DER SOWJET-UNION; ESTLAND, LETTLAND UND LITAUEN GELANGEN IN DIE INTERESSENSPHÄRE DIESER ZWEI STAATEN
28. SEPTEMBER 1939	UNTERZEICHNUNG DES PAKTES ÜBER GEGENSEITIGE HILFELEISTUNG ZWISCHEN DER SOWJETUNION UND ESTLAND
5. OKTOBER 1939	UNTERZEICHNUNG DES PAKTES ÜBER GEGENSEITIGE HILFELEISTUNG ZWISCHEN DER SOWJETUNION UND LETTLAND
10. OKTOBER 1939	UNTERZEICHNUNG DES PAKTES ÜBER GEGENSEITIGE HILFELEISTUNG ZWISCHEN DER SOWJETUNION UND LITAUEN
OKTOBER–NOVEMBER 1939	BEGINN DER ERRICHTUNG DER SOWJETISCHEN MILITÄRBASEN IN DEN BALTISCHEN LÄNDERN; ANKUNFT DER ROTARMISTEN DORTHIN
7. OKTOBER 1939	AUFRUF HITLERS ZUR REPATRIIERUNG DER BALTENDEUTSCHEN
JUNI 1940	ULTIMATUM DER SOWJETISCHEN REGIERUNG; BESATZUNG DER BALTISCHEN STAATEN; BILDUNG DER MARIONETTENREGIERUNGEN
JULI 1940	AUFLÖSUNG DER NATIONALEN STAATEN; VERKÜNDEN DER SOZIALISTISCHEN REPUBLIKEN
AUGUST 1940	EINVERLEIBUNG DER OKKUPIERTEN BALTISCHEN STAATEN IN DIE SOWJETUNION; ANBEGINN DER SOWJETISIERUNG
JUNI 1941	SOWJETISCHE MASSENDEPORTATIONEN DER BEVÖLKERUNG DER BALTISCHEN STAATEN
JUNI–JULI 1941	AUSDEHNUNG DER EREIGNISSE DES 2. WELTKRIEGES AUF DAS TERRITORIUM DER BALTISCHEN STAATEN
1941–1944	DEUTSCHE OKKUPATION
1944–1991	SOWJETISCHE OKKUPATION
1944–1953	STALINISTISCHE REPRESSALIEN UND BEWAFFNETE WIDERSTANDSBEWEGUNG IN DEN BALTISCHEN STAATEN
25. MÄRZ 1949	SOWJETISCHE MASSENDEPORTATIONEN DER BEVÖLKERUNG DER BALTISCHEN STAATEN
1954	BEGINN DER ÜBERTRAGUNGEN DES LETTISCHEN FERNSEHENS

1955	BEGINN DER ÜBERTRAGUNGEN DES ESTNISCHEN FERNSEHENS
1957	BEGINN DER ÜBERTRAGUNGEN DES LITAUISCHEN FERNSEHENS
1972	ANTISOWJETISCHE KUNDGEBUNGEN IN KAUNAS; SELBSTVERBRENNUNG VON ROMAS KALANTA AUS POLITISCHEN GRÜNDEN
1978	ANBEGINN DER NEUEN RUSSIFIZIERUNG
1986–1988	BEGINN DER FREIHEITSBEWEGUNG IN DEN OKKUPIERTEN BALTISCHEN STAATEN
23. AUGUST 1989	SOG. BALTISCHE KETTE
11. MÄRZ 1990	VERKÜNDEN DER WIEDERERRICHTUNG DER SELBSTÄNDIGKEIT DER REPUBLIK LITAUEN
20. AUGUST 1991	WIEDERERRICHTUNG DER SELBSTÄNDIGKEIT DER REPUBLIK ESTLAND
21. AUGUST 1991	WIEDERERRICHTUNG DER SELBSTÄNDIGKEIT DER REPUBLIK LETTLAND
1991	AUFNAHME DER BALTISCHEN STAATEN IN DIE UNO
1993–1994	RÜCKZUG DER RUSSISCHEN BESATZUNGS-MÄCHTE AUS DEN BALTISCHEN STAATEN

Geschichte des Baltikums

Folgende Fehler sind aus Versehen entstanden:

Seite	Falsch		Richtig
S. 12	VADJALASED	–	WOTEN
	SKALVID	–	SKALVEN
S. 18	Bandkeramik- bez.	–	Schnurkeramik- bzw.
S. 21	Bandkeramikkultur	–	Schnurkeramikkultur
S. 29	Die finnische Ostseevölker – die ostseefinnischen Stämme		
S. 106	Wero	–	Werro
S. 115	S. Sachowskoi	–	S. Schachowskoi
S. 120	Der Fischerhafen *von Riga* – von Libau (Liepaja)		
S. 138	Pihkva	–	Pskow (Pleskau)
	Võnnu	–	(auch) Cesis
S. 141	*im Herbst* 1919 (wurde) die Konstituierende Versammlung gewählt		
		–	im Frühling
S. 160	*Lettische* Panzer	–	Litauische
	Hitler in *Tilsit*	–	Klaipeda (Memel)
S. 164	Die baltischen *Länden* – Länder		
S. 165	J. Ribbentrop	–	J. v. Ribbentrop
S. 166	Die Grenze zw. dem Einflussgebiet der UdSSR und Deutschlands 1939 und 1940 (auf der Karte): die Erklärungen zu den Linien sind verwechselt		
S. 173	STAATSKOMMISSARIATE – REICHSKOMMISSARIATE		
S. 176	– Lettische *bewaffnete SS-Einheit* – Einheit der lettischen Waffen-SS		
S. 177	*Rigaisher* Meerbusen – Rigaer		
	Stossrichtung der *Sowjet-Armee* – der Roten Armee		
S. 178	RIIA	–	RIGA
S. 181	Die wichtigsten *Orte* – Bestimmungsorte		
S. 184	Der Besuch des Generalsekretärs des *sowjetischen* Zentralkommitees –		
		–	der kommunistischen Partei der UdSSR
S. 201	Die erste Grosskundgebung der "Volksfront": statt "*Juli* 1988" – "Juni"		
S. 209	Jeltsin	–	Jelzin